中国初期協同組合史論 1911-1928

合作社の起源と初期動態

菊池一隆

日本経済評論社

目次

序論

本書は、中国合作社の起点の確定と初期動態を全面的に解明するため、一九一一年辛亥革命時期（以下、辛亥時期）から、一九年五・四運動時期（以下、五・四時期）を経て、二八年南京国民政府の正式成立までの時期を中心に論じる。すなわち、中国は、この時期、海外から流入した協同組合思想を受容し、合作社組織化の実践を巡り、多面的な可能性を内包しながら、混沌とした中でダイナミックな動きを展開していた。

周知の如く、中国合作社（協同組合）は中国近現代史上、政治、経済、社会、教育諸側面で大きな影響を及ぼすと同時に、極めて重要な役割を担ってきた。一九二三年以降、華北大旱魃の克服のため、華洋義賑救災総会による河北省での信用合作社の大量組織化、三〇年代南京国民政府・省政府により江蘇省中心に合作社の全国的規模での展開、梁漱溟の郷村建設運動における合作社の重要な役割、江西省「収復地区」における合作社利用、ソビエト区、さらに辺区での合作社推進、そして、三七年七・七事変（盧溝橋事件）後、抵抗経済確立を目指した中国工業合作運動などがあり、一つの大きな歴史的な流れとして中国近現代史を分析する上で看過できないテーマのはずであった。また、人民公社の解体後、再び個人経済とともに、合作社が再浮上していることを見れば[1]、合作社史研究が過去の歴史としてだけではなく、現実的意味を有していることが看取できよう。

にもかかわらず、戦後日本における中国合作社史研究は少なく、特に四九年人民共和国の成立以前の研究は遅れ、かつその僅かな研究も三〇年代に集中し、辛亥時期から五・四時期を経て、二〇年代後半に至る時期はほとんど未開拓のまま残されている。それは、日本のみならず、中国においてすら同様な現状にあった。換言すれば、長い間、この時期に協同組合思想が流入し、すでに組織化の動きがあり、実際に組織された歴史的事実すらも忘れ去られ、もしくは軽視され、捨象されてきたのである。何故か。史料が入手困難であった上、中国でも日本でも、戦後、長い期間、革命の原動力とされ、中国共産党（以下、中共と略称）を勝利に導いた農民運動や労働運動に研究が集中した。かくして、合作社は、国民党統治区域における農村支配、「反共の道具」、もしくは「改良主義的」と見なされ、関心が向かなかったことが指摘できよう。中共との関連では、主に三〇年代から注目され、陝甘寧辺区における変工・札工などの農業互助、南区合作社などが多く論じられても、中共の合作社の起点はいつか、毛沢東が何故「湖南省農民運動の視察報告」（一九二七年三月）で合作社に言及するのか。こうした基本的問題までもが解明されず、放置されたまま現在に至っているのである。

しかし、中国合作社の起点、早期の動態などが不明確なままでは、中国合作社史の全貌を解明できず、三〇年代、四〇年代、もしくは四九年人民共和国成立以降の合作社を論じても、歴史的足腰がない不正確なものとなってしまう危険性を感じる[2]。そこで、本書は、こうした研究現状を打開する意味でも、辛亥革命前後から二八年までを「初期協同組合」時期と命名し[3]、いわば協同組合思想の流入から、南京国民政府の正式成立に至るまでの時期に焦点を絞って論じたい。

では、ここで研究動向に論を進めるが、現在の研究が少ないので、まず戦前の史料から再検討を開始する（各章毎にも研究動向整理をしているので、それも参考にされたい）。

まず①伍玉璋『中国合作運動小史』（中国合作学社、一九二九年。以下、『小史』と略称）。伍は初期合作運動の指導者の一人で、体験を通して本書を書いている。それ故、一級史料ともいいうる。初期合作運動の時期区分は一九年から二七年までとし、新たな画期を北伐成功に求める。辛亥時期の協同組合思想流入への評価は低く、五・四運動から開始されたとする。実態説明は不十分とはいえ、「宣伝者」朱進之、徐滄水、及び「発揚者」薛仙舟の三人、「先鋒社」平民週刊社という基本的枠組を提示した意義は大きい。②寿勉成、鄭厚博『中国合作運動史』(正中書局、一九三七年。以下、『運動史』と略称)。寿は三〇、四〇年代の国民政府(「C・C」系で、陳果夫系列)の著名な合作運動指導者である。五・四運動以前の合作運動をほぼ切り捨て、時期区分は伍と大体同じで南京政府成立を画期とし、「宣伝者」、「発揚者」、「先鋒社」という構図は全く同じである。だが、薛仙舟と国民党の関係が強調され、二三年までの初期合作社の独立性という特質はぼかされている。実証面では薛と北京大学消費公社以外、進展を見せていない。③朱義析「中国合作運動発軔史略」『燕京月刊』第九巻一期(一九三二年五月)は薛の高評価に対し、朱、徐は合作研究者一般の中に還元される。合作社、宣伝機関、農村合作社の「最初」として北京大学消費公社、平民学社、華洋義賑会のみをとりあげ、北京大学消費公社の内容だけが深まっている。その他の合作社は簡略に羅列されているだけである。④鄭林荘「中国合作運動史初稿」、燕京大学経済学会『経済学報』第一期(一九四〇年五月)は時期区分に力点が置かれており、第一期「思想伝播時期」(清末〜二〇年)、第二期「運動創始時期」(二〇〜二三年)、第三期「農業合作時期」(二三〜二八年)、第四期「(南京国民)政府唱導時期」(二八〜三七年)と分け、立論する。第一期で、二〇年前後出版の何海鳴『中国社会政策』から合作社提唱の意思を認め、その後、朱、徐、薛をほぼ並列に扱い、平民週刊社は薛を説明する便宜上触れられる。第二期は北京大学消費公社、上海国民合作儲蓄銀行、衙前(農民協会)などを例に出し、合作思想はすでに国内に広まり、その重点は消費合作社という。「農業合作時期」は華洋義賑救災総会の合作社組織化をメルクマールとする。(4)

以上の戦前の著書、論文から、五・四運動、及びそれ以前の協同組合思想の扱い方、「三人の先駆者」問題、各合作社の実態把握が進展していない問題、及び時期区分の問題などが浮かび上がる。二〇年代に関しては、『小史』に依拠して『運動史』、朱乃康『中華民国産業組合運動史』(高陽書院、一九三六年)、及び陳仲明「民元来我国之合作運動」(周開慶主編『民国経済史』一九六七年)などの各論文が書かれた。そして、『運動史』をほぼ踏襲した形で

『革命文献』が編纂された。元々の史料や事実の検討を怠ったため、同じ個所が繰り返し引用され、実証的に深まらず、とりわけ各合作社の実態把握、考察は進展しなかったのである。その極端な例が浙江省蕭山県衙前農民協会といえよう。

戦後日本での数少ない合作社史研究も三〇年代に重点が置かれ、一〇、二〇年代を中心に論じる研究に至っては皆無に近い。二〇年代の合作社にも論及しているものとしては、①加藤祐三「中国の初期合作社」(滝川勉・齋藤仁編『アジアの農業協同組合』アジア経済研究所、一九七三年)が二〇～四〇年代の合作社全体を「初期合作社」と命名、先駆的に人民共和国成立以前の合作社全体を簡潔にまとめ貴重である。ただ二〇年代に関しては、「啓蒙期」(～一九二二)として朱之進、胡鈞、戴季陶などに触れているものの、当時の合作運動の実態、意義の解明などは不十分であり、かつ北京大学消費公社の設立を過大に評価したために、河北省中心に合作社が設立されたとするなど事実誤認もある。だが、史料が不十分であった時期でもあり、止むを得ぬところであろう。なお、国民党の合作社については二八年以降、書かれているに過ぎない。②川井悟「華洋義賑会と中国農村」(『五四運動の研究』第二函、同朋舎、一九八三年)は、華洋義賑会(救災総会)下の信用合作社を高く評価し、従来の「地主、富農による支配」とする通説を真向から批判した力作である。しかし、中国独自の合作運動を捨象、五・四運動との関連の不明確、主要に経済効率、資金回収率からのみ組織の「健全化」を立証する点には疑問も残る。なお、二〇年代に関しては、華北大飢饉の救済活動に焦点が当てられ、三〇年代で主要に農村信用合作社を論じる。最近出版された③飯塚靖『中国国民政府と農村社会』(汲古書院、二〇〇五年)は、三〇年代にウエートを置いた農村社会経済史研究で、江蘇、浙江中心に国民政府の農業政策、農業金融、合作社政策などを論じる。農民の教育水準の低さ、権限集中などの問題点も抉り出す。二〇年代については、三〇年代の農業政策推進主体の形成という観点からのみ論じる。各人の詳細な略歴は参考になるが、分析が少ないことが惜しまれる。なお、中国合作学社も農村合作社の明確な指導理論を持たず、南京国民政府期を「農業合作社の理論的・実践的模索の段階」とするが(5)、これは華洋義賑救災総会を捨象したことによる誤りであろう。救災総会だけで二〇年代の合作社を明らかにできないが、逆にそれを捨象すると、二〇年代から三〇年代への農村信用合作社面での連続性が不明確となる。

中国の場合、関心が現在にあり、かつ抗戦以前の合作社研究は国民政府評価ともからまるため遅々として進まなかった。とはいえ、概説という形態で再評価が開始された。

①米鴻才・邸文祥・陳乾梓編著『合作社発展簡史』(中共中央党校出版社、一九八八年)は概説だが、朱進之、薛仙舟に簡単に触れた後、二七年から蔣介石らが合作社を利用し、農民革命運動を直接間接に破壊したと強調する。②楊堅白主編『合作経済学概論』(中国社会科学出版社、一九九〇年)は朱進之、薛仙舟の『平民』などが「反動政府」の弾圧を受けたことなどを簡単に紹介、及び華洋義賑会(救災総会)など民間主導の合作社を高く評価して注目される。それに対して国民政府下の合作社は地主、商人などに支配され、農民の生活改善に何らの作用もなかったとする従来の研究を踏襲する。なお、中共系の安源路鉱工人消費合作社に触れるが、不思議なことに一般合作社の中に還元される。専門論文も僅かではあるが存在し、③張允侯「論五四時期的合作主義思潮」(一九八九年一〇月二六日、京都大学人文科学研究所での報告)は五・四時期の合作社研究は管見の限り全くないという中国の研究現状を紹介しながら思想史の側面から本格的報告をおこない、とりわけ李石曾中心に無政府主義者の合作思想を明らかにした意義は大きい。ただ、「互助」は無政府主義の観点、合作主義は「空想的社会主義」の観点と割り切られて過ぎている点などは気にかかる。④陳意新「二十世紀早期西方合作主義在中国的伝播和影響」(『歴史研究』二〇〇一年六期)は、合作主義研究が二〇世紀初頭の中国近代思想史、社会経済史の研究に意義があるとする。そして、二〇年代中期まで知識分子は協同組合思想の影響を受け、「共産主義革命」と「自由資本主義」の間に「政治的に温和」な「社会改良の道」を見いだしたという。また、中共指導者がソ連農業協同組合の影響を受ける前に、欧州の協同組合思想と中国の

合作主義の文献に接していたことを強調する。さらに、協同組合思想が「中国化」し、実際は農村で発動されたことを重視すべきとする。私見を言えば、繰り返しになるが、国民党の農村合作社への転換は民間初期合作社からダイレクトに結びつけられず、二〇年代の華洋義賑救災総会の信用合作社の展開という媒介時期が必要となる。

台湾での研究は、①陳岩松『中国合作事業発展史』上冊（台湾商務印書館、一九八三年）は国民党系合作社を追究し、自らの合作社での活動を踏まえて、三〇年代以降の合作社法令、行政、金融制度を重視し、充実した研究である。ただし、薛仙舟らに紙幅を割いているが、あくまでも国民党側からの視点であり、相対的に民間初期合作社の位置づけは低くなる。また、中共系を切り捨て、また華洋義賑救災総会系は僅かに触れられるだけである。(6) ②頼建誠『近代中国的合作経済運動――社会経済史的分析――』（正中書局、一九九〇年）は四五年までとスパンが長いが、一二～二八年を「萌芽時期」とし、①民間の社会改革運動者が自発的に提唱し、政府の支援、関係法令もなく、経験ある専門家もいなかった、②日本から実利面、欧州から理論を導入、③五・四運動後、少数知識分子の間で流行した大量の思想の中の一小部分に過ぎない、④西欧では一〇〇年余をかけた協同組合運動を中国に直接「移植」した結果、民智が低く、社会不安定な中国の環境下で、民間の自発的な社会経済改革運動の発展は望めなかった、と否定的な結論を導き出す。果たしてこれでよいのであろうか。

では、まず本書の構成と内容を示しておきたい。

第一章では、辛亥革命前後からの協同組合思想の中国への流入、研究、宣伝の時期をとりあげる。すなわち、協同組合とは何かを研究し始め、実現しなかったとはいえ、合作社組織化の意思は明白にあった時期である。合作主義は社会主義・無政府主義などといかなる関係にあったのか。主要に消費合作社はイギリスのロッチデール式、信用合作社はドイツのシュルツェ、ライファイゼン両型、生産合作社はフランスの影響を受けたが、組織化を巡る論争はいかなるものであったのか。また、国際協同組合運動との関係にも論及する。

第二章では、五・四運動を契機に、上海の復旦大学中心に『平民』グループが形成され、実践へと転換した時期を論じる。民間初期合作社は都市型で、当初消費、信用、生産各合作社の多様な可能性を内包していた。そして、この時期、興味深いことは、合作社が国民党員、共産主義者、無政府主義者、さらには張君勱ら国家主義者を含む一つの共通項であり、それぞれが自らの運動を支える一つの重要な手段と考えていたことである。これら合作社は二四年までに崩壊するが、その要因を明らかにしながら、民間初期合作主義者が次第に国民党に接近し、合流するまでの状況に論及する。

第三章では、中国国民党の合作社の起点とその後の推移を考察する。その際、一九年一〇月中華革命党の中国国民党への改組以前の時期にも遡りながら、まず国民党関係者の中で合作社と密接な関係を有する孫文、戴季陶、廖仲愷、陳果夫、邵力子をとりあげる。結局、国民党の合作社はいつ、いかなる目的で、どのような形で組織され、いかなる推移を辿ったのか。これらについて、二八年までの状況を実証的に論じる。特に民間初期合作社の崩壊時期、国民党は二四年一月国民党第一次全国代表大会宣言で、むしろ合作社重視の姿勢を示し始めた点に注目する。なお、日本の「産業組合」との関連にも考察を加える。

第四章では、中共における合作社の起点と展開を論じる。まず、海外からの協同組合思想の受容を探るため、中共総書記陳独秀を含め、蔡和森、毛沢東の合作思想に分析を加える。次いで、実践としての起点を二二年九月江西省安源路鉱工人倶楽部内に創設された工人消費合作社に求める。周知の如く、安源は中共の活動の活発な地域であるが、李立三、劉少奇、及び毛沢民（毛沢東の弟）が合作社を積極的に推進した。彼らの史的役割、初期合作社との関係、消費合作社の目的、組織機構、実態などを解明する。さらに湖南農民運動の爆発的な展開と絡めて究明する。

第五章では、沈玄廬に焦点を絞り、特異な形態を採る浙江省蕭山県衙前農民協会（二一年九月設立）の実態、特質に考察を加える。沈玄廬の合作思想、及び衙前農民協会を中核に置き、合作社と農民運動の双方からアプローチし、構造的な把握と分析に努める。その際、地方自治、減租減息をスローガンとする農民運動、及び農村教育の理念と絡めて相互関連的に考察する。なお、沈はごく初期からの中共党員であるが、後に右派国民党員（「西山会議派」）となり、反共を鼓吹した。したがって、国民党、中共それぞれの合作社系列に含めず、独立章を設けて論じることとした。

第六章では、華洋義賑救災総会はライファイゼン型・農村信用合作社の組織化を二三年から開始したが、これと農村救済、農村下層金融などと関連させて考察する。そして、二〇年代における同系列の合作社の実態解明、分析をおこない、合作社史における歴史的役割を考察する。その際、歴史的背景、推移も重視する。すなわち、北京政府による妨害の実態と特質、さらに二八年一〇月南京国民政府の正式成立前後、孫文・三民主義への接近の解明にも力点を置く。なお、川井悟が強調する「縁」（fringe）の概念の適否、及びアメリカ、キリスト教徒との関係も検証する。

最後の補論では、二八年以降、三〇年代の江蘇省の合作社を論じる。それは、省の枠内に留まらず、国民政府の合作事業の中で先導的役割を果たすと同時に、それ以降の全国的発展をもたらした。この際、合作社と農民の関係だけに局限せず、江蘇の合作行政、合作立法、及び金融問題との有機的関連を重視し、〈国民政府〉—〈省政府〉—〈省銀行〉—〈合作社〉—〈農民〉という構造にアプローチする。また、農業倉庫、及び反合作社の動向なども重視する。結局、二〇年代の合作社の流れを受けて、どのような展開を見せたのか、何が継承され、何が断絶したのかに考察を加えたい。

次いで、本書の目的、重点、特色、及び独自性を述べておきたい。

まず第一に、中国合作社史全体を正確に把握し、再構築するためにも、その起点である当該時期の合作社研究は避けては通れないテーマと考えた。当時、合作社は「経済救国」という独特な思想を掲げ、あらゆる可能性を内包するダイナミックな思想的動向であった。そこで、合作思想、合作理論など経済思想史の解明にも重点を置く。合作運動を通して見る時、辛亥革命と五・四運動が連動しており、辛亥時期から協同組合思想の流入が続き、初めて五・四時期での実践が可能になったといえる。また、辛亥時期以降の合作社関係各論文の内容の再検討し、朱進之と徐滄水の役割の違いを分析し、確定する。

第二に、初期民間合作社による合作社組織化の実態、その意義と限界を押さえながらも、これらを積極的に評価する立場に立つ。換言すれば、こうした時期を経なければ、三〇年代の飛躍的発展はなかったと考えるからである。また、これは地道な研究であるが、北京消費公社を除けば、これまで、ほとんど研究進展が見られなかった当時の信用、消費、生産各合作社を新たな事実、新史料によって深め、各合作社の実態把握を進展させた。のみならず、二〇年代のすべての合作社を極力摘出し、上海合作銀楼などのように従来とりあげられなかった合作社の発掘に努めた。そして、独自の時期区分の作成、初期合作社時期における消費合作社主流になる時期の確定、及び合作社の地区別普及の状況の把握をおこなった。

第三に、この時期における合作社組織化の全貌を明らかにするにはどうしたらよいか。本書では、民間、国民党、中共、さらに沈玄廬、華洋義賑救災総会を加えて五本柱を立てた。当該時期の合作社の全貌を解明する上で、歴史的に相互関連があり、この中の一本柱も除外できない。例えば、華洋義賑救災総会系の信用合作社も二〇年代合作社の中で重要な位置にあり、これを除いて当時の合作社を明らかにできない。逆に、華洋義賑救災総会系だけとすると、やはり局部を明らかにしたに過ぎない。したがって、まず、それぞれにアプローチし、それぞれの起点、実態、動向、特色、及び歴史的位置を極力あらゆる側面から実証的に明らかにした後、それぞれを切り離さず、総合化する。いわば民間、国民党、中共、沈玄廬、及び華洋義賑救災総会系の各合作社をミクロ的に明らかにした後、有機的に関連づけ、マクロ的に一〇、二〇年代合作社の全貌の解明に挑む。

第四に、第三とも関連するが、中国近現代史研究では、国民党、中共の一方に偏り、一方だけを論じ、もしくは一方からの視点、史料のみで論じる傾向にあったが、本書では、両党の合作社関係者、合作社政策、合作社の実態をそれぞれ実証的に論じた上で、比較検討し、相互に歴史的に関連づけて構造的な解明を目指す。合作社視点から考察を加えた結果、国民党系では孫文、戴季陶、廖仲愷、陳果夫、邵力子が浮かび上がり、中共系では蔡和森、毛沢東、陳独秀、李立三、劉少奇、毛沢民が浮上した。これら著名人士は近現代史の各局面で多くとりあげられるが、合作社との関係は思いの外、知られておらず、それ故、いかなる関係にあり、いかなる役割を果たしたのかを具体的に解明する必要性に迫られた。特に国民党の廖仲愷、中共の蔡和森は、本書で明らかにするように両党の中で極めて重要な位置を占めるにもかかわらず、従来、合作社関係では完全に看過されてきた。

第五に、沈玄廬は元来、上海共産主義小組、減租減息運動、地方自治、もしくは「西山会議派」の関連でアプローチされてきたが、本書では、独自に合作社視点からアプローチし直した。すなわち、沈玄廬を合作主義者と見なし、その合作思想の特色、彼の構想による衙前農民協会がいかなる合作社であったのかを解明し、その歴史的位置づけをおこなった。その結果、沈玄廬による減租減息運動も地方自治も合作社と密接な関連があり、合作社を除くと、その本質を理解できないことを指摘した。このように、沈玄廬指導以外の合作社を含めて、経済面のみならず、政治、社会両面、特に各種自治や互助との関連を重視した。

第六に、従来の僅かな研究は三〇年代から二〇年代に触れているのに対し、本書では、「補論」として、江蘇合作事業を導入することで、二〇年代を基盤に三〇年代を見通し、その連続と断絶を考察した。そして、その実態を〈国民政府〉―〈省政府〉―〈省銀行〉―〈合作社〉―〈農民〉という構造から分析し、南京国民政府の合作事業の歴史的位置、及び意義と限界を明らかにした。

これら以外にも多くの独特な点がある。例えば、①従来の研究は農村経済研究の一環、もしくは手段として合作社を解明するのに対して、本書は合作社それ自体に焦点を合わせた中国協同組合史研究で、都市と農村双方から立論している点、②合作社だけに特化して、経営、「健全さ」、及び組織機構などにだけ着目するのではなく、中国の大枠としての歴史的背景、歴史的推移を一貫して意識している点、③辛亥革命、五・四運動の一断面を合作社から照射し、逆に辛亥革命と五・四運動に対して新たな視点から分析する手がかりを得られる点などがあげられよう。

なお、本書は、私の中国合作社史研究の第二弾で、抗日戦争時期（一九三七～四五）を対象とした『中国工業合作運動史の研究』(7)の姉妹品といえるもので、前著をさらに発展、深化させる意味でも、一〇、二〇年代の協同組合思想流入から初めての合作社組織化についての研究は不可欠であり、研究を継続し、どうしても執筆する必要性を感じていた。とりもなおさず、本研究は、三〇年代の南京国民政府の全国的規模の合作事業、さらに抗日戦争時期における工業合作運動と連動させることで、中国合作社史全体を再構築するための研究構想を実現する一環でもある。

註

（1）一九四九年人民共和国成立後、流通面では供銷合作社が成立し、また互助組、初級・高級農業生産合作社が成立した。これらを吸収合併し、五八年には、人民公社が農業・工業・商業・民兵などを包括する「政社合一」形態として誕生した。そして、全国農戸のほとんどを組織したが、過度の政治優先により破綻した。その後、七八年改革開放政策以降、再び供銷合作社、農村合作社が大量に復活・新設され、工業・農業・信用・商業・サービス・運送まで手がけている。八三年以降は、農村信用合作社は独立採算、連合化を加速した。また、農村信用合作社は原則として郷鎮毎に一社設立され、九五年には四万七一一七社となった。農業協同組合組織は①伝統型の供銷合作社、信用合作社、②地区型、社区型の合作組織、③専門型の農村専業合作組織の三類型に分かれるという。なお、供銷合作社は二〇〇〇年段階で一億八〇〇〇万戸の農戸が参加する世界最大の協同組合で、商品取扱高四四〇九億元であり、ＩＣＡ副会長も出している（①青柳斉『中国農村合作社の改革』日本経済評論社、二〇〇二年、②斉文波「中国における農村信用合作社の構造と変貌」『協同組合研究』第一七巻四号、一九九八年六月、③李中華・神田健策「農業産業化政策下の中国新型農協の形成と取り組み」『協同組合研究』第二三巻二号、二〇〇三年一二月、④鄭蔚・谷口憲治「中国における協同合作化政策の展開要因と政策構造論的考察」『協同組合研究』第二二巻四号、二〇〇三年六月など参照)。中央・地方政府と関係、法的未整備、社員の経営力不足、及び株式会社との関係等々、旧くて新しい問題を孕みながらも、現在の中国を考察する上でも看過できないテーマといえる。したがって、その起点、実態、歴史的変遷、及び特色を正確に押さえることは極めて重要といえる。なお、青柳前掲書は第三章「劉少奇の合作理論とその批判・継承」で、人民共和国成立の前後以降における劉少奇の流通と消費合作社重視とその合作理論の特徴、及び毛沢東の農業生産合作社重視との対立を論じ、参考になる。

(2) こうした研究状況を反映して、漠然と中国合作社が日本やデンマークの影響で開始したと推論したり(『中国経済史の探究』汲古書院、一九八九年、三二～三四頁)、一九二五年五月広東省農民協会第一回会議から開始されたとする(『新版協同組合事典』家の光協会、一九八六年所収、山本秀夫「中国合作社」)など基本的な事実の誤認までも見受けられ、結果的に、そこから三〇、四〇年代の合作運動も立論されることになるのはやはり問題であろう。

(3) 私は、中華人民共和国成立以前の合作社史を大きく、【初期】(一九一一～一九二八)、【中期】(一九二八～一九三七)南京国民政府時期、【後期・末期】(一九三七～一九四五/一九四五～一九四九)抗日戦争・国共内戦期と捉えており、本書はいわば【初期】をとりあげる。合作社史から見れば、「日中十五年戦争史」で主張される三一年九・一八(「満洲」)事変を、画期とすることは難しい。

(4) 日本戦前、当該時期の中国合作社にも触れる研究では、近藤康男『協同組合原論』(高陽書院、一九三四年)があるが、同書第一編第六章「各国社会経済事情と協同組合」の中で、薛仙舟によって着手、その後、「支那」の協同組合を二系列として(イ)華洋義賑救災総会、(ロ)江蘇(省)農民銀行だけを簡単に紹介し、封建制、「被搾取国」のため、「芽生え」の時期で、三一年産業資本がやや発達した地方に見られるだけ(一七〇～一七二頁)、と評価は極めて低い。

(5) 四〇年代研究も少なく、ほとんどが三〇年代(三七年の盧溝橋事件以前)を研究対象としている。合作社関連研究としては、例えば、①川井悟「日中戦争前中国安徽省における茶統制政策」『経済論叢』第一三六巻四号、一九八五年六月、②笹川裕史「国民政府の江西省『剿匪区』統治に関する一考察」『史学研究』第一八〇号、一九八八年七月、③青柳純一「一九三〇年代中国の協同組合運動における二潮流——梁漱溟、陶行知との関連で——」『協同組合研究』第八巻一号、一九八八年一〇月、⑤弁納才一「南京国民政府の合作社政策」『東洋学報』第七一巻一・二号、一九八九年一二月（『近代中国農村経済史の研究』金沢大学経済学部、二〇〇三年に所収）、⑥拙稿「江蘇合作事業推進の構造と合作社」、野口鐵郎編『中国史における教と国家』雄山閣出版、一九九四年（本書に「補論」として所収）などがある。盧溝橋事件前後以降、四〇年代研究としては、⑦拙稿「農本局の成立とその役割」、大分県立芸術短期大学『研究紀要』第二一巻、一九八三年、⑥拙著『中国工業合作運動史の研究――抗戦社会経済基盤と国際反ファッショ抗日ネットワークの形成――』汲古書院、二〇〇二年などがある。

（6）なお、陳岩松は一九〇八年浙江省永嘉で生まれた。政治大学社会経済系合作組を卒業後、日本の法政大学大学院に留学。社会部合作事業管理局長、内政部合作司長、国連国際労工局合作諮問委員、及び中国文化大学教授などを歴任した。いわば国民党右派系の合作社指導者として、自ら合作社を推進した経験を有している。したがって、陳岩松著『中国合作事業発展史』は経験に裏打ちされた充実した研究で、一級史料ともいい得るが、同時に自ら指導した合作社系列を軸に、それを過剰に高く評価する発想に陥る危険性も考慮にいれておく必要がある。なお、同書下冊は台湾撤収後の国民政府による合作事業についてである。

（7）前掲拙著『中国工業合作運動史の研究』を参照されたい。

第一章　協同組合思想の中国への流入と受容形態

はじめに

本章では、清朝末期、辛亥革命前後から一九二三年まで、海外からの協同組合思想の流入から、五・四運動を経て中国で初めて合作社組織化がおこなわれた時期に焦点を絞って論じる。

まず第一に、清朝末期、辛亥革命前後からの中国への協同組合思想の流入をとりあげ、その特徴と意義、協同組合思想の受容形態を明らかにする。すなわち、イギリス、ドイツ、フランス、日本などの協同組合思想が流入したが、これら各国からいかなる方式の協同組合を、どのような形で受容したのか。辛亥革命時期から五・四時期にかけての協同組合に対する認識の深化と理論の発展を跡づける。大きく都市型、農村型と分けると、それらとの関係はどうか。

第二に、五・四運動時期に「経済救国」の観点から、実践を目指す薛仙舟ら復旦大学グループが形成され、平民週刊社（後の平民学社）が設立された。薛仙舟ら復旦大学グループと雑誌『平民』の実態と特質を論じる。そして、研究、宣伝に尽力し、その影響下で中国内外の各地に同様な研究・宣伝団体が創設されている。その実態を解明し、その史的役割を考察する。

第三に、合作主義と各種思想との関連を実証的に明らかにし、各種思想の中で位置づけをおこなう。結局、資本主義、社会主義、共産主義、無政府主義などに対して、中国合作主義者はどのような見解をもち、論争したのか。それらの各種思想といかなる関連があるのか。共通性と差異はどうか。合作主義と進化論などとの関連を含めて考察したい。

第四に、各種合作社の組織化問題に関する、いわば実践的問題である。合作社の種類、例えば消費、生産、信用各合作社の効能が論じられた。結局、中国にとって有用、かつ組織化が可能な合作社は何か。また、生産合作社とはいえ、工業生産合作社か農業生産合作社か。指導者は誰が担うのか。かつ合作社を推進する上で、重要な合作教育問題が論じられた。その他、合作社と、労働者、工会（労働組合）の関係をいかに考えられていたのかに考察を加えたい。

第五に、中国初期合作運動と国際協同組合運動の関係などの解明に重点を置く。この問題は、国際協同組合運動と中国初期合作運動の関係のみならず、中国合作運動の特色を考察する上で不可欠な重要テーマである。当時、中国で生まれたばかりの合作運動は海外の協同組合運動といかなる関係を有していたのか。それに関する情報はどうか。他方、海外では中国の合作社はどの程度まで認知されていたのか。海外への視野の広がりの中で、戦時期、平和時期における合作社の役割と特質も考察を深められ、かつ婦女問題も論じられたことには注目したい。

以上のように、本章の目標は、中国合作運動の思想的起点を確定することに主眼がある。そして、辛亥革命時期から二〇年代の協同組合思想の流入と受容を、極力あらゆる側面から実証的に明らかにすることを目的にしている。いわば協同組合思想が活発に論じられていた時期に焦点を当て、その実態と特色を解明する。このことは、とりもなおさず、辛亥革命と五・四運動を合作社視点からいかなる意味を有するかも問い直すことになる。

一　協同組合思想の中国への流入とその特質

協同組合は清末から中国で知られていた。例えば、北京京師大学堂に留日学生が帰国して「産業組合」（当時の日本での協同組合の訳名）という課程を開設したとされる[1]。その時期は明確ではないが、京師大学堂の設立が一八九八年であるから当然それ以後となる。ただし、屈万里など主編『京師大学堂』にはそうした課程、科が開設されたり、もしくは講義があったとの記載はなく[2]、商学や経済学講義の中に含まれていた可能性もある。

その他、当初、協同組合は「産業組合」以外にも「互助」、「公社」、「公会」、「協会」、「共済社」、「共済会」、「協作社」、「協社」、「合社」、「合助社」、「産業結合」、さらに「会社」等々に訳されていた[3]。これらの名称が「合作社」に次第に統一され始めるのは、一九一九年一〇月上海国民合作儲蓄銀行が成立して「合作」という名称が実際に使用され、かつ二〇年七月『覚悟』などが「合作社」への統一を要求した以後と考えられる[4]。なお、「会社」はすでに日本でcompanyの訳語とされており、不適とされ[5]、また「合作」と「互助」も次第に区別して使用されるようになる。例えば、範履吉はフランスでも「合作社」（cooperative society）と「互助社」（mutual aid society）に分けられているとし、前者は「営業」的、後者は「博愛」的性格とした[6]。このようにしてセレクトされていったのである。

では、辛亥革命前後から五・四運動以前、協同組合思想はどの程度、どのような形で、さらにはどのレベルまで紹介されていたであろうか。鄭林荘によれば、一九〇五年『法政叢編』（湖北法政編輯社）第十三種『経済学』は協同組合式銀行が四種主要銀行の一つとし、九年R・T・エリー（Ely）著、熊崇煦訳『経済学概論』には協同組合の一節があり、その組織を論じ、さらに一〇年謝霖・李澂著『銀行制度論』は「人民銀行」（信用合作社）に論及しているという[7]。実像に迫るためには、まずその具体的内容を押さえる必要がある。だが、残念ながらこれらは未見である。

とはいえ、その他の当時の新聞、雑誌などに掲載された多くの関連史料は入手できたので内容を検討したい。一九一二年四月二二日付けの『民立報』は、「消費組合は産業組合の一種」とし、「他の組合と異なる点は、その目的が組合員の消費上の利益を増進することにあり、職業の如何を問わず、およそ独立の生計を営む者は皆加入でき、……（その）範囲が広いことが隆盛の原因」とする。その後、小売商との衝突など困難を指摘するが、人民の知識が高まった後、盛んになり、世界で最も盛んなドイツを見るにその社会のレベルを象徴しているという。かくして、それが設立されれば社会交易は少数豪商の手に独占されるに至らないとするのである。(8)

このように、都市の消費協同組合を論ずるものもあったが、ただ、この時期は中国が農業国家であるということを反映し、農業問題打開に大きなウエートが置かれていた。すなわち、一三年には袁世凱政権下の農林部『農林公報』は幾つかの関連論文を掲載している。例えば一月潘詠雷「論農業組合為改良農務之要図」は「吾国農業組合の制度の発達で最も早期は井田制」と位置づけ、その後転変して「農業組合」の制度も見ることができなくなったと慨嘆する。そして、農業不振は小農制度に根ざしたもので、それを改良せねばならず、それ故にこそ外国の「農業組合」、すなわち協同組合制度を移植したいと強調する。ただ英領カナダ、日本の北海道の方法はそのまま中国に適用できず、中国農業の状況を参酌して、「井田之遺志」を「師」とするとする。その後、「農業組合」の利点に言及するが互助・協力的な側面に限定し、かつ「富者は資本を以て労力に代え、貧者は労力を以て資本に代える」(9)、と述べる。すなわち、資本による支配を許さぬために、「貧者」であっても協同組合員になるためには原則的に低額株の購入（出資）が義務づけられ、かつ持株限度も決められているにもかかわらず、資本と労働力を分離し、利潤追求をする株式会社と混同して解釈するなど、その理解は極めて浅いものであった。

しかし、三月「救済小農金融論」になると、不十分とはいえ内容的に大きな進展を見せ、具体的に「信用組合」（農工商など「産業」に必要な資金を組合員に貸与、かつ貯金に便宜を図る）、「販売組合」（組合員の生産物を仲買商人の手を経ないことによって、彼らの利益独占の弊害を防止する）、「購買組合」（「産業」、生活に必要な物品を組合が代って購入、組合員に転売する）、「生産組合」（物品生産、販売を目的とする）とそれぞれ区別して説明し、「この問題は軽視すべきでない」と再度強調した(10)。同月、崔学材「産業組合之効用」もイギリスとドイツを例に出しながら農業上の危機克服は農業の「産業組合」と極めて大きな関係があるとし、「生産、販売組合」、「農業銀行」（信用合作社）によって中小農金融を維持、生産コストの減少、生産増大、「農工商業の相互調和」、「富強」を図れるとする。その後ドイツの協同組合の統計数字を示し、「ドイツの農業振興の由来する所は産業組合の効用がかくの如く著しい(11)」、と結論するのである。

また、『中央商学会雑誌』も潘承業「信用組合論」を掲載した。これは「信用組合」の性質として中産以下の産業者の資金互助機関と位置づけ、その期限はイギリスとドイツで発達したことを述べ、その組織構造を、「信用組合組織化で我らが最も研究すべき」組合員に関してその加入資格、権利と義務を述べ、その後、資本金、組織（総会。総理、会計、書記という経常職員。監理）、貸付最高額、利益配分（債権者への利子、経理費と職員報酬、準備金、利息配当）などを具体的にあげ、手堅く説明している。その効用として、①これまで資金運用、信用利用を少数の資本家、財産家が独占してきたが、中下（産）社会にも信用経済の利益を普及させる。②軋轢、闘争の要因たる貧富の格差の弊害を減少させる。③地方経済の独立を促進する。④中下（産）社会の貯蓄精神を鼓舞する。⑤「小民」（中産以下の人民）の道徳心を養成する。⑥自助自治能力を養成し、「小民」の自立能力を発展させ、自由競争の経済界に適応、生存できるようにし、それらの能力を日増しに発達させることで地方自治行政の基礎とするとし(12)、すでにこの時期から地方自治などを重視していて注目される。

このように、清朝末期、とりわけ辛亥革命後、不十分ではあったが、中国思想界における開放の要求から西欧から協同組合思想を含む新思想が流入し、協同組合が紹介され始めた。これらの内容を実際に検討することを通して以下の事実が判明した。

第一に、鄭林荘はこの時期「心から合作を提唱する意思はない」と断じ、二〇年前後出版の何海鳴『中国社会政策』から提唱の意思はあったようである、とする。(13)しかし、潘承業は当然、設立意思があり、潘詠雷も「軽視すべきではない」の言にも示される如く問題意識をもち、さらに上述の『民立報』の文章末尾の「記者誌」には「貧富の調停」には「共産を空言するものに固より勝る」と述べている点からも、協同組合を現実的なものとして認識していたことが看取できる。すなわち、二〇年前後からではなく、実際にはすでに一二、一三年段階で協同組合導入も考慮に値するとの意識があったと見なさなければならない。なお、後述するように薛仙舟も一四年には合作主義を提唱していたとされる。

第二に、この時期の特色として、農村問題にかなりのウエートが置かれ、その打開のために協同組合を導入しようとしていた点があげられる。とはいえ、都市の消費合作社もそれなりに重視され、その効用として豪商による中間搾取の抑止を強調している点は看過できない。こうした発想は五・四運動以後の消費合作社重視の発想と共通したものを持ち、地方自治の問題とともに、合作思想における辛亥時期と五・四時期の連動している部分と見なすことができるからである。

第三に、協同組合を実際に組織するためには、協同組合の効用を知ることも大切であるが、むしろ協同組合の種類を知ること、とりわけ組織構造をどのようにすればよいかの問題であろう。その点で潘詠雷「救済小農金融論」、潘承業「信用組合論」は実践への初歩的な基盤を創ったという意味で重要であろう。このように、部分的とはいえ、辛亥時期にすでに合作社実践への前提条件は出来上がっていたと考えられる。

では、実践への転換はいつか。すなわち、五・四運動前夜、広範な大衆に社会経済的要求が潜在しており、具体的力量になり始めていた。時にパリ講和会議での中国の国際的地位の低さ、政治腐敗を知った知識人は国家の徹底的改造の必要を感じた。そこで西欧の社会、経済、政治の状況、及び各種思想が辛亥時期以上に紹介された。特に各種社会主義、すなわち無政府主義、共産主義、国家社会主義が救国思想として討論されたが、協同組合主義もその一つであり、青年知識人に深く受容されたという。[14]とりわけ、五・四運動以降の意識高揚の中で、単にスローガンを奏でるだけで具体的方法が少ないと自省の念が生じ、「実際」すなわち経済を重視する一団の知識人グループが形成された。そして金融中枢の合作銀行から着手、また消費合作社から将来の「民主」を創造することを呼びかけたのである。[15]

五・四運動以後、実践への転換に先陣を切った朱進之（一八八八～一九二三）、徐滄水（一八九五～一九二五）は、資本主義の欠陥から生じる中小業者、労働者などの生活困難改善のために協同組合の組織化を主張した。

まず朱進之によれば、経済学などは往々にして資本主義を促し、その道を前進させるものである。ただ資産家に代って研究し、いかに労力を省いて最大の収益をあげるかのみを考え、最大多数の労働力に依拠する人は功労が報われることがいかに困難か。労資対立はここから生じると考えた。こうした発想の下で朱は「平民銀行」（信用合作社）を重視した。[16]朱は、我国の平民に対して特別な金融機関がなく、一大欠点であるとする。また日貨ボイコットの視点からもその設立意義を強調した。すなわち、日本からの輸入商品は多くが部品、小物で、僅かな資本があれば製造が困難ではない。勧業銀行が巨額の貸付をおこなえば工場を設立でき、大規模なボイコットができ、「平民銀行」が一般の小工、小商を助ければ小規模なボイコットができるとし、[17]かつ民衆自治、団結、相互扶助を増進できると主張したのである。

では、「平民銀行」の組織形態はいかなるものか。朱は、ドイツのシュルツェ（都市型信用協同組合）、ライファイゼン（農村型信用協同組合）両型を参考にした[18]「平民銀行簡章草案」（一九一九年八月）を作成した。それによると、(1)宗旨は互助、自助であり、政府の資本を必要としないが、その保護と提唱は必要である。(2)中産以下を組織し、非会員は借金できない。(3)会員は一定区域（一城市、一郷）に居住する中産以下の有識者。(4)一株は城市では二〇～三〇元、郷村では三～五元とし、会員には最低一株購入を義務づけ、多くとも若干株以上の株購入はできない。大会ではいかなる会員も「一権」（一票）を有するだけである。(5)貸付は五角～五〇元。(6)期限は大体三～六ヵ月、長くとも一年であるが、農民は三～五年、あるいは五年以上に延ばせる。(7)借金には抵当は不要であるが、二人の保証人と用途の説明が必要である。(8)将来、一省に一連合社、銀行を有し、最終的には全国集中機関による事業の統一を図る、とある。[19]その長所は、①地方貧困情況が一変する。②国民自治、自助精神、能力の増大。③貯蓄の奨励。④すべての人が生産に従事し、算盤で利益を得る者（商人）は自然淘汰される。⑤平民経済から平民教育、平民政治に達すると主張し、中華職業教育社、江浙両省教育会に共同提唱者になるよう訴えている。[20]

つまり、この草案はシュルツェ、ライファイゼン両型を組み合わせることで都市と農村の双方に目配りしながら、都市、農村の状況の相違に鑑みて、一株の金額、貸付額、貸付期限などを決め、双方に協同組合を設立することで、結果的に中国の中下層の経済基盤を確立しようとする野心的なものであったといえる。また、「全国集中機関による事業の統一」という発想も後述する上海合作連合会、そして三五年三月の全国合作事業を主管する実業部合作司、さらには同年秋の全国経済委員会下の合作事業委員会設立を予言する先駆的なものであった。ここでもその効用として「自治」があげられ、かつまず経済を重視し、それから教育、政治へとの意見は初期合作運動の特徴をなすものであった。

次いで、徐滄水は長沙出身のジャーナリストで『民立報』の編輯、実業編輯社の経営などをおこなった。一六年上海の南洋商業公学で講演した。その後、二年間日本で経済組織を調査、帰国後『銀行週報』の主幹となり、協同組合関係論文を矢継早に発表した。なお、徐は当初「公会」、次いで「公社」、時には「産業組合」も使用したが、二一年四月から「合作社」の訳語を使用するようになる。[21](1)それは経済界における資本万能主義に対して、中小農工商業者が大資本家に抵抗、自らの生存、安全を図るために生れたとし、[22]合作社の業種にかかわらず重視する姿勢を示した。

⑵組織は資本の結合ではなく、人格の結合で、営利の株式会社とは根本的に異なり、目的は会員の資金融通を扶助し、会員の事業を助長し、中産階級にとって収益大とした。[23]（3）「生産公会」は労働者、手工業者が工場を立て、原料を購入、共同生産を目的に設置された。これは各種「公会」中、最も利点が大きいが、工場、機械などの巨額な出費を必要とし、かつ物価変動の少ない品目に限らざるを得ないなど、経営上、困難が多い。だが、小生産者、労働者を資本家の地位に立たせ、収入を増大させる点を評価すべきとする。[24]（4）「消費公社」は労働者間に留まらず、中産階級にも普及している点に着目するが、実務人材が少なく、また一般民衆に現金売買が歓迎されないなどの困難に言及する。ただ、物価高騰による生活困難という事実、商人の暴利矯正の観点から、その必要性を力説する。[25]⑸信用合作社は無産、中産両階級の結合体で、①金融の偏りを是正、②無産階級が独立生活ができる、③社員は当地主義を採り、当地の資金で地場産業を開発して金融を豊かにする、[26]という。かつ小商工業者に対人信用の貸付機関がないことを指摘し、[27]その打開策としても信用合作社を重視した。

このように、徐滄水になると、農村、農民問題にはあまり触れず、例えば「生産公会」も農業ではなく、工業生産協同組合についてであり、都市に大きなウエートが置かれることになる。すなわち、朱進之が農村も重視し、辛亥時期の協同組合思想を継承して「平民銀行草案」の中で発展させたのに対し、徐は都市重点への転換を見せる五・四運動以後の協同組合思想の先駆けとしての役割を果たしたといえる。なお、徐は五・四運動以後も合作同志社の委員になったり、『平民』四四号にも原稿を寄せるなどの活動を続けている。以上のように、『銀行週報』中心に協同組合が論じられていた。

この間、注目すべきもう一つの流れが形成されていた。それはアナーキスト李石曽が積極的に消費協同組合を中心にとりあげ始めたことである。すでに一七年に節約の観点から「協社」として消費協同組合に若干触れてはいたが、[28]五・四運動を経ると、「合社」と訳し、次第に熱が入り始める。とりわけ二〇年四月「社会革新之両大要素」は協同組合に大きく踏み込んだ論説として看過できない。すなわち一切の社会革新に不可欠なものとして工会と「合社」をあげ、特にフランス、イギリスを例に出し、各種「合社」があるとはいえ、消費「合社」は「節省経済」を目的とし、資本家と労働者を一爐で溶かし、比較的簡単な上、最も発展させやすく、かつ堅固であるという。李の時期区分によれば、（甲）社会革新以前の時代―工会と「合社」は予備の職務を担い、大多数の人に社会改革の練習をさせ、その能力を増大させ、社会改革の中堅とする。（乙）社会改革過渡時代―工会と「合社」は生産と消費の予備をなし、新旧制度交替の交わりとなし、何らのパニックも発生させず、経済生活の中断の憂いも免れさせる。（丙）社会革新以後の時代―理想は実現し、工会と「合社」の予備の任務と過渡の効能はすでに終わり、新社会に適した制度を求める。李は社会革新的最も重要な点として、資本家・労働者の階級と生産者・消費者の区別を消滅させることとし、その意味で工会と「合社」を無視できず、社会問題を研究する者の注意を喚起したいというのである。(29)

このように、工会と協同組合を関連させる発想、もしくは協同組合を工会の経済基盤とするとの意見は、李石曽のみならず、戴季陶や初期合作主義者にしばしば見られ、この時期の一つの特徴を形成しているといえるであろう。ただ李石曽の場合、思想、運動面で協同組合の重要性は認識しているものの、具体的にいかにして組織するかという面では弱く、実際に合作社を組織する場合、第二章で後述する如く無政府主義団体の広州工人合助社は『平民』グループに指導を仰がねばならなかった。

二　薛仙舟ら復旦大学グループの形成と平民週刊社

これらより若干遅れて上海復旦大学教授薛仙舟（一八七八～一九二七・九）の影響下で実際に合作社を組織するための本格的活動が開始された。薛は一九〇一年カリフォルニア州立大学留学。五年ドイツのベルリン大学に留学し、銀行業務を実習するとともにシュルツェ、ライファイゼン両型を研究し、中国の貧民解放に役立つと確信した。そして米独留学の経験から資本主義発展の結果生じる貧富の差にも、階級闘争史観を中核とするマルクス経済理論にも批判的となり、「左右両思想の中間的大道」、協同組合思想を深く信じるようになったという(30)。そして『復旦大学志』によれば薛は復旦公学ですでに一四年から合作主義を提唱していたとされる(31)。

では、復旦大学(32)から開始された合作研究・宣伝機関たる平民週刊社に論を進めたい。その創設は二〇年四月であるが、発起は一九年一一月である。発起者の李栄祥、譚常愷、黄華表らが第一教室で二時間討論した結果、「平民」の観点から教育を提唱することにした。なぜなら李栄祥らには五・四運動以後、文化運動がおこなわれているが、専ら知識階級を重視する者が多く、「労動階級」を顧みるものが少ないとの認識があったからである。すなわち、文化運動は全民から着想すべきで、そのためにも教育を重視するとし、一種の宣伝方法として週刊を出版するのだという(33)。また、薛も「社会改造は無内容な大衆運動からできるものではなく、『実力』から着手せねばならない」とし、そのために「週刊を発行し、一方で宣伝し、一方で実行する(34)」ことで、結果的にそれを担う知識人の重要な役割を強調するとともに、「実力」すなわち経済重視の姿勢を示唆し、かつ宣伝と実行の同時進行を打ち出した。

二〇年上海学生連合会が山東問題で罷課（授業放棄のスト）を提案、復旦大学もその列に入っていた。その罷課後の余暇を好機とすべく週刊発行の準備を進めた。何度も会議がもたれ、楊道映、黄華表が正副総編輯、劉啓邠、毛飛らが編輯、陸宝璜、李安が経理を担当することとなった。印刷は民国日報館に委託したいと考え、中文系主任教授邵力子に相談したが、同館は『星期評論』の印刷で忙殺され、代って救国日報館大華印刷所を紹介してくれた(35)。問題は資金であるが、学生中心の組織であるから当然不足する。そこで李登輝校長(36)に相談した結果、合作事業に熱心な教官湯松(37)や邵力子が支援してくれることとなった。さらに李校長は教職員会議を召集、給料の五％の献金を決めた。かくして毎月一一四元を確保できることとなり、それを紙代と印刷費に八〇余元の外、郵送費、雑費に充てた。発行部数は二〇〇〇部。郵送費だけをとり、平民に新知識を注入するため、新聞代は無料とすることで普及を期すこととしたのである。[38]

かくして、四月第二回準備会が開催され、復旦大学内に平民週刊社が成立した。そして合作主義と労働界の連繫を目指し、『平民』の発行を五月一日メーデーに定めた。その発刊詞には「救国運動が継続して高まる時に当たり、平民の叫びは恰も春雷の啓蟄の如く『自由』、『平等』、『博愛』なども光明を放つであろう」とし、「社会は個人の集合体で少数の手で改造できるものでもなければ、あるいは独自に大衆を発動し、一派を打倒しても目的を達成できるものでもない。最善の方法は多少の学識を平民の頭脳に紹介し、各個人に人生の観念と互助の原理を明確に理解せしめるにこしたことはない。その時、罪悪の社会は自然に崩壊する」[39]との認識に基づいていた。平民週刊社には民衆への知識注入と濃厚な経済重視の姿勢が貫かれており、その宗旨には「社会改造の大要は大体①教育、②経済である。この二つの中から『経済問題』を選び、週刊の主義とする。欧米流行の『合作主義』を経済改造の手段とし、一方で宣伝し、一方で実行する」[40]、とあった。『平民』は第一〇号まで刊行したが、夏休みに入り、編輯員の大半が帰郷したため停刊したが、各方面から出版要求の手紙がきた。また、薛が香港から戻り、「持久精神」、「服務精神」の欠如を批判した。この時、邵が『覚悟』の読者に合作事業の重要性を喚起するため、『覚悟』を停刊し、その代りに『平民』を『上海民国日報』副刊として民国日報館で印刷することを了承した。同館から見れば、『星期評論』も停刊となっているので刊行を許可したという事情もあった。邵の尽力で二五〇〇部の紙代だけを支払い、印刷費は不要という好条件であった。[41]

『平民』第一三号は合作主義の原則を普及する努力をしている。信条は⑴社員（の権利）は持株数によらず一人一票、⑵剰余は各人の消費に比例分配、⑶すべての取引は現金などでおこなう、⑷教育事業は合作主義拡充を目的とする、⑸値段は市価より低く押さえる、⑹合作社設立後、近隣各社と連繫、最終的には合作国家、及び世界合作連盟の目的に到達する。また、効用は①金銭儲蓄の好方法、②労働者が資本家に戦勝し、資本主義打破の利器で、平和的で、かつ継続力がある、③一方で物価を下げ、他方で購買力を高める、④男女労働者が社会を改造し、工業を革新する知識と技能を訓練できる、⑤国際合作により世界和平を実現できる、⑥すべての人は共同福利、真の平等、真の民主を享受できる、⑦広範な平民教育ができるなどであった。(42)

学期が始まり、今後の進め方が討論された。この時、教職員の多数が自由献金を主張、その結果三〇余元しか集まらなかった。このように多くは合作主義の必要性を深く認識しているとはいえない状況であった。かくして学内補助金を掻き集めても五〇元に過ず、節約することでかろうじて社を維持しえた。その他、原稿不足などの困難もあったが、とりわけ問題であったのは二〇年一一月突然郵送できなくなったことである。その原因は軍閥政府が合作主義を危険思想、すなわち無政府主義、共産主義の一種とみなし、妨害したことにある。(43)ただし、この間も業務を続行した。

二一年一二月六日、平民週刊社から平民学社への改組がおこなわれた。提案者は余愉、王世穎、侯厚培らであった。その意見は、平民週刊社が新聞発行機関のままで、社員も復旦大学関係者に限られ、合作主義も十分発展しないので、合作研究、宣伝のみならず合作社組織化を本格化するためにも拡充の必要がある、(44)というものであった。その背景には、「議論多く、実行が少ない」(45)との反省があった。その結果、①宗旨は合作主義の研究、平民教育の提唱、平民経済の発展とされた。②上部機構として総幹事、書記、会計を設けた。③組織は図書部（合作社関係図書の購入、閲覧）、合作購買部（文具、書籍の代理購入と販売）、出版部（編輯科は週刊、叢書の二系、経理科は同部の出納管理）から構成される。④社員は入会費三角と半年毎に「常費」（期間毎に払い込む会費）三角を納める。⑤大会は半年毎の開催で職員を選挙する。(46)なお、職員の兼職を可能とするのは専任が少なかったことの反映であろう。

この後、平民学社は上海のみならず、湖南、広東、四川など各地の合作社組織化に理論、実践両側面で大きな影響を与えるとともに、二二年一二月上海合作連合会の設立に尽力、かつ後述の如く国際協同組合問題（一一月）、婦女合作問題（二三年九、一〇月）の特集号を組み、積極的に活動を続けた。同時に社の整備、拡充も継続している。二三年三月合作購買部拡充の討論後、選挙があり、総幹事許紹棣、副総幹事余愉、端木愷、会計沈国勲、中文書記張耀参、英文書記董志一、出版部主任毛飛、図書部主任陳承蔭らが選出された。同時に①株主は平民学社員に限る、②一株二元、利息年六厘、③物品購入の際、一割引なども決定されている[47]。六月には平民義務学校の設立、平民合作図書館の拡充が討論された。なお、この時期『平民』一部の購読料として五角をとることとなり、販売所も増大し、上海の同社合作購買部、民国日報館、職工合作商店、さらに武昌の時中合作書社で販売されるようになった[48]。

二四年には軍閥からの防衛、農労接近から政治運動に参画しようとする傾向が著しくなる。その背景には、三民主義と農工政策が普及しているのに対し、合作運動は政治に参加も援助もせず、農労と分離しているが故、成果があがらないとの認識があった[49]。にもかかわらず、『平民』第一九四期の宣言は、軍閥の弾圧を恐れ、合作社と農労の関係を指摘しただけであった。こうしている間に九、一〇月江浙戦争となり、上海は安徽派何豊林の支配となり、国民党は公開活動ができなくなり、国民党との連繫を模索していた平民学社もそれに連動した形で閉鎖してしまったらしい[50]。かくして初期合作運動は中枢機関を失うことになる。

表1-1から『平民』掲載のテーマを見ると、幾つかの傾向を見いだせよう。合作社関係の広範なテーマを追求している。合作総論が多いのは当然として、協同組合史が五〇本もあり、欧米の歴史から中国合作社の方向を見出そうとしていたこと、消費合作社重視、海外協同組合との連繫の模索、合作討論を通じて合作社とは何か、中国にいかに適応させるかなどの議論が真剣におこなわれ、かつ八本と少ないが当初から合作社法制定を目指していたことが看取できる。

平民週刊社（学社）の刺激を受けて、同時期、類似の機関が次々と設立されている。中国ではほとんど知られていない協同組合を普及させるためには、まず研究、宣伝からおこなわねばならなかったからである。例えば上海合作同志社、湖南合作期成社、上海職工クラブ、四川成都普益協社、江蘇無錫合作研究社、さらにアメリカに中華合作協進社と実業益友社があった。史料の関係から内容にもある程度踏み込める数社に絞ってその実態を論証したい。

まず第一に上海合作同志社は経費の点から復旦大学内に設置され、二〇年一二月一二日上海静安寺路の寰球中国学生会で成立大会を開催した。出席の男女四〇余人。まず主席陸思安が経過、状況を報告し、さらに戚其章、朱承洵らが合作同志社を経済改造の先駆とすることを発起した。社員はすぐに七〇余人に達した(51)。章程は以下の通り。(1)宗旨は、合作主義の研究、合作事業の提唱、合作人材の養成。(2)組織は、本社社員が委員九人を公選し、その委員によって委員会を組織し、本社の一切の事務を執行させる。(3)社務は、①蔵書室の設立。各種合作主義に関する書籍を収集し、社員の研究に供する。②編訳。各種雑誌、書籍を編訳し、印刷品を刊行して合作主義を広める。③合作主義と合作事業の重要性を講演し、国人の注意を喚起する。④各方面からの質問に回答する。⑤各種合作事業を創設、援助する。⑥通信処を徐家匯の復旦大学内に置く(52)。会費は二角の予定が四角となった。委員には、薛仙舟、程婉珍、陳果夫、徐滄水、陳端、邵力子、毛飛、陸思安、李安の九人が選出された。この時、楊譜笙が自由献金を呼びかけ、薛は一〇〇元、陳果夫、楊譜笙各五〇元、陸思安一〇元、程婉珍、邵力子、費哲民、徐滄水、毛飛各五元、その他二、三元であった。討論の結果、①委員長を設けず、陸思安、李安、毛飛の三人を事務委員兼細則起草委員とする。②海外協同組合の書報を集め、合作図書室を創設する。③合作社各種章程を起草

表1－1　『平民』掲載記事統計（1920年5月～1924年1月）

種　別	本数	種　別	本数
合作総論	50	海外協同組合団体	17
信用合作社	22	婦女合作社	7
消費合作社	41	合作雑記	16
生産合作社	17	信用合作社実状報告	9
農業合作社	32	消費合作社実状報告	13
協同組合史	50	生産合作社実状報告	5
合作教育	7	合作宣伝	22
合作社法研究	8		
合作討論	32	計	348

出典：伍玉璋『中学合作運動小史』1929年、30頁。
なお、文学、科学等は除外。

し、国民合作儲蓄銀行報告書を編纂する、とした。[53]
二一年五月同志社は寰球中国学生会で春季全体会議を開催した。薛の報告後、学生消費合作社の組織化問題が討論された。その管理人材が得難いとの問題も提起された。徐滄水は同志社と消費合作社の関係を論じ、同志社はただ提唱の地位に立つだけで、その成立後は一切の社務は合作社員の自由管理にすべきだと主張した。また陸思安は朱承洵を同志社代表として上海各校と消費合作社設立を交渉させるべきと述べた。邵力子は同志社が準備委員を推挙し、消費合作社の詳細な計画を立てるなど拡充を期し、かつ教育用品に限定することが危険が少ないとした。その他、張度と卞燕侯が中国消費合作社卸売総社の名義でアメリカ各地の書店などと交渉し、協同組合関係の書物、彙報を集めているとの報告もあった。[54]このような熱心な議論がおこなわれたにもかかわらず、原因不明であるが、この後、社員が四散してしまい、社務も停滞したという。[55]平民学社と人物、業務が重なり、存在価値が弱い。後述する「冒牌」と批判された「合作銀行」創出の母体が同志社の可能性があり、それらのことを要因に停滞したのかもしれない。ただし同志社設立の刺激を受け、各地に研究合作社、消費合作社が次々組織されたとされる。[56]
第二に上海職工クラブは王效文、解役伯の発起で二二年五月に設立された。すなわち、その契機は、王が『時事新報』に「職工倶楽部組織之必要」を書き、次いで解が同紙副刊の『合作』創刊号に「クラブ組織は資本制度の高圧下に生活する職工が……自衛の結合をおこない、互助精神をもって群体の幸福を図り、合作原理を応用して各個人の精神上、物質上の緊急の需要を満足[57]」させようとの呼びかけに応じて設立された。九月には江湾鎮で公開の第一回合作講演「平民与合作」を開催した外、職工合作商店を経営したり、補習学校を運営して平民教育を提唱するなどの活動をおこなった。後にクラブ内は職業紹介、合作、教育、遊芸、庶務、出版など九科に分かれ、委員も六三人となったが、過剰気味で、組織も繁雑、業務も統一できなかった。そこで一〇月臨時大会を開催、改組し、合作主義の実行を事業の第一とし、平民教育の発展、失業職工の救済を目的とした。業種は合作工廠、合作銀行、合作商店、合作保険、合作通信社、合作宣伝講演団、合作寄宿舎であった。こうした施策を実施したが、進展せず、二三年二月頃には、皆、クラブ費を納めることを願わなくなった。そこで基金一〇〇〇元を募集し、それを設備費とすることを議決した。また、『時事新報』の「学燈」で合作事業の専門的宣伝をおこなったり、一部クラブ員で合作研究社を組織したが、基金が思うように集まらず、事業は停頓した(58)。

第三に成都普益協社。その前身は聚興誠銀行員が組織した普益閲報室で、これは学問界、出版界が五・四運動後、民衆指導をおこなっていないことに鑑み、社会教育の一環として閲報室を公開し、民衆を喚起しようとして設立された。その後、甘煥明、馮月樵が引継ぎ、合作社に改組、その目的を合作主義研究、合作事業の提唱、社会教育の発展に置いた。かくして二二年六月普益協社が成立し、事務を書報、出版の両部に分けた。運営資金は社員の定期献金と自由献金で、書報収集は社会の寄付で賄った。四年間で基金は五〇〇元となり、収集した書報も計一七〇〇余冊となった。出版面では不定期刊を五回（第四号は国際協同組合特集号）出版し、かつ『重慶民報』副刊として『合作潮』も出し、積極的に合作主義を鼓吹したが、合作組織に対する意見の相違（詳細不明）から株主の『重慶民報』と衝突し、『合作潮』は僅か一〇期で停刊した(59)。その他、後述の農工合作儲蓄社の工作にも参与している。

第四に無錫合作研究社は二三年一二月『平民』第一八四期に宣言を発表した。それによると、「資本主義の発達以来、有産階級は常に社会経済の全権を掌握し、無産階級は有産階級の支配下に立たされて、つぶさに種々の不良な待遇を受けている」ことを前提に、そうした中で「合作運動は近世の最も良善、平等な社会運動である。このような組織は……大衆の能力を集め、必要な生産と分配を自己処理する。このような組織の利益は一方で……無産階級の経済能力を発展せしめ、他方で平均分配により種々の不平等の禍根を消滅させ、これを拡大し、世界を永遠に和平ならしめる(60)」、という。その後、欧米各国の協同組合の発展に注目し、それに対して中国合作事業は「幼稚」と嘆き、それ故、宣伝に従事し、他方で合作原理を研究し実行の準備とする(61)、というのである。また、社章によれば(1)宗旨は合作原理を研究し、早日実行する。⑵社員は平等で社長、部長はなく、書記が一切の職務を担う。⑶経費は全体社員の負担で、①入社費一元、②年一元二角を二期で分納、③全体社員議決による臨時費によって構成される。⑷集会は常会、大会、臨時会など。[62]さらに社報を六月と一二月に発行するとしたが、同社のその後の進行状況、解散日時は不明である。

では、海外のものはどうか。二〇年薛仙舟がアメリカ滞在中、ニューヨークで華僑と組織した中華合作協進社がある。宗旨は「平民主義」に基づく互助精神の提唱、経済発展による中国国民の幸福増進であった。社は三部に分かれ、⑴言論部は編輯、講演二科からなり、生計知識を注入、合作の意義を明らかにする。⑵調査部も二科からなり、中国国内科は国民生計、物産情況の調査、国外科は海外協同組合と貿易情況の調査。⑶実行部は中国内で合作社を組織、普及させる、[63]としている。彼らは『平民』の刊行を当然知っており、中国内外の人々と合作事業の早期実現を期していた。[64]

協進社との関連は不明だが、二二年頃、実業益友社の総社も同じニューヨークに設立されている。これは卞喜孫がワシントン大学関係の留学生を組織したものである。⑴宗旨は、①農労商同志と連繫、合作互助精神の提唱、②実業緊急問題の研究、③中国内の実業発展を図るとある。⑵社員は、①名誉社員（実業界で声望ある者）、②責任社員（専門学校、大学卒以上で経験豊かな者）とあり、上層、高学歴者を対象とし、会費は半年一ドル、もしくは一元であった。社員は計一一人で、書記は卞燕侯、卞喜孫兄弟である。卞喜孫は復旦大学卒、ワシントン大学商学士で、この時コロンビア大学修士課程に在学し、教授ホブソンの指導で午前中学習し、午後オウエン国家銀行で実習していた。他社員の略歴を見ると、鄭健峰と鄭鐘圭は清華学校卒、ワシントン大学商学士でコロンビア大学修士課程在学中。傅耀成は復旦大学卒、ワシントン大学商学士でハーバート大学修士課程在学中。徐志禹は清華学校卒、ワシントン大学商科在学中。郭炳照は香港大学卒、ワシントン大学商科在学中、李鍾秀は山東中学を経てワシントン大学商科在学中[65]

である。

このように、復旦大学、清華学校からワシントン大学を経たり、在学中の者が多い。当然、復旦大学卒の場合、『平民』と薛の影響が考えられる。また清華学校卒などの場合、ワシントン大学で卞喜孫の影響を受けたと推測されるが、当時、清華学校には「售品公社」という消費合作社的なものがあった(66)。その影響を受けている可能性もある。ともあれ彼らは①アメリカ協同組合の研究、②合作原理、方法に基づく商品輸出発展計画、③協同組合などに関する書籍の翻訳に取り組んでいた。そして、中国合作主義者との通信を望み、国民合作儲蓄銀行の進展状況にも関心をもっていた(67)。

三　合作主義と社会主義・無政府主義など各種思想との関連

ここで、合作主義者の各種思想などに対する見解とその関連に論を進めたい。

まず第一に、合作主義と社会主義、共産主義、無政府主義との関連。

協同組合思想は救国思想の一つとして導入された。そこで、同様に救国思想として導入された社会主義、無政府主義との関係を明らかにしたい。毛飛は以下のように主張する。合作主義が「資本主義と社会主義の中間に立ち、『和平』、『調和』の手段で平民経済（の問題）を解決し、現在の社会秩序の基礎との間に危険な衝突を発生させないようにさせる。……しかし社会主義はそうではない。その段取りは極端に走り、『打破』、『打倒』、『排除』等々の刺激的な言葉、過激な手段から離れられない(68)」とし、合作主義があれば①階級主義を一掃し、奴隷を釈放し、消費者が生産者に操縦されないようにし、労働者を資本家から独立させる。②現在の私利による競争主義の弊害を免れる(69)、とする。そして「中国の経済組織改造にはまず中国の資本主義がまだ未成熟なことを知らねばならない。大会社、工場は開設されたばかりで、また幾つかの大商業港があるに過ぎない。（こうした状況下で）激烈な手段を用いる必要があるのであろうか?……簡潔にいえば、中国経済（の困難）は専ら『分配の不均等』だけにあるのではなく、最大の原因は『生産力不足』にある」(70)とし、社会主義、無政府主義の如く中国の経済状況を無視した形での激烈な手段を用いることは不要で、生産力を増大させながら分配の公平を図る合作主義が、最も現在の中国の経済改造に適しているというのである。その上で「合作主義は現在の中国を補い、社会主義は将来の中国を補い」、ソ連を例にとれば社会主義と合作主義は現在、将来にかかわらず融和の余地があるとするのである(71)。

このように両主義は手段は大きく異なるが、本質的に敵対するものではないと考えていた。かくして、自らの主義の絶対的優位性にのみ固執し、他を論破対象と見なすことの多い他主義者に比して極めて柔軟であった。「合作社は数多くの（社会改造の）方法の一つに過ぎない」故に、「『社会主義』と『無政府主義』には『研究』の態度をとり、『混合』も『排斥』もしない(72)」、と。

毛飛の論調にも若干見られるが、合作主義を資本主義から社会主義への過渡的手段と明確に位置づける意見は多かった。例えば、陸宝璜は、工業未発達、帝国主義侵入下の中国では合作事業が労働者階級の生活を維持せしめ、資本運用も良く、中国を資本主義から社会主義に進めるのに最も適当な過渡的手段とした(73)。また于樹徳も、人民のほとんどが社会主義が何か分からず、いかなる社会主義を実行するにも少数の知識階級（もしくは武力階級）が中心となる。だが「中心階級」がいる以上、徹底した社会主義は実行できず、私有財産、自由競争も免れない。そして社会主義は遠い将来である。その過渡期に臨む臨時救済の社会政策こそ調和、人民の自助互助の合作社であるとした(74)。

合作主義は無政府主義などと目的、理想は同じとの立場も多かった。例えば蔣在鐘は、欧州の産業革命後、人類の不平等、社会危機は深まったとし、物質文明と私有財産がその悪果の原因とする。これに対抗する形で各種社会主義が生まれたとし、それぞれに批判を加える。無政府主義は呉稚暉を例に出し、極端な個人の自由と幸福を主張、国家、権力などを一切否認し、論調が高すぎ、実行が容易でない。共産主義は周知の通り生産力と生産関係から論理を導きだし、理論的にはプロレタリア独裁段階を設定するなど、共産主義に至るまでの段階論的発想があるのだが、蔣に言わせれば、共産主義は社会進化を全て唯物史観で観察し、「教育」、「経済」条件の整うのを待たずに、直ちに共産主義国家に変えようとし、早急過ぎ、これも今日適当な手段ではないという。同様にサンディカリズム、ギルド社会主義を批判、不十分な所が多いとし、合作主義だけが現経済制度の弊害解決の能力を持っているとするのである。すなわち、十数人を一ヵ所に集め、直ちに合作主義の実験ができ、平民経済を解放できる。そして蚕食漸進の方法で共産主義、無政府主義の理想社会に達することもできるのだ、と。[75]

その他、二三、二四年頃になると、軍閥の弾圧を恐れ、「合作社無害」を強調するものが増えてくる。例えば、『東方雑誌』第二〇巻七号は「資本主義は良くなく、社会主義もやり抜くことができず、ただ合作主義があるだけである。……合作は資本主義に反抗せず、社会主義に違反しないのみならず、政府を妨害しない。合作は平和なもので、いかなる人もどこでもおこなえ、何ら危険はない」[76]、とするのである。

第二に、合作主義と労働者、ストライキとの関連。

合作主義者は当初から労働者を重視し、それとの連繫を模索していた。労働者解放を一つの重要な柱と考えていたのである。倪鴻文は「年来、少数者が次第に目醒め、環境に甘んぜず、一方で労働者は束縛から自己解放しようとし、他方で改造に熱心な者が随時指導しようとしている。知識人、社会主義者、合作主義者の責任は日々重大である。……合作主義者は生産、消費、信用などの機関を完全に改造し、共同合作の精神に基づいて人類互助を目標とする」ことを前提に、「メーデー運動は労働者と合作主義者が精神面で接近する好機」と考え、知識界は宣伝運動を、社会主義者（倪はその公有の主張や労働改善の活動を高く評価する）と合作主義者は実際運動をすると役割分担を主張する。また、合作社は「平時には自己工作、自己享楽の習慣を養成することにあり、止むを得ず同盟ストの時は資本家組織の生産、消費、信用など機関に統制され、死地に陥らないようにさせる」(77)との役割を重視するのである。蔡心覚も工会、工団が速やかに各種合作社を組織することを希望し、まず消費合作社を運営して「貧民食貴米之苦」を免れ、次いで各業生産合作社を運営して資本制度の基礎を掃除する、(78)と述べている。

ただ、ストライキに対しては否定的見解を持つ合作主義者も多い。侯厚培はいう、「罷業が発生すれば、工場は必然的に停業し、生産物も滞る。甚だしい場合、この風潮が拡大し、久しく解決せず、労働者が暴動を起こし、機器は損壊し、社会が受ける損失も非常に大きい。……(その上)総じて労働者は罷業を持久的に闘えない。なぜなら生活困難と能力不足で堅持することができず、結果は十分な満足は得難い」とし、労働者自ら損害を受け、根本的解決法ではないと断ずる。それに対して合作社は「皆で共同生産、共同消費をおこなう組織である。……収める成果は大きく、資本主義を打破し、社会改造の唯一の方法であろう。……(合作社によって)労働者は資本を持ち、……自ら生産を営めば資本家は労働力がなく、運用資本もなくなる。もし全国労働者が合作方法を実行すれば、数多くの資本家は自然消滅する」(79)、と。

第三に、合作主義と進化論(ダーウィニズム)との関連。

合作主義も進化論に対するアンチテーゼとしての側面を色濃くもっている。例えば、孫錫麟は、競争は永遠で「生存競争」、「自然淘汰」は逃れられないとする意見に激しく反発、合作(社)は「個人の利益を図るのみならず、全体の幸福を図るもの」で、「合作主義は一切の凶悪な破壊的競争の反対者」(80)、と位置づける。朱羲農も「中小産業者の痛苦もまた(大)資本家と(大)企業家の一種の略奪行為によるものである。そこで我々は弱肉強食の社会の中で互助精神を発揚し、自らの経済独立を図らざるを得ない」(81)、と、中小産業者の立場から合作を訴えた。さらに王世穎は

「人類が互助の動物であることはクロポトキンが的確に証明している。団結精神は人類生活上、必然であり、必要なものである。そこで合作社は共同目標をもって団結するものであり、合作社の発生も当然」[82]、とするのである。

その他、ヒューマニズムも合作主義と関連づけられて説明された。すなわち、(1)「人道」は個人の自由権と人格を主張する。(2)「人道」は弱小と貧困を援助し、武力による圧政を除去する。(3)「人道」は世界人類の平等を要求する。(4)「人道」は民族自治を実行し、一個人、一種族の独断専行を除去する。ただ「人道」をおこなうには必ず合作主義に依拠して提唱することで目的に達することができる。合作主義は貧民経済を発展させ、現社会の経済組織を打破し、平民教育を提唱し、「特殊階級」を除去する。それは「群利群福」のためにあるとするのである。[83]

四　各種合作社の組織化問題を巡る論争

思想問題とともに、いかなる合作社が中国に必要なのかなどの実践的問題も真剣に議論されていた。第一に、イギリスのロッチデール式[84]の影響を受け、主流をなした消費合作社優先の意見からとりあげよう。

(1)　王世穎の見解。労働問題として「労工神聖」、「工人待遇改良」、「平民教育」が議論されているが、枝葉末節で、消費合作社だけが根本的解決である。その理由は、①日用品を自己の社で買える。②消費合作社が設立されれば、強固な工会ができ、資本家への八時間労働の要求も困難ではない。③消費合作社が全国に普及したら、自ら自動車工場や紡績工場を持ち、一方で生産しながら他方で国内外で販売する。④労働者は日本品を買う必要がなくなり、日本人の死命を制することができる。消費合作社普及の任務は知識人と学生が担い、キリスト教の伝導方式に倣い、講演に行き、信仰心を生じせしめる。また、平易なビラや通俗叢書で訴えるなどであった。[85]

(2) 張廷灝の見解。剰余は労働者に帰すべきであるが、労働運動で一部の剰余を獲得すると、資本家はそれを価格に転嫁して回収する。つまり労働者も人類全体も消費構造から逃れられない。そこで剰余価値（問題）を根本的に解決するには、労働者は合作社を組織し、費用を節約し、その資金を貯蓄し、まず消費合作社を設立し、そこから進んで卸売合作社、生産合作社を設立、さらにそれらを連合し、自ら製造した生産品を自ら消費すれば、剰余価値問題はなくなる。(86)

(3) 陸思安の見解。米恐慌に対して慈善的やり方では持久的でないとし、生産者（労働者、農民）、販売者、消費者を相互に連合させて合作社を組織し、米恐慌の原因たる資本家の独占を許さないとする。(87)

(4) 張感の見解。投機者、資本家を消滅せんとするなら、まず「生産公社」、「消費公社」を組織しなければならないが、「生産公社」が困難ならば、まず「消費公社」を組織して実験しよう、と訴える。(88)このように生産合作社組織化は困難とされており、消費合作社を先にするよう主張するのである。(89)

第二に、信用合作社（「合作銀行」、「平民銀行」）はドイツのシュルツェ、ライファイゼン両型の影響を受けた。信用合作社優先の意見は以下の通り。

(1) 戚其章の見解。①「合作銀行」は交通不便な中国郷村の各所に設立でき、献金だけでは不十分な旱魃などにもある程度対処できる。②組織が単純で幾百戸、幾千戸を団結させればよく、容易に設立できる。③その他の合作社、例えば（工業）生産合作社、農業（生産）合作社の資本は巨額で、当面中国での設立は困難とし、「合作銀行」から設立することを主張するのである。(90)

(2) 陸宝璜の見解。欧米の社会改造は労働者の生活改善を重視しているが、中国では生産階級の最大多数を占める農民救済が緊急であることを前提に、「合作銀行」を設立すれば、①倹約増進による儲蓄の奨励、生産費の低減、企業力の増大を図れる。②高利貸に依拠せざるを得ない弱点を補い、播種の時「合作銀行」から借り、収穫後、分期で返却する。その上で「合作銀行」は流動的な都市より固定的で集合的な農村での設立が容易である、[91]と主張する。

(3) 陳友笴の見解。信用合作社と農業生産合作社が農民の唯一の方法で、農民に大きな利益を与えるばかりか、農業生産力を発展させるとした。[92]

このように初期合作運動は実際には都市中心に展開し、あまり農村の合作社は実現しなかったが、この時期農村との関連で議論されていることは、辛亥時期の協同組合思想の継承、二三年からの華洋義賑救災総会の活動、さらに三〇年代の農村信用合作社大発展の起点問題を考察する上で注目される。

第三に、生産合作社は主にその発祥の地で、かつ最も発展しているフランスが注目され、その関連でイギリス、イタリアも論じられた。例えば、于樹徳は、生産合作社は一八三〇年頃のフランスで開始された硬玉生産協同組合（社員七人）を起源とするが、当時注目されず、フランス二月革命の影響下で組織され、四八年以降、本格化したとする。また著名な工業協同組合・ストーブ製作所等々の内容、歴史を書き、曲折があったとはいえ、フランスでは、（大規模生産協同組合が発展し、）一九〇五年には紡績、皮革など三三八社に上っている事実に論及、その発展が政府の保護政策と関連あることを述べる。[93]

では、こうしたフランスなどの歴史、現状を踏まえて中国では生産合作社をいかに進めていけばよいのか。ここで一応押さえておかねばならぬことは、生産合作社には、工業生産合作社と農業生産合作社（牧畜を含む）の二種類があるということである。

(1)馬君武の見解。数多い日用品が舶来品で、それを大商人が独占し、小商人、さらに消費者に分配する。そこで中国が消費するにはまず自ら生産に尽力せざるを得ず、生産合作社は消費合作社に比して緊急であるとする。[94]このように、その設立の緊急性を訴えるが、総じて農業生産合作社の重要性を認めながらも、工業生産合作社に対しては否定的見解が大勢を占めた。例えば、⑵張廷灝の見解。生産合作社はほとんど農民が組織している。意義は、①安価で原料、機械を購入している。②生産物の多くは市場で優位を占める。だが、工業生産合作社は世界で発展をみない。その要因は、(イ)資本に限界があり、小工業に従事できるだけである。(ロ)労働者は自ら主人となることで取り締まる人がなく、内紛が起こりやすい。(ハ)労働者は自らの地位を守るために排他的感情が発生しやすい。(ニ)労働者は市場知識、組織経験に乏しく、経理に人材を得難い。(ホ)その設立は消費者に利益なく、その成敗に無関心である。[95] ⑶于樹徳の見解。資本主義と共産主義の相違点は自由競争、私有財産の二大原則を肯定するか否かにある。工業生産合作社はそれを解決する能力がないばかりか、それに依拠して存在する。その上、設備費が非常に大きく、労働者の出資能力から小工業に適用可能なだけである。このように生産合作社の現社会救済の効用は非常に弱い。[96]

つまり、実現困難で、設立価値もあまりないといっているのである。前述したように、当時、工業生産合作社のモデルは、政府保護があり、相対的に資金的に潤沢で設備も整っている大規模工場形態を採るフランスであったため、政府保護もなく、資金もない中国では不可能との認識があった。その延長線上で、小工業に協同組合方式を適用した小規模な工業生産合作社に対しては、ほとんど検討もせずに非常に低い評価を与えている。こうしたフランスモデルからの脱却と中国における工業生産合作社の本格的展開は、抗日戦争時期に「小規模工業合作社の群生」とそれらの有機的関連を明確にした中国工業合作運動の開始を待たねばならない。[97]

初期合作運動の試行錯誤のなかで『平民』中心の合作運動指導者に種々の疑問が投げかけられた。特に、やはり合作運動指導者で上海職工クラブ解役伯の質問は鋭く本質をついていた。①罷工（ストライキ）を除けば別種の抵抗運動を引き起こすことは容易ではない。教育の普及以前、労働者を団結させ、合作を抵抗手段とすることは、あまり簡単ではない。大学生に「合作先進」との高い評価を与えられるのか。すなわち労働者に指示を与え、合作運動をする者は誰か。②最初は消費合作社がほとんどなく、財閥も気づかない。ある時期、彼らはパニックを起こし、ダンピングで抵抗する。あるいは連合して封鎖する。この難問を打開できるか。③軍閥政府は他国に比して並み外れて野蛮で、一般民衆の知的水準はさらに幼稚である。非武装の合作運動に円満な成功は望めるのか[98]、と。

その他、種々の意見が表明されている。例えば、①合作社は郷村、都市で並進すべきだが、都市は資本家の阻止力が大きく、競争は容易でない[99]。大「組合」は欧州で見る通り、意見の一致、感情の融合が困難である。そこで各分店が自らの情況を斟酌し、総店が監督する[100]。合作事業は労働者からおこなわねば効果がないので、合作主義者は民衆の中に行くべきである[101]、等々であった。

なお、合作主義者は経済に次いで、教育を重視していた。これは思想、理念の問題もあったが、同時に民衆知識を指導や原理、経営を理解できるまで高めるという緊急な課題も背景にあった。合作社自体が「自治精神を育成し、偉大な経済事業の経営能力を訓練する組織である。その一切の平等、博愛、互助の諸美徳は社会に対して特殊な効果がある[102]」と考える点は合作主義者の共通して認識する所であったが、学校教育そのものも重視している。例えば、毛飛は「義務学校の生死は相変わらず資本家の手の中で操られている。（こうした状況下で）いかにして平民教育を実現できるのか。もし合作社が頂点まで発達したら、一業種の合作社毎に剰余があるので、それを義務学校の補助とする[103]」、という。また、温崇信は、平民学校の目的が、①平民知識の啓発、②平民経済の発展であるが、現存の平民学校の課程は大半国文、算術、修身などで自らの生活に生かせない。むしろ職業科目を重視し、技能を授けねばならない[104]、とした。他に女子解放のための職業と教育問題から合作社による教育を論じるものもあった[105]。

五　国際協同組合運動と中国初期合作運動

この問題は国際協同組合運動と中国初期合作運動の関係、及び中国合作運動の特色を考察する上で不可欠なテーマである。では、当時どのような状況であったのか、これに関連する史料は限界があるが、可能な限り実証的に明らかにしておきたい。中国合作主義者は国際協同組合運動、とりわけ一八九五年からロンドンで開始された国際協同組合同盟（以下、ＩＣＡと略称）の動向に注目した。中国合作運動の開始時期、「平和は協同組合の発展にとって不可欠条件である。協同組合の進歩は世界平和の最も価値ある保証である」(106)とする、いわゆる「平和決議」を世界に宣言した一九一三年イギリスのグラスゴー開催の第九回大会を重視したが、とりわけ第二次世界大戦後の二一年八月、スイスのバーゼルで開催された第一〇回大会に深い関心を寄せた(107)。

済時は次の如く言う、「欧州大戦が終わり、『世界改造』の声が日増しに高まっている。しかし、パリ講和会議はすでに一度目の失望を与え、今回のワシントン会議も二度目の大きな失望を与えた。……もし世界の真の和平を希望するならば、さらに我々人民は自ら努力すべきである。努力の方法は一つではないが、……合作主義は少なくともこの方法の一つである。試みに第一〇回大会国際協同組合同盟大会を見るに、参加代表は二五ヵ国。その中には（敵国同士であった）八四名のドイツ代表と四八名のフランス代表が同席して共に投票した。ワシントン会議が終始、ドイツの参加を願わなかったのと比してどうであろうか。この点を見ただけでも世界の真の和平の道がどこにあるか明白であろう」(108)、と。また、『平民』第八一期掲載の「第一〇回国際合作大会の経過」は、参加代表が「国境を打破し、協同組合事業の国際協進を図る」とした点、「営利競争の工業制度が実に戦争の主要原因」で「協同組合運動の目的は生産と分配の均等を図ることで世界和平を維持する」とした点に注目し、バーゼル大会と欧州各国の協同組合運動の現状を見るに、経済混乱、生産困難な時代に国民経済生活を破産に至らないようにさせるには、合作事業が唯一の救星と位置づける(109)。謝允荘も、人類は重大な犠牲と苦痛を受け、すでに和平に向かう覚悟がある。合作主義の発展、デモクラシー世界はここから生み出されたが、これは一種の自然的趨勢で決して抑えることはできないとし(110)、さらに王世穎は一〇回大会の重要な目的は、「現代の資本家制度を排除し、社会と工業の平民主義原理に基づいて新たな社会制度にかえる」[111]、としているのである。

このように、平和志向、反戦、反資本主義意識は第一〇回大会を見る上でも一貫しており、ドイツに対しても排他的でなかったことを評価しながらも、平和、協調を強調するために排他性を示す事例を切り捨てている。例えば、同大会でソ連消費協同組合の加入問題で激論が展開されたことには一切触れていないのである。

では世界の協同組合に対して、当時どの程度、またいかなる情報、知識を有していたのであろうか。中国合作運動史の全体像を構築する上で、中国合作主義者の視野の範囲、合作運動に対する海外からの影響を知るためにその事実を基本的に押さえておかねばならない。この結果、わかることは、中国合作主義者は孤立し、視野が狭かったわけではなく、意外なほど広範囲に海外の協同組合運動の歴史、現状にも注意を払っていたことである。国際協同組合同盟のことのみならず、中国合作主義者は世界の協同組合運動の中から中国合作運動の進路を模索していた。特に薛仙舟がアメリカから持ち帰った大量の協同組合関係資料は、世界各国の協同組合の歴史や現状を知る上で一大画期となった。この時、『平民』は合作研究欄を新設し、矢継早に海外著作の翻訳を発表した。例えば、一九二一年五月アメリカ人アグネス・D・ワーバス（Agnes D. Werbasse）の“The Story of Co-operation”を王世穎が「合作的故事」として訳して連載したが、それはイギリス、ベルギー、フランス、ドイツ、イタリー、デンマーク、スイス、オートリア、ポルトガル、日本、インド、アメリカの協同組合の歴史、現状におよび、ワーバスの結論である「協同組合主義は個人と個人の間で提携の精神を引き出し、種族と種族、国と国の間の憎悪を消滅させて経済競争を互助に代え」、戦争の発端を消滅させる[112]、を紹介するのである。その他、フィリピンを含め、各国各地の詳細な状況を知っており、例えばフランスでは、協同組合が存在する地方の物価が他地方より一〇～三〇％も安価なため私商がパニック状態となり、協同組合に抵抗した事実は[113]、中国の消費合作社などと商人が将来衝突する可能性があることを予測する上で必要な知識であったし、ソ連でレーニンが武力で協同組合を弾圧したが、後に経済的にそれに依拠せざるをえなくなったとの認識は、協同組合と社会主義を考える上で参考になったであろう。[114]

　では、ＩＣＡの方はいつ中国合作運動について知ったのであろうか。文章に明確にあらわれるのは二二年である。この年アメリカ協同組合連合（American Co-operative Union）が『協同組合月刊』（Cooperation Monthly）六月号に「上海の協同組合」との題で、「中国の上海復旦大学で最近一つの協同組合が組織されたが、それを平民学社という。これは中国協同組合運動の第一声といえる。この先駆者団体は本連合と非常に接近しているのみならず、アメリカの教育と経験を受けている」[115]、と書いている。「本連合と非常に接近」、「アメリカ教育と経験」云々は、おそらく、薛仙舟、もしくは前述した実業益友社との関連を指すのであろう。ともあれ、このことは中国合作主義者を驚喜させた。続いてＩＣＡが会報八月号に「上海の協同組合運動」を掲載、同時期ＩＣＡ書記Ｈ・Ｊ・メイからの書簡で、平民学社のＩＣＡ加入を希望するとし、またＩＣＡのニュース彙刊掲載のために、資料送付を依頼してきた。そこで英文で「中国合作運動」、「平民学社の経過」などを書き、ニュース彙刊や英米各雑誌に投稿する準備を進め、世界の協同組合人士に中国も合作運動に尽力していることを知らしめようとした。[116]なお、翌年にはＩＬＯ協同組合事業部からも、中国合作運動援助の申し出と、各国への宣伝のために『平民』送付の依頼がくることになる。[117]

　こうした経緯のなかで、『平民』第一二八〜一三〇期までを国際合作特集号とし、その編者は「合作主義はすでに国際化した。国を問わず合作社がある。彼らは連合の必要を感じ、大規模な互助で大同世界の理想を実現しようとしている」と書いている。ここで「国際協同組合章程」（第一〇回大会採択）を掲載している。それには「ロッチデール先鋒隊」（ロッチデール式）工作を継続し、互助、自助原則の協同組合制度で、現在の私有事業の競争制に代えることを大前提として書かれており、さらに宗旨には(1)協同組合原理の探究と宣伝、(2)各国協同組合運動の増進、(3)各国協同組合団体中の貿易関係を増進するなどであり、政治、宗教と無関係で、中立的立場を守るなどが明記されていることを紹介している。[118]また、この特集号では、第一次世界大戦前後の協同組合の状況、動向に焦点が合わせられ、大戦勃発後、停滞したが活動力は潜伏しており、一六年九月第一次パリ会議、戦後の一九年二月第二次パリ会議、五月頃第三次パリ会議が開催され、グラスゴー大会の「平和決議」にもかかわらず、戦争防止に失敗した反省とＩＣＡ工作回復問題などが討論され、最後の「加卑納吉」（ケンブリッチ？）での中央委員会での会議で、①国際会議の開催、②国際協同組合貿易の促進、③国際協同組合銀行の設立、④各種言語の学習奨励（目下多くはエスペラント採用に賛成している）など、一七ヵ条が議決されたことを紹介し、かつＩＣＡは中国合作団体の加入を希望、同会長と総書記は、東方で合作の微光のある中国、日本を忘れてはいないと述べるのである(119)。

国際貿易を促進するというＩＣＡの意向は、中国合作主義者にとっても異論のないところであった。例えば余愉は以下のように言う。それを要約すれば、合作主義による地方貿易は合作主義の目的へと歩む道の第一歩であり、最終目的は当然、国際貿易への道で発展を図ることにある。現有の国際貿易は戦争式の国際貿易である。保護関税主義、自由貿易主義はその実、防御式と侵略式の戦争政策である。それに対して合作主義の貿易政策は互助による結合政策である。国際合作貿易の理想は、①国際卸売合作社を組織し、合同購入制を採用する。②各国の農業生産合作社、工業生産合作社、及び消費合作社の大同盟を組織する。③国際合作銀行を組織してバーター方式で、国際為替が絶えず変動するという欠陥を補う(120)、とする。

また、戦争、平和を考える姿勢も、多くの事実、議論を知ることで深まっていった。第一〇回大会については何度となくとりあげられたが、そこでの議論もそれまで以上に詳細に紹介し、王世穎が意見を表明している。すなわち、大会で、フランスの大協同組合主義者で大経済学者のシャルル・ジッド（Charles Gide）は戦争に抵抗する最も適当な手段が協同組合団体の組織であり、協同と互助の原理で教育を施すことであると主張し、かつ協同組合主義者が常に言う、「戦争は協同組合に非常に損害を与えた」との例を出した。ところが、それに対してゴード・ハート（Goed Hart）が反論した、「大戦が協同組合運動に非常に有益であったことは確かだ。協同組合運動は大戦期に蹂躙を免れなかったが、その後、交戦各国内で死灰が再び燃え始め、打撃を受けなかったのみならず、反って盛んになり、質量（営業は三、四倍、社員数は増大）とも大戦以前をはるかに超過した」、と。こうした論争を紹介しながら、王は、協同組合の勃興は物価騰貴、生活困難などであり、ジッドの再反論の如く、戦争が協同組合に利益があるのは「病気の時の医者のようなもの」との意見が妥当であるという。そして、王は戦争が協同組合に有利であることを認めながらも、決して災いを幸いとせず、世界和平運動に従事することを力説するのである。[121]当然、この問題は複雑で、協同組合は反ファッショ国家の抵抗経済基盤も形成するが、他方、ファッショ国家の経済基盤ともなり、戦争状況に極めて強力であることが、その後の歴史からも証明されることになる。

当時、合作主義者は合作運動の発展の鍵を握るものとして、婦女問題にも取り組んだ。この問題は新文化運動、五・四運動の婦女解放思想の一環として重要であると同時に、国際協同組合運動との関連はもちろん、合作運動史の側面から見れば、後の新生活運動や工業合作運動の中での多くの婦女合作社が設立されたが、その起点を明らかにしておくという意味からも看過できない。この時期、この問題に最も健筆をふるった張廷灝は「合作事業は男女共同の『合作』事業で、決して男の方面だけで研究されるものではない。いわんや女は消費の大王である。女が男との平等権を要求するのであれば、経済独立の能力がなければできない。合作は経済独立を図る唯一つの近道であり、そこで欧米婦女の協同組合事業に従事するものは日増しに多い。……そこで特に世界婦女協同組合運動の最近の状況を我国の女同胞に紹介し、女同胞が合作運動に努力することを希望する」[122]、と。ただ、資料不足を痛感し、ＩＣＡ婦女委員会に書簡を出したところ、総書記ホノラ・エンフィールド（Honora Enfield）から二三年五月付けの返信を受け取った。その内容は、「中国における合作運動の進展を知り、非常に感動している。とりわけ婦女を組織しようとしていることを知り喜んでいる。……未来のあなた方の婦女団体が近いうちに代表を送って我々の団体に加入してくれることを歓迎する」[123]、とあった。

かくして二三年九、一〇月『平民』第一七三～一七五期を婦女合作特集号とした。その動機を張廷灝は以下のように説明する、「二三年八月国際協同組合月刊上に、婦女委員会総書記エンフィールドが『世界上、協同組合に従事する女同志は、現在次第次第に増加した。凡そ五大陸で活動している同志のいない大陸はない。かつ東方で守旧の中華民国の女界も近来合作運動に従事すると聞く』と書いているとし、外国の協同組合同志はかくも熱心なのである。そこで、我々中華民国の合作信徒は当然、女界に宣伝し、婦女が合作に従事するように努力せねばならない(124)」とし、さらに五・四運動以降、「ここ幾年来、次第に中国女界が社会服務の自覚をもち始めた。だが、合作方面でそうした団体組織は見られず、合作運動に参与している個人も非常に少ないそうだ。……そこで我国女界が本刊三期の婦女合作特集号を見た後、近い将来、婦女合作社の組織もてるように希望する(125)」、と。

では、なぜ組織し、いかなる形態で組織するのか。張は「婦女合作社は婦女の自治団体であり、合作運動に従事することで大衆のために利益を図り、自らのために自由を求め、かつ家庭、商店、工場、国家に対して男と平等の待遇を求める」ことを前提に、最も完全に近いと称されたイギリスの形態（中央委員会―支部―地方部―セクション）を参考までに述べる(126)。その他、本特集ではスウェーデン、ノルウェー、フランス、ベルギー等々の婦女協同組合運動も紹介している。ただ、こうした活動を続けたにもかかわらず、二四年平民学社の閉鎖により、この時期、婦女だけによる合作社が設立された形跡はない。

おわりに

以上のことから、以下の結論を導き出すことができる。

第一に、五・四運動時期に実践を目指す薛仙舟ら復旦大学グループが形成され、平民週刊社（後の平民学社）を設立した。薛仙舟ら復旦大学グループと雑誌『平民』の実態を論じる。すなわち、その中核は経済から「救国」を考えた知識人、学生主導型で、合作主義の独立性を標榜した民間社会運動としての特徴を有し、上海から湖南、広東、浙江、四川、江西等々に波及していく形をとる。そして、研究と宣伝に尽力し、その影響下で中国内外の各地に同様な研究・宣伝団体が創設された。薛仙舟は米・独留学の経験から、資本主義発展の結果、生じる貧富の差にも、階級闘争を核とするマルクス経済理論にも批判的となり、その中間に存在する「大道」と考えた協同組合思想を深く信じた。「実力」、すなわち経済重視の姿勢を打ち出し、宣伝と実行の同時進行を打ち出した。平民週刊社は民衆への知識注入の姿勢があった。『平民』は理論、実践両面で合作主義を宣伝し、上海のみならず、湖南、広東、四川など各地の合作社組織化に影響した。平民週刊社（学社）の刺激を受け、研究、宣伝をおこなう湖南合作期成社、四川成都普益協社、江蘇無錫合作研究社など類似の組織が成立し、アメリカにさえも薛仙舟の影響を受け、華僑などによる中華合作協進社が成立している。なお、労働者、農民啓発や、そこから合作社を開始することは考えても、合作社指導者の中には「知識人打破」という発想はほとんどなかった。

第二に、五・四運動前夜、パリ講和会議での中国の国際地位の低さを知った知識人は国家の徹底的な改造の必要を感じた。そこで、救国思想として各種社会主義が討論されたが、協同組合主義もその一つであった。合作主義と各種思想との関連を実証的に考察し、各種思想の中で位置づけをおこなう。結局、資本主義、社会主義、共産主義、無政府主義などの各種思想といかなる関連があるのか。①合作主義と無政府主義の関連を論じておきたい。合作主義者は他主義に比して柔軟であり、無政府主義を批判しながらも目的、理想は同じであり、互いに排斥するものではないと主張した。合作主義が資本主義と社会主義の中間に立ち、「和平」、「調和」を基調としているという認識では、一致している。毛飛の言う如く、中国は「分配の不均等」だけではなく、最大の問題は「生産力不足」にあり、したがって「激烈な手段は不要」と考えた。その上、合作主義を資本主義から社会主義への過渡的手段と明確に位置づける意見も多かった。二三、四年頃になると、弾圧を恐れ、軍閥に迎合する「合作社無害」論も台頭した。②合作主義者は当初から労働者を重視し、その解放を重要な柱と考えていた。だが、ストライキには多くが否定的で、労働者自身も損害を受け、「根本的解決法ではない」と断ずる。それに対して合作社は、労働者が資本をもち、自ら生産を営み、全国の労働者が合作方法を実施すれば、「数多くの資本家は自然消滅する」と、少々楽観的な見解までも披露している。③合作主義は進化論に対してアンチテーゼの位置にある。したがって、進化論の主張する「生存競争」、「自然淘汰」に激しく反発、例えば、孫錫麟は「弱肉強食の社会の中で互助精神の発揚」を訴える。「救国」の経済改造思想に基づいており、反資本主義的、労働者、農民解放、中間搾取批判などを目標に非宗教的であった。

第三に、中国初期合作主義者はロッチデール式を主流にはしたが、当初消費、信用、生産各合作社の多様な可能性を示した。①消費合作社を重視する見解は、例えば、王世穎は、それにより強固な工会ができ、八時間労働も実現可能である。消費合作社の普及後、生産しながら国内外で販売する。また、陸思安は米恐慌に慈善では対処できないとし、生産者、販売者、消費者を結合させ、消費合作社を優先するとする。②信用合作社優先の見解。ドイツのシュルツェ、ライファイゼン両型の影響を受けたが、戚其章は、中国郷村の各地に設立でき、旱魃などにもある程度対処できる。組織が単純で、容易に設立できる。陸宝璜は農民救済が緊急との立場から、そのメリットとして、儲蓄の奨励、生産費の低減、高利貸に依拠する弱点を補うことなどをあげた。③生産合作社は主にフランスが注目された。農業生産合作社の重要性は認めながらも、工業生産合作社に関しては否定的であった。張廷灝によれば、資本に限界、労働者が主人となることで内紛を起こしやすい。労働者は市場知識、組織経験に乏しく、経理に人材を得がたい。中国から見れば、フランス政府の保護があり、資金的にも潤沢で、設備も整っているフランス方式は適用不可能との認識があった。その他、誰が指導者となるのか。大学生が労働者を指導するのは不可能ではないのか。軍閥や財閥の妨害をいかに打開できるのか。こうした将来を見越した深刻な問題提起もあった。なお、合作主義者が経済に次いで、教育を重視した背景には、民衆知識を合作社の原理や経営を理解できるまで高めるという緊急な課題が背景にあった。このように、多面的、多角的視点から活発に論じられていたのである。

第四に、中国は海外の協同組合運動といかなる関係を有していたのか。それに関する情報を有していたのか。合作主義者はＩＣＡの動向に注目したが、特に「平和決議」を宣言したイギリスのグラスゴー開催の第九回大会を重視した。とりわけ第二次世界大戦後の二一年八月、スイスのバーゼル開催の一〇回大会に注目した。敵国同士であったドイツ代表とフランス代表が同席したことを好意的に考えたのである。済時は世界が真の和平を希望するならば、合作主義もその方法の一つとした。このように、平和志向、反戦、反資本主義的意識は第一〇回大会を見る上でも一貫していた。その結果、ソ連消費協同組合の加入問題で大激論が戦わされたことを完全に捨象する。中国合作主義者は意外なほど海外協同組合運動の歴史、現状にも注意を払っていた。それは、イギリス、フランス、ドイツ、アメリカはもちろん、ソ連、スイス、インド、フィリピンなどに及ぶ。そして、各国で協同組合にはいかなる問題が発生するかにも注意を払った。特に薛仙舟がアメリカから持ち帰った大量の関係資料が一大画期となった。二二年ＩＣＡも中国合作運動に気づき始め、二三年にはＩＬＯ協同組合事業部からも援助の申し出があった。ＩＣＡが主張する国際貿易促進に賛同を示した。そして、現在の保護関税主義、自由貿易主義の双方とも戦争式の国際貿易であり、国際卸売合作社、国際合作銀行などを組織し、バーターなどによる互助で結合する貿易政策を提唱した。海外での協同組合に関する認識が深まるに伴い、戦争、平和への考察も深まっていった。フランスのシャルル・ジットが戦争に抵抗する手段が協同組合団体で、戦争は協同組合に非常に大きな損害を与えたと言ったことに対し、ゴード・ハートが反論、「大戦が協同組合運動に有益であった」と論じた。この問題は複雑で、協同組合は反ファッショ国家の抵抗基盤を形成するが、同時にファッショ国家の強力な経済基盤ともなりえた。その他、合作運動発展の鍵を握る者として婦女問題にも取り組み、ＩＣＡ婦女委員会とも連絡でき、『平民』で「婦女合作特集号」も刊行し、かつ組織形態が論じられている。

註

(1) 鄭林荘「中国合作運動史初稿」、燕京大学経済学会『経済学報』第一期、一九四〇年五月。加藤祐三「中国の初期合作社」、滝川勉・齋藤仁編『アジアの農業協同組合』アジア経済研究所、一九七三年など参照。ただし、中国では、「産業組合」が労働組合として使用されたことがあった。例えば、全国五つの大「産業組合」として、①全国鉄路総工会、②全国海員総工会、③全国電気工人総工会、④全国機器工人総会、⑤全国紡紗工総工会（「中共中央執行委員会書記陳独秀給協賛国際的報告」一九二二年六月三〇日、中央档案館編『中共中央文件選集』第一冊、一九八九年、五四頁）をあげていることからも明らかであろう。

(2) 屈万里主編『京師大学堂』台湾大学出版、一九七〇年。

(3) 伍玉璋『中国合作運動小史』中国合作学社、一九二九年、一五頁（以下、『小史』と略称）と本書第一、二章など各所。

(4) 例えば于樹徳「我之『産業合作社』観」『覚悟』一九二〇年七月一一日の付記で、邵力子が「合作社」への統一を要望している。なお、『覚悟』は『上海民国日報』副刊。

(5) 徐滄水「平民銀行之商権」『銀行週報』第三巻三六号、一九一九年九月三〇日。

(6) 范履吉「消費合作社底目的」『平民』第一一〇期、一九二二年七月八日。なお、『平民』は『上海民国日報』副刊。

(7) 鄭林荘、前掲論文。

(8)「論消費組合」(1)、『民立報』一九一二年四月二一日。

(9) 潘詠雷「論農業組合為改良農務之要図」『農林公報』第二年一期、一九一三年一月一五日。

(10) 潘詠雷「救済小農金融論」『農林公報』第二年五期、一九一三年三月一五日。

(11) 崔学材「産業組合之効用」『農林公報』第二年六期、一九一三年三月三〇日。

(12) 潘承業「信用組合論」『中央商学会雑誌』第一巻第一冊、一九一三年二月一五日。その他、鄭林荘、前掲論文には示されていないが、「論我国小企業家当速着手於産業組合」『東方雑誌』九巻二号（一九一二年八月）が小企業家、中等社会の人民が自救、自立、大企業家への対抗、及び社会改良の手段として、早急に「信用組合」、「販売組合」、「購買組合」、「(工業)産業組合」の組織化を呼びかけている。

(13) 鄭林荘、前掲論文。その他、看過できない人物に、覃寿公(一八七七〜一九三八)がいる。覃は湖北省出身。覃は日本に留学(大学名不明)し、経済学を専攻した。一九一五年に『徳意志〈ドイツ〉日本産業組合法彙編』、『経済政策要論』(これに二〇、三〇年代に出版されたと考えられる『経済浅説』を加えて「救危三策」と称する)を出版した。陳岩松によれば、「中国で最も早期出版の合作専門書であったが、残念なことに当時人の注意を引くことなく」、三八年死後、発見されたという。覃の私家版であった可能性もあり、遺憾ながら、私はこの三部作を入手していない。

陳岩松によれば、覃は日本の名称「産業組合」を「産業結合」と中国語に訳した。そして、中国産業問題解決の基本方法は「救危三策」にあり、経済政策において「産業結合」を主張し、行政力で推進し、放任主義は採らないとした。そして、国会、省議会が立法、監督者であり、中央政府、地方政府、及び知事が促進者で、「地方自治団(体)」が実行指導者であり、「産業結合」の当事者は「結合員」、及び各級連合会を結成する。「産業結合」を主張する理由は三つあり、①世界経済競争に対して国民経済を発達させる最良の方法で、我国の産業問題を解決でき、中国を危機存亡から救いだし、世界に独立することができる。②「愛国救民」を考える人があまりに少ないので、まず国会が「産業結合法案」などを立案し、その後、各省地方立法機関に諮り、「地方自治団」に(「産業結合」の)設立、促進の責任を担わせ、地方行政長官が監視、協力、調査、報告の責任を負う。③政府が開始することで、有利な時機を掌握できる。第一次世界大戦により世界経済情勢が急激に変化しており、国民の覚醒を待っているわけにはいかない。大戦が終わると、中国は世界の経済競争の場となり、経済面で各国の分割を受けることになる。したがって、問題解決には、大企業ではなく、小企業から着手する。中国国内における世界経済戦争に対抗し、「産業結合」に国民を協力させ、多数の国民に生存の余地を謀る。つまり覃の主張は、「救亡」を出発点としており、中国国内で外国企業が引き起こす経済競争に対処することであった。覃は信用合作社論者であり、中国の情況は一九世紀のドイツに似ていると考えた。そこで、まず信用合作社を推進し、小営業者に資金を融通し、各種産業、及びその他の合作事業の発展を促進する。小農と手工業者は孤立し、資力は非常に小さく、抵当物件もなく、信用も少ない。その結果、高利で搾取されるか、大企業との競争で圧倒される。こうした情況を打開するには、一致協力し、小資本を合わせて大資本とし、小信用を合して大信用とし、資本借入の途を切り開くことが一刻の猶予もない。「産業結合」四種の中で、「信用結合」がとりわけ重要で、小額の金融機関であり、信用「結合」を先にすれば、販売、購買、生産各「結合」も容易に発生する。一九一六年にいわば合作政策論を提起し、第一次世界大戦後に予想される経済危機に対する経済防衛策を提起したが、当時の政府はそれを重視して実施することはなかったという（陳岩松編著『中華合作事業発展史』（上）、台湾商務印書館、一九八三年、九三〜九六頁）。なお、陳岩松は分かりやすくするため、ある部分の「産業結合」を「合作」と置き換えている。また、前二書も第三書目も含んで分析するなど、覃自身も後に繰り返し、加筆、削除、修正を加えた可能性も否定できない。結局、どの部分が辛亥時期に主張し、加筆部分がどこなのか確定できない。ただし、極めて早期に第一次世界大戦後の経済危機を見通し、「救亡」思想を出発点として、その打開策として、信用中心の協同組合に注目していたことは間違いないであろう。こうした政策、法令の成立を目指す言説は、戴季陶（第三章で後述）に繋がると考えられるが、おそらく両者の間の関係はなく、したがって理論的な継続もないと考えられる。

(14)　朱乃康『中華民国産業組合運動史』高陽書院、一九三六年、一九〜二〇頁。『小史』一五頁など。

(15)　陸思安「合作運動的研究」『覚悟』一九二〇年七月二六日。鮑思信「『消費合作社』与謀利商店的利害観」『平民』第一八号、一九二〇年九月一八日。

(16)　『小史』九頁。

(17)　朱進（之）「促国民自設平民銀行」『東方雑誌』第一六巻八号、一九一九年八月。なお、北京大学学生が青島問題で日貨ボイコットのため「消費公社」を、また学生連合会も全国学界「消費社」設立を提議している（永祚「説産業公会」『銀行週報』第三巻一九号、一九一九年六月三日）。

(18)　ここで両型を簡単に説明しよう。①シュルツェ型―シュルツェ（Hermann Schulze, 1808-1883）は都市の手工業者、労働者の貧窮問題を打開するため、都市型信用協同組合から出発し、短期信用貸付を柱に営業地域を拡大し、出資金への配当を認めた。この方式はキリスト教的倫理観、慈善的理念を排斥、組合員の自己資本による自助、自立、自治を重視、国家の一切の補助を否定する所に特徴がある。②ライファイゼン型―ライファイゼン（Fiederich Raiffeizen, 1818-1888）は早魃、飢饉などに慈善では恒久的成果がないとの認識から地方に分散する農村型信用協同組合の設立を訴えた。この思想はキリスト教的倫理観で一貫し、そのことは幹部無報酬制度、利潤分配の廃止などにも現われ、また「隣人愛」、慈善的発想も濃厚に残り、貸付の際も道徳面から使用目的を重視した。一社の業務は返済能力がわかる狭い範囲とされ、貸付は低額、農業の周期の関係から長期貸付が採用された。国家の補助は受け入れ、ただ自立性を保持していさえすればよいとされた（陳殷公著、日本青年外交協会研究部訳『支那農業協同組合論』日本青年外交協会出版部、一九三九年、九一～一〇八頁。西山久徳『協同組合概論』博文社、一九八五年、六五～七一、八二～九七頁など参照）。

(19) 朱進「平民銀行簡章草案」『新教育』第一巻五期、一九一九年八月。

(20) 「朱進為設立平民銀行事上中華職業教育社及江浙両省省教育会書」同前所収。

(21) 徐滄水、前掲「平民銀行之商権」。

(22) 永祚「説産業組合」、前掲『銀行週報』第三巻一九期。ところで『小史』一〇頁には、徐が「説産業組合」を執筆とあり、また「公会」の訳名を使用していることから、「永祚」は徐滄水のペンネームと考えて間違いない。

(23) 前掲「平民銀行之商権」。

(24) 前掲「説産業公会」。

(25) 徐滄水「営利主義之矯正与消費公社之提唱」（上）（下）、『銀行週報』第四巻三三号、三四号、一九二〇年九月七日、九月一四日。

(26) 徐滄水「説信用合作社」『平民』第四四号、一九二一年四月二日。

(27) 徐滄水「論小商工業之金融」『銀行週報』第三巻四五号、一九一九年一二月一二日。なお、朱、徐以外に、少し遅れて『銀行週報』で精力的に合作社を論じていた人物に朱羲農がいる。彼は中小産業資本家の立場から論じ、「産業協社」は激烈な生存競争を緩和、中小産業者の地位を強固にし、生産を増進し、勤倹の美風を養成し、互助精神を増強できるとし、国家社会の「秩序、安寧の利器」と見なした（羲農「産業協社概要」『銀行週報』第五巻二七号、一九二一年七月一九日）。そして「中小産業組織は往々にして大産業組織の圧迫を受け、ほとんど自存することができない」。そこで「国家産業の基礎を強固にしようと欲すれば、小産業組織と大産業組織を並進しなければできない」（同「説産業協社之性質」(2)、同第五巻三〇号、八月九日）とする。さらに自由競争の弊害を論じ、「早急に経済上の基礎を樹立し、国家産業発達の健全化を図り、未来の階級闘争の惨禍を防ぐべきであり」、その点から「産業協社は資本と労力を調和する最善の機関」と断ずるのである（同(3)、同第五巻三一号、八月一六日、同(4)、同第五巻三三号、八月三〇日）。

(28) 張允侯の前掲報告参照。李石曽「樊克林伝（続）」『華工雑誌』第七期、一九一七年五月一〇日。なお、『華工雑誌』は、

中国社会科学院近代史研究所の張允侯氏から「研究で使用するように」と、中国から送付してくれた史料である。学恩に心より感謝する。

(29) 李石曽「社会革新之両大要素」『華工雑誌』第四五期、一九二〇年四月二五日。

(30) 薛仙舟（一八七八～一九二七、九）の略歴は史料によって若干異なるが大体以下の通りである。江蘇省揚州生れ。原籍は孫文と同じ広東省香山県（現在、中山県）。父岐山は揚州塩政官長。一一歳の時、天津中西学院に入学、一六歳北洋大学進学。一九〇〇年漢口で唐才常の自立軍起義に参加、その後、恵州起義にも参加したと見られ、恵州で逮捕される。ただ年若いこともあり、その才能を惜しんで釈放される。一九〇一年官費でカリフォルニア州立大学に留学。しかし久しからずして革命を謀るために帰国、上海で捕らえられる。この時も獄卒の援助で逃れ、再び渡米するが、官費名簿からは削除された。三年広州で会計学堂を創設し、銀行幹部を訓練する。五年ドイツに留学し、ベルリン大学研究生となり、銀行業務を実習する。その時、同時にシュルツェ型とライファイゼン型を研究した結果、中国の貧民経済解放に役立つと確信した。一一年ドイツから帰国後、実業調査をおこない、また上海中国銀行副監督に任ぜられる。一四年復旦公学（一七年から復旦大学）教授となり、ドイツ語、公民、経済学などを教える。一八年工商銀行総経理に就任、かつ華僑との関係が密接であったことを利用して海外で株式募集をおこなった。当時、アメリカで大量の協同組合関係史料を収集し、一九年には上海国民合作儲蓄銀行を創設することになる（呉藻溪編『近代合作思想史』棠棣出版社、一九五〇年、八二六～八二八頁、余井塘「我所認識的薛仙舟先生」、中国国民党中央委員会党史委員会『革命文献』第八五輯、一九八〇年、劉紹唐主編『民国人物小伝』伝記文学出版社、一九七五年、二七六～二七七頁など参照）。なお、薛仙舟とキリスト教社会主義者である賀川豊彦との関係については、浜田直也『中国史の研究』（朋友書店、二〇〇六年）所収、「賀川豊彦の中国組合国家論」（二六九～一七五、一八三～一八九頁など）が参考になる。浜田よれば、賀川と薛は二〇年に上海で出会った後、意気投合して賀川は上海の大学で協同組合に関する講演をし、薛はしばしば日本を訪れ、産業組合（浜田は産業組合を労働組合と勘違いしているようである）を参観しているとする。ただ薛、賀川が意見交流の後、具体的な相互の影響、薛の産業組合評価などが十分論証されず、惜しまれる。なお、浜田は、賀川の上海貧民窟調査を巡って陳独秀や邵力子の高い評価を受けていたとし、邵が賀川の消費協同組合理論の影響を受けた可能性を示唆して興味深いが、陳の場合、コミンテルンが鼓吹するマルクス・レーニンの協同組合理論に立つことになり、影響を受けていない（本書第四章参照）。

（31）『復旦大学志』第一巻、一九八五年、三五五頁。

（32）ここで復旦大学の説明をすると、復旦大学の前身は一九〇二～四年震旦学院であり、五～一一年公立復旦公学、一二～一七年私立復旦公学、一七年秋以降私立復旦大学となり、国立となるのは四二年である。さらに、重要なことは六年馬相伯の後を継いで「天演論」で著名な厳復が公学校長となっていることである。彼は外国語を学ぶことは国を愛さなくなるとの論調に反駁し、復旦公学が「外語教学」を重視し、開明的になる基礎を築いた（『復旦大学志』第一巻、同前、五九頁）。のみならず、早期に教官、学生に「物競天択」、「適者生存」の理論に触れさせ、ある面でアンチテーゼとしての合作主義導入の大きな契機となったと考えられる。

（33）陸宝璜「本刊一年間的迴顧」『平民週年増刊』第四九号、一九二一年五月一日。

（34）毛飛「続刊感言」『平民』第一号、一九二〇年七月三一日。

（35）陸宝璜、前掲記事。

（36）李登輝（一八七三・四～一九四七・一一）はオランダ植民地ジャワで生れた華僑の子供で、一八八七年シンガポールのアメリカ協会の運営する英華書院に入学、キリスト教徒となる。九二年「半工半学」でオハイオ大学で学習、さらにエール大学に進学、九九年卒業。一九〇一年康有為の変法自強運動と関係のあるバタビアの英文学校を創設したという。五年「注重教育、以期自救」を期して中国に行く。そこで、アメリカ商品ボイコットに参加。かつ上海キリスト教青年会がアメリカの支配下にあるとの認識から、東・西留学生を祖国の発展のために団結させることを目的に、寰球中国学生会を発起、会長に選ばれる。辛亥革命時期、黎元洪に援助を求められるが拒絶。一二年唐紹儀らと上海宏済会を組織するが、袁世凱に解散させられる。この後、李は何らの政党組織にも参加していない。一三年復旦公学校長に就任。一七年秋、復旦大学となるが、資金不足のため、翌年南洋各地の華僑から募金一五万余元を集める。五・四運動の勃発後、彼は上海学生連合会を全力で支持するとともに、聖約翰大学付中などの教会学校を除籍された愛国学生の復旦大学転入を許可したという（前掲『復旦大学志』第一巻、二四七～二五七頁参照）。

（37）湯松（一八八一・四・一九～一九三一・八・一）は湖南省長沙出身。号を蒼園という。湖南高等学堂で学び、王正廷から英語を習う。その後、日本に留学し、大阪商業予備学校を経て神田高等商業学校に転入し、日本の「産業組合」（協同組合）に強い関心を示した。アメリカのミシガン大学に進学、湖南省官費を受けて卒業した。一九一六年帰国、湖南商業専門学校校長に就任して三年、ただ督軍張敬堯を批判したことで、上海に逃亡せざるを得なくなった。パリ大学、ベルリン大学に短期留学した模様で、中国改造の唯一つの手段が合作主義と確信した。復旦大学教授一年務め、海外各大学の協同組合科目と同様、将来中国にも合作専門学校を創設、合作運動を研究、実践する必要があることを主張した。再びフランスに行き、一年間協同組合を視察した。その後、三年間ドイツで協同組合研究をおこなった。だが、ドイツから帰国後、病に倒れ、三一年八月死去した。湯松は、合作社を農業、信用、生産、消費などに分けたが、ロッチデール式を最も重視した。さらに、「合作は反資本主義」ではあるが、「方法はマルクス主義と異なり、革命を重視せず、建設を重視する」とある（「編輯余瀋」『平民』第八六期、一九二二年一月一四日。陳岩松編著『中華合作事業発展史』（上）、台湾商務印書館、一八八三年、九六～九七頁）。

ところで、湯蒼園（松）によれば、以下の通り。進取の学生、及び工作者が世界人口四分の一の中国で「合作共和」の基礎を打ち立てる。合作運動は社会最大多数の最大幸福を謀るものである。(1)合作運動は政治運動ではない。としながらも、英国の政治家ローズベリー（Roseberry）の‘Co-operation is a State within the state’（協同組合は国家内国家）を引用し、国家の職務を治安維持に留める。換言すれば、協同組合が国家の職務、衣食住から交通、教育、さらには都市自治に至るまで代行する。すなわち、「協同組合の範囲が拡がれば拡がるほど、国家の職務はますます縮小する」のである。こうした発想の延長線上に「合作共和」は位置するのであるから、為政者にとって、「協同組合が国家と衝突するものではなく、支援するものだ」と説明されても、国家権限が奪われるのではないかとの危惧を生み出すことも、想像に難くない。(2)当初、オウエンは「協同」（Co-operation）を「共産」（Communism）と同じ意味で使用していた。ところが、マルクスの出現後、分かれ始めた。オウエンは消費者全体を主体、消費者の自助、新資本の創造を主張したのに対して、マルクスは労働者を主体、階級闘争、革命による資本没収、労働者による政権奪取を主張した。ただし、オウエンは社会主義者であり、理想の「新村」（協同村）は労働者を基礎とし、生産と分配を自らおこなう。また、マルクス自身も協同組合を否定せず、全国規模で労働者を解放する手段とし、労働者が政権を掌握した後、反対勢力を排除しうるとする。マルクスが重視したのは、労働者生産協同組合であった。(3)オウエンが協同組合を提唱した時、経済と教育を合わせた運動であった。協同組合を僅かに労働者救済と考えるのはその一部を見ているだけに過ぎず、協同組合は文化運動の精神を包括するのである。欧州では経済に偏重しているように見えるのは、他に文化機関があるからであり、協同組合の発起者が労働者の苦痛をなくすため経済を重視しているからである。中国はそれと異なり、合作社を発起する者は知識階級であり、苦痛は物質のみならず、精神にある。したがって、合作運動によって中国実業を発展させようとしている人が中国文化を高めようとする人なのである。学術、文芸、美術、音楽などの運動を合作方式でおこなうか、あるいは合作社と連繋させれば、進歩をもたらすことになる。(4)中国合作運動は萌芽時代であり、社会全体の経済、及び人材も英仏両国に及ばない。英国協同組合の目的は労働者救済にあり、組合員の多数は労働者である。その希望は廉価で商品を購入することのみである。その結果、中等社会の人々は協同組合に加入することは格が下がると考えるので、必然的に資金を集めることは容易ではない。しかしながら、注意すべきことは、中国には階級、宗教などの衝突、阻害などがない。主導者は中等社会（階層）であり、いわゆる上・下各社会（階層）を一つにまとめあげることができる。これが中国の合作社にとっての優位点である。中国合作運動は中堅分子が社員となり、実業開発、文化振興を目的としており、資金募集も労働者に限らない。(5)合作社は中国の鉄道を開設できるのみならず、鉄道は協同組合が建築すべきである。英国では協同組合が商船を有し、河川運輸、海運を担っている。中国の鉄道を協同組合がおこなうことのメリットは、①鉄道修築は株額を非常に少なくして国民に普及できる。②合作社宗旨は利潤を求めず、社会公益に利がある。③労働者を株主としているため、鉄道ストを免れる。以上のように、中国で合作運動が生まれたのは、進退きわまった時、一つの新たな道を切り開いたといえる。

合作社の道を歩めば、「一歩一歩理想の黄金世界に到達できる。我国の実業もここから発展し、我国の文化もここから高まる。この道は平易であり、阻害されない。凡そ学識者は均しく加入でき、その能力を発揮できる。今、各国はここから和平建設を欲する者が日増しに努力し、国際機関も緊急に成立され、中国合作運動の進展を助ける者も多くなる。中国の賢人は速やかに通商港に合作総機関を設立し、世界協同組合運動と互いに接触し、力量を伸ばし、速度を速め、範囲をさらに拡大しよう」（湯蒼園「中国之合作運動」『東方雑誌』第二一巻記念号、一九二四年一月一〇日）、と。このように、少々楽観的な見解を展開する。

(38) 陸宝璜、前掲記事。戚其章「復旦大学底合作運動」『平民』第四九号、一九二一年五月一日など。

(39) 「『平民』発刊詞」一九二〇年五月一日、『五四時期的社団』(4)、三聯書店、一九七九年、一四頁（以下、『社団』と略称）。なお、これは『平民』第一号にでていることになっているが、『平民』第一〜三号は『上海民国日報』の復刻に所収されていないため、『社団』に依拠せざるを得ない。

(40) 前掲「続刊感言」。
(41) 陸宝璜、前掲記事。戚其章、前掲記事。
(42) 『平民』第一三号、一九二〇年八月一五日。
(43) 陸宝璜、前掲記事。
(44) 侯厚培「本社両年来紀略」『平民』第一〇〇期、一九二二年四月二九日など参照。なお、後に侯厚培は江蘇省農民銀行副総経理、中国合作学社執行委員となる。
(45) 心僉「合作主義熱鬧的感想」『平民』第八四期、一九二一年一二月三一日。
(46) 「本社消息」『平民』第八三期、一九二一年一二月二四日。
(47) 「本社紀事」『平民』第一四七期、一九二三年三月三一日。
(48) 「本社啓事」、「預約辦法」『平民』第一五六期、一九二三年六月二日。
(49) 『小史』二八〜二九頁、朱乃康、前掲書、三三頁。
(50) 寿勉成・鄭厚博『中国合作運動史』正中書局、一九三七年、五九頁などから推測。以下、『運動史』と略称。
(51) 「合作同志社成立会記」『平民』第三一号、一九二〇年一二月一八日。
(52) 「合作同志社簡章」『平民』第一一号、一九二〇年七月三一日。
(53) 前掲「合作同志社成立会記」。
(54) 「合作同志社開会記事」『上海民国日報』一九二一年五月四日。
(55) 『運動史』六三頁。
(56) 章有義『中国近代農業史資料』第三輯、三聯書店、一九五七年、二〇六頁。
(57) 『運動史』六三〜六四頁。
(58)(59) 『小史』三五〜三七頁など。
(60)(61)(62) 「無錫同志創辦合作研究社宣言」『平民』第一八四期、一九二三年一二月一五日。
(63)(64) 「中華合作協進社簡章」、徐志摩「合作底意義」『平民』第二五号、一九二〇年一一月六日。
(65) 「実業益友社簡章」「通信」『平民』第八八期、一九二二年二月四日。「通信」『平民』第一〇五期、六月三日など。

(66) 清華学校には一七年設立の、学生もしくは学校経営の「售品所」があり、それが二〇年改組されて「售品公社」となった。ただ、これは教師、学生合組で営利目的の一種の株式会社であるとされ、該校の消費合作社の正式設立は二八年とされる（鄭林荘、前掲論文と朱義析、前掲論文など参照）。なお、鄭は北京高師にも消費合作社的なものがあったことを示唆している。
(67) 「実業益友社簡章」「通信」『平民』第八八期、一九二二年二月四日。「通信」『平民』第一〇五期、六月三日など。
(68)(69) 毛飛「『合作主義』適合中国社会麽?」一九二〇年六月二六日、『社団』七五～七六頁。
(70)(71) 毛飛「経済革命中的『社会主義』与『合作主義』」『平民』第二四号、一九二〇年一〇月三〇日。
(72) 「合作消息」『平民』第三〇号、一九二〇年一二月一一日。
(73) 陸宝璜「合作主義的宣伝和実施」『平民』第七一期、一九二一年一〇月一日。
(74) 于樹徳「我之『産業合作社』観」『覚悟』一九二〇年七月一二日。
(75) 蔣在鐘「何謂合作主義」『平民』第八一期、一九二四年一月一九日。
(76) 「合作原理」『東方雑誌』第二〇巻七号、一九二三年四月一〇日。
(77) 倪鴻文「我国『五一』運動底過去与将来」『平民週年増刊』第四九号、一九二一年五月一日。
(78) 蔡心覚「合作主義和労工階級」『平民』第一二一期、一九二三年九月二三日。
(79) 侯厚培「罷工与合作」『平民』第六九期、一九二一年九月一七日。
(80) 孫錫麟「競争与合作」『平民』第六五期、一九二一年八月二〇日。
(81) 朱羲農「願国人発揚互助之精神」『平民』第七二期、一九二一年一〇月八日。
(82) 王世穎「合作小言」(1)、『平民』第一一六期、一九二二年八月一九日。
(83) 楊祚璋「合作与人道」『平民』第七三期、一九二一年一〇月一五日。
(84) ロッチデール式については、本書第三章を参照されたい。
(85) 王世穎「『消費合作社』与『労動問題』」『平民』第四号、一九二〇年五月二二日。
(86) 張廷灝「解決剰余価値的我見」『平民』第一三四期、一九二二年一二月二三日。
(87) 陸思安「米慌与消費合作社」『覚悟』一九二〇年七月二六日。

(88) 張感「我対於『消費合作』的感想」『平民』第一五・四期、一九二三年五月一九日。
(89) なお、范履吉「消費合作社底目的」『平民』第一一〇期（一九二二年七月八日）は次のようにいう、「消費合作社内には『守旧』も『維新』もおり、中等社会の商人も下等社会の労働者もおり、集産主義を主張する者も無政府主義を主張する者もおり、プロテスタントもカトリックに拘泥する者もいるといったように、各々が各自の主義を持ち、自己の目的をおこなおうとしている」、と。これらをいかにまとめきるかも大問題であったのである。
(90) 戚其章「我們中国応該先組織哪一種合作社?」『平民』第三一号、一九二〇年一二月一八日。
(91) 陸宝璜「農業救済和合作銀行」『平民』第五五号、一九二一年六月一一日。
(92) 陳友荀「救済農民和合作事業底発展」『平民』第九八期、一九二二年四月一五日。
(93) 于樹徳「我之『産業合作社』観」『覚悟』一九二〇年七月一一日。同「消費及生産合作社之沿革」『平民』第二六号、一九二二年四月一五日。なお、于樹徳（永滋）は河北省静海出身。一九一八年東京帝国大学に留学。帰国後、北京大学講師を経て教授。二二年中共入党、ソ連に行き、「極東各国共産党・民族革命団体」第一次会議に出席。国民党改組工作に参画、二四年一月国民党第一届中央執行委員に当選。二六年一月第二届中央執行委員、青年部長、黄埔軍官学校教官、広州農民講習所教員。国民革命軍第二集団軍総政部主任を経て、中共を離脱。三一年燕京大学教授、貴州省合作社管理処長。南京国民政府監察院監察委員、考試院委員、中国工業合作協会副総幹事を経て、四九年人民共和国成立後、中央合作事業管理局副局長、中華全国供銷合作総社監事会副主任、全国政協第二、三届委員会委員、第四、五届常務委員。
(94) 馬君武「合作的理論与歴史」『平民』第一五六期、一九二三年六月二日。
(95) 張廷灝「合作浅説」『平民週刊国慶日増刊』一九二三年一〇月一〇日。
(96) 前掲「我之『産業合作社』観」。
(97) 中国工業合作運動に関しては、拙著『中国工業合作運動史の研究』汲古書院、二〇〇二年。
(98) 「答殳伯並付来函」『平民』第九五期、一九二二年三月二五日。
(99) 「通信」『平民』第二八号、一九二〇年一一月二七日。
(100) 温崇信「大組合的危険」『平民』第一三六期、一九二三年一月六日。
(101) 劉啓邠「合作要『到民間去』」『平民』第九九期、一九二二年四月二二日。

(102) 朱樸「評合作運動」『東方雑誌』第二〇巻五号、一九二三年三月一〇日。なお、朱樸は、二八年一一月スイスのジュネーブで開催される国際協同組合同盟の全体会議に中国欧州協同組合視察員として列席するよう正式に招聘された（『合作訊』第三九期、一九二八年一〇月、五頁）。
(103)「合作消息」『平民』第三〇号、一九二〇年一二月一一日。
(104) 温崇信「平民学校和職業」『平民』第八二期、一九二一年一二月一七日。
(105) 翁璸「教育与合作主義」『平民周年増刊』第四九号、一九二一年五月一日。
(106)(107)『新版協同組合事典』家の光協会、一九八六年、二八一頁など参照。なお、第一〇回大会では憲章の改正もおこなわれた。すなわち、加入資格としてのロッチデール原則二点、①出資高にかかわらず組合員は一人一票の平等票決権。②協同組合員の剰余は購買高に応じて組合員に配当、もしくは共同基金、教育や連帯事業に用いる）の遵守。また、この大会ではソ連消費協同組合加入問題で激論が戦わされている。なお、二三年一〇月には、日本産業組合中央会加盟。二四年一一回大会では「国際協同組合デー」が制定された。なお、それまでのＩＣＡの開催地を参考までに書いておくと、第一回（一八九五）ロンドン、第二回（一八九六）パリ、第三回（一八九七）オランダ・デルフト、第四回（一九〇〇）パリ、第五回（一九〇二）イギリス・マンチェスター、第六回（一九〇四）ハンガリー・ブダペスト、第七回（一九〇七）イタリア・クレモナ、第八回（一九一〇）ドイツ・ハンブルクであった（同前、六六頁）。
(108)(109) 済時「合作与世界和平」と「第十次国際合作大会之経過」『平民』第八一期、一九二一年一二月一〇日。
(110) 謝允荘「平民主義底潜勢」『平民』第一一七期、一九二二年八月二六日。
(111) 王世穎「第十次国際合作大会之情形及其感想」『平民——国際合作専号（上）——』第一二八期、一九二二年一一月一一日。
(112) 王世穎訳「合作的故事」『平民』第五〇～五三号、一九二一年五月七日～五月二八日。
(113) 劉啓邠「合作問題的討論」（続）、『平民』第一一六期、一九二二年八月一九日。
(114) 孫錫麟「答殳伯効文二君」『平民』第九四期、一九二二年三月一八日。
(115) 王世穎「国際上的同情」『平民』第一二三期、一九二二年一〇月七日。
(116)「国際合作連盟会総書記梅氏来函」『平民』第一二八期、一九二二年一一月一一日。

(117) 「国際労動会合作事業部来函」『平民』第一四七期、一九二三年三月三一日。
(118) 「国際合作連盟会章程」（一九二一年採択）『平民』第一二八期、同前。
(119) 許紹棣「一九一三年至一九二一年間国際合作連盟会之経過」『平民』第一二八期、一九二二年一一月一一日。同（続一）、第一二九期、一一月一八日、同（続二）、第一三〇期、一一月二五日。
(120) 余愉「合作主義的国際貿易」『平民──国際合作専号（下）──』第一三〇期、一九二二年一一月二五日。
(121) 王世穎「世界和平与合作主義」『平民』第一八五期、一九二三年一二月二二日。査爾季徳著、耿佐軍訳「従合作主義上討論国際的権利」『平民──国際合作専号（中）──』第一二九期、一九二二年九月二三日。
(122) 張廷灝「最近世界婦女合作運動消息」『平民』第一二一期、一九二二年九月二三日。
(123) 「国際合作婦女委員会総書記来函」『平民──婦女合作専号（上）──』第一七三期、一九二三年九月二九日。
(124) 張廷灝「我們出這張専号的動機」『平民──婦女合作専号（中）──』第一七四期、一九二三年一〇月六日。
(125) 張廷灝「婦女和合作事業的関係」『平民──婦女合作専号（下）──』第一七五期、一九二三年一〇月一三日。
(126) 張廷灝「婦女合作社底目的和組織」、前掲『平民』第一七三期。

第二章　中国における民間初期合作運動の創始

はじめに

協同組合運動の中国への流入と受容を第一章でとりあげたが、本章はそれをさらに深化させるため、実際に信用、消費、生産の各合作社がいかに組織されたかについて論を進めたい。そして、中国での合作社の起点を明確にしながら、歴史的背景、その実態、特色、及び意義のみならず、問題点を考察する。初期合作社の実態を明らかにするために、北京消費公社を除けば、ほとんど研究進展が見られなかった一九二〇年代の合作社の実態と内容を、新たな事実によって実証的に深め、同時に上海合作銀楼などのように従来とりあげられたことのなかった合作社（可能な限り表2-4に掲載）の発掘に努めた。いわば、本章は中国合作運動の起点の考察、辛亥時期から二〇年代の初期合作運動の全構造、実態、特色を極力あらゆる側面から実証的に明らかにすることを目的にしている。では、①初期信用合作社の実態と特質、②初期消費合作社の実態と特質、③「冒牌」合作社の出現と上海合作連合会の設立、④初期生産合作社の実態と特質、⑤初期合作運動の構図と分布を順次実証的に論じていきたい（**図2-1**）。「冒牌」（偽りの）合作社が出現していることを見ても、合作社が価値あるものとして一つの流行となり、好くも悪くも認知され、一定の地

図2－1　主要な民間初期合作社の分布

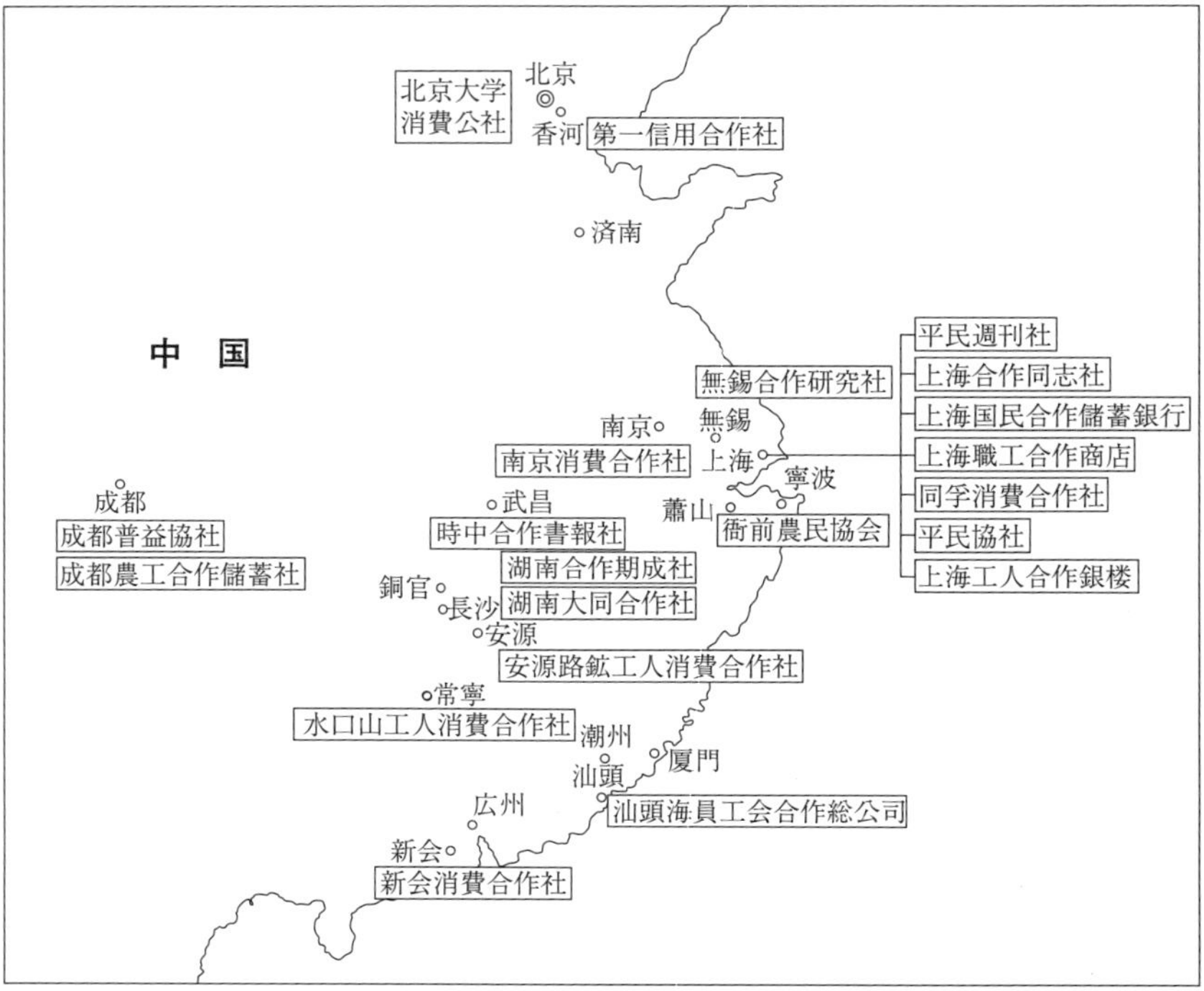

出典：後掲の表2－4から作成。

歩を築いたものといえよう。では、各合作社の実状、内容をより深く考察するため、まず、初期合作運動の中で主流をなした消費合作社、次いで最も有名な初期合作社で、組織機構が整っていたとされる信用合作社である上海国民合作儲蓄銀行、さらに上海における合作社連合化の動向、及び最も軍閥の弾圧にあった生産合作社の実際的情況を順次とりあげる。

一　初期消費合作社の実態と特質

第一に、一九一八年三月設立の北京大学消費公社。これは、中国初の消費合作社であるのみならず、中国最初の合作社でもある。その契機は一七年薛仙舟が北京大学で教鞭を採った時、教職員に消費合作社の設立を提案した。その後、法科部長王健祖が生産者と消費者間の障害除去を主張した。また法科教授胡鈞は合作社を学生の経済学習面からも重視し、競争よりも互助が大切なことを訴えている。(1)胡鈞によれば「ダーウィン学説には元々『互助』、『物競』の両義がある」とし、社会進化の目的に達するには、種々考えてみて、互助主義以外に他に方法がないとする。「動物の互助力は小さく、互競力が大きいが、反して人類進化が現代文明社会にまで至れば、当然互助力が互競力より大きい」とし、かつ職業団体、政治団体、地方自治団体、国家に至るまで、互助精神を運用できなければ、その団体は堅固ではなく、存在能力がないとした上で、互助を基本にした団体は外と競争しないが、「優勝」発展できるというのである。(2)

このように進化論との融和を求めながら互助を強調し、その互助と関連させることで合作社設立を主張したのである。のみならず、梁柱によれば、校長蔡元培が学生に自治能力を持たせるために、各種自治的な学生組織の設立を積極的に提唱し、そこで学生会などの外、学生銀行、消費公社が生み出されたとする。(3)

こうした雰囲気の中で設立の運びとなる。各科学生の発起者が六〇余人に上り、一七年一二月二七日四〇余人の出席の下で準備会が催され、一八年一月校長蔡元培の批准を受け、一五日には株募集を開始し、三月三〇日には成立大会が開催されることになる。ただ当日蔡元培は用事で来なかった。(4)資本金一万元で二〇〇〇株（一株五元で計一万元）と規定したが、実際には四三八株二一九〇元で営業を開始せざるを得なかった。社員は有限責任。社員は廉価で良質の商品を購入できるとした。組織は董事会、監事会（各七人）、職員会、社員総会などに分かれ、業務は①図書部が大学の依頼で各種図書、文具を扱い、②雑貨部は教職員、学生の日用雑貨を扱うとし、学内業務に限られていた。(5)また消費公社は商業夜班も付設し、大学付近の商店の見習工を集め、商業学校の普通知識を教えたとされる。(6)

北京大学消費公社は『平民』などによる合作社研究の進展以前の設立であるため、幾つか合作原理に抵触するなどの問題があったとされる。例えば、①第一二条で普通社員は均しく選挙権を有するとしながらも、同時に二株以上の社員だけが被選挙権があるというように、持株による社員間格差を是認した点、②持株限度額が規定されていない点、

③第二三条で利益配分は共同基金三割、事務職員報酬など二割、社員分配金五割と安易に決めており、特に教育費、公共事業費を無視している点などが指摘される。(7) その他、章程第二条で「独立経済団体」と規定しているにもかかわらず、第三〇条で北京大学を「本社の監督機関」として、合作社の自治に考慮が払われていない点、さらに社会問題解決への参画の意思が稀薄な点などの問題も指摘できるが、全体的には社員出資(株)と利子、選挙などの権利と義務、業務、組織を規定しており、基本的に合作社形態を採っていたといえる。

同社は北京政府官庁に封鎖されたとの説もあったが、(8) 二三年段階はまだ存続していた模様である。同社は薛仙舟の個人的な刺激を契機に、当時北京大学で流布していた「互助」や「学生自治」の観点と結びつくことで生み出された形をとっている。薛が初期合作運動の代表的人物であることを考えれば、その刺激によって設立された同社も五・四運動以後の合作社の前兆として捉えられよう。ただし、前述したように北京と近い山東の合作社ですらも『平民』の影響と考えられ、北京大学内に留まり、他合作社との連繋に乏しく、孤立しており、初期合作運動の進展に何ら直接的な影響を及ぼさなかった。このことは、事実として押さえておく必要があろう。

第二に、上海職工合作商店。これは上海職工クラブ合作科の実践としての消費合作社で、曹軼飛、解夋伯、劉梅庵、鄭重民、王效文ら一一人の発起で、二二年六月クラブ内に設立された。株主三〇人。章程は一二条で合作主義提唱を宗旨とし、日用品販売をおこなう。資本金五〇〇元。一株五元(年利八厘)。利益は共同基金一〇%、教育基金五%、職員、雇員の報酬金二〇%、残りの六五%は株主の購入額に従って償還するとなっている。(9) 組織は株主会、董事会、執行部に分かれる。董事七人には王效文、鄭重民、解夋伯とともに国家社会党の張君勱がおり、(10) 国家主義者側からの合作社へのアプローチとして注目しておく必要がある。張の合作社に関する言論、史料は見つからないが、二一年協同組合先進地たるドイツに行っており、その時、影響を受けたのかもしれない。

営業は日に五、六～数十元であった。そこで営業拡充を目的に八月交通の便のよい民国路方浜橋に移った。店で小売りするほか、株主が日、週、月毎に必要品を記入し、合作商店に渡し、それによって柴、米、油、塩などが配達された。(11) 二三年頃、曹軼飛は金陵大学学生による南京消費合作社の創設に援助をしている。同年営業拡大に伴い、小売りの外、代理販売、通信販売、卸売りの三部門に明確に分けられた。その時、株主も七〇人に増大し、資本金六〇〇元になったこともあり、分店を呉淞の中国公学内に設置し、学用品、日用品販売を主とし、銀行業務を兼営させることとした。そして、本店が分店を管理するとしたが、両店は独立採算制で、分店株主一〇〇余人はすべて公学教職員、学生で実質的に分店を管理していた。それ故、四月以降、両店の連絡は不通となり、かつ本店は一般消費者への代理販売の漸増し、それを拡大するため改組したことにより、一般商店に限りなく近づいた。他方、分店は所在地の経済水準が低いため、拡充のために一株一元に切り下げざるを得なかった。かくして改組、分離、矛盾が続くうち、両店とも業務が止まってしまった。(12) その背景には本体の職工クラブの停滞が重大な影を落していたと考えられる。

第三に、同孚消費合作社。二二年一〇月上海宝山路に成立した。それは元来上海商務印書館職工励志会に設立され、二二年五月二一日成立の経済負担の軽減を目的に励志会儲蓄部（社員一六人、一株三元）である。二二年四、五月唐崇李、朱鏡清、柳圃青ら六人は三回の会議をもち、簡章草案などを決め、同志を募った。この時、発起賛同者には楊賢江、沈雁冰、鄭振鐸らがいた。当初、生産合作社を組織することも考えたようであるが、能力が不足し、同志も多くないことから、組織化が容易とされる消費合作社にしたとする。消費合作社を経済被圧迫者が自力解決する機構と見なしていた。一〇余日で五〇余人となった。そこで、全体大会を開催、組織法を討論した。そして試験的に日用品の合作購買業務をおこなった。一〇月同孚消費合作社と名称を変更、正式に開幕、社会問題は経済問題から生み出されるとの認識の下で、社会制度と経済組織の改造の並進を目指した。組織は貯金部と消費部に分かれていた。翌年には資本金一〇〇〇余元、社員一〇〇余人となり、米を月約二〇〇石扱い、日用品の販売も予定していた。(13) この社がその後どのような経過を辿ったのか、いつ閉鎖されたのかは不明である。

第四に、武昌時中合作書報社。武昌時中書社の蔣在鐘、胡文らはフランスで経済原論を学んだ時、すでに各種合作社の重要性を知っていたとし、『平民週刊増刊』の合作主義鼓吹に発奮したとして、『平民』を毎号送付してくれるように頼んできた。[14] さらに書簡を寄せ、湖北省では一九年惲代英が利群書社を組織して新紀元を開いたとしながらも、宣言に「共同生活、社会服務」を謳うが「合作社」はないとし、時中書社を合作社に改組する意欲を示した。そして、①国民合作儲蓄銀行貸付章程、②官庁への届出の有無について質問している。なお、これに対して、合作儲蓄銀行は政府が合作主義を「過激主義」と見なしている現状では官庁に届けていないと答えている。[15] こうした経過後、時中合作書報社は成立宣言と簡章を出した。宣言では、本社同志は「西洋文化を宣伝して中国社会を改造する」という使命で時中書社を開設したが、「書社の営業を拡充するために株募集し、合作社に改組し、学界の一種の消費合作社にした」とした上で、ロッチデールのような「和平自助の組織は実に資本制打破の利器に足る」と述べるのである。[16] また簡章では、①本社は互助の精神をもって消費に供給し、合作主義を提唱し、物質上、精神上の利益を与える。②社員は武漢の教育界分子、法人、あるいは通信講読者で一株以上の購入者。一株一〇元で二五株以上保有できず。③利益から共同基金二割、本社運営の図書館と公益費二割のほか、株年利息八厘と購入額による比例配分をおこなう。④組織は総会（議決権は持株にかかわらず、一人一票）、執行委員会、監査委員会により構成される。[17] かくして、時中合作書報社は二三年一月に開始された。社員は新文化の洗礼を受けた者で品行方正、態度公明、独立、互助、奮闘、犠牲的精神を有する者とされ、厳格を極め、加入申込は多数あったにもかかわらず、改組後の新規採用は僅かに二人（旧来の社員を含めた全体の人数不明）であった。[18] 営業は総務、営業、会計の三部門に分かれ、中文、欧文書籍、新聞、及文房具の販売とともに学生貯蓄業務を兼営した。また『平民』の販売もおこなった。第一期決算では資本金二四〇〇元、営業総額三万四一〇〇余元、利益三一〇〇余元と順調で、資本金増額、営業拡充を決定した。そして時中合作学社を設立して『時中』半月刊を専門的に出版させた。その後の経過については、二七年末には停業したらしいということ以外わからない[19]。

その他にも湖南省では生活防衛、抵抗のため、消費合作社の設立、もしくは設立計画があった。①常寧ではアンチモニー価格の下落で三〇〇〇余人の労働者の生活が圧迫したため、二二年水口山工人クラブを組織、さらに二三年自ら株募集三〇〇〇元を集め、クラブ基金からも一万元拠出、大規模な工人消費合作社を組織、正式に開業した[20]。ただ、これは同年一一月資本家賓歩程が政府に軍隊を派遣させ、工人クラブを解散させたが[21]、その時、合作社は開店休業状態に陥った（これらは、中共との関連が密接であり、第四章を参照されたい）。②長沙泥木工会は罷工勝利後、二三年初頭頃、寄宿舎内に消費合作社を設立する計画を立て[22]、また長沙県知事の増税に怒った陶業労働者が銅官陶業工会を設立、県署と交渉、免税に成功した後、消費合作社四ヵ所設立する計画を立てたが、実際に設立されたか否かは不明である[23]。

二　初期信用合作社の実態と特質

第一に、一九一九年一〇月二二日上海国民合作儲蓄銀行が復旦大学から無料で建物を借り受け、徐家匯の中等（学校）部に事務所を設けることで開始された。これが中国初の信用合作社で、いわばシュルツェ型の都市型合作社である。その発起人は薛仙舟の説得に応じた教職員、学生ら数人であった。薛は同銀行を先駆的な全国模範の合作社、合作人材訓練所にしようとしていたといわれる[24]。

その趣旨書によれば「本銀行の長所は各人の経済独立、平等、自由を完成し、資本家の独占を打破し、民衆の勢力を育成することにある。……救国は空論ではおこなえず、例えば、国貨提唱の一項も経済上の能力と計画がなければ実行できない[25]」とし、国民経済実力の増進、社会上の競争を除去し、経済解放の起点にしたいという。また、その広告では「社会改造を実行し、合作主義を提唱し、義務教育を補助し、平民経済を発展させる」[26]、とする。宗旨は、第1項、合作主義を提唱する。第2項、各預金者のために貯金貸出で得たすべての利益を保存する。第3項、小営業を援助するとあった[27]。

組織は①監事会（株主全体を代表して一切の業務を監察する）、②執行部（各部行員を指揮、損益表の作成、営業上の全責任を負う）、③株主会（年一回常会。営業状況などを報告、審議する。議決権は持株によらず、一人一票）で構成されていたが、銀行自体はほとんど復旦大学職員、学生で組織されており、実際業務の職員は無報酬の商科学生であった。株主は教員、学生で、労働者、農民もいたとされるが[28]、当初、営業範囲も僅かに大学内に留まっていたようである。業務は当座預金、積立預金、手形貸付、抵当貸付、証券売買など、普通銀行のそれをすべておこなうとされた。資本金は一万余元を予定し、二〇〇〇株に分け、一株五元で五ヵ月で達成する予定であったが、開始時期一〇〇〇元足らずであった。貸付も資本金の五分の一に制限していたにもかかわらず、それ以上を貸し出し、回収困難に陥るなど初歩的ミスも犯した。結局、半年後の第一期の純益は辛うじて三五二元であった[29]。

二一年七月邵力子を臨時主席とする会議が開催され、同銀行の拡充が決められた。資本金を一〇万元に増額し、翌年の春、本店所在地を上海市場へと移転し、範囲を拡大、営業を拡充するとともに、公開の株募集をする計画が立てられた。この時、宗旨も改められ、第3項「小営業を援助する」の代りに、第2項に「合作事業を援助する」の項目が挿入され、「合作事業」を明確に打ち出した。また、第4項には「民衆経済を発展させる」、第5項には「同胞の儲蓄を鼓舞、奨励」が追加され、組織面では幹事会が理事会に改められた。利益配分は二割が共同基金、一割が平民教育費、三割が事務職員の報酬、残り四割が株主、預金者に分配するなどが決められた。そして銀行自体も徐家匯の復旦大学中等部を分店とし、まず本店が江湾の大学部に移転した。江湾は商工農業地区であり、戦略的意味もあった。なお、この時、董事長は李登輝、監察董事には邵力子、査帳董事江少峰、総経理薛仙舟、副経理陸思安らが就任した[30]。

また、拡充籌備処が上海西路の工商銀行内に設けられ、主任には江少峰であったが、副主任に陳果夫、戴季陶らが就任していて[31]、後の国民党の合作運動との関連から注目される。

二二年末頃、同銀行の株主とその持株占有率は学生三〇％、教員三〇％、労働者二〇％、商人一〇％である。残り一〇％はジャーナリストの外、学校、平民儲蓄機関であった[32]。その内訳は、学生、教員の多くは復旦大学関係者、労働者は同校用務員のほか、徐家匯一帯の労働者で、商人もやはり徐家匯の小商人であった。団体株主は復旦大学、愛国女学、坤範女学、復旦義務学校、平民儲蓄会、民国日報館、平民学社であった。このように参加者も広がりを見せていた。この時期の業務は、⑴預金、①当座普通預金は一人一〇〇〇～二〇〇〇元、年利息四厘。②定期預金は五〇～二〇〇〇元、年利息四厘半～七厘。少額積立預金として養老金、義務教育基金を設けたが、あまり発展しなかった。⑵貸付は①信用貸付は保証人を必要とし、同銀行の貸付業務の五〇％を占めた。借入者の大半が労働者と小商人である。貸付限度額は一〇〇元で、用途は消費と生産、年利息は一分二厘以上であった。②抵当貸付は貸付額は数十元から二〇〇〇元。借入者の多くは団体。抵当品は公債、株、金銀で、その評価額の二割五分引き計算で貸し出す。利息不明。③貸越（預金額以上の貸付）は合作商店のみに許可する[33]、とした。

また、合作儲蓄銀行は義務教育費を重視した。特に、五・四運動以来、多数の団体が国民教育促進団を組織したが、経費不足で十分成果をあげていないとの認識から、義務教育費に利益の一割ではなく、それ以上の「二割」を充てたとする[34]。この資金の使用法に対する討論の結果、三分の二は学生連合会義務小学に、残りの三分の一は留保することとした[35]。ただ、実際にはすべての資金は主に復旦義務学校に使用されたようである。これは半工半学の学校で、一般知識と技能の体得を並進させ、実習のための竹細工工場も有していた[36]。義務学校と同銀行は密接な関係にあった。例えば、金銭面だけを見ても二二年四月銀行から援助金三九五元を受け取り、一方義務学校は銀行に四月九四元、九月には六八元を預金している[37]。

結局、前述した本店の上海市場への進出計画は、二四年の江浙戦争の影響で挫折を余儀なくされた。その後も銀行拡充計画が立てられたが思うに任せず、伸び悩んだ模様である。

表2-1によれば、当初順調な伸びを示し、資本金は一六〇三元、一〇五二元、四七〇一元、五九〇六元と増大し、二一年末から二二年初頭にかけて六二〇六元に達し、さらに二五年までそれを維持した。ただ、営業総額から見ると、すでに第三期（二〇年一〇月～二一年三月）の一〇万八〇〇〇元をピークとして頭打ちになり、それ以後、翳りが見え始め漸減することがわかる。各項預金、貸付もこれに連動して同傾向を辿るが、とりわけ投資は減少傾向を辿り、二五年には僅かに七二四元となってしまった。利益配分は当然経営状況を反映し、共同基金、義務教育費はやはり第三期で頭打ちになる。株、預金の年利息が一厘、二厘、三厘、第五期以降も上述の如く四厘以上と増大していくのは、経営が好転した結果ではなく、株募集、預金増大への懸命なる経営努力と見なせる。その要因は不明であるが、二〇年春からの上海の不況の間接的影響、二一年下半期のマーケットの縮小、及び旧来からの銀行との競争などが考えられる。[38]とはいえ、初期合作社の中では相対的に宗旨、組織、資本などが堅固であり、収支なども明朗であったため、二四年以降も存続した数少ない初期合作社の一つであった。二七年薛仙舟が香港から上海に戻った時、理事会が開催され、資本金の増額を決定し、小額資金に焦点を絞り、その吸収のため、一株五元を一元に切り下げた。ただ、間もなく薛が死去し、その後二、三年存続したが、三〇年に閉鎖された。[39]

第二に、成都農工合作儲蓄社は二一年八月中国で二番目に設立された信用合作社であるが、農村信用合作社の実施としては最初といえる。その宗旨は合作事業提唱、農工経済発展である。社員は一六歳以上の男女で、一株（五元）の購入が義務づけられたが、月一元ずつ五ヵ月分割での購入も認められた。**表2-2**によれば、二一年は社員六六人、資本金一四四五元であった。二二年九月には、分社として農業合作社の提唱、農民経済への資金援助を目的とする中壩農業協社（農工合作儲蓄社の一部分の貯金を経営資本としたほか、別に二〇〇〇元集め拡充資本とした。一切の責

表 2 - 1　上海国民合作儲蓄銀行統計（1919～25年）

（単位：元）

項　目＼期	第 1 期 1919.10 ～1920.3	第 2 期 1920.4 ～1920.9	第 3 期 1920.10 ～1921.3	第 4 期 1921.4 ～1921.9	第 5 期 1921.10 ～1922.3	1923年	1925年
資 本 金	1,603	2,052	4,701	5,906	6,206	6,266	6,291
営業総額	35,000	41,900	108,000	42,000	30,000		
各項預金	8,021	10,576	19,065	17,191	13,396		
各項貸付	4,715	6,433	11,590	10,067	9,834	5,655	3,846
投　　資	3,637	6,583	12,920	10,123	4,326	1,304	724
本期利益	352	631	1,012	1,017	570		
手持資金	260	497	928	1,152	1,167		
〈利益配分〉							
共同基金	75	120	200	160	115	(670)	(670)
特別共同基金	50	150	200			(400)	(400)
義務教育費	75	120	200	160	115	275	275
株主官利*（7 厘）		61	100	187	206		
株 利 息	（年利 1 厘）	17（2 厘）	45（3 厘）	53	（4 厘以上）		
預金利息	（年利 1 厘）	42（2 厘）	71（3 厘）	99	（4 厘以上）		
そ の 他		120	190	357	134		
〈収入〉							
上期繰越金			120	190	357		
投資剰余		755	893	984	24		
手 続 費				1	14		
利　　息			168	222	1		
そ の 他		88			277		
〈支出〉							
各項支出(雑費等)		212	169	370	102		
兌換不足				10	570		

出典：①「上海国民合作儲蓄銀行第二届営業報告書」『平民』29号、1920年12月 4 日。
②「上海国民合作儲蓄銀行第三届営業報告書」『平民』50号、1921年 5 月 7 日。
③「上海国民合作儲蓄銀行第四五届営業報告書」『平民』148期、1923年 4 月 7 日。
④伍玉璋『中国合作運動小史』1929年、43～44頁。なお「1923年」は第 7 期（1922.10～1923.3）、「1925年」は第 9 期（1924.10～1925.3）と推測される。なお、元未満は切り捨てている。「本期利益」の数字と、「利益配分」の計の数字は一致するはずとも考えられるが、すべて原史料の数字を掲げた。
（　）は共同基金、特別共同基金の合計と考えられる。共同基金、特別共同基金とは銀行が保有するもので銀行の基礎を固め、安定させる上で極めて重要で、株主、預金者の万一の損害等を防ぎ、銀行の信用を高めるとされる。

*「官利」は公約配当金で、営業の損益にかかわらず、出資者に配当する利息。

表2-2　成都農工合作儲蓄社統計表（1922～25年）

年	社員数（人）	資本金（元）	共同基金（元）	教育基金（元）
1922	66	1,445	30.84	30.84
1923	69	1,905	93.72	93.72
1924	32	325	102.42	102.42
1925	30	315	118.74	118.74

出典：伍玉璋『中国合作運動小史』1929年、46頁。

任は両社共同で負う）も設立した(40)。

二三年には社員六九人、資本金一九〇五元と順調な発展を見せていたが、二四年二月指導者韓治甫の死去により、社員三二人、資本金三二五元に激減し、一時瓦解に瀕した。このように指導者のいかんにかかわっており、非常に脆い組織であった。その時、合作研究・宣伝機関である普益協社の馮月樵、甘煥明による活動などで、辛うじて社を維持し得た。かくして経営は当然縮小したと考えられるが、共同基金と教育基金はともに二四年一〇二・四二元、二五年一一八・七四元と増額（表2-2）され、社の安定度を高める努力が払われ、同時に合作社共通の目的とする社会教育を重視する姿勢を崩していないことが傍証できる。二六年七月になると普益協社は権力と財力を集中し、合作整理委員会を組織することで同社を運営した。また、再建のため、『整理大綱』一〇ヵ条を発布している。その四条で普益協社はすべての基金を農工合作儲蓄社の株購入に充てるとし、経済的にバックアップした。第五条では合作儲蓄社の二六年六月末までの未返却株金は、新株とともに普益協社文化部が取り扱う。そして生産を実行して合作事業の基礎強化を図り、その後、貯蓄、借貸などに拡大し、農工事業に尽力するとした。その結果、普益協社は合作事業の宣伝、農工合作儲蓄社は合作事業の実践と業務分担をすることになった。そして、①書報の普及と販路拡大を目的とする文化部、②婦女、青年、小工商の三〇〇元以下の小額資金を集め、それを合作事業への投下を目的とする儲蓄部が運営された。合体後、その基礎は固まり、経営、推進は容易になったが、ただ四川省の政治混乱、交通阻害、洪水などのため、一万元余の営業をしただけで配当金すら支払えなかったという(41)。この社がいつ閉鎖されたか不明である。

三　「冒牌」合作社の出現と上海合作連合会の設立

ここで、生産合作社に入る前に看過できない一つの動向、すなわち合作研究・宣伝機関、信用、消費各合作社の連合化の動きを論じておきたい。その背景には一九二二年合作主義が流布し、合作社が次第に組織され始めた時、「冒牌」合作社が出現したことにある。「冒牌」合作社とは合作原理に反するなど、いわゆる偽りの合作社である。[42] とりわけ問題となったのは、「上海合作銀行」と「民興合作銀行」であった。ここでは、史料的にある程度踏み込める「上海合作銀行」をとりあげたい。

二一年九月「上海合作銀行」の広告によると、合作主義を提唱、平民経済発展を宗旨に暫定資本金五〇万元（一株五元。当初、実際は一万余元しかなかったらしい）で上海内外の各界同志に呼びかけ、九月一〇日～一〇月一〇日を株募集の期間とした。準備処はフランス租界で、株加入処は鈞和公司会計係、株式代理徴収処は滬海実業銀行、蘇州銀行、準備主任は張鼎臣、陸思安らで、準備員は朱承洵らであった。[43] そして一二月四日各界来賓数百人が集まり、盛大に開幕した。預金者優遇の観点から開幕時期は特に週息七厘を与え、預金総額はすぐに一〇万元となった。その上、預金者は株の配当金が受け取れることから、前代未聞の銀行と称され、続々と株購入があったという。[44] その他、住宅協社を有し、住宅を安価で売り出すなどの活動もしたが、僅か数ヵ月後の二二年四月には閉鎖されてしまった。その理由は、裕豊航業公司が「上海合作銀行」の小切手七〇〇〇元不渡を公共官署に告発したことによる。だが、「上海合作銀行」は召喚に応ぜず、案件は被告欠席のまま、原告の証明を経て閉鎖の判決を受けた。[45]

当初、「上海合作銀行」設立は華々しく、合作主義の前途に対して好現象に見えた。ただ、これが一年も経ずして閉鎖されたことは、合作主義者に合作事業自体の否定につながるのではないかとの危機感を与えた。一士は「営業が合作原理に反し、その上見栄をはり、南京路の大商業の集まる家屋費が最も高い場所で、華麗精緻の外観で装飾し、各大銀行と一日の長短を争うというものであった[46]」、と激しく批判する。また、陸宝璜は、「初めておこなう合作事業は大都市ではなく、郷村、農田での設立が最も適している。……しかし、現在中国で試弁の合作銀行は却って最も賑やかな大都市に設けられている。……（「上海合作銀行」のように）資本が充実しておらず、一万余元の資本で上海南京路で銀行を開くなど笑い話ではないか。そのため宗旨純正で営業穏健な合作銀行は一変して投機事業となり、中途で挫折する[47]」、と。どのような点で合作原理に反したかは史料などからは不明ではあるが、営利追求、利益誘導などをおこない、かつ教育費、社会公共費などを設けず、一般銀行との競争に入り、小商、小工場への支援を忘れた点にあると推測される。それと同時に重大であったのは不渡りまでもだし、前述の通り合作事業全体の信用にかかわること、また、『平民』にも執筆、国民合作儲蓄銀行副経理で、合作指導者の有力な一角と目される陸思安が準備主任となり、ほかにも多くの合作主義者が参画していた可能性があることから、状況は深刻であったと考えられる。

こうした状況を受けて、二二年一〇月王世穎は「冒牌」合作社の再発阻止のために、「合作研究社」の設立を提案した。王は「冒牌」合作社をおこなう人々を四種に分ける。(1)「合作」を一つの流行とみて合作社名目で投機的に営業の発展を目指す。(2)僅かに「合作」の字面上の意義を理解するだけで、事業に投資、「合作社」として創設したり、それを商号とする。(3)「合作」とは何かを問わず、新生事物とみて軽率に開始するが、持久性がない。(4)おそらく大多数は現経済制度下で自ら圧迫を受け、物質面での苦痛から緊急に活路を見出そうとして合作社を開設する。だが、指導乏しく、合作方法でおこなえず、その原理に違反する。そして、王は(1)(2)は真の「冒牌」合作社で、合作前途に甚だしい障害となり、信用を失墜させる。(3)は営利のためおこなっているのではないので、合作方法に基づけば非常に利益がある。(4)は親愛なる伴侶であり、合作運動の中で最も重要な人々である。これら「冒牌」合作社は合作主義の発展に致命的なものになるので、その杜絶を目指して、「合作研究社」を組織するというのである。その内容は①

定期講演会を組織し、合作の意義、管理細則などを教え、かつ人を派遣して各村、路地で宣伝させる。②社員から指導員若干人を、駐社指導員と流動指導員に分け、前者は来社の人々の質問に供し、後者は民衆が合作社を設立する時に指導する。③各合作社の状況、取引、管理、及び「冒牌」か否かを調査し、報告書を作成して大衆に還付する。④政府に補助の請求をおこなうことなどであった。(48)

この提案に対して議論が巻き起こった。孫錫麟は次のように言う、「研究と宣伝に従事するだけならば、平民学社は毎日研究、宣伝をしているではないか。……ところで各国にはすべてCooperative Unionがある。その目的は研究、宣伝及び合作運動の補助を重視する。私は『合作研究社』を『中国合作連合会』に改めたほうが良いと思う。……目下、我国にも合作社がいくつかある。例えば、職工クラブ、合作同志社、成都合作儲蓄社、上海国民合作儲蓄銀行、北京の平民銀行、図書協社、その他山東、汕頭、湖南にも合作社がある。すでに成立しているこれらの合作社を連合する。まず平民学社が大会を開催して……他の合作社の加入を要請する」とし、それは監督、指導のみならず、合作社法を議訂する、と。(49)これに対し、呉頌皋、王効文、及び「上海合作銀行」準備主任で、「冒牌」合作社設立の一端を担うという失策を犯した陸思安も賛同した。王世穎も基本的に賛成したが、王は、最初組織する時、当地方の合作社だけで連携し、地方合作連合会、すなわち、まず上海合作連合会を組織し、その後、全国合作連合会を組織するのが最も望ましいとした。(50)これに、陸宝璜が、着手が比較的容易、地方実状も熟知しており、時間的に節約できることは少なくないとして、「上海合作連合会」構想に賛同した。(51)かくして、まずは平民学社、国民合作儲蓄銀行、同孚消費合作社、上海職工クラブ、上海合作商店の五団体が連合することとなった。

こうした経過で、上海合作連合会準備委員会が、一一、一二月に四回開催された。一一月五日第一回準備委員会は美術専門学校で開かれ、五団体のほか、新聞界、商界、学界人士が多数出席した。討論の結果、宣伝を重視することが決まったが、組織手続きはまとまらなかった。一二日第二回準備委員会が職工クラブ事務所で開催され、章程起草が討論された。一九日第三回準備委員会が同孚消費合作社で開催され、五団体計七人が出席し、章程は逐一採択された。一二月三日最後の第四回準備委員会が復旦大学で開催され、成立大会の日程などを決定した。この時、招聘されたのが、国民党の汪精衛、胡漢民、邵力子、馬君武、及びアナーキストの呉稚暉であった。このことは、二四年以降の合作主義者の国民党への接近を考える意味で、その前哨戦として重要であるし、また呉稚暉に呼びかけたことは合作主義者と無政府主義者が実際的にも排斥しあっていないことを示す証左となる。結局、汪精衛、胡漢民からは連絡がなく、呉稚暉は北京に行き、来られず、邵力子、馬君武だけが出席した。(52)

このように、四回の準備委員会を経て、二二年一二月三一日五団体組織の上海合作連合会が中華職業学校内の職工教育館で成立大会を挙行したのである。王效文が主席として開会の詞を述べ、内容は不明であるが、この時、馬君武と呉稚暉が講演している。おそらく呉稚暉は合作主義と無政府主義の双方に共通する「互助」の観点から講演したのであろう。来賓は五百数十人に上った。(53)連合会の所在地は経費の関係から定まらず、通信所は暫定的に民国日報館となった。章程は、⑴宗旨―相互扶助を図り、普遍的宣伝をおこない、合作人材を養成し、合作事業を調査する。⑵組織―上海、及びその付近の合作団体で、生産、消費、信用、あるいは宣伝、補助の合作団体で、合作原理に従うものは、本会の認可を経て皆、本会会員となれる。⑶事業―①出版は定期刊、叢書など。②宣伝は定期講演、移動講演、海外宣伝など。③教育は学校、図書館など。④調査は国内外の合作事業の調査。⑤紹介は卸売紹介と職業紹介。⑥指導は通信指導と実地指導。⑦各団体が代表二人を派遣して総務会を組織する、(54)となっている。

二三年一月一五日連合会成立後の初会議が総務会の主催の下、開催された。出席者は平民学社の張廷灝、王世穎、職工クラブの王效文、劉梅庵、同孚合作社の柳圃青、朱琴心、職工合作商店の鄭重民、曹軼飛、合作儲蓄銀行の許紹棣であった。王效文を臨時主席として、①合作星期学校の学生募集、②定期合作講演は同孚合作社がおこなう、③連合会『合作季刊』の準備を議決した。そして総務会は会長を設けず、総務書記に王世穎が就任した。(55)

まず、連合会は重要な活動の一環として星期学校を開学することとした。その宗旨は合作知識と日常の応用学問を注入し、合作人材を準備、蓄積することにあった。教授は連合会員から選ばれた。校務主任は鄭重民である。信用合作社教授孫錫麟（シュルツェ、ライファイゼン両型の講義）のほか、消費合作教授王效文、農業合作教授王世穎、合作史教授張廷灝、国文教授劉梅庵、英語教授伍範、算学教授沙仲淵であった。学生募集広告によれば、①資格は高等小学卒程度で性別不問。②暫定三〇名。一五名になれば開学する。③学費不要。④場所は中国商業公学とある。[56]かくして、二三年五月六日から一三日まで一週間開校された。ただし、第一期のみで人事異動などから第二期は開学されなかった。[57]連合会は同趣旨の星期合作講習所や星期講演も計画していたが、実施されたか否か不明である。とはいえ、短期であったが、この学校が中国初の合作学校という重要な意味をもつ。

注目すべきは、二三年六月伍玉璋が連合会と黄炎培の中華職業教育社を結びつける具体策を提示したことである。すなわち、双方とも生活、経済、教育を重視することで「救国」をおこなうという共通性ゆえ、同一軌道を発展できる。したがって、合作主義者は職業教育社に働きかけ、教育行政に参画し、学校教育、例えば小学高学年や初級中学の職業科、高級中学普通農工商科などで合作課程をつくり、「合作」を教えれば、合作事業を一挙に普遍化できるとし、そのために連合会員は職業教育社社員になることを提唱している。[58]これが実行された場合、後述する二五年一〇月第一一回全国教育連合会で、広西省教育会提出の「中等以上学校庁消費合作社案」採択に影響を及ぼしている可能性も否定できない。

四　初期生産合作社の実態と特質

第一に、最初の生産合作社は、一九二〇年一二月長沙の労働組合員が集まって組織した湖南大同合作社である。その発起は郭開第、楊葉、黄敬葉、張勉之、郭文輝、及び米商人の巣勁松六人であった。二〇年一〇月長沙の新聞に同志募集を掲載したところ、八〇～九〇人集まり、第一回討論会を開催した。その時、宣言と章程が採択されたが、平民週刊社の毛飛の勧めもあり、それまで考えていた「大同協社」から大同合作社に名称を改めた(59)。

「宣言」を要約すると、世界民衆は二〇世紀の新潮流の中で一人一人次第に自覚し、至る所、世界改造の声がある。経済組織が過渡期の最も重大な問題である。この問題には元来、生産と消費の両面が含まれている。生産面では資本家に独占され、消費面では商人に操縦される。ある人は激烈、破壊の手段で根本から合理的な新社会を建設することを主張する。(しかし我々は)比較的良好な平和的方法を採用し、一方で「労工」を提唱し、学理を研究し、生産、共同生活を発展させ、「工読互助」を実行することで各個人を自立させ、他方で大衆経済問題を解決する(60)、とした上で、イギリスが合作社の一つの発源地で創始者オウエンがいるが、各方面から考えるにロッチデール式が完全で、それを採用したいとする。ただ事実からいえば、ロッチデール式は消費協同組合であるが、大同合作社のウエートは生産にあり、オウエンの「協同(組合)村」(後述)に近い面も持っていたが故に、生産合作社に分類されたと考えられる。

また、簡章によれば、(1)目的は「工読互助」の精神で社会消費の利益を図り、ロッチデール式を参考に生産と生産物を直接結びつける新組織とし、資本家の横暴、強奪に抵抗、商人の中間独占、詐欺の種々の弊害を免れる。(2)社友は生産、消費の両種に分け、性別無関係である。(3)資金として社友各自一〇元以上出資する(すなわち、一株二元、五株以上の購入を義務づけたことを意味する。それは自由に取り出せない)。(4)組織は①生産部：紡織、裁縫、印刷、化学用品、教育用品生産等々に従事する。②消費管理部：本社生産物の配分管理処を設け、かつその他の工場から購入した必需品分配の便を図る。③社会教育部：学術研究会、講演会などを開催、書報室を設け、かつ不定期刊を発行する。(5)社友の利益配分は、①生産社友は生産物に応じて相応の生活費が支給され、②消費社友は本社販売物品と市価との差額、消費の多少に基づいて払い戻す。(6)社務。生産社友は社内自治の実行をする。(7)本社社友は均等に社務監督の責任を持つ。(8)一切の予算、決算は全体社友の議決による。[61]

実際に大同合作社に参加したのは最初僅かに一五人だけであった。設立場所としては当初長沙城内の廟宇、公所を考えたが、そこは兵士駐屯に利用されたり、環境も悪いことから「往郷間去」（郷村に行く）の方針に改め、長沙から三華里の家屋とした。ここは農村とはいえ、長沙から極めて近く、交通の便よく、かつその家屋は一六室もあったのみならず、四ヵ所の肥沃な土地、二ヵ所の荒地までも有していた。社員は家屋の修理をするとともに、長沙に行き、原料を購入し、かつ二人は靴下工場で二ヵ月間実習した。二一年三月玉芝、子陵ら六人が新たに参加した。そこで社の出資、及び寄付でタオル製造機二台と靴下製造機一台を購入し、かつ便箋木版を自己製造した。四月になると、さらに湖南省西部から来た有諸、嘉林ら四人が加わった。このように人員は増加したが、資金不足は否めず、一人三〇元以上の出資と改めざるを得なかった。また、新たな人員に仕事を按配しなくてはならなかったが、仕事がなかった社員も多くいたようである。そこで、それに対処するための一環として郭開第は自己所有のミシン一台を社に持ってきた。さらに社員錫純の友人に縫工の彭介清がおり、合作社に居住して無報酬で指導した。その他、商人であることを自己批判した袁紹が来社して指導し、また「新紡績機」（明成工廠製造）の寄付も申し出ている。四月、毛飛が上海から甲種農業校技師張樹声と第一職工学校木工主任李少陵を連れてきた。彼らは合作社への援助を願い出て、張は各種野菜の苗と種を提供してくれるとともに、栽培法を伝授、李は木工用鉄器五、六台を送り、ほかにも長沙世界語学会の黄果一が木器を贈った。[62]このように、大同合作社には共鳴者からの数多くの物心両面の援助があった。なお、この間、女社員の季生は夫に家に引き戻されるなど、三人の女性が退社した。

社員の業務、生産、学習は、具体的には①タオル製造、②靴下製造、③印刷、④販売、⑤『上海民国日報』代理販売、⑥農業（自己消費用）、⑦裁縫学習、⑧織布学習であり、社員はそれぞれに分かれておこなった。このほか、買付、記帳、書簡、炊飯、水汲み、掃除も分担した。大同合作社の設立後、約六ヵ月間と考えられる総生産高は計タオル五ダース、便箋八〇〇〇枚、靴下一五ダース、学生帽一六、旅着二〇数着を生産、販売したほか、布二〇丈を自己消費した。このような低生産力の要因としては設立直後で、種々の雑用に時間を取られたこともあるが、彼ら自身の言によれば、①基金不足（当時、四〇〇元）、②工業知識欠乏、③工具不完全、④技能未熟練であったとする。六月長沙は米恐慌となったが消費社員巣勁松（彼は生産業務についておらず、消費者社員）は米店を持ち、四〇〇斤の米を送ってくれ、かつ合作社自体が自給自足できる量の野菜を栽培、鶏を三六羽飼育し、打撃は少なかった。ただそれまで食費一人、月二元五角であったものが三元余かかるようになったという。(63)

学習面に関していえば、労働七時間のほか、毎日二時間がそれに割かれた。読書室は二〇人収容で、多くは近代学術文化叢書などで、工業図書は欠乏していた。また、月曜には合作期成社で受講し、土曜には学術討論会を開催した。さらに、長沙世界語学会に加入し、エスペラントを水曜と土曜の午後各一時間、及び同学会教授黄華庾が大同合作社に来て一時間の講義をしてくれたので、週三回エスペラントを学んでいたことになる。(64) このような学習の結果、農村問題を考え始め、郷村工読学校を開設し、農民文化運動に着手しようとした時、湖南軍閥趙恒惕に「無政府主義」を提唱していると見なされ、過激な危険思想として弾圧、閉鎖されてしまった。(65) 大同合作社が全く無政府主義と無関連かと言えば、「玉芝」、「子陵」というように名前だけで、姓を除いていることを見ても、無政府主義から何らかの影響を受けていたか、無政府主義者がより現実的対応を求めて合作社方式を採用した可能性も否定できない。

では、協同組合とエスペラントとはいかなる関係にあったのであろうか。国際的には、当時、英、独、仏の三ヵ国語を使用していたICAや国際協同組合婦女委員会でもエスペラント採用の動きがあり、それは協同組合主義者の共通して重視するところであった。のみならず、大同合作社と同時期、中国でエスペラントが流布していた。二一年四月上海世界語学会には中国人、朝鮮人、欧米人数十人が集まり、胡愈之と朝鮮人朴永憲がエスペラントで演説した。(66)

二二年北京大学の発起で北京でも北京世界語学会が組織され、かつ全国教育連合会は師範学校などがエスペラントをカリキュラムに加えることを議決している。その他、二二年頃、世界語暑期講習班、星期世界語正音班が開催され、平民女学校でも独、仏、露、日、英各国語とともにエスペラントを教えている。出版の方も充実し、民智書店は『自修適用世界語講義』を出し、かつ専門雑誌『緑光』も刊行され、世界語図書館も設立された。このように、エスペラントが流布し始めたのは、それが世界の人々の感情を結びつけ、全世界の真の和平を図ると信じられていたからである(67)。王世穎は合作主義との関連を以下のようにいう、「合作運動将来の発展は文字の統一ができなければ、また莫大な打撃を受ける。……合作主義者は人類の中に国境の存在の必要を絶対に信じない。……それ故にこそ、中国の合作主義を信仰するものは皆、幾らかの時間、自らまず最初にエスペラントを研究しなければならない(68)」、と。すなわち、無政府主義者と同様、合作主義者もエスペラントを重視し、大同合作社社員がこれを学んだのは、国際協同組合運動の流れ、中国でのエスペラント波及のうねりを背景にしていたといえよう。

第二に、上海工人合作銀楼が二二年に設立された。金銀業労働者の罷工（ストライキ）に対して、銀楼公所交際員の姜歩七らは官庁に工人倶楽部の解散を要求した。両者の調停も不調に終り、ストはますます拡大した。ついに一〇月一八日スト労働者は失職し、工人倶楽部も警察に解散させられた。だが、労働者は極めて不満で徐警察庁長に取り締まりの撤回を求め、同時に工人倶楽部を移転、再建した。一〇月一九日ストを再開し、抵抗を続けた。新旧銀楼経営者の姿勢も強硬であり、労働者側は早期解決を図り、すでに代表を推挙し、調停人に仲介を依頼した。二三日新銀楼経営者たちは会議を開き、賃金アップの交渉には応じるが、同時に「労働者代表三人」逮捕させるという強硬な提案を議決した。まず裁判での判決を待ってストを解決するとしたのである。旧銀楼経営者もほぼ同様な意見であった（その結果、実際に逮捕者が出た）。新銀楼側はすでに傅宝林、王耀朗二人と労働者代表との交渉に入った。新銀楼側はまず職場復帰を求め、賃金の四割アップを提示したが、労働者側は同意せず、具体的に二、三元のアップを求めた。

工人倶楽部は労働者に対して、すでに一〇日間のストを堅持しており、すでに店側と調停に入っており、倶楽部の命令がなければ、決して職場復帰してはならない。さもないと分断され、獄中の同僚も救出する術がなくなる、と通達した。こうしたストという背景下で、工人合作銀楼が失業者救済を目的に新たに設立されたのである。一株一〇元であったが、株式申込みが極めて活発で、数日を経ずして四〇〇余株の加入者があった。上海以外でも揚州、杭州、鎮江、九江、南昌などから次々と株式加入の申込みが届いたという。工人合作銀楼の籌備処第三次籌備会を開催し、討論することにした(69)。このことは、合作社方式の銀楼が、上海のみならず、各地に波及し、一つの新潮流を形成していたと見なすことができよう。

張廷灝はこれを大同合作社に続く「生産合作の先駆」と位置づけていることから(70)、生産もおこなっていたと考えるのが妥当であろう。ただ、工人合作銀楼は、スト解決後、すぐに解散してしまった。いかなる形で決着したのか不明であるが、一定程度の賃上げに同意、逮捕した労働者を解放するとともに、職場復帰したものと考えられる。

第三に、長沙筆業工人合作社が二二年一二月二六日に設立されている。この合作社は筆業労働者が生活困難から一一日間ストライキをし、雇主と決裂後、『平民』の影響を受け、自発的に組織したものである。設立地点は粤漢鉄路長沙工会にあり、各工会からの臨時借金と自己資本で開始した。一株二〇元、株金を払えないものは毎月賃金の三分の一を差し引き、これに充てる。宗旨は「通力合作」し、共同生活をおこない、同業の工友の幸福を増進するとした。業務は当然、筆製造と思われる。その後、雇主がおそらく賃上げなどと考えられるが、労働者の要求を受け入れたため、二三年一月仕事に復帰したが、合作社はそのまま保持された。彼らは筆業工会全体大会を開催して、『合作社拡充弁法』を討論し、通告を発した。すなわち、「我々は資本家に代って仕事をし、生産利益の大半が略奪される。……一人の力は限りがあるが、（持っている金を合わせれば）労働者はなんと多くの資本を持っていることか。皆が共同で運営するのが最もよい。……合作社の長所は……自らが自らのために労働することである」(71)、と。かくして工

表2-3　年別各省市別合作社統計（1918〜23年）

年＼省市	上海	江蘇	浙江	福建	広東	四川	江西	湖北	湖南	山東	河北	北京	アメリカ	計
1918												1		1
1919	1													1
1920	3(1)								2				1	6(1)
1921	2(1)		1		1(1)	1				3(3)				8(5)
1922	5				2	2	1		1				1	12
1923		2	2	1(1)	2	2(1)		2(1)	5(3)		1			17(6)
計	11(2)	2	3	1(1)	5(1)	5(1)	1	2(1)	8(3)	3(3)	1	1	2	45(12)

出典：後掲の表2-4から作成。統計数字は設立されたものと、章程等を出して設立可能性のあるものの合計。（　）内は設立可能性のあるもの。なお、華洋義賑会は23年に信用合作社8社を設立しているが、初期合作運動と無関係なものは除外した。

人合作社は続行したが、同業の資本家、雇主がこれを恐れ、内部破壊を狙ったがうまくいかず、結局買収を含め地方検察庁に働きかけ、労働者の結社は刑法に触れるとして、これを提訴した。その結果、主任鄭応奎、職員周慶生は懲役三ヵ月に処せられ、二三年六月頃までには『平民』は差し押えられ、工人合作社も強制的に解散させられてしまった[72]。

ここで、合作主義と無政府主義の関連を論じておきたい。実践への動きとして注目すべきは、無政府主義者の設立した広州工人合助社であろう。これは五・四運動後、無政府主義者の学生が、特に手工業労働者と団結するため創立したもので、彼らは手工業会館や作坊に行き、工会の組織化を進め、待遇改善、八時間労働、賃上げなどをおこなわせた。かくして工人合助社は四〇以上の手工業工会（労働者三〇〇〇〇余）の設立を援助したのみならず、「補習夜班」を設立、識字教育を施したという[73]。ところで彼らは合作工廠設立の計画を立て、『平民』に書簡を寄こし、組織法、分配法、管理法について指導を仰いでいる[74]。こうした形での『平民』との具体的接触もあった。

五　中国初期合作運動の構図、及び妨害と継続

では、一九一八、一九年から二三年までの全体的状況について**表2-3**、及び本文章末尾の**表2-4**を分析することによって論じたい。

表2－4　中国初期合作社一覧表（1918～23年）

業　種	成立年月	設立地点	構成員等	備考（目的、業務等）
〈合作研究・宣伝機関〉				
平民週間社（後、平民学社に改名）	1920.5（1921.12）	上海	復旦大学教員、学生	平民の頭脳に互助の原理注入。合作主義を経済改造の手段として宣伝、研究、実行、江浙戦争で崩壊（1924.10）
上海合作同志社	1920.12	上海	上海、及びその近郊の教員、学生等40余人	合作主義の研究、合作事業の提唱、合作人材の養成
湘南合作期成社	1920.12	湘南省長沙		合作主義の研究、合作事業の提唱、宣伝、講演。大同事件との関連で活動停止したと推定される
中華合作協進社	1920	アメリカ・ニューヨーク	華僑	互助の精神提唱、言論、調査、実行。中国国民の幸福増進
斉魯合作同志社☆	1921？	山東省済南		
実業益友社	1922？	アメリカ・ニューヨーク	ワシントン大学留学生	（中国の？）農労商同志との連絡、合作互助の精神提唱。実業問題研究
上海職工クラブ	1922.5	上海	上海の職工	資本主義下の職工の自衛、互助による「群体の幸福」。合作主義の実行。平民教育の発展
成都普益協社	1922.6	四川省成都	聚興誠銀行行員	五・四運動以降の民衆指導。合作主義の研究。合作事業の提唱、社会教育
無錫合作研究社	1923.12	江蘇省無錫		無産階級の経済発展、不平等消滅、世界永遠和平、合作原理の研究
〈信用合作社〉				
上海国民合作儲蓄銀行	1919.10	上海	復旦大学教職員、学生、労働者等々	「救国」、平民経済解放等々。合作主義の提唱、小営業援助、義務教育補助、社会改造実行
成都農工合作儲蓄社	1921.8	四川省成都	農民？（韓治甫指導）	農労経済発展、合作事業の提唱
山東平民合作儲蓄銀行☆	1921？	山東省済南		
中壩農業協社	1922.9	四川省	韓治甫指導	成都農工合作儲蓄社の分社
第一信用合作社	1923.6	河北省香河	農民対象	河北農民救済。南京金陵大学と華洋義賑会が協力指導
〈消費合作社〉				
北京大学消費公社	1918.3	北京	教職員、学生	各種図書、文具、日用雑貨の販売。競争より互助重視。
食米消費合作社	1921	上海	上海商界連合総会下の飯店、客桟、菜館、工場、学堂等、団体が社員	米商の囤積、私運批判。「ストライキは必ずしも効果なし」との意識濃厚。産米地の米を直接運搬、販売。米価安定を目指す
斉魯消費合作社☆	1921？	山東省済南		
学生消費合作社☆	1920？	上海	上海学生連合会	政治のみならず経済改造を重視。薛に指導求める。社会服務、団結からさらなる展開を目指す（政治改造→経済改造）
汕頭米業消費合作社	1922.4	広東省汕頭	潮汕鉄道労働者	米の販売？
上海職工合作商店	1922.6	上海	職工クラブの30人	日用品の販売
新会消費合作社	1922.6	広東省新会	400～500人	代表者陳日光。資本金3000元。上海での合作社調査をおこなう。米糧、日用品の販売。精米工場兼営も計画
安源路鉱工人消費合作社	1922.7	江西省安源	工人クラブ1万3000人	米、塩、石油の販売と兌換
同孚消費合作社	1922.10	上海	商務印書館職工	職工励志会内に設立。米の販売と儲蓄
平民協社	1922？	上海	黄煜江ら40人発起、邵力子、葉楚傖ら20人賛同。生産者、販売者、消費者の合体	柴、米、油、塩等、日用必需品の販売。信託、金融両部も付設。兼営的
時中合作書報社	1923.1	湖北省武昌	武漢教育界の人士、法人、通信購読者、読者	和平互助による資本制打破、中文、欧文図書等の販売

表2-4　続き

業　種	成立年月	設立地点	構成員等	備考（目的、業務等）
中壩煙業合作商店	1923.1	四川省	生産者、販売者、消費者	煙草販売。信託、金融両部も付設。兼営的。互助、合作原理に忠実
継志小学合作商店	1923.1	浙江省蕭山	学生発起	日用品、食品販売。商業実習、合作生活に慣れさせる。合作精神養成
南京消費合作社	1923.1？	江蘇省南京	南京金陵大学学生	書籍・日用品販売。上海職工合作商店経理曹軼飛に弁法の斟酌乞う
寧波第一消費合作社	1923.3	浙江省寧波	工商友誼会会員15人	経済生活の改造。「通力合作」の精神。棉花、日用品、食物等の供給
汕頭海員工会合作総公司	1923.4	広東省汕頭	海員工会汕頭支部（支部長辛楽民）	輸入食品、西洋雑貨、煙草、酒等の販売。潮州特産物販売
成都民治合作蔵書楼㉗	1923？	四川省成都		博愛、平等重視。自発的互助。図書閲覧。工読互助学校の設立と子弟入学
仙桃鎮消費合作社	1923	湖北省		国際帝国主義打倒、奸商独占根絶。油、塩、米の販売。時中合作書報社との関連深い
水口山工人消費合作社	1923	湖南省常寧	アンチモニー鉱山労働者	生活防衛（アンチモニー価格の下落による生活圧迫）
長沙泥木工会内合作社	1923？	湖南省長沙	第一、第二工人寄宿舎内	ストライキ勝利後設立
銅官陶業工会消費合作社㉗	1923？	湖南省銅官	工会職員	4カ所に設立計画
合作青年書店	1923.10	広東省潮州	青年図書社員	五・四運動以後設立の知識増進目的の青年図書社を改編。四大綱目は新思潮紹介、新文化鼓吹、新生活提唱、新社会創造
合作図書公司㉗	1923末？	福建省厦門		
〈生産合作社〉				
湖南大同合作社	1920.10	湖南省長沙	長沙工会員等	資本家と商人への抵抗。生産、消費、教育の三部門による組織。
衙前農民協会	1921.9	浙江省蕭山	沈定一（玄廬）指導、農民	21.12浙江省長による軍隊派遣、弾圧によって解散
上海工人合作銀楼	1922.10？	上海	金銀業工人クラブ労働者	資本家、官庁への抵抗。失業救済
長沙筆業工人合作社	1922.12	湖南省長沙	筆業工会員	資本家への抵抗
機器鉄工廠㉗	1921？	上海	上海機器工会	薛仙舟、毛飛に指導を仰ぐ。「資本家、労働者両階級の消滅」
広州工人合助社合作工廠㉗	1921？	広東省広州	広州工人合助社	40以上の手工業工会を組織したアナーキスト団体。合作工廠設立計画を中心に『平民』に指導を仰ぐ
〈業種不明〉				
鉛印工人合作社㉗	1923？	湖南省長沙？	労働者	ストライキ勝利後、労働者の利益のため工会主任（？）譚影竹が推進
茶居工人合作社㉗	1923？	湖南省長沙？	茶居工会	失業工友救済。製品を工団、各学校の遊芸会等で販売

出典：①毛飛「続刊感言」『平民』第11号、1920.7.31、②「合作同志社簡章」『平民』第11号、同前、③寿勉成、鄭厚博『中国合作運動史』1937、63～65頁等、④「無錫同志創辦合作研究社宣言」『平民』第184期、1923.12.15、⑤「中国合作協進社簡章」『平民』第25号、1920.11.6、⑥「実業益友社簡章」『平民』88期、1922.2.4、⑦黄芸博「無政府主義者在広州搞工会活動回憶」『中国無政府主義資料選編』1982、509～510頁、⑧「通信―広州工人合助社来函及答函―」『平民』75期、1921.10.29、⑨「国民合作儲蓄銀行旨趣書」『平民』第8期、1920.6.19、⑩張廷灝「中国合作運動的現状」『平民』152期、1923.5.5、⑪伍玉璋『中国合作運動小史』1929、49頁等、⑫「寧波第一消費合作社草章」『平民』135期、1922.12.30、⑬蔡心覚「汕頭海員工会合作公司」『平民』154期、1923.5.19、⑭「平民協社縁起」『平民』103期、1922.5.20、⑮陸思安「組織学生消費合作社的我見」『覚悟』1920.7.25、⑯「四川中壩菸業合作商店章程」『平民』160期、1923.6.30、⑰「成都民治合作蔵書楼」『平民』142期、1923.2.24、⑱『上海民国日報』1921.7.7、⑲朱義析「中国合作運動発軔史略」『燕京月刊』9巻1期、1932.5、⑳『上海民国日報』1922.10.18、㉑「通信」『平民』69期、1921.9.16、㉒「湖南省合作社消息一束」『平民』157期、1923.6.9、㉓「仙桃鎮消費合作社徴求社員書」『平民』170期、1923.9.8等々から作成。

その他、1921年頃、カリフォルニアで李道本ら華僑の合作儲蓄銀行、合作商店設立の動きがあるが、設立されたか否か不明。また23年末、武漢学生の儲蓄会から消費合作社への拡充の動向や同地の小学校教職員、学生による信用、消費合作社組織化のため、平民学社に指導を求める動きがあった。なお、23年5月以前に中国大学消費公社、中華大学消費公社、神州女学消費公社、春暉中学消費公社も設立されている模様である。㉗は章程が計画を出し、設立可能性のあるもの。

構成員は大学、学校関係者、出版関係者、銀行界、商界、労働者、農民等々であるが、農民を主要対象にするものは成都農工合作儲蓄社、及び沈玄廬指導の浙江省蕭山県衙前農民協会（本書第五章で詳述）など数社に限られ、この時期には多くはなかった。合作社によって異なるが、目的は「救国」、互助、経済改造、中間搾取の打破、資本家への抵抗、民衆指導、教育等々であり、小営業支援や農工経済発展などもあったが、具体的業務は消費合作社に集中的に示されるように図書、文房具とともに、米、塩、日用品など生活必需品の販売にウエートが置かれており、主な傾向は生活防衛的色彩が濃厚であった。

この期間に設立、もしくは設立された可能性のある合作研究・宣伝機関は九社、信用合作社は五社、消費合作社は二三社、生産合作社は六社、業種不明が二社の計四五（±α）社である。これを年代別に見ると、一九一八年一社、一九年一社、二〇年六社、二一年八社、二二年一二社、二三年一七社である。一八年の一社は北京大学消費公社、一九年の一社は上海国民合作儲蓄銀行である。二〇年は六社設立されているが、うち四社（上海二社、湖南省長沙一社、ニューヨーク一社）は合作研究・宣伝機関であることから、この年から合作社組織化のための本格的宣伝が開始されたことを意味する。二一年八社の内訳は合作社研究・宣伝機関一社、信用合作社二社、消費合作社二社、生産合作社三社である。つまり、この年は合作研究・宣伝機関を除けば、信用、消費、生産各合作社がほぼ均等に着手されていることがわかる。ところが二二年になると、合作研究・宣伝機関三社、信用合作社一社、消費合作社六社、生産合作社二社となり、消費合作社が主流となる傾向が明確化する。二三年は合作研究・宣伝機関一社、信用合作社一社、消費合作社一三社、生産合作社ゼロ、業種不明二社である。このように、圧倒的多数が消費合作社であった。ただし全体として数的には発展傾向を示しているにもかかわらず、二四年にはその多くが崩壊していくことになる。

では、これを地域別に見るとどうなるのか。社数の多い順に並べると、上海一一社、湖南八社、広東、四川各五社、浙江、山東各三社、江蘇、湖北、アメリカ各二社、福建、江西、北京、河北各一社である。その多くが大都市たる上海を筆頭に、各省都とその周辺、交通の便のよい地方都市、商業港などに設立される傾向にあった。上海は一九年開始から二二年までは当時の合作運動の中枢として着実な伸びを示し、湖南、広東、四川がそれに続く形をとっている。湖南では、すでに二〇年一二月に湖南合作期成社が設立され、宣伝の開始が早く、かつ工会の経済基盤や罷工などの絡みでとりわけ労働者の生活防衛的色彩が強く、消費、生産両合作社への傾倒があった。広東の場合は、開明地区として思想流入が速やかであったと考えられ、かつ新会消費合作社に見られる通り代表者陳日光が上海に合作社調査にも来ており、その動向にも通じていた。四川は成都普益協社、農工合作儲蓄社を中心に発展したが、『平民』と関係の深い伍玉璋がここに基盤をおき、指導していた（韓治甫については未詳）。山東省の三社は設立の契機、内容など一切不明ではあるが、「合作同志社」、「合作儲蓄銀行」と上海と同一名称を使用していることから、その影響と考えられよう。他にアメリカ実業益友社員で山東出身の李鍾秀の関連も考えられる。北京は中国で最初の合作社を組織したにもかかわらず、その後の発展が見られず、河北省での合作社の発展は二三年開始の華洋義賑救災総会下の信用合作社の組織化を待たねばならない。

ともあれ軍閥の弾圧などで沈滞する合作運動の突破口として、自立的運動の姿勢の転換、国民党への接近を真剣に考え始める。張廷灝は、イギリスで協同組合党を組織した後、各国もそれに倣い、協同組合が発展したことを述べ(75)、「湖南大同合作社、蕭山（衙前）農民協会の封鎖、我々平民学社の『平民』の郵送禁止……腐敗した（軍閥）政府下で合作運動が発展しないのはこのようなものである。……もし現在の腐敗した政府を打倒し、良善な政府を設立しようとすれば、合作主義者は政治活動に参加せざるを得ないのではないか？　国民党の宗旨と党綱はすべて合作主義に合致する。国民党は中国唯一無二で、最も完全、最も平民心理に合う政党である。そこで我々合作主義の信徒は、平民の良善な政府が合作運動の発展を助けるよう望むならば、当然中国国民党と合作せざるを得ない(76)」、と強調する。

かくして、合作主義の主流は二七年七月以降、国民政府下の合作事業に合流することによって自己実現を果たしていくことになる。

もちろん二五年以降も合作主義者による独自の再建工作も続けられていた。王世穎は、合作運動は退潮期に入り、国民合作儲蓄銀行、武昌時中合作書社、湖南安源路鉱消費合作社を残し、中国最初の合作社は終ってしまったと慨嘆しながらも、「合作運動の復興運動を直ちに実現しなければならぬ」(77)と呼びかけた。また、『平民』の後をうけて『覚悟』が二五年一〇、一一月各四回ずつ「消費合作的史略」、「消費合作的実施問題」を連載し、合作運動の継続に懸命な努力を続けていた。このように、『平民』中心の合作運動は沈滞したが、すでに合作運動は発展の可能性を広げつつあった。すなわち合作運動全体から見れば、前述の如く二三年には華洋義賑救災総会が信用合作社組織化を開始し、二四年六月国民党初の合作社が設立され、七月中国合作運動協会も成立している。その上、合作運動は上海を中心に思いがけない広がりを示していた。例えば、上海各種商店の店員二〇〇人で組織する連合会はその章程で出版物の刊行、補習学校設立とともに合作社設立を謳った(78)。二五年一〇月頃、上海大学に消費合作社が設立されている模様であるし(79)、かつ教育補助、文化促進、青年思想の解放を主張した商城書社はそれ自体が合作社組織である(80)。

こうした趨勢の中で、二六年四月上海消費合作社が上海北四川路に成立している。その時、資金は五〇〇〇元で、社員は三〇人だけであった。営業品目は石炭と米のみ扱った。だが、朱懋澄が熱心に支え、かつ梁初如が経理をおこなった。毎週、公開講演が実施され、大衆に合作知識が伝えられた。二六年八月には、営業は約一〇〇〇元に達した。二七年春、軍事の影響から業務はやや縮小したが、すぐに回復し、同年末には営業は月一五〇〇元となった。合作社の規定では、社員は入社の際、二株(一株五元)を購入しなければならない。株配当(年利五厘)を受け取ることができた。営業は社員に限らないが、ただし社員の場合、大会出席権を有し、全体会議は年に一回開催される。会議の時は、出資の多寡によらず、一人一表決権を有すのみである。剰余分配は、純益の二〇%が共同基金、二〇%が教育・社会公益金、一〇%が職員・雇員の謝礼である。残り五〇%が社員共有資金で、株利息のほか、社員の年間購入額に応じて比例配分される。非社員も購入額に応じて社員の半額の配分を享受できる。その結果、かなりの発展を示し、二七年一一月社員数は二二一人に増大し、営業品目も缶詰・食品、化粧品、醤油、布、及び文房具などに拡大した(81)。

また、二六年上海綢緞商号（絹織物商店）は染色労働者のスト、労賃の高騰の影響を受け、営業は大打撃を受けた。そこで、商号は自己救済のため合作染色工場の組織化を決意し、二七年九月成立し、営業を開始した。資金は五万元を準備し、社員は団体社員（同業商号）に限り、四〇戸であった。「上海綢緞業合作染錬工廠」（所在地は上海岳州路）と命名した。別に事務所を上海北京路に設けた。社員商号は合作染錬工廠に染色を委託し、原価で費用を支払う。その経営費は必要経費の額によって割り当てる。非社員から委託された染色で得た利益は社員の取引額に応じて比例分配された(82)。

さらに、二八年三月頃、上海には「華産合作市場」（発起者二〇人。上海農工商局に登記済）があった。原理的に販売合作社に類似し、専ら中国天然の産物と製造品を小売り、もしくは販売した。その章程、機構、実態は以下の通り。(1)社員は個人ではなく、団体で、製造工場である。団体社員に代わって製品を販売する。資本、経営資金はなく、まず発起人が立替払いし、専ら手数料から支出する。(2)一切の金銭の収支は中国系銀行が仲介し、一切の帳簿は期日には各団体社員に公布される。(3)合作市場は上海を手始めに、次々と各地に広める。(4)社務は三つの委員会が分担する。①営業委員会―発起人から主任一人、副主任二人を推挙し、専ら営業を管轄する。②監察団―一工場毎に一代表が参加し、帳簿の金銭を監査し、営業報告を審査、及び社員と事務所の間で発生した紛糾の調停。③顧問団―政府（当地政府と推測される）や当地商界の指導者に要請して組織し、専ら国産品の販売促進を提唱し、かつ（外部との?）紛糾解決の責任を有す(83)。このように、資本金、株式募集の規定がないなど、合作社としては未完成と見なされていたようだが、機構などはしっかりしていた。その他、二六年四月江蘇省教育会で成立会を開催した家庭合作社は厳密な合作原理で組織され、日用品製造、供給を業務としたという。[84] つまり合作社の必要性は高まり、未完成なものを含めて、あらゆる形で拡がっていたのである。

こうした中で、北京政府方面でも揺れを示した。二四年九月農商部開催の中国第一回実業会議で、合作社法制定を求め、四川代表が「呈請政府制定各農工合作社法律建議案」を、また山西代表が「請速定産業組合法以維持経済案」を提案したが、北京政府の無理解で失敗した。[85] だが、二五年一〇月第一一回全国教育連合会で広西省教育会提出の「中等以上学校庁消費合作社案」は採択されている。それは、学校内に消費合作社を設立する利点として①経済訓練の手段、②自治、互助の諸美徳の養成、③家庭の学費負担の軽減と貯蓄習慣の養成をあげている。[86] だが、二七年一月には華洋義賑救災総会までもが妨害にあっている。すなわち、北京政府農工部は華洋義賑会下の信用合作社が自らの立法権を有し、法律、官所の拘束を受けずとするならば、それは行政権を犯すものであると声明した。それに対し華洋義賑会側は合作社が社会に有益で、政治経済組織に干渉を加えないと弁明し、全面禁止は免れたが、その発展は一頓挫するに至ったという。[87]

おわりに

まず第一に、五・四運動を画期とし、研究深化と同時に、本格的宣伝も開始され、実践へと転換した。その中核は経済から「救国」を考えた知識人、学生主導型で、合作主義の独立性を標榜した民間社会運動としての特徴を有し、上海から湖南、広東、浙江、四川、江西等々に波及していく形をとる。つまり、この時期合作社は無政府主義者のみならず、国民党員、共産主義者、さらには張君勱に示される如く国家主義者を含む一つの共通項であり、自らの運動を支える一つの手段と考えられていた。

第二に、実践、実状に関してであるが、まず(1)イギリスのロッチデール式に最も強い影響を受けた。これは産業革命後の先進国型協同組合であり、農業国家たる中国への適用は客観的に簡単ではなかった。だが合作運動指導者が都市に集中していたことにより、消費合作社を重視する傾向があり、大学や労働者の間に設立基盤を見出したといえよう。次いで、(2)信用合作社はドイツのシュルツェ、ライファイゼン両型から影響を受け、特に前者から影響を受けたのが上海国民合作儲蓄銀行、後者から影響を受けたと考えられるのが成都農工合作儲蓄社といえよう。(3)生産合作社はフランスに注目しながらも、同国の政府保護形態を採る大規模工業協同組合の中国への適用は不可能と考えられ、大同合作社はロッチデール式、オウエン的な「農労一体共同社会」、無政府主義、工読互助運動、「新しい村」[88]等々の混合体という特殊な形態を採っており、その他の生産合作社は工会、罷工との関連が深く、労働者の経済基盤、もしくは生活防衛組織としての色彩を濃厚に有していた。(4)日本の「産業組合」の影響は、北京大学堂の科目など、五・四運動以前に影響を受け、結局、直接実践には結びつかず、徐滄水、于樹徳らは日本で開眼したとはいえ、むしろ日本が影響を受けたドイツなどに目を向けた。

第三に、二四年頃までに初期合作社のほとんどが崩壊してしまった要因であるが、(1)民衆の組織能力の欠如、とりわけ経営力不足から経営難に陥った。(2)華洋義賑救災総会の如き政治、経済的バックがなかった。(3)農村国家たる中国での都市型合作社の不適合とともに、特に重大な要因は、(4)合作社保護、優遇の合作社法が未成立なばかりか、逆に軍閥政府は合作運動を危険視し、妨害、弾圧していることであろう。『平民』も妨害を受けたが、その主要対象とされたのは生産合作社で、『平民』などの影響を受けた労働者が自発的に組織したため、労働運動の延長上にあると解され、特に危険視されたものと考えられる。当時、合作主義者は否定を繰り返したが、軍閥に弾圧される必然性は当然あったといわねばならない。なぜなら「救国」、経済改造思想として中国に流入、その結果生れた中国合作運動は反権力、反封建主義は当然のこと、さらには日貨ボイコットのための経済基盤育成、流通機構の改造、搾取への対抗、資本家との地位の逆転等々、反資本主義、反帝国主義の志向を当初から濃厚に有していたからである。

註

（1）朱義析「中国合作運動発軔史略」『燕京月刊』第九巻一期、一九三二年五月。寿勉成・鄭厚博『中国合作運動史』正中書局、一九三七年、七二頁。以下、『運動史』と略称。
（2）胡鈞「互助浅説」『互助』第一巻一期、一九二三年一月三〇日。
（3）梁柱『蔡元培与北京大学』一九八三年、一五四頁。
（4）朱義析、前掲論文。
（5）伍玉璋『中国合作運動小史』中国合作学社、一九二九年、四六～四七頁。以下、『小史』と略称。『運動史』七三頁など。
（6）梁柱、前掲書、一五四頁。
（7）（8）「北京大学消費公社章程」『平民』第一四一期、一九二三年二月一〇日など。
（9）（10）（11）『上海民国日報』一九二三年一月一日など。
（12）『小史』四八～四九頁。
（13）董亦湘「同孚合作社消費部之由来」『上海民国日報』一九二三年一月一日。『小史』四九頁。『運動史』八〇頁。
（14）「武昌時中書社来信和答信」『平民』第五三号、一九二一年五月二八日。
（15）「通信」『平民』第五五号、一九二一年六月一一日。
（16）（17）「武昌時中合作書報社宣言及簡章」『平民』第一三四期、一九二二年一二月二三日。
（18）「武昌時中合作書報社啓事四則」『平民』第一三八期、一九二三年一月二〇日。「通信」『平民』第一三九期、一九二三年一月二七日。
（19）『小史』五〇頁。
（20）「湖南合作社消息一束」『平民』第一五七期、一九二三年六月九日。
（21）「平民団消息」『平民之友』第三期、一九二四年六月二七日。

(22)「長沙泥木工会底新建設」『平民』第一四〇期、一九二三年二月三日。
(23) 前掲「湖南合作社消息一束」。
(24) 章鼎峙「薛仙舟先生与上海国民合作儲蓄銀行」『合作』第二一期、一九二八年九月一三日。なお『合作』は『上海民国日報』副刊。
(25)「国民合作儲蓄銀行旨趣書」一九二〇年六月一九日、『五四時期的社団』(4)、三聯書店、一九七九年、九三頁。
(26)「国民合作儲蓄銀行広告」『平民』第二四号、一九二〇年三月三〇日。
(27)『小史』三九頁。
(28)(29)『運動史』六九頁。『小史』三九～四〇頁など。
(30)『小史』四一～四二頁。「上海国民合作儲蓄銀行章程」『平民』第六〇号、一九二一年七月一六日。
(31)「国民合作儲蓄銀行拡充招股広告」『覚悟』一九二一年七月三一日。
(32)(33) 侯厚培「上海国民合作儲蓄銀行事略」『上海民国日報』一九二三年一月一日。
(34) 朱承洵「合作銀行怎麼様的扶助社会?」『平民』第五号、一九二〇年五月二九日。
(35)『上海民国日報』一九二〇年六月一六日。
(36) 許紹棣「在復旦義務学校所見的感想」『平民』第九五期、一九二二年三月二五日。
(37)「復旦義務学校拡充後之収支帳目」『平民』第一八一期、一九二三年一一月二四日。
(38) 白吉爾「上海銀行公会(一九一五～一九二七)」、上海社会科学院『上海——通往世界之橋——』上、一九八九年など参照。
(39)『小史』四二頁。『運動史』七一頁。
(40) 張廷灝「中国合作運動的現状」『平民』第一五二期、一九二三年五月五日。
(41)『小史』三六～三八、四四～四五頁など。なお普益協社は成都星期講習会も組織した模様である(「通信」『平民』第一四二期、一九二三年二月二四日)。
(42)「冒牌」合作社と認定されたものは、一二二年以前も存在した。例えば、復旦大学内の商店は「合作商店」と表示したが、営利商店であった。この商店が成立した時はまだ協同組合思想が十分中国人に伝わっておらず、「心を同じく協力して幾人かの株主の利益を図る」と狭く考え、営利団体と同じものと曲解したという(王世穎「最近世界合作運動」『平民』第六六期、一九二一年八月二七日)。そこで、二三年株主間の意見対立から「復旦商店」に改組され、「合作商店」の名称は取り消された(「復旦大学合作商店」『平民』第一五〇期、一九二三年四月二一日)。

(43)「上海合作銀行招股広告」『平民』第六八期、一九二一年九月一〇日。

(44)『上海民国日報』一九二一年一二月五日。

(45)(46)一士「『上海合作銀行』被封後的感想」『平民』第九八期、一九二二年四月一五日など。

(47)陸宝璜「随感録——関於両合作銀行倒閉後所得的教訓——」『平民』第一〇一期、一九二二年五月六日。

(48)王世穎「組織合作研究社的提議」『平民』第一二三期、一九二二年一〇月一七日。

(49)「関於『組織合作研究社』的討論」『平民』第一二四期、一九二二年一〇月一四日。なお、北京の「平民銀行」は北京大学消費協社か「学生銀行」の間違いと思われる。ただ「学生銀行」が合作社であったかどうか確認できない。また「図書協社」の存在も確認できない。

(50)「関於『組織合作研究社』的討論(続)」『平民』第一二五期、一九二二年一〇月二一日。

(51)「関於『組織合作連合会』的討論(続)」『平民』第一二七期、一九二二年一一月四日。

(52)(53)『上海民国日報』一九二二年一二月三一日。劉梅庵「上海合作連合会成立紀念大会記」『平民』第一三七期、一九二三年一月一三日。

(54)「上海合作連合会章程」『平民』第一三七期、同前。

(55)「上海合作連合会第一次総務会記事」『平民』第一三八期、一九二三年一月二〇日。

(56)「上海合作連合会星期学校章程」『平民』第一三九期、一九二三年一月二七日。「上海合作連合会合作学校招生広告」『平民』第一五一期、一九二三年四月二八日など。

(57)その後、華洋義賑会合作委弁会は農民の大部分が知識と業務能力に欠け、指導してもそれを理解できないことに鑑み、インドの方法に倣って、合作講習会を二五年から約一週間開催し、その後も継続した。各省市合作機関もこれに倣って教育を開始し、大きな成果をあげたという(『運動史』八四〜八五頁)。

(58)伍玉璋「上海合作連合会合作運動的又商権」『平民』第一五九期、一九二三年六月二三日。

(59)「湖南大同合作社第一期試辦底経過」『平民』第六一号、一九二一年七月二三日。

(60)(61)「大同合作社章程」『平民』第二八号、一九二〇年一一月二七日。
(62)(63)(64) 前掲「湖南大同合作社第一期試辦底経過」。『小史』五一～五二頁。
(65)「湖南大同合作社第一期試辦底経過」、同前。章有義、前掲書第三輯、二〇七頁。
(66)『上海民国日報』一九二一年四月一一日。
(67)『平民』第一一一、一一三、一二二、一四四各期、及び『覚悟』一九二二年七月一四日、梁柱、前掲書、一〇六頁等々参照。
(68) 王世穎「世界語与合作運動」『平民』第一九〇期、一九二三年一月二六日。
(69)『上海民国日報』一九二二年一〇月一八日、二五日。
(70) 張廷灝「我対於上海工人合作銀楼的管見」『平民』第一二六期、一九二二年一〇月二八日。
(71)「長沙筆工生活独立計画」『平民』第一四〇期、一九二三年二月三日。
(72)『小史』五二頁。章有義『中国近代農業史資料』第三輯、三聯書店、一九五七年、二〇七頁。「長沙筆工生活独立計画」同前。前掲「湖南合作社消息一束」など。その他、「通信」『平民』四一号（一九二一年三月五日）によれば、上海機器工会も①自己資本、②すべての人が労働参加、③資本家、労働者両階級消滅をモットーに「生産合作主義」による機器鉄工廠を組織したいとして、薛仙舟、毛飛に指導を仰いでいるが、設立されたか否か不明である。なお、機器工会は章程第二条で、地位の改善、賃上げ、労働時間の短縮、会員の福利各種事業の促進等々を掲げ、第六条でその目的を達成するための手段の一つとして「消費組合の奨励」をあげているようである（「上海機器工会開発起会紀略」『労働界』第九冊、一九二〇年一〇月一〇日参照）。さらに「工人儲蓄」（『労働界』第六冊、一九二〇年九月一九日）には上海国民合作儲蓄銀行に高い評価を与え、それは「資本家の銀行でなく、我々平民の銀行」で、その儲蓄は「子女の教育費用にもできるし、また後の自らが飢寒に迫られるのを防ぐ費用にもでき、一挙両得である」と書いている。
(73) 黄芸博「無政府主義者在広州搞工会活動回憶」『中国無政府主義資料選編』一九八二年、五〇九～五一〇頁。
(74)「通信――広州工人合助社来函及答函――」『平民』第七五期、一九二一年一〇月二九日。
(75)『小史』二九頁。
(76) 張廷灝「合作主義者為什麼応該加入政党」一九二四年四月四日、『社団』八八～八九頁。

(77) 王世穎「中国合作運動底復興」『覚悟』一九二五年一二月二四日。
(78) 「平民団消息」『平民之友』第一期、一九二四年六月一三日。
(79)(80) 「商城書社縁起」『覚悟』一九二五年一〇月三〇日。
(81)(82) 『合作訊』第三〇期、一九二八年一月、七～八頁。
(83) 「上海的国貨合作市場」『合作訊』第三五期、一九二八年六月。
(84) 「家庭合作籌備経過」『覚悟』一九二六年四月二〇日。
(85) 『小史』六〇頁。
(86) 「中等以上学校応組織消費合作社案」『覚悟』一九二五年一〇月三一日。
(87) 日本興業銀行調査部『現代支那に於ける合作社の意義と特質』一九四二年一一月、三三一～三四頁。
(88) 大同合作社が共同生活、共同労働を実践し、「工読互助」を簡章で謳い、「半工半学」、農民教育などを目指していたことは、工読互助運動や「新しい村」との共通性があり（中山義弘「五・四運動期における『新しい村』の試み」『北九州大学外国語学部紀要』四〇号、一九七九年一一月など参照）、それらの影響を強く受けていたと見なせる。これらの影響を受けながら近代的経済基盤強化の意味からも、合作制度を採用したものと思われる。ただ、合作運動は一般的に言って、共同生活する必然性はなく、労働者、農民啓発や、そこから合作社を開始することは考えても、合作社指導者の中には「知識人打破」という発想はほとんどなかった。

第三章　中国国民党における合作社の起点と展開

——孫文・戴季陶・廖仲愷・陳果夫・邵力子の系譜——

はじめに

国民政府下の合作社に対する研究はパターン化され、実証面、もしくは同時代の合作社の関係、及び合作社における位置づけの解明など不十分な状況にあったが、ただ幾つかの研究成果が発表され、局部的に実証面での進展が見られた。本章では、こうした新たな研究状況をさらに推し進めるため、中国国民党の合作社に絞ってその起点、開始を考察する。その際、一九一九年一〇月中華革命党の中国国民党への改組以前の時期にも遡りながら、まず国民党関係者の中で、合作社関係で最も重要な役割を果たしたと考えられる孫文、戴季陶、廖仲愷、陳果夫、邵力子らについて論述する。そして、国民党による合作社はいつ組織されたのか、どのような形で進展し、法令的にはいかに整備され、いかなる推移を辿ったのかなどについて、二八年までの初期的状況を実証的に論じていきたい。この際、孫文の三民主義との関係を重視する。国民党の合作社は二八年突然開始されたわけではなく、一〇年代、二〇年代の思想、実践状況を看過することはできないのである。

第一に、孫文は極めて早期に合作社に着目しているが、明確に合作社に言及したのはいつか。いかなる理由で合作社に着目したのか。その特色と意義をどのように考えればよいのか。これらを実証的に明らかにした後、孫文自身が民生主義の中に消費合作社を組み込んだ歴史的意義を考察したい。

第二に、戴季陶は合作社の理論化に大きな足跡を残した。日本で「産業組合」の重要性に気づいたが、それはいかなる契機で実を結んだのであろうか。帰国後、五・四時期の上海での労働運動との関係からアプローチしたい。また、孫文と戴季陶の合作社における関係はどのように考えればよいのであろうか。さらに戴季陶が提起した「協作制度的効用」など三部作と付件に分析を加え、その視点、内容を明らかにし、後に制定された『中華民国合作社法』との関連を考察したい。

第三に、まず、合作社関係ではほとんど触れられなかった重要人物として廖仲愷が浮上する。廖の合作社に対する言動を押さえ、その位置づけをおこなう。次いで、陳果夫、邵力子は一九二〇年にはすでに民間の合作社に実際に参加し、もしくは支援し、活動していた。こうした合作活動の実践、経験を具体的に明らかにし、両者の江蘇、陝西における国民政府の合作行政機構の樹立、合作教育の唱導など合作事業推進における役割を考える。

では、第四に、国民党が最初の合作社に着手、組織化したのは何年のことか。『農民協会章程』、『工会条例』、『商民協会章程』などの法令との関連から考察を加え、国民党系の最初の合作社がどのようなものであったか明らかにする。その後、実際問題に戻り、単独合作社の組織化など、その後の推移を押さえる。

第五に、二七年四月南京国民政府の成立後、民間合作社指導者は南京との合体工作を本格化させるが、六月に提出された薛仙舟の『全国合作化方案』の内容と、その歴史的位置を解明する。この後、浮上してくる孫文の「地方自治開始実行法」、「民生主義」など「遺教」が繰り返して引用され、合作社との関連が強調された意味を考える。

第六に、国民政府は合作社の「調和」、「中庸」などの側面を特に強調することによって全面的採用に踏み切った。すなわち、中国共産党（以下、中共と略称）指導の農労運動、労働組合、及び工業生産合作社を排除しようとした。

このことは何を意味するのであろうか。このように、合作社の中の反権力指向を極力排除し、そして土地革命に対抗する合作運動は「七項運動」の一つである保甲運動とともに積極的に推進された。これらのことは、国民党における合作社の特色のみならず、当時の国民政府の質を考察する上でも重要な指標となる。

一　孫文と合作社

孫文（一八六六・一一・一二～一九二五・三・一二）が初めて合作社に言及したのはいつか。まず、それから考察していきたい。民国初年（一九一二年）双十節に孫文は次のように言っている。

物産の供給は公理に基づいてのみ互いに利益を受ける。これが余の主張する民生主義の定義である。労働者に労力で得たすべてを獲得せしめる。将来の中国実業は合作の基礎の上に建設する。政治と実業は皆、民主化する。ある階級はその他の階級に依拠し、互愛の情況下で共同生活をする。この種の理想は達成しがたいが、吾人は努力して理想の実現を求め、社会の状況を改良し、完善の域に達せしめなければならない。(1)

この時、孫文が初めて合作社に言及したとするのは、①中国合作事業協会『中華民国台湾合作年鑑』一九八六年、一頁、②陳岩松『中華合作事業発展史』上冊、一九八三年、五三～五四頁などがあり、その他、③許文富「回顧過去、展望未来」『合作月刊』（台湾）第四期（一九八七年秋季）も「我国の合作運動は民国初年に開始される」としており、おそらく孫文の上述の言を根拠に「民国初年」としていると思われる。不明瞭な部分を残すが、私も「合作」を「互愛の情況下」での「共同生活」、及び「理想」などを重ねると合作社について語っている可能性が強いと考えている。なぜなら、この時期、孫文はすでに合作社（協同組合）を知っていたと考えられるからである。不明瞭、かつ初歩的ではあるが、孫文の合作社を重視した最初の言説としての位置づけを与えられよう。

では、孫文が明確に合作社に言及したのはいつか。それはやはり「地方自治開始実行法」（一九一九年）であろう。周知の如く、これには以下のように書かれている。「地方自治の範囲は一県をもって充分な区域とする。もし一県にできなければ、数村を連合する。……その志向は民権、民生両主義の実行を目的とする。その段取りは⑴戸口の調査、⑵（自治）機関の設立、⑶地価の確定、⑷道路の修築、⑸荒地の開墾、⑹学校の設立で……以上が自治開始の六事である」とした上で、「その他、地方自治団体がおこなわなければならないことは、農業合作、工業合作、交易合作、銀行合作、保険合作などである。……要するに、建議するところの地方自治団体は一つの政治組織であるにとどまらず、また一つの経済組織である」、と。(2) このように、地方自治との関連で農業合作社、工業合作社など各種合作社に言及し、県レベルでの地方自治、民生主義実現、産業開発、経済基盤確立のために各種合作社を重視したといえる。そして、地方自治団体は「政治組織」であるのみならず、「経済組織」としている点は注目に値する。ただし、ここでは、まだ合作社の具体的組織、構造、内容などが明示されているわけではない。

また、孫文は「実業計画」でも合作制度に言及する。「各種金属の冶金機廠は普遍的に各鉱区に設立し、各種金属の錬成に便ならしめる。これら冶鉱機廠は合作制度に倣って組織しなければならず、これが始まりである。生鉱の収集は価格が必ず安価になり、当然、将来金属の出売は中国、あるいは外国市場でおこなわれるようになる。……ただ機廠の設立は各区の需要によりて専門家が規模の大小を決め、中央機関を設けてこれを管理しなければならない」、(3) と。つまり冶鉱機廠は合作制度、文脈からいくと生産合作社的なものになると思うが、それに倣って開始することで、組織化、合理化、機械化し、生産価格を下げ、国内外市場に進出させようとしたと解せる。同時に、労働者の自発的組織化というより、「中央機関」を通して上から規模などを決め、国家資本に従属させ、コントロールしようとする点に特徴が見出せよう。

上記を「生産合作社的」と書いたが、これを除くと孫文が具体的に論じているのは主要に消費合作社であった。例えば、一九二三年二月、孫文は広州で党員に対して次のように述べている。「広州は今、米が高い。その最大の要因は商家の独占であり、中間搾取の弊害である。もしもこの弊害を除こうと思えば、労働者と農民は合作しなければならない。……米価を安定させようとすれば、労働者と農民が一つの合作社を運営し、労働者が作った器具と農民が産出した米を交換し、商家の中間搾取を省く。……外国でこの種の方法を実行して最も成績がよいのがイギリス、ロシア両国である。……我々がもしイギリス、ロシア両国の方法に倣っておこなえば、食べる米を安定させ、労働者と農民も多く金を得ることができる(4)」と。このように、農民と労働者を同一合作社に組織することを提言しているが、商人による中間搾取の排除、流通過程の改革に力点を置いていることから見て、これは生産合作社というより、合作社に消費合作社的役割を期待していることがわかる。

こうした消費合作社重視の傾向は「民生主義」（一九二四年八月）に明確に示される。その内容も次第に深化し、極めて具体的になってきている。すなわち、孫文は欧米の経済進化の要因として、①社会と工業の改良、②運輸と交通の公有化、③直接徴税、④分配の社会化の四つをあげ、④の「分配の社会化」で消費合作社を論じる。

消費者は商人分配制度の下で知らぬ間に非常に大きな損失を受けている。最近の研究では、この種の制度は改良でき、必ずしも商人によって分配される必要はなく、社会が団体を組織して分配したり、政府が分配すればよいことがわかった。例えば、イギリス新発明の消費協同組合は社会が団体を組織して商品を分配し、欧米最近の市政府は水道、電気、ガスからパン、牛乳、バターなどの食品を分配しており、これは政府が商品を分配しているものである。この新たな分配方法を用いれば、商人の儲けを省き、消費者の損失を免れることができる。この新たな分配方法を原理から言えば、分配の社会化、すなわち社会主義（方式）で商品を分配することだということができる(5)。

このように、商人搾取の減少と消費者保護の観点から、特にイギリスの消費協同組合に着目し、国家資本と合作社の双方を重視している。さらに孫文は、マルクスの言う「階級闘争」よりも資本家と労働者を含む社会大多数の経済利益の「調和」による社会進化を主張している。(6) こうした考えは協同組合思想に極めて近く、同思想の受容を容易にしたと考えられるし、逆に協同組合思想の影響も受けて形成されたのかもしれない。

ところで、孫文はいつ、どこで協同組合思想を学んだのであろうか。当然、それは一八九六年一〇月二三日イギリスで監禁から解放された後であろう。孫文は解放された後もロンドンに留まり、翌年六月まで大英博物館に通っている(当然、大英図書館にも通ったであろう)。そこで、大部分の時間を西欧の政治、経済、法律、軍事、外交、農業、牧畜、鉱業などの書物を読破、研究した。その上、イギリスの社会状況考察のため大英博物館以外の各種の博物館に赴いている。(7) 孫文は後に「この期間、………民生主義を採用し、民族、民権問題は同時解決し、三民主義の主張はこれにより完成した」(8)、と述懐しているが、同時に、この時、協同組合思想を学んだと考えて間違いない。なぜなら、イギリスは協同組合、特に消費協同組合の先進国であり、それはイギリスの政治、経済、社会各方面に大きな影響を及ぼしていたからである。その上、イギリスは「初期社会主義者」、また「協同組合の創始者」と称されたロバート・オウエン(Robert Owen, 1771–1858)の出身国であった。大英博物館や大英図書館で各種の書物をめくれば、不可避的にまずオウエンに突き当たらざるを得ない。

では、ここで若干、オウエンの説明をしたい。オウエンは人間の性格形成に及ぼす社会環境の影響を重視、人間と環境の歴史的な相互規定性を論じて大きな反響を呼んだ。この思想はやがて工場法の提唱となり、またナポレオン戦争終結に続く不況、失業、窮乏の打開策として新社会制度、すなわち「農労一体の協同社会」、「統一と協同の村」という産業コミュニティ提唱へと絡がる。一八二一年から二二年こうした協同社会建設を終局の目標に、ロンドンで最初の労働者協同組合である「協同経済組合」を組織したが、私有財産否定も盛り込んだため、異常なほどの圧迫を受けた。二四年渡米してインディアナ州ニューハーモニー州で三〇〇〜二〇〇〇人の協同村の実験をしたが三年で挫折した。イギリス帰国後の三二年、情報に基づく需要と供給の合理的調整を目標に「衡平労働交換所」（労働紙幣も発行）を設立し、三一年から三五年には協同組合会議を開催したり、「労働組合・協同組合大同団結」では一〇〇万人もの人々を糾合したが、内訌と弾圧で崩壊したという。[9] 孫文のいう「労働者と農民の合作」は、オウエンの「農労一体の協同社会」などを受容したものと考えられる。

ただ孫文が内容にまでより具体的にふみ込んで論じているのが、主要に消費合作社であることから見て、より強い影響を受けたのは、やはりイギリスの著名な「ロッチデール公正先駆者組合」（Rochidale Society of Equitable Pioneers）であろう。では、世界初の消費組合運動と目される「ロッチデール公正先駆者組合」とは何か。周知の如く、ロッチデールはマンチェスターから約一二キロ離れたイギリス北部に位置する小さな町の名称である。資本家の厳しい搾取により、「飢えた四〇年」と称された貧困の中で、この町には多散の織工が集まっていた。八四件二八人の織工が飢えとストライキ敗北の絶望的状況を語り合う中でオウエンやウィリアム・キング[10]（William King, 1786-1865）のいう「自助、互助の精神」、「力の結集」、すなわち協同組合思想にすべてをかけ、生活防衛に立ち上がることにした。そして、参加者は各自週二ペンスの共同基金を出資し、小規模な「協同組合商店」（消費協同組合を設立した。同商店は掛売りを否定し、チーズ、小麦粉、砂糖、ロウソクを廉価で販売したが、支店一〇〇余、社員四万人と飛躍的な伸びを示し、八五年には自ら小麦粉工場、紡織工場、および農業をも経営するに至った。後に中国、日本なども含めて、世界に影響を及ぼしたロッチデール式の原則は、①社員は投資額にかかわらず一人一票、②株の配当金は一般銀行の利子を超過せず、③組合長に日常必需品を供給する、④協同組合は法を制定し、生産、分配、教育、管理などの権力を有し、自給自足の協同組合社会をつくることを目的とするなどであった。[11] この後、一八六三年四八組合参加の下に北イングランド卸売協同組合連合会（一八七三年 Cooperative Wholsale Society、すなわちCWS

と改称。会長グリーンウッドをはじめ、その幹部はロッチデール出身者で占められていた）、六八年スコットランド卸売協同組合連合会、七三年協同組合中央会、八二年生産協同組合連合会が結成され、八三年には教育活動開始を目的に協同組合中央会教育委員会が誕生した。その他、協同組合保険会社も設立されている。(12)

このように、孫文の滞在したイギリスでは紆余曲折があったとはいえ、協同組合が大きく前進していたのである。つまり消費協同組合を中心とするイギリスの協同組合に注目することは、孫文にとって当然の帰結であったであろう。そして、孫文は合作社を主要に国家資本に従属させ、民生主義の一部として機能させ、かつ合作社の社会全体の「調和」を図る役割に期待するのである。

二　戴季陶と「協作社」

イギリスの協同組合を手本に合作社、特に消費合作社を中心にその重要さを喚起したのが孫文であるとすると、日本留学を契機に協同組合（日本では当時「産業組合」と称していた）に開眼し、それを実施に向け、理論化し、体系だて、法制化を目指したのが戴季陶であるといえる。

戴季陶（一八九一・一・六〜一九四九・二・一二。四川省漢州生まれ。原籍は浙江省呉興）は一九〇五年秋、一五歳で訪日して「某師範学校」（名称不明）で学び、一九〇七年から九年の帰国まで日本大学法科で学んだ。(13)では、戴季陶が日本留学した前後の日本の「産業組合」はいかなる状況にあったのであろうか。まず、当然注目すべきは『産業組合法』（一九〇〇年二月議会提出、両院通過、三月公布、九月一日施行）であろう。これは、日本の農工業者の中産以下が資金供給不便により農工業が進展せず、それに対して、ドイツ、イギリスでは、協同組合法が制定されたことにより農工業が発展していることから提起された。つまり、「産業組合」には日清戦争後の殖産工業推進組織として、労働階級の成長に伴う社会問題に対応する組織として、とりわけ農業復興組織として機能することが求められていたのである。その特徴は、法案立案者が内務省から農商務省に移ったため、農村に適し、かつ国家の補助を否定しない（すなわち結果的に国家統制可能な）ドイツのライファイゼン型信用組合への支持が強まった点にある。(14)『産業組合法』の成立前後、多くの関係著作、翻訳も出版されている。ワイペルトなどの文献の翻訳、平田東助『信用組合論』等々の出版、及び民俗学者として著名な柳田国男も『最近産業組合通解』を刊行し、慈善家による小民救済を批判し、「自由・進歩・協同」をモットーに自由主義的な協同組合思想を鼓吹した。(15)このように、著書、研究も蓄積されつつあった。

同法発布の一九〇〇年には「産業組合」が二一社であったが、戴の留学中の一九〇六年二四七〇社、一九〇八年には四三九一社と飛躍的に増大し、その後も伸び続けたのである。(16)戴は日本で「産業組合」の法制化やその推進状況を極めて重視し、深い研究をおこなったという。(17)そして、後に「産業組合」に倣って協同組合に「産業協作社」の名称を独自につけたことにも、それが窺える。

戴季陶は帰国すると、すぐ江蘇地方自治研究所の主任教官に就任、翌年春、上海で『中外日報』、次いで『天鐸報』の主編となる。一九一一年日本に亡命、その後マラヤに渡り、ペナンで『光華報』を編集して革命を鼓吹し、中国同盟会に加入した。辛亥革命後は上海で『民権報』の創立に参加し、記者として孫文とも会見している。一二年九月孫文が全国鉄路督弁に就任すると、その秘書となった。宋教仁が暗殺されると、上海・南京間で反袁軍事連絡の活動に従事したが、第二革命が失敗したことにより再び日本に亡命し、中華革命党に参加した。一六年四月孫文とともに上海に帰国、一七年九月には広州の護法軍政府で法制委員会委員長に任じられている。(18)

この時期、第一次世界大戦を契機に世界は大きく変動していた。日本は経済成長から多くの社会運動が誘発され、戴季陶はそこに労働者、農民による「社会主義共和国」日本の出現を感じた。また、欧米ではドイツ労働者のストライキ、イタリア社会党の躍進、及びアメリカの階級闘争の激化から労働者による産業支配体制に移行しつつあると考え、イギリスの産業国有化の背後に労働組合の存在の大きさを知った。そして、ソ連の中国利権返還通告に、弱肉強食の倫理的転換を迫る予言者的国家を見た。世界の潮流を「共作共有共享の互助世界」に向かうと把握したのである。(19)

こうした世界情勢の分析を続ける中で、五・四運動、特に上海での労働運動の圧倒的盛り上がりは、戴季陶の協同組合思想の方向性に決定的影響を及ぼした。すなわち、農民問題ではなく、労働問題に力点が置かれることとなったのである。

一九一九年六月八日上海で、戴は沈玄廬、孫棣三と『星期評論』を発刊すると、労働問題を中心に精力的に執筆した。戴は五・四運動の基調を「平民生活の改善」とし、社会組織の存在意義は「全社会各分子の普遍的な幸福にあり、決して少数の特殊な幸福にあるのではなく、『分工協作の互助社会』」は当然出現させるべきものとした。(20)こうした発想は随所に見られる。例えば、「国家主義之破産与社会革命」(一九二〇年四月一五日)には、「全世界の共同目的をもって生起した社会革命運動は、一方で資本家生産制に対する宣戦であり、一方で武力主義に対する宣戦である」とした上で、「経済(面で)の生産と消費は全世界共通のもので、『全世界の分工協作』の完成の方向に行く」とし、労働問題も「全世界の問題で世界人類の『協作共享』に帰依する」と説く。そして、国家主義も資本家生産制も全世界平民の「協作共享」完成の努力で消滅する、(21)と主張するのである。また、「文化運動与労動運動」(一九二〇年五月一日)は、労働運動、文化運動の目的として「労働者階級の団結を促進し、団結した勢力をもって労働者階級の文化発展を図り、労働者の自己労働を自己管理、自己享用する協作共享社会を造り出すことにある(22)」、と結論する。

では、国際的視野からなる「互助」を基礎に置いた「分工協作」、「協作共享」社会などの概念とアナーキズムとの関連である。各種アナーキズムの中で「互助」関連で特に重視すべきは当然クロポトキンであろう。クロポトキンはロンドンで『相互扶助論』(一八八六年)を完成させた。すなわち、協同組合先進国たるイギリスでの執筆であることは注意しておかねばならないであろう。その思想は相互に影響を受けていたと考えられるからである。そして白井厚が指摘する如く、もともと「社会主義の中でも協同組合社会主義、ギルド社会主義、自主管理社会主義など、国家権力の分散・縮小を求め、個人の自由を強調するものはアナキズムに近い」のである。[23]つまり「互助」などの概念は協同組合主義とアナーキズムに元来共通したものであり、共有する思想であった。それ故、協同組合（Cooperative）が中国で「合作社」という訳語に統一されるまで、「公社」、「協会」、「共済社」、「協作社」、「産業組合」とともに、「互助」と訳されていた。[24]かつ国際的視点、すなわち「国境を越えた平等互恵の連繫」、「国際協力」等々は協同組合主義の骨幹をなしている。

戴自身はどのように言っているか。軍署が江蘇省各機関に『星期評論』と『毎週評論』の査禁を命令したことを受けて、戴は沈玄廬、孫棣三と三人連名で『星期評論』誌上で反駁した。「①我々が過激党であり、②我々が無政府主義および共産主義という、この両種の観察の誤りはどこから出てきたのか」、[25]と。もちろん本人が否定したからといって、アナーキズムの影響を受けていないとは限らない。しかし、(1)「互助」の概念が共通なこと、(2)国際的視点も共通点があること、(3)「協作社」が協同組合（Cooperative）の訳語であること、(4)日本の「産業組合」の強い影響、そして(5)戴季陶の場合、アナーキズムの若干の影響は否定できないまでも、当初から協同組合主義の影響を強く受け、それを根幹としていたといえよう。

では、いつから戴季陶は協同組合に言及しているのであろうか。管見の限りでは、「工人教育問題」（一九一九年六月）が最初である。この中で労働組合（工会）のなすべき責任として、①争議調停機関の組織化、②組合基金や罷工基金の徴収準備とともに、③会員間の相互保険と④消費組合（当時、日本では消費協同組合を「消費組合」と称していた。それを採用したものと思われる）の組織化をあげている。[26]

その後、一九二〇年メーデーに際して、『星期評論』の第三張、第五張にそれぞれ(a)「上海的同盟罷工」、(b)「関於労働問題的雑感」を掲載した。

(a)は、一九一九年に発生した二〇回の同盟罷工が経済闘争で一〇〜四〇パーセント（賃金?）増で決着したとし、そして日華紗商、興発栄機器廠、三新紗廠など、各工場の状況、罷工の要因、雇主の主張、官庁の態度、及び罷工の結果を詳細に紹介し、分析している。とりわけ注目に値するのは、労働者側の弱点に言及していることであろう。すなわち、①労働者には永久的周密な組織がない。②工会がないので、平時の労働争議の罷工基金がない。③各工廠の罷工は単独行動で、一つの産業における共同行動がない。④失業者が多く、一種の産業予備軍を形成している。⑤社会一般の労働者階級への同情心は非常に稀薄である。(27) では、こうした弱点を克服するにはどうしたらよいか。その幾つかの解答を(b)が準備している。工会が要求、留意すべき最低限の基本問題として、①八時間労働制、②賃銀倍額、③罷工権の樹立と罷工基金の準備、④平民病院と平民食堂の設立などとともに、⑤生産、消費、信用各種組合の組織化、⑥相互保険をあげている。そして罷工基金は資本家の銀行に預ける危険性を指摘し、緊急時に預金引出し停止により労働者の死命を制するといい、労働者の自己運営の「組合銀行」の設立を訴える。さらに「消費組合」も平時には利便を享受できるのみならず、罷工の時、交通停滞、市況変動に遭っても日用品が欠乏することがなくなる。また、自分達で直接産業を管理しようとすれば、「信用組合」、「生産組合」、「消費組合」がそうした能力の訓練機関にできるとした。(28) このように、工会の下部経済組織としての協同組合を強調し、罷工のための「組合銀行」、及び労働者の平時の生活、罷工の時の生活安定のために「消費組合」を強調している。そして、各種協同組合に将来の産業直接管理のための労働者の能力訓練機関としての位置づけを与えているのである。

これら戴季陶の協同組合の集大成で、法令化、現実化する試みが「協作制度的効用」（一九二〇年六月）である。これは、一九一九年薛仙舟の要請で、戴が復旦大学で七、八回政策理論、経済学を講演したが、それらをまとめて『建設』第二巻五期に掲載したものである。では、以下戴の手になる一連の「協作制度的効用」、及び「産業協作社法案理由書」（一九二〇年一一月）、「広東省産業協作社法草案」、付件「『協作主義普及協会』組織計画概略」の重要と考える内容を要約して論じたい。

(A)「協作制度的効用」（一九二〇年六月）

これは、第一に、生産と交換の組織が集中し、生産機関を占拠する資本家が絶えず連合し、かつ株式会社もトラストやカルテルを形成して資本営利の大組織に変わったのに対し、弱者はますます困苦になったと現状を分析する。この時、種々の弱者の幸福を図る思想と組織が生み出され、それが「協作社」であるという。すなわち、弱者が団結して、財産の平等結合と使用を目的に社員全体の経済的利益を図る。ただ、それは資本家生産制に若干の打撃を与えるが、行動は決して戦闘的態度をとらない。

第二に、構成員について。「協作社」には純粋に労働者を基礎とする以外に、中産階級や小資本の工商業者を基礎とする組織があり、旧社会に対して多くの妥協性を含むのみならず、その社員は依然として無産階級の敵である場合がある。しかし、純粋に個人的利益拡張を目的とする営利公司に比して、資本主義を排除する一点で、社会をよい方に向ける傾向がある。

第三に、工会（労働組合）との関係について。工会の任務は主に戦闘的方法で労働者の資本家に対する主張を貫徹するが、闘争のために種々の互助的組織をもつ必要がある。のみならず平時の事業は互助の基礎の上にある。つまり、戴は工会と「協作社」は相互補完の関係にあるとしているのである。なお、この点に関しては、次にあげる「草案理由書」でさらに明確に「前者（工会）は平民の最も有力な戦闘団体で、後者（「協作社」）は平民の最も有力な自助の団体である。前者は闘争の効能、後者は後方勤務」で、「実に相互補助の効用」と書いている。また、工会と「協作社」の関係は**図3-1**の通りであるが、戴の場合、この時期にすでに「産業協作社」と「共済団体」に区分けして、

図3－1　社会改革各団体の中での「協作社」の位置

- 社会改革を目的とする団結
  - 自助的組織
    - (甲)産業協作社
      - 分配の協作社
      - 生産の協作社
    - (乙)共済団体
      - 共同娯楽組織
      - 共同教育組織
      - 共同救助組織
      - 相　互　保　険
  - 戦闘的組織
    - (1)労働組合（工会）
      - 革　命　的
      - 進　化　的
    - (2)労働党／(3)社会党
      - 革命的
      - 進化的
        - 集産主義的
        - 共産主義的

出典：戴季陶「協作制度的効用」『建設』第2巻5期。

相互保険は「共済団体」の方に含めている。

第四に「協作社」の意義は、①商人による搾取の排除と貯蓄力の増大、②高利貸と大資本家の独占排除、③社会浪費の軽減、④社員の組織能力、社会経済知識、互助の道徳、団結した戦闘力の養成である。そして、労働運動の終極目標は労働者の自己労働、自己管理、自己享用の「協作共享」社会であるとした。その上で、中国が欧米・日本経済の帝国主義支配下にある状況下で、一方で資本主義の害毒を除き、一方でまた中国人の近代生産管理能力を訓練し、社会道徳を陶冶しなければならず、その幾つかの点で大いに「協作制度」の発展に望みがある、[29]と大きな期待を寄せたのである。

(B) 「産業協作社法案理由書」（一九二〇年一一月）

この「法案理由書」の内容に入る前に、若干の説明を加えると、一般に協同組合も工商行為をおこなうが、営利追求や競争は禁じられており、営利追求を主とする工商業に対処できないのが現状である。それ故、多くの近代国家では下中層の経済基盤確立が国家の安定に役立つとの観点から、単独の協同組合法を制定するか、商法、民法にそれを組み込み、税制などで一種の優遇措置をとってきた。戴季陶はそれに倣い、「協作社法」制定が緊急と考え、「法案理由書」作成を急いだといえる。

「法案理由書」は、第一款が立法主旨、第二款が「協作社」の分類、第三款が設立と監督、第四款が「協作社」と「協作社」社員の権利保障、第五款が「協作」事業の宣伝、普及と計画という五つの部分から構成されている。

第一款では、「協作社」の目的、中国の現状、各国の状況、そして中国での必要理由などが述べられる。すなわち、「協作社」は経済上の弱者が自己保存と発展を図り、「協作共享」を目的にその資本と労力を結びつけ、経済活動をおこなう団体と規定する。そして、資本主義社会内にあり、その外的活動は自由競争に制限されながらも、内的活動は自由競争の弊害を避け、生産上、分配上の「協作共享」を目的とする。ところで、中国では提唱者も少なく、訳名も不統一ではあるが、薛仙舟が上海国民合作儲蓄銀行や合作同志社を設立している事実をあげる。そして、フランスの生産協同組合、ドイツの信用協同組合、デンマークの農業協同組合などを紹介した。その後、日本の状況を詳細に論じる。一八九一年内務大臣品川弥二郎の動向、平田東助の「信用組合法案」が第七議会を通過せず、やっと一九〇〇年『産業組合法』が制定された経過を述べ、その後の日本政府の奨励策や産業組合数を具体的に列挙する。そして、日本の農民経済が良好なのは「産業組合」制の賜物と断ずる。それに対して、中国の平民生活の困苦を概嘆し、これが自分の商会法（「広東省商会法草案理由書」）、工会法（「広東省工会法草案理由書」）に続けて、この法案を提出する理由とした。

この後、一九一七年三月二〇日にロシアのリボフ臨時政府（ケレンスキーは司法大臣）が発布した『協同組合法』を模範に、日本の『産業組合法』を参考にして作成する。すなわち、第二款では、「協作社」を大きく①信用、②消費、③生産、④その他に分け、共同販売、共同購買、共同運輸、共同生産、土地の共同取得と利用、住宅の共同取得と利用はすべて「生産協作社」に含めている。

第三款では、「協作社」は設立時に政府の許可を必要としないというロシアの自由設立制を採用する。なぜなら日本の如く行政長官の許可制を採用すると、審議で徒に発起人などの金銭、時間を浪費させ、かつ妨害することもできる。ただし、登記時に組織方法などが合法的か否かを審査する登記拒絶権のみ保留するとした。

第四款では、①社員の社会的権利の保障という観点から、債権者社員は債務者社員の株没収はできず、社員の株を行政処分にできないというロシアの規定を採用する。②退社に関しては、ロシアは(イ)自願退社、(ロ)社員大会での除名、(ハ)社員死亡であるが、日本はそれに(ニ)禁治産者、(ホ)破産を加えている。しかし、(ニ)の「心神喪失」を理由に社員の権利を剥奪できず、ただ社員大会出席などの権利を制限するだけとする。(ホ)の破産者退社は経済的弱者の保護の目的に違反する。このため、日本の方式は採用しない。③出資最高限度額は広東の生活水準と経営状況から一〇〇元（個人社員）、一〇〇〇元（団体社員）とする。④株の利息は高すぎると営利事業となり、「協作制度」の精神に反するので、ロシアの八厘ではなく日本の六厘を採用する。⑤社員（の投票権）は出資額の多寡ではなく人を単位とする。⑥「協作」事業保護の観点から日本にならって所得税、営業税は課さない。

第五款は、「産業協作社」と「協作社」連合会は同じ任務を有しているとし、日本の如き全国唯一の「産業組合」中央会は設立せず、それ故に中央会に関する規定は設けないとした。ただ、「協作事業」の普及、発展、連絡などの特別任務のため、本法のほかに別に協会設立計画を立てるという[30]。

このように、ロシアと日本の双方のやり方を参考に取捨選択しながら、いかなる理由と経過で決定していったかを詳細に記している。その際、営利的色彩の否定、合理化、簡略化を図り、かつ広東の経済状況をも考慮に入れながら、きめ細かく論を立てている。そして、「協作社」の保護育成と弱者保護の観点が貫かれている点は注目に値するであろう。この「法案理由書」に基づいて「広東省産業協作社法草案」が作成されることになる。

(C)「広東省産業協作社法草案」

この構成は、第一章「産業協作社」第一節総則、第二節設立、第三節社員、第四節管理、第五節解散と清算（第一条〜第四九条）、第二章「産業協作社」連合会（第五〇条〜第六〇条）となっており、最後の第六一条で本法が公布日に施行するとある。

では、ここで構成に留意しながら「草案理由書」との重複を極力避け、かつ重要な内容を簡潔に押さえていくと、第一章第一節、総則の第一条、第二条では「協作社」の性格、内容、目的、第三条では「協作事業」の改良、発展などに関して書かれ、官庁、議会に建議できるし、その調査、研究、書籍発刊に省、県、地方自治体から経費補助を受けられるとした。第四条は「協作社」組織の三種の形態として、①無限責任組織（各「協作社」が財産で債務返済する時、社員全体が無限責任を負う）、②有限責任組織（社員全体が出資額を限度に責任を負う）、③保証責任組織（社員全体が出資額以外に、一定金額を限度に責任を負う）をあげている。第六条で、所得税、営業税を許さずとした。

第二節、設立。第八条七人以上の発起で「協作社」を設立できる。第九条で、発起者七人以上の連署で、発起理由、履歴、章程各三部を地方官庁に提出し、登記を請求する。地方官庁はその一部を地方審判庁に送付する。一四日以内に許可、不許可を決める。不許可の場合、章程内の違法点を指摘する。第一〇条登記管理は市長、もしくは県長がおこなう。第一一条章程には名称、業務目的、一株の価値、理事会、監事会の組織と権限、社員大会の開催方法などを明記する。

第三節、社員。第一四条二〇歳以上の男女、および法人は社員になれ、一六歳以上は章程の許す範囲で社員となれる。社員は国籍を限らず、書面で中華民国の法律遵守の宣誓をおこなう。第一六条社員の出資は一株以上、一〇株以内。社員は持株にかかわらず、一人一議決権。第二〇条社員退社の理由。第二六条社員の株は行政処分を受けず。第二七条社員の株は譲渡や抵当にすることができない。

第四節、管理。第二九条「協作社」の管理権は社員大会に属す。第三〇条事務の管理は理事、監事がおこなう。任期はそれぞれ三年、一年。第三一条理事、監事の選挙は過半数でこれを決める。第三二条理事は社員名簿、社員大会議事録を各事務所に置き、債権者などは閲覧を要求できる。第三三条社員名簿には社員の姓名、住所、加入年月、持株数、出資額などを記載する。第三四条理事は社員大会常会の七日前、財産目録、貸借対照表、損益計算書などの報告書を作成して監事に提出し、その意見書を付して社員大会で承認を得る。第三六条監事の任務は予算、決算、財産状況、営業状況の監査など。第三八条社員大会の決議事項は、①理事、監事の選挙と免職、②章程の制定、変更、廃止、③「協作社」の解散、合併、および清算等々。第三九条社員三〇〇人以上の時、代議会を組織することができる。第五節、解散と清算。第四二条解散は合併、社員が七人未満になった時など。第四三条清算事務は理事が監事の監査の下で処理する。

第二章「産業協作社」連合会は「協作社」、あるいは連合会が三社以上加入して設立され（第五五条）、加入「協作社」、連合会を監査（第五二条）したり、それぞれの事業発展を推進し、社員福利の増大を目的とした（第五〇条）。また、連合会は合法的な登記により法人資格を取得し、一切の法人が受けるべき権利と義務を享受する（第五三条）、としている。(31)

以上、省、県などからの経費補助を否定していないことから見て、戴季陶の構想する「協作社」はその意味ではライファイゼン型に近いといえるかもしれない。また、第四条では手堅く三種の組織形態を、この時期にすでに押さえている。また、(1)七人以上で「協作社」を設立しえること、(2)二〇歳以上で社員資格、一六歳以上は特例、(3)社員の一株を義務づけ、一〇株以内と限定し、出資金が「協作社」一社の全体資金の中で占める限界を決めることで個人による「協作社」支配の阻止を盛り込んだ。(4)、(3)と同様な理由と思われるが、持株に無関係に一人一議決権としている。これらは一九三〇年代の国民政府の合作社に、さらには抗日戦争時期の工業合作運動にも大枠で受け継がれている。特に「協作社」の管理権、理事、監事の弾劾権を社員大会に与えたり、国籍条項にこだわらない（なお、三五年九月施行の『中華民国合作社法』では、第二三条で「中華民国国籍を喪失した者」は社員の資格を失うと後退している）など画期的なものであったといえよう。その上、「産業協作社」連合会は、中国で一つに限らず、他の連合会への加入も認めるなど、極めて柔軟性に富むものであった。

戴季陶はさらに付件として「『協作主義普及協会』組織計画概略」も出している。これは「草案理由書」で予告した別枠の「協会」に匹敵するもので、かつ「協作」事業発展を側面から支援する半官半民の外郭団体といえよう。(1)同協会の組織は「協作」主義普及、発展に志をもつ者が発起し、本部を広州に設ける。会員から選挙された委員と省政府から派遣された委員が委員会を組織する。各国「協作社」との連絡の必要、および「協作主義」の精神から会員、職員は国籍を問わず、(2)協会の基金と経費は大衆から募集し、毎年省政府から支出される経費若干でこれを補助する。(3)協会の任務は、①主義の宣伝では、(イ)週刊新聞を発行して各国「協作社」の状況、経営法、専門家の言論などを紹介する。(ロ)小冊子を発行して各地方に広める。(ハ)「協作同志養成学校」を設立し、社会、経済のほか、「協作事業」の歴史、各国の現状、組織、経営法などを教える。②「協作社」の発起者に対して章程、計画書の修正や現地調査など、実質的援助をおこなう。③公共団体、学校、専門家と連合会議を挙行し、「協作事業」発展を促進し、法制の可否を討論、研究する。[32]

戴季陶による(A)～(C)、及び付件は相互に有機的関連があり、中国初の協同組合法制定を目指した本格的、かつ野心的なものであった。ただ、当時、国民政府は軍事面で忙しく、軍事中心に発想をしており、また広東の立法はいわゆる省議会にあり、草案は審議未了として棚上げされてしまった。だが、(A)はすぐに『建設』に、(B)、(C)と付件も約一年後、『新青年』に掲載されるに及んで、一般社会人士の注目を溢びた。

戴季陶はその後も合作社を重視し続けた。例えば、『上海民国日報』(一九二六年六月二九日)に掲載された「戴季陶君之談話」を要約すると、すなわち、広東現在の戦事は収まらず、自由な交通もできない。これらの点が農民運動前面に横たわる障害である。いかなる障害があろうとも前進しなければならない。そこで、第一の仕事は、今年(二四年)一〇月広州で農民展覧会を開催し、全省各県で農民を派遣し、三民主義に接する機会とさせる。現在、すでに一〇数回準備し、経費一〇万元も準備し、かつ広東省政府は各省に公文書を出し、人員派遣と陳列品送付を求めた。

第二の仕事は、農民協会組織化の運動で、政府の提唱と保護の下、農民の統一的な団結を生み出した。これは、着手したばかりであり、将来の成果は見るべきものになると思っている。第三の仕事は、合作社運動であり、これもまた全力で提唱し、それらの進行を扶助している。まず一つの合作銀行の設立を発起し、専ら合作社発展の任務を担わせる。試験的運営の基本的な出資金は五万元で、すでに準備しており、久しからず開業する。以上のことは、農民運動の現在進行している工作であるが、要するに農民運動を労働運動に合わせることである。我々の方針は、農民を労働者に適合するように指導し、それぞれ国民革命の意識の下、彼ら自身の利益のため、自らの自治と連合を組織させる。中国国民党は彼らのために団結させるが、決して本党がおこなう必要はなく、彼らに独立自主の団体を作らせるのである、と。(33)

三　廖仲愷・陳果夫・邵力子と合作社

このごく初期の時期から民間の合作運動に実際に参加していた三人の著名な国民党関係者がいる。それは廖仲愷、陳果夫、邵力子の三人である。では、この三人に、その思想、活動が特に不明点の多い一九二〇年代に焦点を絞り、合作社との関連でアプローチしたい。

(一)　廖仲愷と合作社

まず、ここで看過できない人物に国民党左派の廖仲愷（一八七七・四・二三〜一九二五・八・二〇）がいる。廖は合作社と無関係などころか、合作社を極めて重視し、推進しようとしていた。

廖仲愷は広東省帰善県（現在の恵陽県）の客家の家庭出身である。ただし、父廖竹賓がサンフランシスコの匯豊銀行に勤めていた関係上、アメリカで生まれた。一八八三年一六歳の時、母とともに中国に戻った。一八九七年何香凝と結婚。一九〇二年早稲田大学経済予科に留学、続いて中央大学政治経済科に進学した。東京で反清思想をもつようになり、一九〇三年孫文に出会ったことから革命運動に参加するようになる。一九一一年辛亥革命後、広東省軍政府参議で、財政を兼務。反袁の二次革命失敗後、孫文とともに日本に亡命。一四年中華革命党が東京で結成されると、廖は財政部副部長。廖は一般の国民党員と同じく、辛亥革命による清朝打倒で、三民主義の民族主義は完成し、残るは、民権、民生両主義と考えていた。民権主義では欧米のブルジョア民主主義と議会制度を紹介し、「全民政治」の実現のため、創制、複決、罷免の三大民権を主張した。また、民生主義では、交通・鉄道建設の重要な意義を強調するとともに、幣制改革、合作運動を研究したのである。二四年国民党改組後、中央執行委員、常務委員に就任した。また、広東省長、財政部長を続投したほか、国民党工人部長、農民部長、軍需総監、及び大元帥大本営秘書長などの要職に就いた。その上、後述の如く合作委員長（おそらく初代）にも就任しているのである。だが、廖は二五年八月二〇日何香凝と国民党中央常務会議に行った時、中央党部大門前で国民党右派の刺客に暗殺された。(34)

では、廖と合作社との関連に論を進めたい。

二四年八月廖は香山県農民代表会議で演説をおこなった。従来の農会は農民とは無関係で、一グループの紳士や学者が組織したものである。したがって、「あなた方は自ら真の農民協会を組織しなければならない。こうした農民協会はあなた方を救う救命手段をもたらす」と訴えた。県長もまた農民協会を助ける責務がある。だが、農民が「自ら組織し、他人を頼ることはできない」と述べ、(35)農民協会の延長線上で合作社を支持したものと考えられる。

では、廖仲愷はどのようにして合作思想を形成したのか。まず、押さえるべきことは、一九〇〇年代、日本や欧米の学者、例えば、煙山専太郎らのアナーキズム、W・D・P・ブリスのキリスト教社会主義、ヘンリー・ジョージの「単税論」（孫文の平均地権論の基礎として宣伝された）など社会主義思想の影響を受けていたことである。(36)廖はこうした各種社会主義思想をベースに合作社を受容したと考えられる。では、いかなる理由で、どのような形態の合作社を支持したのか。廖は、英国のロッチデール式を中心に詳細な説明をおこない、消費合作社を最も重視した。その点で、廖は孫文と同一の見解に立っていたといえよう。そして、自ら「消費合作社概論」を執筆している。二五年八月二〇日廖が暗殺されたことにより未完に終わった。当然、死去の前の作品であるから、おそらく二四、五年頃に書いていたものと推測される。「消費合作社概論」には、以下のように書かれている。

（中国社会が）「貧乏」から救われようと欲すれば、自ずと生産方法を改良せざるを得ない。機器利用、工場拡張、実業振興は生産問題の解決を図り、富裕になろうとするものである。国民の望むところは生産のために生産をするのか、消費のために生産をするのか。機器によって多数の「貧乏」を生み出すのか、それとも多数の幸福を生み出すのか。欧米産業革命の覆轍を踏むのか、それとも現世経済革命からの暗示か。資本主義の害毒を増すのか、それとも社会主義の条理を採るのか。この幾つかのことは皆、国民が急ぎ、慎重に選択しなければならない。もし一方で生活を改良し、同時に分配問題を解決しようとすれば、平和漸進の方法で理想の組織の域に達する。それには、ただ二つの途があるだけである。一つは公営政策の実施、一つは合作社組織の広範囲の設立である。欧米各国は双方を振興させている。経済の発達により資本家を育成したが、同時に「工団」（組合）制を有して相対抗させ、偏り、弊害を是正した。ロシア革命以後、私有財産制は廃除され、生産・分配は国家機関と「人民合作社」（協同組合）が掌握している。空前の出来事は全世界を揺るがし、前途の曙光は人類を暗黒から引き出すことができる。顧みるに中国政治革命は頻繁に頓挫し、腐敗勢力は利を以て結託し、それらを掃除するのは何時になるか分からない。公営政策の成功は現行制度の下では困難であるが、他の生産・分配問題を解決する平和手段は人民の合作運動のみである。もし消費者が互いに団結し、自助をはかれば、資本主義の跋扈は自然に消滅し、産業民主の基礎もここに構築される、と。[37]

そして、廖仲愷は続けて以下のように言う。すなわち、一八二〇年代英国協同組合の業務の多くは土地問題と関係があった。オウエン式の協同組合「共産新村」の制度もその解決法を提起した一つであった。一八三〇年以降、いわゆる協同組合常年会議は協同組合社会主義を宣伝した。一八三二年第三次例会がロンドンで開催された時、議決された「信条」は「凡そ協同組合社会はその経営するものが販売、製造、あるいは農業にかかわりなく、その最大、最終の目的は土地の共産にある」としている。このことから、この時期の協同組合運動の特性をうかがい知ることができる。当時の協同組合分子は純粋な労働者階級で、その設立した小売店は組合員が毎週納めた小額資金を資本として生活必需品を購入して社員に販売し、その利を享有するものであった。[38]

(二)　陳果夫と合作社

陳果夫（一八九二・九・七〜一九五一・八・二五）は浙江省呉興生まれ。浙江財閥陳其美（英士）の甥。陳果夫は国民党の要職、すなわち中国国民党組織部長、中央監察委員、中央財務委員会主任、中央政治学校教育長、国民政府委員、委員長侍従室第三処主任、監察院副院長、中国農民銀行董事長を歴任したが、とりわけ弟陳立夫とともに特務「C・C」系の巨頭として名高い。しかし同時に、国民政府の合作事業の推進に重要な役割を果たしている。このことは看過できない。『中華民国台湾合作年鑑』は、「(陳果夫）先生在世時、国父（孫文）の合作思想に則り、中国合作運動を指導、数十年一日の如し。合作行政機構の建立、合作教育の唱導、合作金融制度の確立に極めて大きな貢献をした」[39]、と評する。

では、この時期、陳果夫はどのような活動をし、合作社とはいかなる関係にあったのであろうか。一九一一年三月中国同盟会に加入、六月南京陸軍第四中学に進学し、ここに同盟会分部を組織した。一四年春からドイツ留学を決意して薛仙舟にドイツ語を習ったが、この時、同時に合作事業と革命問題を論じ、かつ研究したという。[40]おそらく、この時「階級調和」的見解をもつに至ったのではあるまいか。

陳果夫が初めて合作運動で実際に活動したのは、二〇年一二月一二日成立の民間団体たる上海合作同志社への参加である（当時、類似の民間団体には湖南合作期成社、上海職工クラブ、四川成都普益協社、江蘇無錫合作研究社などがあった）。その宗旨は合作主義の研究、合作事業の提唱、合作人材養成による合作事業の推進であった。寰球中国学生会で成立大会が挙行され、男女社員計四〇人が参加し、章程八ヵ条を採択した。そして、社内に委員会が設立されたが、その委員には公選により薛仙舟、程婉珍、陳果夫、邵力子、徐滄水、陳端、陸思安、毛飛、李安の計九人が選ばれた。(41) 社員は毎季四角のほか、献金もしたが、一人数元の者もいれば、一〇〇元の者もいたという。かくして、同志社は復旦大学内に暫定的に設置され、関係図書収集による合作図書館の設立、編訳、講演、及び通信指導により、当時まだほとんど知られていない合作社の普及に努めた。また、試験的に各地に合作研究社、信用合作社、消費合作社、生産合作社を設立したが、二一年五月第一回大会で社員七〇人に達したにもかかわらず、その後、社員が四散してしまい（原因不明）、推進方面での仕事は停滞してしまったという。(42) 陳果夫は、そのため二、三年後、合作運動協会の設立に積極的に乗り出すことになる。(43)

㈢　邵力子と合作社

邵力子（一八八二・二・七～一九六七・二・二五）の出身、及び当時の足どりは以下のようになる。邵は浙江省紹興で生まれ、字は仲輝。一九〇五年上海復旦公学で学び、同学には于右任がいた。一九〇六年秋、日本に留学（学校名不明）し、新聞学を学ぶ。一九〇八年中国同盟会に加入、その後『民呼日報』、『民立報』に参与した。一五年復旦大学で教鞭をとり、一七年それが改組された復旦大学中文系主任となる。一九年に『覚悟』を出版した。同一〇月中華革命党改組の中国国民党に加入。二〇年五月上海共産主義小組「マルクス研究会」を陳独秀、李達、李漢俊、沈玄廬、施存統、陳望道、戴季陶らとともに発起し、組織した。後に国民党員の身分で中国共産党に参加し、跨党分子として著名であった。二六年八月共産党を離脱、九月モスクワのコミンテルン代表大会に共産党代表譚平山とともに、国民党代表として出席した(44)。

この時期、邵力子は合作社とどのような関係にあったのであろうか。邵自身が合作社について論じた文章は見つからず、いかなる思想から合作社を支持したのかは明確ではない。だが、クロポトキンの「互助論」に触れ、「我々は現在、人類互助の学説を紹介し、注入し、皆に社会は互助で成立し、『互競論』は当てにならないことを明らかにする努力をしなければならない。生物の生存は本来互助を原則とし、クロポトキンの互助論は……もし人類が互競を知るだけで互助を知らないならば「人にして禽獣にも及ばず」」と明白に説いている(45)、と書いている。このことから見て、「互助」の視点から合作社への積極的支援をおこなった可能性が強い。

では、ここで邵の実際活動に筆を進めたい。第一に、中国の合作運動関係者の本格的新聞『平民』（平民周刊社出版、一九二〇年五月創刊）発刊の際、邵は上海の民国日報社を紹介し、その印刷所である大華印刷所で印刷できるように配慮してくれた。その結果、『上海民国日報』の副刊として出版することができた(46)。

第二に、『平民』資金問題で侯厚培ら合作運動指導者が復旦大学李登輝校長と相談した際、教職員の中では邵力子、湯松が極めて熱心に支持してくれたという。その結果、校長は教職員会議を開催し、毎月教職員の給料の五パーセントを寄付することを議決した。それを『平民』の印刷費に充てた(47)。

第三に、前述の如く上海合作同志社に参加し、委員に選出されている。

第四に、二一年一二月六日平民周刊社は社員が少なく、範囲が狭く、十分合作主義を普及できないことなどを理由に平民学社に改組された。その直後の一三日復旦大学で友誼大会が五〇余人の参加の下、開催されたが、邵力子は合作主義とその推進方法に関する演説をおこない、同人達により深い研究をおこなうよう勉励した(48)。

第五に、「世界大同与国貨」（二二年七月四日）の中で、国産商品の販路拡大には合作社の方法を採用することが最もよいと訴えている[49]。

第六に、邵力子が平民学社の茶話会で「連絡工団」の組織化を提起したことにより、合作社指導者にその緊急性を喚起した。温崇信ら指導者は、「労働者で『平民』を読んでいる者は少なく、合作に対する知識はさらにない」という状況下で、邵の言う如く「平民学社は合作社の急先鋒であり、当然連絡工団をつくり、定期的に講演をおこない、各種合作組織を成功へと援助しなければならない[50]」、と考えた。かくして、二二年一二月三一日王世頴、孫錫麟の提唱もあり、邵の意見をさらに豊富にして拡大した形で、合作社の監督、指導、宣伝など中枢的役割を果たす「合作連合会」を上海の中華職工教育館に実際に設立できた。

このように、邵力子はおそらく「互助」の視点から国産商品の販路拡大などを理由として、合作社への支援を続けていた。『平民』への印刷、資金援助のほか、自ら委員に就任する一方、推進方法に言及、「連絡工団」の組織化を提起し、当時の初期の民間合作運動を助け、節目、節目で極めて重要な役割を果たし、強力にバックアップしていたことが窺える。つまり、陳果夫も邵力子も民間合作運動から実践活動を開始し、後に国民党の合作事業、例えば、陳は中国合作行政機構確立や江蘇省合作事業推進に、邵は国民党内民主派として陝西省合作事業推進、さらに抗戦期には中国工業合作協会理事に就任するなど重要な役割を果たすことになる[51]。

四　中国国民党と合作社

では、中国国民党自体として合作社に実質的に着手したのはいつか。こうした点を考える上で、一九二四年は極めて重要な年であった。周知の如く、同年一月二〇日広州で国民党第一次全国代表大会が開催され、連ソ、容共、農工扶助の三大政策が決定された。かくして、国民党改組がおこなわれ、第一次国共合作が成立した。この時、大会宣言に「農村組織の改良」、「農民生活の増進」が盛り込まれていたが、それを実施すべく国民党中央農民部は合作社問題に着手したのである。目的は、現経済制度の最大弊害たる自由競争と私有財産制度を根本的に打破し、別に新たな組織が創出されるまでの期間、現経済制度の弊害を救うことにあったという。そのために、小生産者の合作社を組織し、小農と豪農、富農を平等な地位に置き、相互の幸福を増進せしむとしたのである[52]。国民革命は必ず全国の農民、労働者の参加を得て、初めて勝利を決するとし、国民党は「農民、労働者の運動に対して全力でその展開を助け、その経済組織を補助し、実力増進を期す」とし[53]、労農援助政策が樹立された。

また、同年発布された『農民協会章程』第五八条の「郷農民協会の任務」第四項で合作事業を提唱し、第七九条では農民協会は合作社などに尽力し、農民利益を顧みる必要があるとされた。次に『工会条例』第一〇条の「会務」第四項は、会員の便利と利益のため組織する合作銀行についてであり、第六項は生産、消費、購買、住宅などの合作社に関する規定である[54]。さらに、『商民協会章程』では、その前文で「商民協会は国民革命の宗旨にもとづき、商民組織を改善し、帝国主義と軍閥圧迫下の商民に完全な組織、偉大な力量を持たせ、以て商民の苦痛を除き、幸福を増進する」とある。そして、第三条「会員の権利」の㈤で、本会は合作銀行を設立し、会員は最低利息で借金する権利があり、㈦では購買合作社を設立し、会員は廉価で商品を売買する権利があるとする。そして、第五〇条には、「県（あるいは市）商民協会」は地方情況を斟酌し、仲裁、宣伝、合作、教育、組織各部を設置するとあり、その内、合作部は合作銀行を創設するなど合作業務を処理するとした。さらに、第五一～五三条で、分会は最下層組織で、五〇戸以上の商店のある郷村市鎮などに県・市商民協会が人員を派遣し、直接組織する。そして、分会は県・市商民協会の直接指揮を受け、「合作事業振興」などの任務を執行する、としたのである[55]。このように、小商人は大資本や大商店に対抗するために合作社に注目した。ただ「全国」（中央）、省レベルでは構想するに至っておらず、県・市、及び分会レベルで合作社組織化を急いでいた。商民協会加入の会費については詳細に規定されているが、合作社の機構、合作社加入の際の株金などはまだ規定されていない。

ほかにも、『省行政大綱』、『農工庁組織法』などにもすべて「合作事業提唱」が盛り込まれた。このように、合作社単行法ではなく、『農民協会章程』、『工会条例』、及び『商民協会章程』などに付随した形をとっており、必然的に合作社も単独で組織されるというより、当初農民協会、工会、商民協会などに付属するものとして組織されたと見なせる。

したがって、国民党による最初の合作社も単独で組織されたのではなく、中央執行委員会内に付属した形で設立された。すなわち、二四年六月合作委員長廖仲愷の発起で、国民党員を対象とした消費合作社がそれである。つまり、前述した廖仲愷の合作社理論の実践ともいえるものであった。一〇日その準備会（主席廖仲愷、秘書甘乃光）が中央執行委員会大講堂で職員、雇工、外来党員八〇人の参加の下、開催された。その時、一〇〇余株を売却できたが、継続して党員に株を購入することを呼びかけることとした。同合作社草案は以下の通りである。①目的は同志の経済面での改善や合作社精神の訓練にある。②本執行委員会の職員、雇工、及び委員会以外でも党員はすべて社員となれる。③一株六元で、一人八株以上を保有することは認めない。株の年利息は二厘。④社員は均しく選挙権を有し、また執行部、監察部に選ばれる被選挙権を有する。⑤執行部には総理、経理、合計各一人など。監察部には委員二人、候補一人など。⑥社員は廉価で物品が購入できるほか、それらはすべてさらに五パーセント引きとなる。⑦社員大会は毎月少なくとも一回。⑧事業はとりあえず合作社書籍の出版、書報の販売をおこなったり、食堂や理髪店を経営することであった。[56]このように、目的、規約、及び機構も整っていた。

なお、同年八月孫文が「民生主義」の中で消費合作社に言及していることは前述した通りであるし、一一月には戴季陶の「協作制度的効用」、「産業協作社法案理由書」、「広東省産業協作社法草案」、「『協作主義普及協会』組織計画概略」が『協作社的効用』という一冊の小冊子にまとめられて中国国民党中央執行委員会宣伝部から出版されている。[57]

国民党の合作社に対する姿勢が積極化してきたことが窺えよう。

従来、各地で独自に合作社設立に奔走してきた民間の合作運動指導者たちは、「合作主義」を「過激主義」、「無政府主義」と見なす軍閥の度重なる弾圧に、この年ついに悲鳴をあげた。そして、無党無派、政党からの独立を主張してきた従来の姿勢転換を考え、国民党への接近を真剣に考慮し始める。例えば、張廷灝は第二章でも触れたが次のように言う。要約すると、

湖南大同合作社、蕭山（衙前）農民協会の閉鎖、『平民』郵送の禁止など、腐敗した（軍閥）政府の下で合作運動が発展しないのはこのようなものである。もし現在の腐敗した政府を打倒し、良善な政府を設立しようとすれば、合作主義者は政治運動に参加せざるを得ないのではないか。国民党の宗旨と党綱はすべて合作主義に合致する。国民党は中国独立無二で、最も完全で、最も平民心理に合う政党である。そこで、我々合作主義の信徒が、良善な政府の合作運動発展への援助を望むならば、当然中国国民党と合作せざるを得ない。かくして三民主義が実現でき、我々の理想の合作協和国もまた実現できるのだ[58]、と。

こうした経過の中で特筆すべきは、民間の合作運動指導者と、第一次国共合作の下での国共両党員が協力して合作運動協会を設立したことであろう。これは上海合作同志社の停頓後、その役割を代替させるために、陳果夫と彼の叔父陳藹士らが提唱し、指導して設立したものである。発起人会議は七月二六日寧波旅滬同郷会で開催され、発起人は陳果夫、陳藹士、葉楚傖、邵力子、張廷灝、李権時、汪精衛、馬君武、湯蒼園（湯松）、許紹棣、毛飛、胡漢民、王世頴、毛沢東、呉頌皋、戴季陶、林煥庭ら三〇人であったという[59]。国民党員としては、本章で問題にしている戴季陶、陳果夫、邵力子はもちろん、汪精衛や胡漢民らも名を連ねている。民間の合作運動指導者としては張廷灝、湯蒼園、王世頴、毛飛らである。そして、中国共産党（以下、中共と略称）の毛沢東の名もあり、注目される。その他、①準備委員会を同会議主席は張廷灝、記録は許紹棣で、各種の推進事項を討論し、臨時簡章を採択した。その他、①準備委員会を

組織する。準備委員には葉楚傖、毛沢東、陳果夫、張廷灝、許紹棣の五人を、候補委員には邵力子らを選んだ。②会員募集は発起人三〇人が各自それぞれおこなう。③準備費は暫定的に五〇元とし、発起人の自由献金とした。④会員が一〇〇名になった段階で成立大会を開催するなどを決めた。[60] かくして、八月上海で中国合作運動協会が成立し、その宗旨は上海合作同志社と同じく、合作主義研究、合作人材育成、合作事業促進であった。[61] ただ、合作運動協会も経常的な活動はしなかったといわれる。[62] かくして、国民党の合作社組織化は現実化に向けて大きな一歩を踏み出したが、前述した如く合作社単独で組織される形をとらず、例えば農民協会に付属し、農民生活を改善し、その経済基盤を担う目的で一つの構成要素とする試みがおこなわれた。したがって、成立しても合作社数という形で統計数字としては現れない。

では、ここで国民党の合作社に関する動向に留意しながら、第一次国共合作後、最初に組織的な農民協会運動が展開した広東省のそれと合作社の関係について述べていきたい。周知の如く、農民協会の場合、外枠、すなわち法令的には国民党によって整備されたが、実権は中共が握っていた。農民協会指導のために国民党中央農民部とは別に、中共党内に農民委員会が設けられていた。そして、中央農民部自体も複雑な人事交代がおこなわれた。その初代部長は中共党員の林祖涵（伯渠）、次いで彭素民が引き継いだ。だが、その後、国民党員に代わり、李章達、さらに黄居素が就任し、実権を握る中共党員彭湃と激しく対立した。

この時、再度登場するのが廖仲愷である。廖と合作社の関係は前述しているので、極力重複を避けて論じたい。当時、工人部長、農民部長として、孫文の三大政策の一つ「農工扶助」に尽力した。廖は民団から攻撃を受けている農民協会擁護を打ち出し、例えば二四年一一月番禺県夏園郷で中央直轄の第三軍に拘留された農民協会員三人を釈放させる一方、一二月広州市郊第一区農民協会執行委員長の林宝宸を殺害した民団団長彭素立を逮捕させた。また、この時期、国民政府は広寧における農民協会と民団の衝突に際して、装甲車までも出動させ、民団鎮圧の姿勢を示した。[63]

このように、廖は農民協会の実権を中共が掌握しているとはいえ、農民協会運動の展開が国民党の発展にとっても不可欠と考えていたらしい。そして、農民協会運動との関連でも合作社が不可欠なものとして認識していた。このように、当時、国共両党は極めて厳しい対立面を露呈しながらも、合作社に関していえば、両党の一つの合流点であったといえる。中共の意見を色濃く反映しながらも国民党としてもその背景にある合作社に対する従来の歩み、例えば農民協会内の合作社を目指す姿勢などからさほど異論はなかったと思われる。

まず、二五年五月広東省農民協会第一次代表大会の「農村合作運動決議案」では、階級闘争により根本的に社会改造を完成しうるとしたが、同時に「当面の改革もまた必要」であり、「合作運動は当面の農民生活状況を改革する一種の良好な方法である。いわゆる合作運動は農民間で互助の精神に基づき組織された一種の協力事業で、その役割は資本家、地主、奸商の独占と高利搾取を排除するものである[64]」、とする。そして、当面緊急に組織すべき合作社は三種とし、「一村郷、あるいは一区域で数十家あるいは数千百家を集め、一つの購買合作社を組織」して、また販売合作社を組織して「直接大市場に運搬して販売」し、さらに「連合して自ら信貸合作銀行を組織して会員は金がある時は銀行に預け、（それに）相応する金利を受け取り、必要な時はまた銀行から借金でき、そこで土地抵押……などは免れられる[65]」、と組織の仕方や具体的役割、意義についても論及し、注目される。そして、販売・購買という流通過程の合作社、及び信用合作社を重視した。

次に、二六年三月広東省農民協会会務報告は「農村中で最も緊急な建設工作で合作運動と平民教育運動にまさるものはない。例えば販売、購買、消費、生産、信用各合作社の農民に益するところ、それ人の皆知るところであるが、やはり農民に合作社の利益と組織方法を明白にさせ、合作（社）に対する強烈な要求を発生させ、その後、組織化に着手する[66]」、と下からの盛り上がりを重視している点から中共の主張が強く反映しているのが見てとれる。そして、この段階では、実践面において販売、購買、消費、生産、信用各合作社すべてを追求する姿勢を見せている。このことは、可能性を拡大させた面があると同時に、逆にまだ方針が定まらず、どの合作社に重点を置くか不明確であったことを示す。

さらに、五月広東省農民協会第二次代表大会では「農民合作運動決議案」が採択された。その中で、「(農民合作社の)経済組織が実に農民利害と切実に結びついた組織で、農民運動の基礎を確立し、強固にできると深く信じる。それは農民が現在受けている経済上の苦痛と圧迫に対して、その大部分を解除できることは確かである。例えば、信用合作社は確かに貧農間の金融流通を図り、その信貸利息を軽減し、地方土豪、地主などの高利貸を排除できる。購買消費合作社は確かに廉価で質のよい物(を購入できるという)効果を収め、生活は各層の奸商の搾取を容易に減少せしめる。販売合作社は確かに農民が相当の値段で売ることを可能にし、奸商、土豪に利益を独占させない。生産合作社は確かに農民生産を増加、改良し、生活を豊かにできる。そこで本大会は合作社組織を、今後農民に宣伝することに努力し、実現を促すことを決定した(67)」とその効能を具体的に解説し、その必要性を力説すると同時に、組織化に向けて動き出した。ただし、これらが実際に設立されたか否か、陣容、経営内容、経営状態、農民協会内でいかなる機能を果たしたのかは、不明である。

国民党省党部の農民部は農民運動組織化の具体的な段取りとして、①農民職業組織—農民協会、雇農協会など、②農民武装組織—農団、農民自衛軍など、③農民教育組織—平民学校、平民書報室、農村宣伝団など、④農民経済組織—消費合作社、信用協作社、穀物備蓄庫など。以上は組織形式から分類したもので、可能な時は、四種組織は一種組織内に付属させ、処理すべきである(68)、とする。かくして、合作社は農民運動組織化の重要な四本柱の一本として認定された。

では、ここで、この時期の国民党の主要な活動を見ておきたい。二六年一月中国国民党第二次全国代表大会で「農民運動決議案」を出している。その中で、「中国の国民革命は実に農民革命」であることを確認し、「農民解放は国民革命大部分の完成で、吾党、三民主義実現の根拠」とした。これを前提に、大会は政治、経済、教育三種の決議をおこなった。⑴政治面では、農民組織化、国民革命への参加であり、特に⑵経済面では、農民に対する高利貸の禁止、最高租額と最低穀価の規定、耕地整理、水利整備、農業改良をおこなうこと、奸商の物価独占の取締りとともに、速やかに農民銀行を設立し、農民合作事業を提唱することが謳われた。なお、⑶教育では、農村の義務教育などの励行、地方公金で各種農民補習学校や農民講習所を創設し、運営するとしている(69)。また、この時、農民運動、労働運動の両決議案を採択し、農民合作運動と労働者の生産合作社、消費合作社を提唱し、援助すると規定した。ただし、詳細な法案の制定、頒布はしなかった(70)。

かくして、二五年一〇月頃、公布されたと考えられる国民党中央・各省連席会議「議決案」いわゆる「新政綱」の農民利益に関する第一二条に「政府は農民の組織する各種農業合作社を援助しなければならない(71)」、とした。この条文は湖南、湖北をはじめ各省農民協会にインパクトを与えた。

この頃になると、単独組織としての合作社組織化の模索も開始されている。例えば、二六年一二月六日江西政務委員会は第一二次常会で、「新政綱」などで合作社が重視されているのに基づき、合作社普及を目的に南昌、新建、吉安、万県、永修などで合作社を試験的に設立することとした。かくして、孫石侯、易友松らを各県に派遣し、県長、県党部、農民協会と相談の上、政務委員会の簡章に照らして農民信用合作社を設立することにしたのである(72)。

二七年二月国民党江西第三次全省代表大会が開催された。その「農民運動決議案」によると、第一に、国民党の農民協会との関係――「国民党綱」に基づき、各種農民運動はもとより本党の直接指揮下になくてはならないが、過去には各地(国民)党部が時に農民協会の独立性を妨害したことがあった。今後、本党は指揮工作を除いて、農民訓練は(農民)自らおこない、その独立性を保持させる。第二に、農民協会の経費――全省収入の八、九割は農民からとっている。農民協会経費を、(省)政府が支出、補助するのは当然である。金額は多くないが、前回政・財両委員会で採択された通志局経費を、省農民協会が受け取り、按配して農民運動工作の発展を助ける。第三に、農民運動最低限度の政綱―政治面では、①農民は集会、結社、言論、出版、減租の自由権を有す。②農民は武装自衛権がある。政府に農民協会に銃を農民協会に無償で支給するよう督促し、農民自衛軍を組織する。③郷村自治権は郷民会議が接収し、郷村自治機関、及び一切の公益機関は均しく郷民会議で選挙した人材で組織する。④農民を搾取圧迫する貪官汚吏、土豪劣紳を廃除し、農民利益を積極的に擁護するなどである。経済面では、①苛捐雑税の廃除、②農田水利の整備と植林などのほか、③政府が資金を準備し、販売・消費・信用各種合作社を開設する、とあった。[73]

二七年三月湖北省農民協会第一次全省代表大会の「農村合作社問題決議案草案」によると、大会は農村の相互利益を増進するため、信用合作社、購買合作社、販売合作社、利用合作社、生産合作社を組織しなければならない。以上の各種合作社の組織化は一刻の猶予もなく、各地で普遍的に実現する努力をすべきである。省農民協会は各種合作人材の養成に注意すべきで、政府方面は新政綱に基づいて農民が各種合作社を組織するのを援助しなければならない、[74]とした。なお、二七年三月段階には、各級農民協会委員は、郷・区・県各会委員会とも正副委員長各一人、秘書一人、さらに宣伝・組織・自衛・婦女・教育・合作・調査各部などを設けられ、機構的にも確立している。

ところで、『漢口民国日報』(一九二七年二月一三日)によると、湖北省武昌の占領後、各銭商は次々と休業し、資金を流通できず、表面的には多くが停滞した。そうした中でも、まだ商業発展の希望がある。一般銭商は日頃は重い利息で搾取し、厳しく抵当を求め、金融緊急時にはかえって休業して安全を図る。ここに至り、金融機関を組織し、自救することにした。その組織は、皆で集まり、自助互助により利益の平等を図る。換言すれば、この組織は「反資本主義」で、合作精神に基づき、合作銀行を設立することである。こうして、初めて一つの完全で安定した金融機関となる。合作銀行は合作事業の一つであり、農村と都市双方に適応させる両種の方式があるが、我々商民は当然のことながら都市方式をとる。①性質と目的―合作銀行の物質的目的は低利で会員の必要な資金を貸し付ける。また、儲金の利益を獲得させ、会員の営業と経済的な発達をはかる。その精神的目的は「互助自助」、「同情同組」、「共憂共楽」の精神を以て団体生活を訓練して、将来の社会生活の基礎を建設する。②組織―合作銀行はすべて会員相互の結合で、銀行の主人はもとより会員に限られ、銀行の顧客も原則的に会員に限られる。会員の責任は三種に規定され、(イ)無限責任、(ロ)保証責任、(ハ)有限責任がある。③会員―会員は一株以上の出資を必要とするが、一〇株を限度とする。一株は一〇〇元を超過することはできない。会員は株の多少にかかわらず、一人一議決権。④運用資金―合作銀行が運用する資金は入会株金、共同基金、各項預金、各種借入金などである。⑤資金運用―合作銀行の貸付は信用貸付、保証貸付、抵当貸付、手形貸付、不動産売買貸付、旧債清算貸付、災難救済貸付などである。⑥機構―会員、総会、執行委員会、監査委員会、信用評定委員会など。⑦利益分配―銀行に剰余金がある時、二割以上を共同基金とする以外は会員に配分するか、あるいは一部を公益金に充当する。その他は、株毎（持株数に応じて）に会員に配当し、株利息とする。さらに残ったものは会員、及び顧客に分配する。武昌市商民は資本家、帝国主義の走狗、軍閥の走狗でさえなければ、一律加入できる。これは、商民の苦痛を解決できる唯一の活路である。「小商民の経済勢力を集中して、初めて国内の資本家を打倒し、さらに一歩進んで国際資本主義を打倒できる」(75)、と。このように、武昌占領後、国民党左派・中共は銭商による根強い抵抗に手を焼き、それに対抗し、逼迫する金融を打開するため、小商人による合作社組織化を急務としたのである。

なお、やはり武昌の龔家堤、牛車嘴、黄土山、千仏寺、周石嘴などの農村で、農民を合作社形式の「民生社」に組織し、開墾し始めている(76)。武漢国民政府下では、都市、農村にかかわらず、合作社組織化による経済問題打開が図られたことが見てとれよう。

五　民生主義と合作社

一九二七年四月南京国民政府（蔣介石）が武漢国民政府（汪精衛）と分裂した形で成立した。民間合作社指導者の国民党への傾斜はすでに二四年から存在したが、この時点で実行に踏み切った。薛仙舟ら民間合作社指導者は国民党左派・中共による武漢国民政府ではなく、蔣介石の南京国民政府に接近した。そして、南京の国民党との完全な一体化を求め、合作社理論を三民主義、特に民生主義でとらえ直し、理論化する作業も本格化することになる。すなわち、各地軍閥の弾圧などにより停滞した民間合作社の復興を目指し、国民党権力に保護と奨励を求めたのである。合作社にとって新たな時代が開始されたといえよう。同年六月薛は陳果夫と南京国民政府の外交方針、建設計画、及び民生主義の実行法などの諸問題を討論した。そして、薛は王世頴の援助を受けて『全国合作化方案』を作成し、七月蔣介石と胡漢民に提出した。その内容を要約すれば、以下の通りである。

(1)　序言―三民主義は民生主義に帰せられる。そして、資本節制、地権平均が民生主義を実現する二大政策である。この目的を達成するために、従来合作社に依拠していない。しかし、民生主義を最も根本からおこなうためには、合作社を用いる以外ない。民生主義を実現して革命を成功させようとするならば、国家権力によって大規模な計画を立て、全国の合作化を促進し、全国の「合作共和（民主）」（Co-operative Democracy）を実行し、世界に唱えなければならない。

(2)　全国合作社組織法案―大規模な全国合作化のためには当然一つの全国合作社を持たねばならない。その工作はまず訓練、すなわち合作訓練院を重視することである。次いで実施することは経済改造、換言すれば「合作共和」の経済面での合作事業のために実際的援助をおこなう。すなわち、全国合作銀行を重視することである。

(3) 合作訓練院組織大綱―これは全国合作社の根本であり、軍隊を訓練する精神を用いて社員を訓練し、それを経て党務に就ける。すなわち、合作訓練院は同時に国民党員の基本的訓練所である。訓練工作は人格、主義、技術の三種に分かれる。期限は学習三年、合作社実践三年に分ける。かくして、社会の合作事業、国営の経済事業、政府、党務などの服務人材を獲得できるようにする。

(4) 全国合作銀行大綱―目的は合作事業を援助し、労農事業を援助し、小営業を援助するとともに、信用合作社の中央調整機関とすることにある(77)。

このように、薛は合作社が「国家権力」による大規模計画の一部、すなわち国家資本の一部として機能する道を開き、かつ合作訓練院を「国民党員の基本的訓練所」とまで言い切っている。薛はこの法案提出後の八月、中央党務学校で合作事業の講義をおこなったり、積極的に活動した。王世頴によれば、薛は資本主義に強く反対し、同時に階級闘争、階級独裁にも賛成しなかった。そして、「ただ合作主義があって、初めて資本主義を防止でき、ただ合作主義があって初めて共産主義を打倒できる。合作運動があって初めて社会革命を実現できる(78)」と力説していたという。こうした主張は一般的に「社会改良」と称されることも多いが、薛自身は局部的「社会改良」に反対し、大規模な合作主義提唱によって経済改造をおこなう徹底的な「社会革命」を主張していたといたとあり(79)、自らを決して改良主義者とは認めていなかった。なお、『全国合作化方案』の方は、八月蔣介石が辞職、下野し、政局が緊張したこと、胡漢民は政務で多忙、さらに財政困難などの理由も絡まり、棚上げされてしまった。その上、九月一四日薛自身が急逝してしまったのである。かくして、国民党による合作社推進は短期間頓挫を余儀なくされた。

しかし、陳果夫の階級闘争防止、階級協調を骨子とした従来からの蔣介石への進言もあり、約半年後の二八年二月四中全会で、蔣介石、戴季陶、李煜瀛（石曽）、張人傑連名による「合作事業推進議案」が提出された。国民党はかって二五減租や苛捐雑税の撤廃を主張してきたが、党の体質上、土地革命にまで進むことが困難なことを知り、その代替策として農村金融面から農村再建を目指し、郷村レベルで特に信用金作社を中心とする各種合作社、省などのレベルでの農民銀行問題に積極的に取り組むようになってきたことを意味する(80)。

同年四月朱霽青は中央政治会議第一三七次会議に「労働生活改善建議案」を出し、①国民政府は速やかに各省政府に命じ、江蘇省政府の農民銀行成立弁法により県に分行を、郷村に信用合作社を設立すること、②政府は社会と時代の要求に従い、産業合作社条例を速やかに頒布することを提起している(81)。

こうした状況下で、孫文の「遺教」が声高にとりあげられ始め、合作社と民生主義との関連、合作社の「調和」的側面が強調されていくことになる。例えば、張廷灝は中国当面の実業落後、民生困窮の根本解決のために「総理（孫文）の民生主義を実行する」と強調するとともに、「民生主義を実行しようとするならば合作運動提唱の必要がある。……合作運動は一種の漸進的改革運動で『協力互助』の意思を含んでいる(82)」、とした。

また、四月中央第四次執監会議における「合作運動委員会原文」の中で、蔣介石、陳果夫らは次のように言う。

我々は総理の民生主義に基づき、必ず社会国家の建設は完全に「民生」の基礎の上に樹立すべきものと考える。民生問題が解決しないならば、いかなる理想的計画も空談となる。……いかに資本節制と地権平均を実現するかの詳細方案は経済設計方面に属し、将来の中央経済設計委員会が計画に責任を負わねばならない。……ただ一つの経済運動は非常に重要であると考える。……この経済運動はすなわち合作運動である。……「農工運動」、「民衆運動」は本党のスローガンである。……ただ残念なことに従来中国共産党に掌握され、……破壊面の運動となってしまった。……しかし、合作運動は最も穏当で、最も適切で、民生主義に最も適した一つの重要方法である。本党は全民に利益を図る党であり、合作運動は全民に利益を図る運動である。そこで、本党は特に合作運動を提唱しなければならない。本党は特に農労に利益を図る党であり、合作運動は特に農労に利益を図る運動である。

そこで、本党は特に合作運動を提唱しなければならない。我々は具体的に以下の二つを提唱する。①中央は『(中央)経済設計委員会』の下に「合作運動委員会」を設立し、専ら合作運動の研究、宣伝、提唱、及び指導の職務を担わせる。②中央は合作運動の宣伝費を毎年少なくとも五万元とし、欧文協同組合書籍を購入して、その中文訳に用いる(83)、と。

つまり孫文の民生主義から説き起こし、これを実現するための手段として合作社を重視し、かつ「農工運動」、「民衆運動」に代替するものとして合作運動を提唱していることがわかる。そして、合作運動委員会設立や宣伝費五万元の使途など、具体的に提案されており、本格的展開の一歩手前まで来ていることが看取できよう。その他、伍玉璋も恐慌防止における合作社の意義を論じながら、同時に孫文「地方自治開始実行法」を引用し、地方自治の早期実現のために合作社を積極的に用いることを主張していた(84)。

二八年七月頃、「中国合作運動協会」が成立した。これは陳果夫が積極的であったことから、前述した同名の中国合作運動協会(二四年八月成立)の基礎を利用し、再編したものと考えられる。ただ、以前はどちらかと言えば、上海合作同志社の継承面もあり、国共両党員を含みながらも民間運動団体の色彩も強かったが、この時、成立の団体は協会員に国民党籍を有することを義務づけるなど、国民党の外郭団体、もしくは国民党と一体化した団体であるという点に決定的な違いがある。

その成立宣言では、孫文の「私は民生主義のために革命をする。もし民生主義を必要としないならば、革命も必要ない」を引用した上で、「吾党同志はすでに孫先生の遺教を受け、三民主義がその責任を尽すために各種科学で三民主義の基礎を建設するのみならず、さらに各種科学の精髄をもって三民主義の内容を充実させねばならない。合作制度は経済組織を改造する上で科学精神を有しており、吾党同志はその推進に努力し、実現を目指すべきである。……本会の同志は皆、党籍に属し、深く合作制度を民生主義の実行法に合わせ、宣伝を拡大し、実施の可能性を追求する」[85]、とした。このように、孫文の言葉の引用が急激に増え、その関連で合作社が語られ、その価値を高め、普遍性をもたせた。すなわち、この時期、孫文の言葉は合作運動を国民政府、国民党の運動として推進させる上で、大きな役割を果たしつつあった。

八月陳果夫は「中国合作運動協会」名義で「合作運動提唱案」を中央執行委員会第五次全体会に提起した。それは、①中央は合作訓練院を設立する、②民衆訓練委員会の下に合作運動委員会を設ける、③合作同志を選抜して海外協同組合事業の視察に派遣する、④政府に合作法頒布を求める、⑤全国学校に合作課程を重んじることを訓令するの五項目からなっており、決議を経て関係各機関に分かれて動き出し、その意義は極めて大きいものであったという[86]。

この時期、民生主義実現のために合作社が必要な理由を真正面から論じた論文が、『上海民国日報』副刊の『合作』紙上に現われた。哲丁「民生主義与合作主義」がそれである。その概要はすなわち以下の通りである。

第一に、地権平均との関連。農民は自ら供給合作社、販売合作社、製造合作社等々の合作社を組織しなければならない。合作社があれば、生産者、あるいは卸売者が共同で必要な物品を購入し、商人階級に費やす一切の費用を節約でき、共同販売すれば直接利益を得ることができる。このように連続しておこなえば、日常収入は次第に増加し、農民は資本を有することができる。その資本で土地を購入できるし、「耕者有其田」を実現できる。土地は合作社の公有となる。

第二に、資本節制との関連（哲丁は資本節制を資本の社会化と位置づけ、論理を展開する）。突然資本を没収して諸社会に帰すことは不可能である。節制の方法を用いれば、漸進的に最後の目的に到達できる。いかにして最短期間でこれを実現させることができるか。ただ合作事業があるだけである。なぜなら、合作社の一人一人の社員が納める資本が制限されており、かつそれらは全体社員の公有である。合作社の獲得した生産資本の多くは合作社のものであり、一つの合作社は非常に多くの合作社に直属し、それらの多くは合作社の連合組織を形成しており、その資本は絶対に少数者の所有ではなく、ましてや株式会社の如き資本主義の組織ではない。要するに、合作社の生み出す資本は絶対に大衆性を失わず、合作主義はいかなる資本も徹底的に社会所有になさしめることが可能である。そして「民生主義は合作主義がなければ、事実上迅速に目的に到達することは難しい」と結論づけるのである。[87]このように、合作社が民生主義実現にいかに重要であるかという研究、合作社理論を民生主義と密接に関連づける作業が一挙に展開していた。

二八年後半に出されたと考えられる国民党中央「農村合作宣伝大綱」の構成は、㈹農村合作社の意義、㈺本党と農村合作運動、㈶農村合作社の性質、㈷農村合作社の効用、㈸農村合作社の類別、㈹合作社の兼営と合作社の連合、㈻農村合作運動の進行方法である。ここでは、繰り返し主張されている㈹を除いて、㈺、㈶、㈷、㈹、㈻をとりあげたい。

㈺　本党が国民革命に尽力するのは、民衆の苦痛を除くためである。民衆の中で農民は最大多数を占める。したがって、国民革命は農民の苦痛を除くことが最大の仕事なのである。その苦痛は政治的、経済的の二つに分類できる。政治面では、本党は兵力、その他の政治、法律上の力量を用いて農民を圧迫する一切のものを排除する。ただ経済面では、農民自ら立ち上がり、農村経済の発展、生活の改善を期す。これは農村合作運動に依拠しなければできない。総理（孫文）は「民生主義は養民を以て目的とする」としており、具体的には平均地権と節制資本である。農村合作運動は方法は異なるが、目的は同じである。土地を地主に集中させず、金を富豪の家に流れ込ませず、一般農民に相当な土地使用、資金支給を与えて生産に従事させる。農村合作運動の発展は平均地権、節制資本を農村で間接的に実行するものである。農民は従来、散砂の如きで、農民を一致して本党の指導下に国民革命に参加させることは困難である。したがって、農民を訓練して団結させることが当面の重大な課題となる。これは農民協会組織に属する問題といえるが、合作運動も大きな支援を与える。なぜなら農村合作社は農民にとって経済的に緊急であり、農民に団結の有益さを実感させ、一種の互助、「同心同徳」、苦楽を共にする精神を養成し、団体生活の習慣を身につけさせる。小（目的）は農村自治の基礎を樹立し、大（目的）は国民革命の成功を促進する。そこで、農村合作運動は革命前途との関係は非常に大きい。

㈷　農村合作社の注意点は、①合作社の性質上、相容れない人々、例えば、遊民、政客などは金を持っていても入社を許さない、②貧民のために考え、種々の方法でその入社を容易にする。例えば、株額を極めて低く設定するとか、分期納入させるなどである。③合作社の利益は社員に限るべきで、社員以外は享受できない。

㈸　信用、購買、販売など農村合作社の効能は、⑴経済面―①農業生産の改良、②農民は売買上の特殊利益を享受できる、③農民金融面での便利さ、④生産と消費の均衡、⑤農家経済の独立。⑵社会面―①公徳心と責任感の養成、②農業生産発展の促進、③地方自治基礎の樹立、④一切の社会的協力の増進である。

㈹　合作社の兼営と連合に関しては、各地方の状況は異なり、購買合作社、信用合作社、あるいは両種の兼営があってよい。また一村に必ず五つの合作社を組織すればよいというものでもない。各地方の合作社成立後、同種類、同性質の合作社は連合し、各種合作社の連合会を組織する。例えば、各農村の信用合作社を連合し、県を以て範囲とし、某県信用合作社連合会を組織する。その成功後、さらに全国連合会を組織する。一方で合作組織を宣伝、推進し、これを全国に普及させる。

㈺　一般農民は、農村合作社とは何か、いかなる利益をもたらすかも知らず、おそらく名称すら聞いたことがない。いわんや、いかに組織し、経営するのか分からない。したがって、その推進方法は、①党部、政府、及び農村中の知識人が宣伝し、多くの農民に貧窮救済のよい方法で、利益増進の早道であることを明らかにする。しかる後に自発的に団結、組織化、推進させる。こうして、最初の基盤ができる。とはいえ、②農村合作社の組織手続、管理方法、貸付、儲蓄の規程、及び販売・購買マニュアルなどはかなりの知識を必要とし、これらを有する「知識人」（技術者）が農民を援助する。したがって、農事行政機関が農村合作社指導人員養成所を設立する。養成後、分かれて農村に赴かせ、合作事業を指導する。こうして、初めて発展の可能性がある。③最初、当然資金難や土豪劣紳の妨害など多くの困難に遭遇する。そこで、政府が提唱し、保障する。合作社破壊を制止し、合作社の販売、購買、貨物運輸の障害となる各種税捐を法令によって軽減、あるいは免除する。その他の農事上の奨励、耕作上の改良など、農業機関が適切に扶助し、直接、間接に発展の機会を与える。こうして、農村合作運動は充分な発展を示す(88)。

以上のように、(乙)国民革命において、合作運動は農民の経済面、団結面で大きな力を発揮する。そして、合作運動を明確に農村自治、さらに国民革命の成功と結びつけた。(丙)で入社時の注意点などを提示し、(丁)では合作社の経済、社会両面での意義を強調する。そして、(己)では、各県連合会から全国連合会までを視野に入れ、(庚)では、技術指導者の重要な役割と人材育成の必要性を論じる。その上、土豪劣紳からの妨害に対する政府の保護、税制上の優遇などを手堅く押さえる。このように、国民党の理論上でも、政策上でも、合作社の本格的展開の基盤は形成されたといえるのである。

試行錯誤の末、合作事業の基盤は固まり、思いがけない形で各部門に波及し始め、一定以上の高まりを示した。例えば、上海特別市政府社会局は最近「消費合作社暫行通則」を発布した。また、同社会局は合作社宣伝を拡大するために、中国合作学社、市党部民衆訓練委員会、市合作運動協会、合作養成所などの各民衆団体、合作団体を召集している(89)。また、第四軍長陳済棠は「国貨（国産品）振興」と兵士の便利を考えて、各連隊駐屯地に合作社一社を設置し、廉価で品質の良い日用国産品を販売するように命じている(90)。

こうした背景の下、二八年一〇月南京国民政府が武漢国民政府を吸収合体し、正式に成立した二五日、国民党中央第一七九次常会が開催された。その会議で、ついに「地方自治」確立を目指す『下級党部工作綱領』を採択し、その

図3－2　「下級党部工作綱領」（1928年10月25日）

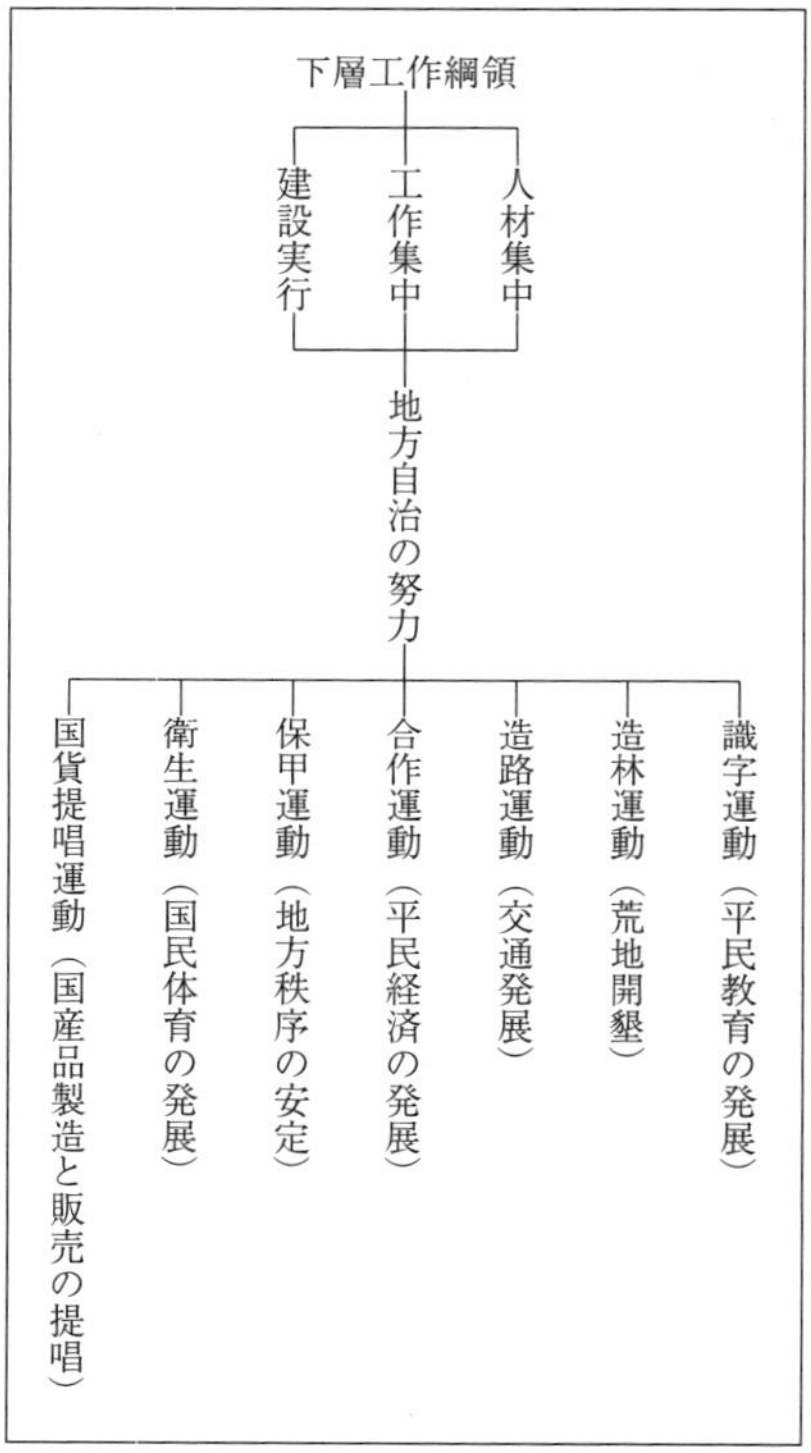

出典：蔣建白「十年来的社会教育」「抗戦前十年之中国」1965年等参照。なお、「国貨提唱運動」は後の188次常会で組み込まれ、これで「七項運動」すべてが出揃ったことになる。

中で合作運動をとりあげたのである。当然、これは孫文の「地方自治開始実行法」を国民政府なりに実現しようとしたものとみなせる。同綱領は二日後の一〇月二七日に中央執行委員会がすぐさま各級党部に通令し、施行させた。かくして、このことは**図3-2**の如く、合作運動が中国の基礎を形成する「七項運動」、「七大運動」の重要な一環として認定されたことを意味する。その結果、国民政府の合作事業は江蘇省を中心に本格的に展開され[91]、一九三〇年代の全国各省（ソビエト区では独自に合作社が展開していたので、これを除く）を巻き込み、農村信用合作社を主に圧倒的発展を遂げることになるのである。

おわりに

国民党の合作社は一九二八年に突然開始されたわけではなく、一九一九年頃を起点とする約一〇年間の地道な前進、試行錯誤の結果として飛躍的展開を見た。そのことをまず確認しながら、以下幾つかのまとめ、結論を述べてしめくくりとしたい。

第一に、孫文が最初に合作社に言及したのはいつか。初歩的、かつ漠然としてではあるが、一九一二年一〇月「民生主義」との関連で、合作社の重要性に気づき始めた。その後、空白時期があるが、孫文は一九年の「地方自治開始実行法」で合作社に明確に踏み込み、その効能について述べた。すなわち、イギリス消費協同組合の影響から主に流通過程の変革をおこなう消費合作社を論じた。ただ、イギリスでの実態やその役割、影響に踏み込んでいるが、章程、組織機構などには言及せず、実際に組織するには不十分であった。だが、極めて早期に合作社に着目している先見性は高く評価できよう。その上、孫文自身が「民生主義」の中に消費合作社を組み込んだことは、二八年以降の展開に少なからず意味をもつことになった。国民党を通して、また政権党として南京国民政府、さらに重慶国民政府レベルで合作社政策として本格的に展開できる道筋を創る起点となったといえるからである。

第二に、戴季陶は日本で「産業組合」の重要性に気づき、帰国後、五・四時期の上海での労働運動の盛り上がりに啓発されながら、まずそれを工会の下部経済組織と位置づけた。最初に「消費組合」の名称を使用したのが一九年で、孫文「地方自治開始実行法」と同年である。孫文と戴季陶の関係は、協同組合思想を受容した国、目指した役割などから、どちらがどちらに影響したということはなく、同時並行的であったと考えられる。その後、「協作制度的効用」などの三部作と付件を出し、中国初の協同組合法制定により中国の中下層レベルの経済基盤確立、経済発展を目指すが、戴の問題意識から、その視点、内容はどちらかといえば農村より都市に注がれていた。これら三部作と付件は有機的関連があった。そして、構成的にも論理的にも高い質を有し、社員の国籍条項の撤廃などを盛り込み、国際化を志向している点は注目に値する。さらに、七人以上での組織化などは大枠として実質的に後の『中華民国合作社法』などに継承されたと見なせる。

第三に、まず、看過できないのが廖仲愷である。廖は合作社が平和漸進的な方式で、生活改良、分配問題を解決でき、資本主義の跋扈を消滅させると主張した。イギリスのロッチデール式消費協同組合に最も着目しており、その意味で孫文とほぼ同一見解に立っていたといえるであろう。また、ソ連の協同組合にも着目した。そして、実際に合作委員長として国民党員対象の消費合作社を創設している。また、工人部長、農民部長として労働運動、農民運動と合作運動を結びつけようとしたのである。つまり多面的活動を実施していたが、孫文死後、僅か五ヵ月で暗殺されてしまった。陳果夫、邵力子は二〇年にはすでに民間の合作社に実際に参加、もしくは支援し、活動していた。例えば、上海合作同志社には陳、邵とも参加している。このように、民間活動から開始し、その実践活動の経験を通して、その後、両者とも国民政府の合作事業推進に大きな役割を担うことになる。例えば、陳は合作行政機構の樹立、合作教育の唱導、彼の地盤たる江蘇省での合作事業の推進をおこない、他方、邵は陝西省の合作事業を推進し、抗戦期には中国工業合作協会理事に就任している。

第四に、国民党が最初の合作社に着手、組織化したのは二四年のことである。この時、合作社単行法ではなく、『農民協会章程』、『工会条例』、『商民協会章程』などの法令に付随させる形で出発した。したがって、国民党初の合作社も同年六月中央執行委員会に付属する消費合作社であった。そして、都市型の消費合作社から次第に農民協会運動と連動した形で農村合作運動へと傾斜、ウエートが農民の信用合作社へと移っていくことになる。なお、端緒的に単独合作社が組織され始めたのが、湖北省武昌などで見られる如く、二六年末から二七年初頭にかけてと考えられる。

第五に、二七年四月南京国民政府の成立後、民間合作社指導者は武漢ではなく、陳果夫らとの関係から南京との合体工作を本格化させる。六月には薛仙舟の『全国合作化方案』が提出された。この後、それまであまり触れられることがなかった孫文の「地方自治開始実行法」、「民生主義」など「遺教」が繰り返して引用され、合作社との関連が強調され始める。つまり合作社に関する限り、孫文の言は生前ではなく、むしろ死後、特に二八年、合作社が国民政府の運動へと大転換する際、大きな推進力となり、重要な役割を果たしたことは間違いない。

第六に、国民政府は合作社の「調和」、「中庸」などの側面を特に強調することによって全面的採用に踏み切った。すなわち、中共指導の農労運動を「破壊的」と規定し、かつ労働組合と合体する可能性が強く、かつ合作運動の中で最も尖鋭な部分を担う工業生産合作社を排除しようとした。例えば、国民党の有力な合作社指導者寿勉成は、階級闘争を重んじ、資本家と衝突する（工業）生産合作制を採用すべきでない、と切って捨てたのである。(92) このように、合作社の中の反権力指向を極力排除し、そして土地革命に対抗、中共指導の「破壊的」農労運動を矯正し、「建設的」農労運動へと転換させる合作運動に期待を寄せた。その結果、農村建設、復興を核とする国民経済の確立、及びやはり「七項運動」の一つである保甲運動とともに、農民組織化による国民政府支配権の貫徹のための有力な支柱として大々的に展開されることになるのである。

註

（1）孫文「中国之鉄路与民生主義」一九一二年一〇月一〇日、『孫中山全集』第二巻、一九八二年、四九二頁。
（2）孫文「地方自治開始実行法」一九一九年、『孫中山叢書』第二冊、一九二七年、九頁。
（3）孫文「実業計画」同前所収、二五頁。
（4）孫文「国民党奮闘之法宜兼注重宣伝不宜専注重軍事」一九二三年一二月、『国父全集』第三巻、三二九～三三〇頁。

(5)(6) 孫文「民生主義」第一講、一九二四年八月、『孫中山叢書』第一冊、一一一～一一三頁。

(7) 『孫中山年譜』一九八〇年、三三三～三四頁。

(8) 「孫文学説」一九一八年、前掲『孫中山叢書』第二冊、六五頁。

(9) 都築忠士「ロバアト・オウエンの残したもの」『ロバアト・オウエンと協同組合運動』家の光協会、一九八六年。川野重任編『新版協同組合事典』家の光協会、一九八六年、一〇一二～一〇一三頁など参照。以下、『組合事典』と略称。

(10) キングはオウエン主義者と知り合った後、一八二七年ブライトン協同友愛基金組合、商業協同組合を設立した。特に彼の創刊による月刊雑誌『協同組合人』(The Co-operator) は協同組合思想の普及に大きな貢献をした（『組合事典』一〇一四～一〇一五頁参照）。

(11) 張徳粋『農業合作』一九四四年、一四～一六頁。山本秋『日本生活協同組合運動史』日本評論社、一九八二年、三頁。西山久徳『協同組合概論』博文社、一九六六年、四六頁など参照。なお、参考までに日本の状況に触れておきたい。日本では消費協同組合の存在はすでに幕末から知られていたとされるが、ロッチデール式は、馬場武義「協力商店（Co-operative Store の訳）創立ノ義」が『郵便報知新聞』に一八七八年（明治一一年）七月五日以降、四回掲載された時、初めて紹介された。その特徴は協同組合を労働者の運動と見ず、政府の殖産工業の趣旨に合致させようとしている点である。ところで、ロッチデール式の最初の試みは一八七九年共立商社（東京）であった。日本は本源的蓄積期で労働者に創立する力はなく、結局、早矢仕有的（福沢門下生、丸善株式会社の創立者）、肥田昭作（福沢門下生、三菱会社為替店主任）、藤田茂吉（福沢門下生、『郵便報知新聞』主幹）、栗本鋤雲（旧幕臣、『郵便報知新聞』記者）らであり、福沢門下生が多いことが注目される。販売したのは腐敗しないという利点から油であった。類似組織の「大阪共立商店約束」を見ると、第一条で、我商店は専ら英国でおこなわれる所の協力商店の主意に因り略ぼ其方法を参酌して設立するものとす。第二条で、株金は一五円を一株とし、当分二〇〇株即ち三〇〇〇円を以て資本総額と定む。第三条、株金は一名に付一株等々が、決められていた。その他、同益社、神戸商議社共立商店などもあったが、先進国型の消費協同組合であるロッチデール式と、当時日本の経済状況との間のギャップから一八八四年までにはすべて姿を消してしまったという（奥谷松治『日本消費組合史』高陽書院、一九三五年、一五、一九、二四～三三頁等々参照）。

(12) 『組合事典』一一二一～一一二三頁。

(13) 陳天錫『増訂戴季陶先生編年伝記』一九六七年、九〜一五頁。
(14)(15) 向井鹿松『産業組合経営論』東洋出版社、一九三五年、四五頁。『組合事典』七四〜七五頁など参照。
(16) 斎藤仁「日本の初期農村協同組合」、前掲『アジアの農業協同組合』所収。
(17) 陳松岩『中国合作事業発展史』上冊、台湾商務印書館、一九八三年、九〇頁。
(18) 鄭則民「戴季陶」『民国人物伝』第四巻、中華書局、一九八四年。
(19) 湯本国穂「五四運動状況と戴季陶の思想」『現代中国』第六一号、一九八七年。なお、同論文は戴季陶のマルクス主義の受容という観点から論じているが、本章が明らかにしているが如く、むしろ協同組合思想の受容形態こそ重視すべきなのではなかろうか。ところで、最近、戴季陶は注目されており、嵯峨隆『戴季陶の対日観と中国革命』東方書店、二〇〇三年などが刊行されている。
(20) 戴季陶「労動運動的発生及其帰趨」(1)、『星期評論』第四一号、一九二〇年三月一四日。
(21) 戴季陶「国家主義之破産与社会的革命」『星期評論』第四七号、一九二〇年四月二五日。
(22) 戴季陶「文化運動与労動運動」『星期評論』第四八号、一九二〇年五月一日。
(23) 白井厚「アナキズム」『社会思想事典』中央大学出版部、一九八二年、二四五頁。
(24) 本書第一章を参照されたい。
(25) 沈玄廬・孫棣三・戴伝賢(季陶)「本社給李純的信」『星期評論』第一〇号、一九一九年八月一〇日。
(26) 戴季陶「工人教育問題」『星期評論』第三号、一九一九年六月二二日。
(27) 戴季陶「上海的同盟罷工」『星期評論』第四八号、一九二〇年五月一日。
(28) 戴季陶「関於労動問題的雑感」『星期評論』同前。
(29) 戴季陶「協作制度的効用」『建設』第二巻五期、一九二〇年六月(?)。なお、『建設』は人民出版社の復刻影印本(一九八〇年)からの引用。この影印本は各巻各号の年月が明示されていないため、「協作制度的効用」の年月などから『建設』も一九二〇年六月と推測した。なお、第二巻は一九二〇年二月〜八月である。
(30) 戴季陶「産業協作社法草案理由書」『新青年』第九巻一号、一九二一年五月。
(31) 戴季陶「広東省産業協作社法草案」『新青年』同前。

(32) 戴季陶「『協作主義普及協会』組織計画概略」『新青年』同前。
(33)「戴季陶君之談話」(2)、『上海民国日報』一九二六年六月二九日。
(34) 尚明軒「廖仲愷」『民国人物伝』第二巻、一九八〇年。
(35) 廖仲愷「農民解放的方法」一九二四年八月、『双清文集』上巻、人民出版社、一九八五年、七〇六頁。
(36) 山田辰雄「廖仲愷」『近代中国人名辞典』霞山会、一九九五年、四六二頁。
(37) 廖仲愷「消費合作社概論(未完)」、前掲『双清文集』上巻、九三〇～九三一頁。なお、これは『廖仲愷集』一九二六年に収められている。
(38) 廖仲愷、同前、九三三頁。
(39) 中国合作事業協会『中華民国台湾合作年鑑』一九八六年、二頁。
(40) 呉相湘『陳果夫的一生』一九七一年、三～五頁。
(41) 戚其章「復旦大学底合作運動」『平民周刊増刊』第四九期、一九二一年五月一日など。『平民』は『上海民国日報』副刊。以下、同じ。
(42) 寿勉成、鄭厚博『中国合作運動史』正中書局、一九三七年、六二一～六二三頁。以下、『運動史』と略称。章有義『中国近代農業史資料』第三輯、三聯書店、一九五七年、六二一～六二三頁。
(43) 陳果夫が合作事業推進を活発化させる一九二八年頃から、陳と合作社の関係を年代をおって簡単に書いておきたい。①二八年一二月上海で陳指導で合作同志社と平民学社の旧社員を基礎に中国合作学社を組織し、自ら理事長に就任した。②二九年夏、国民党は中央政治学校を成立させ、大学部を設け、行政、法律、財政、社会経済、教育、外交各系を設置した後、地政、合作、計政、新聞の四学院を増設した。蔣介石が校長であったが、陳が実権を掌握していたという。③さらに陳は三三年から五年間、南京国民政府下で最も合作事業が発展していた江蘇省主席に就任している。この時期、陳は地方合作実務を監督、指導し、合作事業方面の重要措置をおこなった。例えば、郷鎮合作社制を推進したが、これは中国における県各級合作制度の嚆矢ともいえるものであった。また、丹陽合作実験区を設立、光福合作実験区を拡大して各地合作事業の模範としたり、各種の農業特産運銷合作社を運営した。そして、これらに巨額の資金を支出したのである。このほか、建設庁江蘇医政学院と江蘇省農民銀行が合同で江蘇省人保険合作社の創設を準備したが、これは七・七事変の勃発により頓挫してしまった。事変後、淮河小麦貸付により軍糧、民食を増産させた。また、各行政督察専員公署に合作督導員を置き、後には江蘇省合作事業協会を創設した。④三五年合作社法発布のために、国民党中央政治会議が合作社法立法原則の準備をおこなった際の主催者であり、かつ合作社法原則原案審議の責任者であった。⑤三九年経済部に合作事業管理局が設けられ、工業合作運動だけは当初除くが、それ以外の全国合作事業を推進、管理し、かつその下部機関として各省には合作事業管理処、県市には合作指導室が設置され、各種合作社を主管した。管理局長は寿勉成で、その実権を陳果夫ら「C・C」系が握っていた。⑥管理局の成立後、国内の合作事業強化、対外的には中国合作界を代表して国際活動に従事する社会団体として中国合作事業協会を創設した。その名誉会長が陳果夫である（名誉副会長は孔祥熙、戴季陶、邵力子、会長は寿勉成）。⑦四六年一一月設立の中央合作金庫理事長も陳果夫（これはすぐに「四聯総処」に加入）。⑧同時期、陳果夫の建議で国民党は中央合作指導委員会を設立したが、この時は陳立夫が主任委員、陳果夫、谷正綱、王世頴、寿勉成が委員。その他、陳果夫は民衆への教育、宣伝を特に重視し、「文字不如口述」、「口述不如電影和歌曲」との考えから、自ら「合作歌」、「合作行進曲」、「合作工作人員歌」を作ったり、中国電影公司を指導して合作映画を撮らせたりもした（寿勉成「陳果夫与国民党的合作運動」『文史資料選輯』第八〇輯、一九八二年一月。陳松岩、前掲書（上）、七七～七八、八〇、八四頁など参照）。

(44)　「邵力子年表」『和平老人邵力子』文史資料出版社、一九八五年など参照。

(45)　邵力子「中国人与同情心」一九二〇年三月、『邵力子全集』上冊、中華書局、一九八五年、一二三〇頁。

(46)(47)　陸宝璜「本刊一年間的迴顧」『平民周年増刊』第四九期、一九二一年五月一日、侯厚培「本社両年来紀略」『平民百期増刊』一九二二年四月二九日、王世頴「本社過去的歴史」『平民』第一五二期、一九二三年五月五日。

(48)　「編輯室余瀋」『平民』第八二期、一九二一年一二月一七日。

(49)　邵力子「世界大同与国貸」一九二二年七月四日、『邵力子全集』下冊、七〇七頁。

(50)　温崇信「今年平民学社応当做的事」『平民』第一三九期、一九二三年一月二七日。その他、「平民協社」『平民』第一〇三期（一九二二年五月二〇日）を見ると、上海の平民協社の賛同者の筆頭に邵力子の名が出ている。

(51)　その他の活動としては、邵力子は一九二〇年、二一年のメーデーには八時間労働制を訴えたり、青年を工場、農村に行くように指導した。とりわけ合作事業との関連で看過できないのは三〇年代である。邵は于右任などと関係もあり、三三年四月陝西省主席に就任したが、その後、陝西省の旱魃克服のため救済に乗り出し、水利（その専門家として著名な李儀祉を招聘)、造林、及びケシ栽培禁止などをおこなった。と同時に、合作事業を極めて重視し、華洋義賑救災総会の南京や上海の各支部と連繫し、大々的に同事業を推進した。また、全国経済委員会の援助で陝西農業合作事業委員会を成立させ、自ら主任委員に就任している。この時の委員には合作事業に熱心であった陝西省銀行李維城や胡毓威、韓光琦、雷宝華らがいた。さらに華洋義賑救災総会の章元善も来陝し、陝西省農業合作事務局を創設して西安、及びその周辺に信用合作社を設立したことで、広範な農民が多少なりとも利益を受けたという(前掲『和平老人邵力子』、一〇頁と前掲『邵力子全集』上冊、二三頁)。なお、邵力子は三八年八月中国工業合作協会理事にも就任している。

(52) 朱乃康『中華民国産業組合運動史』高陽書店、一九三六年、一九~二〇頁。

(53)「中国国民党第一次全国代表大会対於農民運動之宣言及政綱」一九二四年一月、『第一次国内革命戦争時期的農民運動資料』人民出版社、一九八三年、一七頁。

(54) 伍玉璋『中国合作運動小史』一九二九年、五九~六〇頁。以下、『小史』と略称。

(55) 中国国民党中央執行委員会商民部『商民協会章程』一九二六年三月、一~二、一二~一六頁。なお、本史料は金子肇氏からの提供史料。学恩に感謝する。

(56)「国民党組織合作社先鋒」『上海民国日報』一九二四年六月一七日。ところで、廖仲愷は民生主義との関連で、交通建設、鉄道建設の重要意義を主張したほか、民生問題から貨幣改革、合作運動を研究、検討していたという(尚明軒、前掲「廖仲愷」)。また、張作耀「試論廖仲愷対民主主義的宣伝、実践和発展」『近代史研究』一九八七年五期によれば、廖は中国の問題の最終解決は資本主義でなく、社会主義と考え、かつ「ロシア(一一月)革命以後、私有(財産)の排除、生産分配のことは、国家諸機関と人民合作社が掌握している」と、ソ連の協同組合に注目している。ただし、馮鑑川「試論廖仲愷的社会主義的思想」『中国現代史』一九八七年一〇期(人民大学複印報刊資料)によれば、廖が階級闘争を主張せず、「平和漸進の方法で理想組織の域に到達する」ために、「一方で公営政策を実行し、一方で(消費)合作社組織を広範に組織する」とした上で、「生産分配の平和的解決はただ人民の合作運動のみ。もし消費者が互いに団結して自助を図れば、資本主義の跋扈は自滅しないまでも、産業民主の基礎はここにつくり出される」と主張していたと書いてある。なお、馮鑑川は、廖の合作社などによる「平和漸進」の「改良主義的方法」は実現する術はなく、「主観的で空想的」と断ずるが、むしろ合作社が現実に中国の重要な経済基盤となり、かつ現在も中国を支える一つの有力な経済組織であり続けている事実こそ重視すべきと考える。
(57) なお、『協作社的効用』の中では、「広東省産業協作社法案」の「広東省」が除かれ、「産業協作社法案」となるなど、一部変更、語句の修正などが図られ、より普遍性をもたせる考慮が働いているが、内容などに変更はない。
(58) 張延灝「合作主義者為什麼応該加入政党」一九二四年四月四日、『五四時期的社団』(4)、三聯書店、一九七九年、八八〜八九頁。
(59)(60) 「合作運動協会発起人会議」『上海民国日報』一九二四年七月二七日など。
(61) 前掲『中華民国台湾合作年鑑』三頁。
(62) 陳松岩、前掲書上冊、一五〇頁。
(63) 北村稔「第一次国共合作時期の広東省農民運動」『史林』第五八巻六号、一九七五年一〇月。
(64)(65) 史敬棠等編『中国農業合作化運動史料』上冊、三聯書店、一九五七年、七四頁。
(66) 広東省農民協会全体執行委員会・各属弁事処代表農民運動特派員拡大会議「会務報告決議案」『犂頭』第四期、一九二六年三月五日。なお、『犂頭』は広東省農民協会刊行物で、一九二六年一月広州創刊。
(67) 「農民合作運動決議案」『中国農民』第六、七期合刊、一九二六年七月。
(68) 湖北省党部報告「湖北的農民運動」一九二六年四月、中国国民党中央執行委員会農民部『中国農民』第四期、一九二六年四月。
(69) 「中国国民党第二次全国代表大会農民運動議決案」『犂頭』第二期、一九二六年二月五日など。
(70) 『革命文献』第八四輯、一九八〇年、三〇五頁。
(71) 『小史』六二頁など。なお、湖南省は「生産合作社」が「農田水利の改良、農業生産力の増加を図る」(前掲『中国農業合作化運動史料』上冊、七六頁)としているのに対し、湖北省は「農産物加工、及びその他必要な便利、農田水利の改良、農業生産力の増加を図るために、『利用合作社』と『生産合作社』を組織しなければならない」(同前、七八頁)として、「利用合作社」と「生産合作社」を区分する萌芽が見られる。
(72) 「江西壽辦農村合作社」『漢口民国日報』一九二七年一月一七日。
(73) 「中国国民党江西第三次全省代表大会対農民決議案」一九二七年二月、『第一次国内革命戦争時期的農民運動資料』人民出版社、一九八三年、五二四〜五二六頁。
(74) 「湖北省農民協会第一次全省代表大会議決案」(一九二七年三月)の「農民協会組織問題決議案」、「農村合作社問題決議案草案」、同前所収、四九九、五〇三〜五〇四頁。
(75) 「武昌市商民協会請籌備武昌市商民合作銀行意見書」『漢口民国日報』一九二七年二月一三日。
(76) 「武昌農民合作社出現」『漢口民国日報』一九二七年一月一五日。
(77) 『小史』一二〜一三頁。なお、「合作共和」の発想はオウエン的な「協同組合村」を起源とし、その延長線上にある可能性がある。また、「合作訓練院」の構想は、二七年五月国民党中央常務会議で議決された中央党務学校(校長蔣介石、教務主任戴季陶、総務主任陳果夫)にも影響を及ぼしたと考えられる(二七年七月開学?)。国民党幹部養成が目的であったが、党務工作知識などとともに、合作課程が組み込まれている。二九年六月中央政治学校大学部に改組されたが、地方自治系、社会経済系の課目にやはり「合作大綱」(王世穎担当)が組み込まれた(飯塚靖『中国国民政府と農村社会』汲古書院、二〇〇五年、五六頁参照)。
(78)(79) 王世穎「薛仙舟先生」(三)、『合作』第八期、一九二八年六月一四日。なお、『合作』は『上海民国日報』副刊。以下同じ。
(80) 日本興行銀行調査部『現在支那に於ける合作社の意義と特質』一九四二年、三五頁など参照。
(81) 『運動史』一〇八頁。
(82) 張廷灝「合作運動概論」『合作』創刊号、一九二八年三月二二日。
(83) 陳果夫・李煜瀛・張人傑・蔣中正「中央第四次執監会議・合作運動委員会建議案原文」『合作』第二期、一九二八年四月五日。
(84) 伍玉璋「合作社与恐慌預防」『合作』第一〇期、一九二八年六月二八日。
(85) 「中国合作運動協会(成立)宣言」(続)、一九二八年七月、『合作』第二二期、一九二八年九月二〇日。
(86) 『運動史』一〇八頁。陳松岩、前掲書上冊、一五〇頁。
(87) 哲丁「民生主義与合作主義」『合作――国慶双十増刊――』一九二八年一〇月一〇日。その他、民生主義との関連を主要に論じたものに、侯源俊『民生主義与合作運動』(一九三三年)という小冊子がある。

(88)「農村合作的新生命」(続)、『合作訊』第四二期、一九二九年一月所収、国民党中央「農村合作宣伝大綱」。

(89)『合作訊』第四〇期、一九二八年一一月、四頁。

(90)『合作訊』第三九期、一九二八年一〇月、一〇頁。

(91) 蔣建白「十年来的中国社会教育」『抗戦前十年之中国』一九六五年。章元善「合作運動之現状及其与郷村建設之関係」『天津大公報』一九三四年一一月二二日など。

(92) 寿勉成「三民主義与合作主義」『東方雑誌』第二五巻二号、一九二八年一月二五日。

第四章　中国共産党における合作社の起点と展開
——蔡和森・毛沢東・李立三・劉少奇・毛沢民と関連させて——

はじめに

一九二二年九月江西省萍郷県安源大ストライキの勝利は湖南中心に全国労働運動に大きな影響を及ぼし、その直接支援下で湖南省水口山などでもストが勃発した。その影響は江西、湖南等各省の農民運動に拡大していき、各地に中国共産党（以下、中共と略称）系工会、農民協会が組織されている。**図4-1**を見ればわかる通り、安源は江西省に属すとはいえ、湖南との省境に隣接し、湖南に影響を及ぼす好適な位置にあったといえる。元来、安源は中共の初期活動の活発な地域としても著名で、安源路鉱工人倶楽部を中心に工人教育、文化事業、及び工人消費合作社による経済事業が進展していた。それ故、全国労働運動の模範的位置にあり、「小モスクワ」とまで称されていた[1]。ここで注目すべきことは、安源労働運動は毛沢東[2]、李立三[3]（当時、原名「李隆郅」、別名「李能至」を名のっていたが、以下、李立三で統一）、劉少奇[4]の如く後の中共中央大幹部が若い頃、深くかかわっていたことであろう。彼らの相互関係、役割、及び歴史的位置はどのようなものであったのか。また、安源労働運動が著名にもかかわらず、工人消費合作社はそれに付随する形で触れられるに留まり、後景に追いやられ、その実態が明らかにされているとは言い難い。

図４－１　安源路鉱工人消費合作社関係図

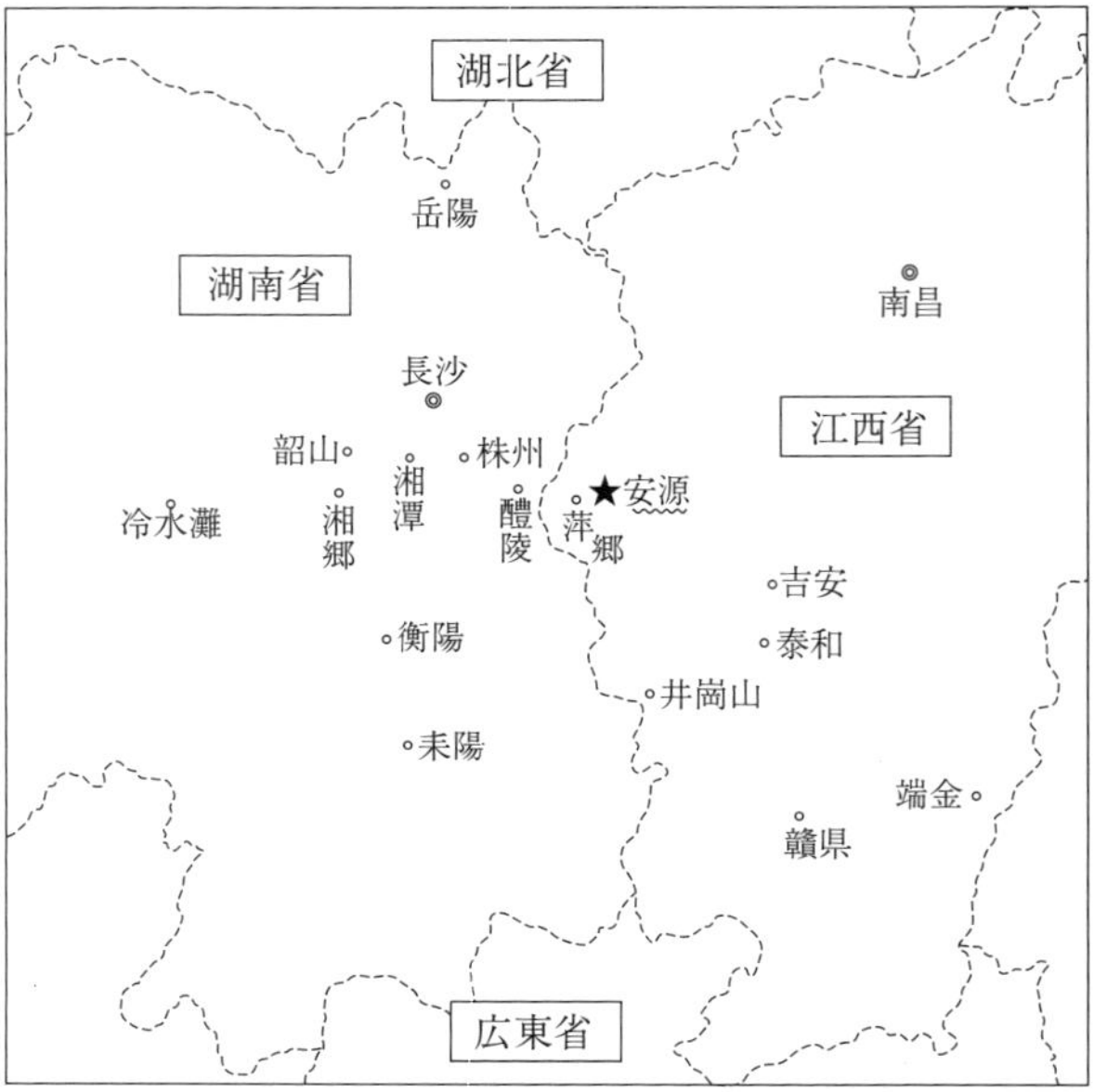

従来の研究としては、中国では、一九七八年十一期三中全会以降の改革開放政策に連動した形で、①林彪・「四人組」による「是非の転倒」の是正を目指し、長沙市革命記念館・安源路鉱工人運動記念館編『安源路礦工人運動史料』（湖南人民出版社、一九八〇年）がまず出版された。次いで劉少奇の名誉回復を期して②中国社会科学院近代史研究所・安源工人運動記念館編『劉少奇与安源工人運動』（一九八〇年）、③中共中央文献研究室・中華全国総工会編『劉少奇論工人運動』（中央文献出版社、一九八八年）などの資料集が相次いで出版された。こうした資料を背景に研究が開始され、④安源路鉱工人運動記念館・劉善文主編『安源路鉱工人運動史』（上海社会科学院出版社、一九九三年）は、安源労働運動を社会主義と労働運動結合の模範例、新民主主義革命の初期発展の典型と見なし、毛沢東や劉少奇の正確な歴史的位置づけを目指すが、革命史観から中共の発展のみにウエートを置くという枠組を脱却できない。合作社に関しては、⑤中共中央文献研究室・中華全国供銷合作総社編『劉少奇論合作社経済』（中国財政経済出版社、一九八七年）があるが、これも資料集で、一九二〇年代ではなく、四九年人民共和国成立前後の劉執筆の「論新民主主義的経済与合作社」（一九四八年九月）などの論稿や談話三〇編を所収している。これらは、農業や工業の生産合作社に触れる時はあっても、主要に都市と農村

の消費合作社、供銷合作社を論じ、商人による中間搾取を排し（「関於合作社的贏利分紅問題」一九四九年六月、四九頁など各所）、供銷合作社による商品流通を通じて農民を組織し、小農経済と社会主義を相互に結びつけることを強調する（出版説明、一頁）。日本では、⑥大谷正夫「中国消費合作社運動と一九五〇年代」『生活協同組合総合研究』第二一七号（一九九四年二月）が力点を人民共和国成立前後に置き、当時の消費合作社における劉の役割を概観し、その関連で過去の安源工人消費合作社を簡単に紹介するに留まる。

こうした状況を踏まえ、本章では、第一に、中共は協同組合思想をいかなる契機で、またいかなる形態で受容したか。結局、その起点はいつか。その特色はどのようなものであったのか。蔡和森、毛沢東、陳独秀などの言動を手がかり考察を加えたい。第二に、安源労働運動の伝統を踏まえながら、中核として機能した工人倶楽部を中心に、その実態、推移を実証的に明らかにする。第三に、倶楽部の中で重要な位置にあった消費合作社の実態、及び意義や限界を論じる（第二、第三では李立三、劉少奇、毛沢東の弟である毛沢民の動向、活動にも注目したい）。第四に、湖南、広東両省の労農運動と合作社の関係を解明する。第五に、安源労働運動、その消費合作社の実践が中共中央の合作社政策とどのように関係するのか、中国で最も農民運動が発展した湖南、広東などを事例に論じる。その際、労働運動と農民運動のそれぞれの実態を明らかにしながら分断せずに、その有機的関連の解明を目指す。なお、本章は、中国合作社の初期動態の全面的解明の一環であると同時に、合作社という新たな視点から中共系の労働運動、農民運動の一断面をも明らかにする。

一　協同組合思想受容と蔡和森・毛沢東・陳独秀

中共は協同組合思想をいつ受容したのか。いかなる形で議論され、合作社理論、もしくは合作社政策として形成、確立していったのか。その特色はどうか。

一九二〇年五月蔡和森は毛沢東に「書簡」(A)を出した。すなわち、現在、中学校以上の文化運動は各所ですでに開始されているようで、(今後)新民学会が注意すべきことは小学校の文化運動以外に労働(者)の文化運動である。いかにおこなうか。①小学校での計画を立てるとともに、同時に労働(者)教育を準備すべきである。②各種合作運動を鼓吹する。消費組合(合作社)、貸借組合は緊要である。③幾つかの小冊子を出版する。(5) 次いで、二〇年八月「書簡」(B)で、無産階級革命運動の「四種の利器」として、①党は発動者、指導者、先鋒隊、作戦部で無産階級運動の神経中枢である。②「工団」は革命軍、破壊できない革命機関であり、次いで「生産組織」(産業・工場に組織されるという意味か?)である。③合作社は労働運動、革命運動の経済機関であり、一歩進んで「貿易主義」(商売、すなわち利益追求主義)を取り消して「消費組織」とする。④ソビエトは無産階級革命後の政治組織としている。蔡はこうした「四種の利器」の説明後、「まず党、すなわち共産党を組織すべきと思う。なぜなら、共産党は革命運動の発動者、宣伝者、先鋒隊、作戦部である。中国現在の情況から見て、まず共産党を組織し、その後に初めて工団、合作社という有力な組織を生み出せる」と力説した。(6)

これに対して毛沢東の蔡和森らへの返信は以下の通り。蔡和森はロシア式方法を応用して中国と世界を改造できるとし、マルクスのやり方に賛成していると思う。だが、子昇(蕭旭東のこと?)は「温和な革命、教育を以て手段とする革命、人民のために全体の福利を図る革命を主張する。工会、合社(合作社)を改革実行の方法とする。マルクス主義の革命を正当とするロシア式にはやはり同意できず、プルードン式の新式革命は比較的緩やかで平和的で……無政府(主義)に心ひかれる」と言う。また、李和笙は「社会改造について大雑把な改造には賛成できず、分工協助の方法で社会内面から改造するのが大変よいと考える。ある社会の病は自ずから特有の背景があり、一、二の薬剤だけで天下の病を治せることを懐疑している。ロシア式の革命には根本から賛成できない」、とする。これらの意見を紹介後、毛は「子昇、和笙両人の平和的手段で全体の幸福を謀るという意見に対して理念上賛成であるが、実際上不可能と思う」とし、「和森が実行を求めた『小学教育』、『労働教育』、『合作運動』、『小冊子』……などを、実行したい」と述べ(7)、蔡和森の意見に全面的に賛意を示した。

このように、早期に毛沢東は蔡和森によって合作社に眼を開かれた。こうした流れの中で、本書第三章で明らかにしたように、二四年七月第一次国共合作下での国共両党員が協力して組織した中国合作運動協会に毛沢東が参加するのは自然の成り行きといえた。

ところで、『労動週報』はソ連の協同組合に着目している。要約すると、(十月)革命前、協同組合は多く、各種工商業に及び組合員は一二〇〇万人に上った。革命直前、各種協同組合は国有とされたが、一九二一年九月産業の大部分が(民間に)払い戻され、協同組合が再び勃興した。ソ連の協同組合は大きく三種に分けられる。①各市村の消費協同組合で、現在二万五〇〇〇ヵ所以上。②省区協同組合連合会で、一省区に各地方協同組合の公共協同組合がある。③中央協同組合で、各省区協同組合連合会の組合である。中央協同組合が二二年三ヵ月で外国から購入した物資は一五〇〇万ルーブル、現在農民から直接購入した糧食はすでに一〇〇〇万プード(1プード＝一六・三八キログラム)以上とする(8)。これを見る限り、機構、及び経済力量、波及効果に注目している。

では、中共総書記陳独秀は合作社と関係がなかったのであろうか。二四年二月陳は「告合作社同志們」で、「合作社は階級闘争の一種の工具であり、階級闘争を免れさせる工具ではない」、と断言する。「最近、南京の東南大学付属中学の合作社宣言を見たが、あるいは合作社運動を以て階級闘争を免れるという妄想や安易な心理はないとも感じる」としながらも、不徹底な合作社認識を明確にすることを考えて、二三年六月コミンテルン拡大執行委員会で議決された協同組合問題の中文訳を提示するとしている。要約すると、

(A)　ファッシズムと協同組合—①ファッシズムの直接の目的は系統的に労働組織を破壊し、労働運動の一切の後ろ

盾を排除しようとする。だが、協同組合を未だ攻撃せず、その理由は協同組合の発展がファッシズムの生存条件となっているからである。そこで、協同組合の共産党員は強力な運動をおこない、協同組合をして反ファッショ闘争の場とする。②資産階級社会で協同組合の発展によって労働階級解放の目的を達成できるとするのは危険な幻想である。ソ連内でのみ、協同組合は発展でき、社会主義建設下で協同組合は安全な生存と役割を果たす。③労働大衆はファッショ勢力の増長を制止し、政権奪取を阻止する。この目的達成のため、協同組合はファッショ宣伝に反抗し、経済力で（反ファッショ）宣伝の発展を支援し、同時に各社員を無産階級戦線に参加させ、労働団体を防衛する。

(B) 労働組合と協同組合の共同行動―労働者協同組合が商業と財政資本の奴隷になることを願わないならば、労働階級の政治経済闘争組織に参加しなければならない。アムステルダムの「工団国際」と国際協同組合同盟（ＩＣＡ）は多くの革命的労働者の「赤色労働組合」（プロフィンテルン）加入を許さず、資産階級の利益を擁護するに過ぎない。そこで、共産党の協同組合員の任務はこの同盟の真実を都会や農村の協同組合大衆に公表し、同時に協同組合労働者と労働組合労働者の連合戦線を組織することである。労働組合組織と協同組合組織は共同の国際代表会議を開催すべきである。行動大綱は、ファッシストの理論と組織に反対、労働者収奪に反対、賃下げと労働時間延長に反対、武装と資本主義国家の戦争挑発に反対などで、無産階級の武装に従事し、労農政府の原理を宣伝する。特に協同組合は都市工業の無産階級、郷村の労働者と密接に連繋し、革命的無産階級のすべての行動に参加しなければならない。

(C) 組織問題―国際組織は必要で、各国共産党の組織した協同組合運動機関は協同組合に革命大衆を集中し、同時に「赤色労働組合連合」のような戦闘団体を組織する。各国の協同組合組織・労働組合・党の間は密接な関係と共同行動を採る。国家協同組合委員会は共産党員の協同組合における行動指導に責任を負う。①執行委員会の外郭に協同組合部を組織する。協同組合部の構成は、協同組合委員会（会員は共産党戦士）、協同組合、党労働組合部代表、婦女書記部、青年団、及び赤色救済会である。②同じく外郭に協同組合書記部を組織し、可能な範囲内で共産党の協同組合機関誌を出版し、労働組合と連合して政治経済行動をなし、コミンテルン協同組合部、共産党議員団、工場委員会などの諸団体と関係を発生させる。協同組合や労働組合で、共産党員が他の革命分子と連合する時、連合内には共産党小団体を組織すべきで、その任務は共産党中心に革命的環境を造り出すことにある。(9)

陳独秀はこれを紹介していることから見ても、当然、コミンテルンの主張に基本的に同意しているものと考えられる。そこから合作社の理念、特質、実態、役割を学び、かつ合作社に対する「認識不足」に歯止めをかけ、かつ宣伝しようとしていたことは明らかである。この際、合作社の経済的意義よりも政治的役割にウエートを置いて考えていた可能性が強い。これはソ連の協同組合認識を紹介する意義と同時に、中国の政治経済現状を考慮せずにダイレクトに中国合作社に当てはめようとする問題も孕むものであった。(10)

ところで、但一は国民革命と絡めて次のように論じる。その目的は要するに「福国利民」であるが、国民の福利は決して一致しているわけではない。官吏も商人もまた国民である。しかし、最終的な望みは、革命政府が農民、労働者、「游民」（ルンペンプロレタリアート）などの利益を重視し、国民多数が革命行動に参加するように喚起することにある。いかにして、農民、労働者、「游民」などの利益を謀れるか。⑴機械労働者が工会を組織し、工場内の分配業務、衛生状況の改善、賞与の配当などに関する事務への参与を許可する。⑵国家が農民、小労働者、都市貧民に資金補助し、消費合作社を組織する。これを各種公益機関の準備となす。⑶国家が資金を支出し、移住開墾事業を経営し、「兵・匪・游民」を安置する。⑷国家が大工商業を経営し、各地の豊富な資源を開発し、「游民」を安置し、国富を増加させる。⑸租税制度の改善。⑹工場、合作社などを主要な選挙単位とし、地域人口で区分けされた選挙区を以て補助する。選挙では、財産、学問（学歴）などの一切の制限を排除する。そして、最終理想として、不平等条約の否認などをあげた。(11)

ただし、林根は、農村での合作社先行に否定的であった。すなわち、農民に対してはその種類が極めて複雑で、利害が一致せず、居住も分散していることから、短期間で彼らに組織団体を教えたり、その経済地位を改良する合作運動を、彼らがまだその利益を理解できない時期に実施することは難しいとする。そこで、農民運動の第一歩は郷村教育運動から始める、(12)と。つまり農村では郷村教育運動を先行させ、知的水準を向上させ、合作社というものを理解させて、その後で合作運動という道筋を示した。

また、鄧中夏は、農民運動には共同方針が必要とし、①組織面で、最も緊要なのは農民協会（あるいは佃農協会や雇農協会）とした。なぜなら散漫な農民を団結できる。農民協会下には、「消費協社」、「貸借機関」、「穀価公議機関」などを組織する。この種の機関があって、農民は初めて自らの利益と密接な関係を感じて農民協会を擁護する。農民協会を先にするか、「消費協社」を先にするかは各地の情況を見て決める。②教育宣伝面では、補習学校や講演所を多く設ける。中国の「純粋な農民労働者」（雇工）は結局のところ自作農、小作農（佃農）の数に及ばず、一般農民の私有観念は極めて深く、宣伝では「共産革命」のスローガンを採用すべきではない。③行動面では一つは経済的で、例えば減租、待遇改善の要求などである。一つは政治的で、例えば普通選挙、水利改良、民団組織化、集会自由の要求などとする。(13)農民組織化の必要性が説かれ、かつその経済基盤として合作社を重視する。そして、農民協会と消費合作社のどちらを先にするかは情況によって決定できるとする。このことは、農民にどちらがより浸透しやすいかによって判断しているのである。

こうした中で、蔡和森は、広東農民運動は全国農民運動の先導のみならず、労農階級が国民革命に参加した意義を高く評価する。（二五年）五月一日省代表大会を正式に召集し、省農民協会の成立を決定した。大会議事では、①農民自衛軍組織法案、②農村合作社新組織案、③農村教育宣伝案、④民団問題、⑤土匪問題、⑥地方官吏、及び駐屯軍隊の苛捐収奪取締案、⑦（農民）協会章程の改訂にあると注目する。[14] このように、労農同盟を重視し、その中の一つとして合作社に注目する。

特に劉少奇は「農民は国民革命の重要勢力で、労働者階級の天賦の同盟軍」を前提に、労働者階級は誠意をもって農民と提携し、中国革命を進めなくてはならない。各地の労働者は農民が農民協会を組織するのを助け、奮闘方法を指示して、一切の農民闘争中、労働者は実力をもって援助し、労働者階級は自らの闘争方式を確定する時、農民の利益に配慮すべきとした。[15] 劉少奇によれば、労農同盟を重視するとともに、あくまでも根幹は労働者階級であり、労働者階級が指導する。すなわち、農民階級はあくまでも被指導の関係であった。このことから、労働運動方式は農民運動へと波及していく必然性があった。

それに対し、毛沢東は二七年一、二月に約一ヵ月間、湖南省の湘潭、湘郷、衡山、醴陵、長沙五県の農民運動を調査し、周知の如く「湖南農民運動考察報告」（日本語訳では、「視察報告」）を発表した。その中で、数ヵ月来、農民は農民協会指導下で「十四件大事」をおこなったとする。そして、農民組織化、地主への政治的経済的打撃、「土豪劣紳」の封建的統治打倒、苛捐の廃止、農民学校などとともに、第一三件目で「合伙鋪（合作社）運動」をとりあげる。すなわち、合作社、特に消費、販売、信用三種合作社は農民が確かに必要とする。農民が商品を購入すれば商人に搾取され、農産物を売れば買いたたかれる。金や米を借りると、高利貸の搾取を受ける。この切迫した三つの問題を解決しなければならない。昨年末、長江で戦闘があり、行商人が来なくなり、湖南では塩が騰貴した。農民は塩の需要のために合作社を組織する者が多かった。地主が貸し渋ったため、農民が借金のために「借貸所」を組織しようとした所も多い。大問題は詳細で正規な組織法がないことである。各地農民の自発的な組織は往々にして合作社原則に合わず、そこで農民運動の同志がいつも「章程」について真剣に問い合わせてくる。適切な指導があれば、合作運動は農民協会の発展に伴い、各地で発展できる。(16)つまり毛沢東は農民運動の主体的、主動的役割を強調したが、農民運動の中で合作運動展開の必要性を全面に打ち出したといえる。

さらに、張太雷は、幾つかの所では劣紳土豪勢力はすでに消滅し、農民は郷村政権を掌握した。ただ農村経済は劣紳土豪の「封鎖経済」で、貧者は貸借するところがなく、金融は停滞している。そこで、新たな郷村金融方法を考えなくてはならず、農民銀行の設立、合作社の推進は当面絶対に必要である、(17)と。武漢革命の基礎を固めるためにも、農民に政治上、経済上で活路を切り開くためにも合作社の必要性を力説しているのである。

二　安源労働工人倶楽部の成立と李立三・劉少奇

漢冶萍煤鉄廠鉱有限公司（以下、漢冶萍公司と略称）の起源は清末の官営企業に遡る。洋務派官僚張之洞が湖北総督就任後、武漢三鎮を近代的工業基地とするため、一八九三年まず漢陽鉄廠は完成させた。次いで日清戦争後、清朝財政が窮乏、鉄廠と鉄山が経営困難に陥り、九六年「官督商弁」に改組され、石炭価格が高騰し、自ら炭鉱を開発する必要に迫られた。そこで、ドイツ人鉱山技師二人に湖南、湖北、安徽、江西等各省の炭鉱を調査させ、九八年萍郷で大炭鉱を発見した。石炭は光沢、粘結力があり、コークス用（周知の如く火力が強く、溶鉱炉などで使用）・製鉄に極めて適していた。同年「萍郷煤鉱局」（資本銀一〇〇万両）を創設した。そして、九六年大冶鉄山、九九年萍郷炭鉱の採掘を開始した。一九〇二年ドイツの礼和洋行から四〇〇万マルクを借入し、鉱山拡張と鉄道延長の資金とした。こうして、八年漢陽鉄廠、大冶鉄鉱、萍郷炭鉱（炭鉱労働者三六〇〇人）の三企業が合併して、盛宣懐が経営する民間の漢冶萍公司（資本金二〇〇〇万元）となった（この結果、旧三企業の労働争議は連動する必然性があったといえよう）。ただ、経営基盤が脆弱であったため、鉄鉱石、銑鉄輸入の独占的地位にあった日本から六〇〇〇万円以上の借款を受け、日本資本の支配を招いた。こうして、萍郷炭鉱は発展し、安源炭鉱は燃料用の石炭を大冶鉄鉱と漢陽鉄廠に供給した。このような経緯で、江西省萍郷県安源炭鉱は中国早期の近代的大型炭鉱の一つとなった。特に一四年第一次世界大戦の勃発により鉄鋼価格は暴騰し、萍郷炭鉱は増産し、漢冶萍公司の最盛期を現出した。確かに大戦終結とともに営業不振に陥ったが、二六年以前、江西全省で登記・採掘鉱区は一二〇余所に上り、「江西省石炭業の盛んは長江以南各省の冠たり」と称された。ただ安源などは山中で不便なため、株萍鉄道で六四キロを運搬し、株州から粤漢鉄道で武漢へと運ばれた[18]。

表4-1によれば、確かに一九一四年八〇万トン、一五年九二万七四三六トン、一六年九五万トン、一七年九四万六〇八六トンとピークを迎えている。二〇年から八〇トン台前半を維持しているが、二三年から一挙に下降し、六六万六九三九トン、二四年六四万八五二七トン、二五年三八万六二三二トン、二六年には実に七万五七一五トンの最低値にまで落ち込んでいる。コークス生産高もほぼ同様な傾向を示し、一四年一七万六八二五トンから、一五年二四万九一六六トン、一六年二六万六四一六トンとピークを

表4-1　萍郷炭鉱石炭・コークス年間生産高（1918～28年）

年別	石炭生産高（トン）	コークス生産高（トン）
1911	610,014	170,000
1912	225,711	29,835
1913	686,855	176,825
1914	800,000	194,414
1915	927,436	249,166
1916	950,000	266,416
1917	946,086	239,928
1918	697,433	216,014
1919	794,999	249,016
1920	824,500	244,919
1921	808,971	206,087
1922	827,870	225,000
1923	666,939	199,000
1924	648,527	
1925	386,232	
1926	75,715	
1927	183,349	
1928	145,609	

出典：①1911～17年は江西省政協文史資料研究会等編『萍郷煤炭発展史略』1887年、26頁。
②1918～28年は胡栄銓『中国煤礦』商務印書館、1935年、382頁。
なお、1917年には労働者は1万7000人余に増大していた。ところで、コークスは漢冶両廠の製鉄用の燃料。1925年以降、連年戦事の影響で石炭生産激減。26年漢冶萍公司は燃料供給不十分のため、すべての溶鉱炉は停止した。その結果、八幡製鉄所への鋳鉄は中断した。27年2月日本政府は横浜正金銀行から漢冶萍公司に日本円200万円を貸し付け、大冶鉄廠の生産を回復させた（出典①の29頁など参照）。

迎える。それ以降も二〇万トン台を維持するが、二三年一九万九〇〇〇トンと急落し、その後の統計はない。

こうした石炭産業を背景に安源労働運動の歴史は古く、一九〇一年から一九年までに実に七回の大規模闘争が発生している。まず、①一九〇一年五月義和団運動に呼応し、安源労働者の大多数が哥老会に加入し、反清運動をおこなった。萍郷では遍くスローガンが貼られ、「洋人反対」を叫び、鉄道と機器を破壊した。ドイツ人鉱山技師が逃亡し、盛宣懐は湖広総督に派兵を要求している。②五年四月中国人・欧米人監督のピンハネ反対闘争。労働者はドイツ人監督住宅を破壊し、ストに入った。結局、路鉱当局はピンハネ分すべてを返還したが、その後、軍隊と結託して指導者の段桂山ら二人を逮捕し、その後も軍隊四〇人が駐留し、弾圧した。③六年六月路鉱当局は「経費節約」を口実に、坑道での仕事を三交代制から二交代制とした。この結果、二四時間を二人で担当し、一部労働者が解雇され、実質的な労働強化につながった。かくして、二三日ストに突入、二四日解雇労働者には賃金が支給されたが、軍隊に鎮圧され、職場復帰を強制された。八月二九日指導者鍾徳禄は逮捕、首枷をはめられ、引き回された。④六年一二月萍瀏醴起義への参加。長江中流の洪水で被災民が萍郷、瀏陽、醴陵一帯に集中していた。中国同盟会蔡紹南は会党と連絡し、起義の準備をした。安源には「洪江会」（紅幇）首領蕭克昌がおり、多くの労働者が加入していた。一二月四日起義を開始、六日萍郷の上栗を攻略した。安源炭鉱には清軍が常駐しており、起義軍が安源に向かおうとした時、包囲攻撃を受けて失敗。一二月二五日蕭克昌は殺害され、萍瀏醴起義に連動した安源労働運動も武力鎮圧された。⑤一三年五月工頭によるピンハネ反対闘争を開始したが、路鉱当局と結びつく警察と軍に弾圧された。⑥一三年一〇月労働者殴打に対する抗議闘争。総監督でドイツ人技師のキレフが労働者易瑞林を殴打し、労働者の抗議に謝罪した。⑦一九年六月五・四運動の影響で労働運動が高揚していた時、ドイツ人監督が労働者汪大全を殴打し、労働者劉増余がその事実を告発した。総監督キレフが逆に劉を解雇したため、労働者一〇〇人余がドイツ人監督宅に押しかけた(19)。このように、労働争議は多発しており、その延長線上に二〇年代の安源労働運動は存在し、それを中共的な目的、方針、戦術、戦略の上に再編したといえる。

李昌学によれば、安源労働者の特徴は①人数が多く集中しており、強大な戦闘力を形成しやすい。②「三重」（帝国主義・封建主義・「官僚資本主義」）の圧迫を受け、闘争面で断固とし、徹底しているとする。特に重要な指摘は、③多数が破産農民出身で、広範な農民と自然に連繋しており、闘争面で農民と親密な同盟を結成しやすいという点であろう。(20) なお、政治経済上、また地理的にも江西省萍郷安源は湖南省境に位置し、むしろ湖南と密接な関係にあった。安源で労働する者は外地人が多く、特に湖南人が多かった。したがって、安源労働運動の開拓は必然的に湖南の中共党組織が担うことになった。地主・豪紳は「外地人追放」をスローガンとし、農民の地方観念を利用して革命勢力を消滅しようとした。(21)

では、中共の安源への梃子入れはいつか。一九二一年秋、毛沢東は安源視察後、労働運動の潜在的な処女地と見なし、李立三が指導することとなった。李はまず平民教育推進のため工人子弟学校、次いで二二年一月夜間の工人補習学校（路局労働者中心に六〇人余）を設立した。そして、李は補習学校で「労働者の世界における位置、及び連合し、団体を組織して資本家と闘うことによってのみ、痛苦を減じ、圧迫を除く」と講義し、宣伝した。(22) かくして、少数の労働者は「団結自救」を掲げ、安源路鉱工人倶楽部を発起した。五月一日倶楽部メーデーに成立大会を挙行し、倶楽部員三〇〇～四〇〇人が参集した。まず準備主任が経過を報告し、次いで幹事委員会主任が「総章」と「倶楽部公約」を読み上げた。その後、各倶楽部員の自由演説後、デモ行進に入り、ビラ一〇〇〇余枚をまいた。(23)

全国的に見ると、二二年一月から二三年二月に全国で大小ストが一〇〇回以上に上り、労働運動は高揚していた。その中で、鉱山ストとして著名なのは直隷省開灤炭鉱、(24) 江西省安源炭鉱、湖南省水口山鉛鉱の三ヵ所である。このように、後者二ヵ所も全国的な意味をもつものといえよう。

では、その実態に迫りたい。二二年七月漢陽鉄廠工人倶楽部の武力解散を契機に全廠でストが実施され、勝利を収めることができた。その影響を受け、九月安源路鉱労働者約一万七〇〇〇人（炭鉱労働者一万二〇〇〇人余、萍株鉄道労働者が四五〇〇人前後）がストに突入した。生産管理は技術指導したドイツ人職工長が握り、企業管理は封建的な工頭（職工頭）請負の「包頭制」（「把頭制」ともいう）が採られた。炭鉱では、坑外の一部機械労働者と坑道内の雑工などの「点工」（日割計算であるが、時間給の日雇い？）を除き、工頭下で労働者は皆仕事をしていた。したがって、労働者は資本家と直接交渉ができず、中間で工頭の搾取を受けた。例えば、坑内の鉱山労働者は一人一日銀元計算で二角七、八分であったが、工頭は労働者には毎人毎日銅銭二五～二七枚しか支払わなかった（銀元一枚は銅銭二一〇余枚。このレートは時期によって変動）。工頭は賃金支給の時、端数を払わない。例えば、賃金が一元以上の時、一元しか支払わない。その他、仕事を休めば食事が与えず、仕事が遅れれば罰金が課すなど、毎月七〇〇～八〇〇銀元から、甚だしくは一〇〇〇銀元を収奪した。また、労働時間は日に一二、三時間、時には一四、五時間となる。一部屋の小宿舎に五、六〇人が雑居し、病気になっても医療はない。坑道は常に倒壊、落盤、出水、火災などで年間死亡者は数十人に上るが、埋葬費一人一六元が支給されるだけという有様であった(25)。このように、労働条件は極めて悪かった。

二二年九月安源工人倶楽部はスト勝利により、労働条件は大幅に改善されることになる。一八日萍郷炭鉱総局舒修泰、同鉄路局李義藩、工人倶楽部李立三の三者代表は正式に「協約書」一三ヵ条に調印した。それには、⑴路鉱当局は倶楽部の労働者代表権を承認、⑵今後、路鉱当局は労働者を首にする際、正当な理由の公布、⑶今後、公休日、祝祭日には通常の賃金を支払う。病欠は四ヵ月に限り、賃金の半額支給、⑷毎年一二月に半ヵ月分の年末手当の支給、⑸公務による死亡に対して年賃金額一五〇元（以上？）の者には年額、それ以下の者には一五〇元を一次支給、⑹公傷で働けなくなった場合、路鉱当局は適当な職業を按配。それができない場合、毎月賃金の半額支給、⑺路鉱当局は未払賃金五ヵ月分を清算、⑻スト中の賃金は路鉱当局が平常通り支給、⑼路鉱当局は毎月倶楽部経常費二〇〇元を補助、⑽今後、路鉱当局職員による労働者殴打の禁止、⑾坑内工頭が支払う坑内労働者賃金は臨時工一日一五銭を一八銭に、長工二四銭を二八銭に増額し、作業の難易によっても増額、⑿坑内労働者の補充は工頭が勝手に任用できず、坑内組長の長工から選抜、⒀路鉱労働者の日給四〇銭以下の者は六銭、四〇銭以上、一元以下の者には五％の増額などであった。[26]

のみならず、スト勝利後、第一に、工人倶楽部は包頭制を廃止した。他の各種消耗費は合作帳簿内から支出し、剰余金の割増配当金は工頭が一五％、管理処五％、残り八〇％は労働者に平等配分することとなった。坑道内各所の包頭制は尽く「労働者合作」（この場合の合作は協力・合議）制に改編され、例えば、工頭の月賃金も一〇〜三〇元に制限された。坑内各部門は「合作賬（帳）」（合同帳簿）から支出され、賃金はスト期の契約が存続した。こうして、包頭制は前代未聞の「合作制」に改編された。第二に、代表会議制度を樹立した。工人倶楽部は改組され、倶楽部員一〇人で基層組織「十人団」を形成した。「十人団」から代表一人を選挙、さらに一〇の「十人団」から「百代表」一人を選挙する。全体「百代表」会議が選挙で選ばれた主任四人（総主任、坑内主任、坑外主任、路局主任）が倶楽部一切の事務を主宰する。主任は科長八人に幹事会を組織させた。こうして、総主任、路局主任、坑内主任、坑外主任など各級代表と職員の選出は一〇月初頭に完了した。総代表四五人、「百代表」一四〇余人、「十代表」一三八二人である。また各科科長七人、各科委員三〇余人を任命した。[27]かくして、工人倶楽部は実質的に安源炭鉱区の最高権力機関となり、路鉱両局は労働者代表としてその交渉権を承認した。倶楽部は「工人自治条規」を採択し、賭博、喧嘩などを禁止した。労働者には「倶楽部証」が発行された。路鉱両局は倶楽部を通して労働者問題を処理せざるを得なくなったのである。

倶楽部第一届職員表によれば、総主任李立三（二四歳・湖南省醴陵出身・前消費合作社総経理・前宣伝課長）、坑道内主任余江涛（二八歳・湖北省応城）、坑道外主任劉少奇（二四歳・湖南省寧郷・代理総主任・代理坑道内主任）、

図4－2　安源路鉱工人倶楽部組織系統計画図（1923年8月）

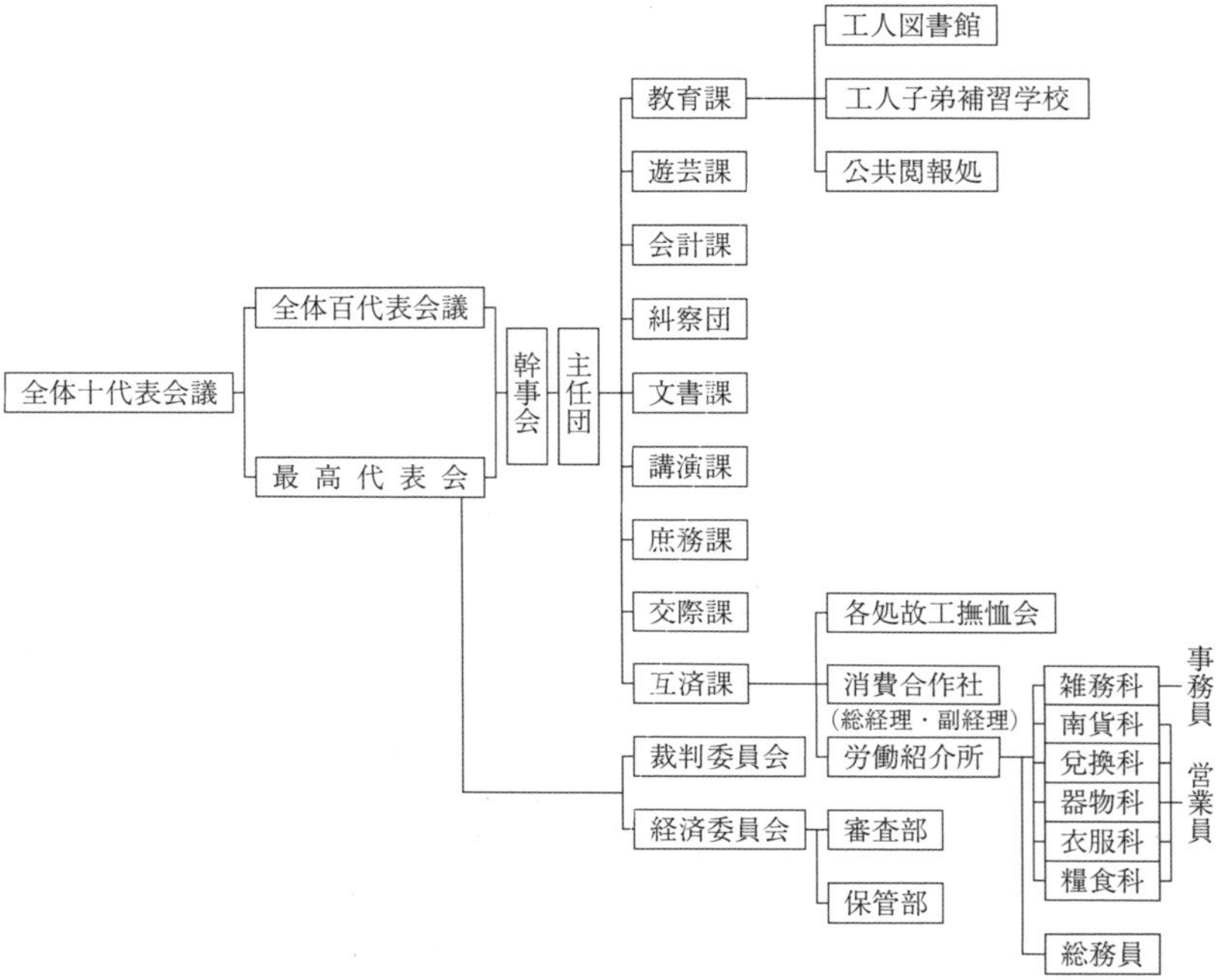

出典：劉少奇・求実「倶楽部組織概況」の付図3、『安源路礦工人運動』（上）、1990年、146頁。なお、1923年9月「倶楽部総章」によれば、互済課は課長1人、委員2人で、本部（倶楽部）の互助事項を処理する（『劉少奇与安源工人運動』84頁）とある。倶楽部第二届職員（1923.8～24.8）は互済課長楊慶仁、合作社総経理毛沢民。結局、互済課は合作委員会に改められ、交際課は廃止された。また、労働紹介所は経済的理由により代理責任を負っていた文書課に移った。

路局主任朱少連（三七歳・湖南省衡陽・消費合作社副経理）、代理坑道外主任陸沈（二三歳・湖北省黄崗）がそれぞれ就任した[28]。

図4－2は劉少奇、李求実による工人倶楽部の組織機構計画図であるが、これに最も近い形態を採っていたと見なせる。ただし計画段階では、「全体十代表会議」を最高意思決定機関に位置づけようとする意識が感じられるが、前述の如く基層組織としての【十人団】→【百代表】→【主任団】と選出されていき、実質的に「主任団」が指導する体勢がとられた。かつ主任が「幹事会」人員を指名したと考えられる。劉らよれば、世界的な労働組合組織法にならい、①極小の基本組織により極めて大規模な階級組織形成、②民主集中制と

いう二大原則に則り、かつ倶楽部をソビエト組織へと歩ませる計画とする。工人倶楽部は教育、遊芸、会計、文書、講演、庶務、交際、互済各課、及び糾察団（隊）、裁判委員会、経済委員会で構成されている。倶楽部の主な組織機構を説明すると、

第1に、教育課は工人補習学校七校を運営し、昼夜両班で計二〇〇〇人近くが受講した。日中、子弟学校も開かれ、また婦女職業部で労働者家族が職業技能などを学んだ。さらに、労働者に知的要求を引き起こしたが、公私立図書館は労働者に開放されていなかった。そこで、工人図書館が開設された。ただ設備不十分で、労働運動に熱心な人士や機関に書籍、新聞、雑誌の寄贈を求めている(29)。

第2に、互済課では、消費合作社を中心に「故工」（死亡労働者）撫恤会、労働紹介所が労働者の経済利益を擁護、その物質的な生活改善に努力した。

第3に、講演課は労働者に国内外の時事問題や経済闘争、政治闘争について講演した(30)。

第4に、安源炭鉱区域には労働者が一万五〇〇〇人余おり、当地全人口の五割を超え、各方面から多数の人々が集まり、常に紛糾した。倶楽部は「安寧保全、団体を強固」にするため、前代未聞の裁判委員会（すなわち「労働法廷」）を組織した。委員七人（すべて労働者）を設け、委員長一人を互選する。倶楽部内に相談処を設けて、応接室には労働者の争いを簡潔にまとめて貼りだす。訴えに応じて審理し、労働者同士は同一階級に属する「好朋友」を前提に、公平な判決に基づき処理した。相談処の設置以来、トラブルも日増しに減少した(31)。

安源ストの勝利は全国、特に湖南労働運動に大きなインパクトを与えた。例えば、安源スト勝利のニュースが伝わると、湖南省水口山労働者は安源に視察に来た。また、要請に応じて安源から蒋先雲(32)、謝懐徳ら四人を派遣して協力した結果、水口山でも激しい闘争が展開され、工人倶楽部が速やかに結成され、闘争に勝利した。水口山闘争は衡山嶽北の農民に影響を与え、農民は安源労働者謝懐徳、水口山労働者謝東軒の指導下に「税金反対」（抗租抗捐？）闘

争に立ち上がったが、湖南省で実に（中共指導下の）最初の農民運動であったとされる。同時に二三年、李立三らは漢陽で漢冶萍総工会を準備し、漢冶萍公司の五工場と鉱山労働者計三万人余は統一的な工会を結成した[33]。湘区委員会（書記毛沢東）は長沙泥木労働者の大ストライキを発動し、二二年一〇月長沙筆業工会が中共湘区党委員会の指導下に成立した。毛沢東は毛沢民を工会秘書として派遣した。毛沢民ら幹部は筆業労働者を指導し、三〇〇人余とともに街に行き、賃上げ、待遇改善を叫んでデモをし、省議会、長沙県署に誓願した。また、スト中、毛沢民は食事を供給、さらに労働者を指導して「筆業工人生産合作社」を設立し、「生産自救」をおこなった。かくして、ストは四〇日に及んだが、ついに勝利した[34]。

このように、中国労働運動は二二年一月香港海員スト以降、湖南労働運動のみならず、全国的に多くが勝利した。だが、二三年二月一日河南省鄭州で京漢鉄道総工会[35]の成立大会の開催後、総工会は漢口に移り、四日大規模なゼネストを発動した。それに対して直隷派軍閥呉佩孚が漢口、鄭州、長辛店などで徹底的に弾圧、五〇人を殺害し、五〇〇余人を負傷させるという、いわゆる「二七惨案」が勃発したのである。これ以降、中国各地で労働運動は弾圧され、沈滞した。広東などを除き、工会はほとんど閉鎖されるか、消滅した。ただ安源労働運動は発展を続けていたが、多くの危険に直面した。資本家が軍閥と結託、官庁を買収し、各方面から労働組織を破壊しようとしたからである。だが、安源の工人倶楽部は内部団結に努め、多くの成果を獲得した。例えば、鉱局は工会教育費として毎月補助金一〇〇〇元を出すようになり、また日給一元以上の労働者は賃金が五％アップした。その上、工人学校七ヵ所で、労働者子弟学生七〇〇人余、労働者補習学生六〇〇人余に上った。また、「工人読書処」（「公共閲報（新聞）処」？）五ヵ所、前述した工人図書館一ヵ所もある。さらに消費合作社は二ヵ所で資本金二万元となった。大講演庁も建設した。青年部（社会主義青年団？）、糾察隊、裁判委員会などがあった。さらに、メーデーには大規模なデモを挙行した。その他、安源労働者は全国労働者の団結に尽力し、唐山、京漢、水口山、漢陽鉄廠などの失業労働者に二〇〇〇元近い資金援助をし、株州・長沙の災害難民に一〇〇〇元余を送った。さらに漢冶萍総工会、湖南工団連合会、粤漢鉄道総工会と連絡、かつ全国鉄道総工会に加入し、毎月一五〇元を納入したのである。(36)

二三年六月長沙市民は「旅大（旅順・大連）回収」の大デモを挙行し、日本軍艦水夫の埠頭労働者銃殺に対して、長沙全労働者は抗議のゼネストに入った。だが、一一月三〇日水口山ストも失敗し、湖南労働運動は完全な秘密状態に入った。というのは、趙恒惕が水口山労働者を武力虐待したのみならず、湖南全工会の閉鎖を画策したからである。だが、安源の工人倶楽部は存在し続けた。安源路鉱当局は北京交通部からの工会閉鎖要求を黙殺した。なぜなら炭鉱産業が基幹産業である上、労働者が集中し、組織力、戦闘力も強く、閉鎖を強行できず、それをすれば、炭鉱存続が危機的状況に陥る虞があったからである。(37)

ところで、二三年一一月中共第三届第一次中央執行委員会の「湖南区」報告によれば、①四ヵ月中、中共党員が増加したのは安源二〇余人、長沙一四人、水口山一〇余人である。教育進行は長沙がかなりよく、喜んで政治討論をし、安源がこれに次ぎ、水口山が続く。常徳、衡陽は数人で頭打ちになっていたようだ。②長沙の各工場は休業し、紡績、造幣、黒鉛各産業の倶楽部は沈滞し、社会主義青年団のみが整備されているだけで、各手工業工会も現状を保持できるだけとする。安源は四ヵ月来、頗るよい。労働者は工会指揮下で自治生活の訓練し、地方軍警はその役割を失っている。消費合作社もまた次第に活気づいてきた。工人補習学校は未だ運営する適切な人を得ていないが、指導的労働者の特別班があり、専ら思想と政治訓練を受けている。安源で考慮すべき点は漢冶萍公司が資金を日本に仰いでいることであり、二三年九月関東大震災の影響で資金供給が断絶し、賃金がすでに二ヵ月未払いとなっていた。とはいえ、安源炭鉱独立は可能であり、漢冶が休業しても炭鉱は休業の可能性がない。水口山工会はなお現状を保持し、合作社も成立しているが、交通断絶で正式に開業していない。(38)だが、二四年五月頃、水口山工人倶楽部が解散させられ、労働者二〇〇〇人余が解雇された。獄中に二人、銃殺は二人である。(39)

二四年二月頃、安源路鉱労働者は工人学校を運営、消費合作社を創設し、「極めて盛ん」と指摘する。[40] だが、問題点もあった。子弟学校はかなりよいが、工人補習班は教員に労働者心理に合致する人材を得難く、成果があがらない。以前は夜班だけで夜勤の者は授業に出られなかった。現在「日（昼）班」を準備し、また女子職業学校も準備するという。[41] なお、粤漢鉄道は僅かに新河に工人子弟学校が一ヵ所、銅官陶業工会には募金で学校一ヵ所である。長沙にも工人学校があるが、教員の人材を得難く、かつ労働者の心理に合致していないとする。[42] このことは、労働者出身の教員は知識水準が低く、逆に知識人出身の教員は労働者に入り込めず、精神的に乖離する傾向にあったことを示唆する。

では、いかなる教科書を使用していたのであろうか。例えば、二四年安源路鉱工会教育課が出版した『小学国語教科書』（石印で全五〇頁）の目次を見ると、児童・少年向けの簡単な内容から、①メーデーの起源、②労働者の自覚、③貸借と保証、④合作社、⑤民主主義、⑥「煤的自述」（石炭の起源・生成）、⑦レーニン略伝等の高度な内容にまで及ぶ。このことは当然、就学年齢だけでなく、年齢各層の労働者、及びその子弟が受講していたことを示唆する。後述する「合作社」にも大きなスペースを割き、「合作社」は人力を互いに結びつけ、平民経済発展を謀るものとし、五つに分かれるとする。①信用合作社は「平民銀行」とも称され、組合員（社員）が共同組織する金融機関である。社員は随時貯蓄し、また随時借入でき、資本家の貧民への高利搾取を免れる。②生産合作社とは、組合員の共同資金による生産機関である。農業中の「水産」（養魚?）合作（社）、畜牧合作（社）、工業中の紡績、織布の合作（社）などがある。「自己集資・自己生産」により資本家の労働者圧迫、搾取を免れる。③消費合作社とは、組合員共同の商業機関で、油、塩、米、布などの物品を合作社から購入できる。合作社は自ら直接売買し、商人の手を経ず、良質の品物を購入でき、やや安価である。④販売合作社とは、生産者が共同で資金を集め、自ら生産した物を直接消費者に売却する。商人の中間マージンによる生産物の販売渋滞を免れる。⑤「販買」合作社とは、生産者合作の共同組織で、生産に必要な原料・工具（農民需要の肥料・農具、労働者需要の機器等）などを直接購入し、商人の収奪を免れる。以上の五種の合作社は現在東西各国に非常に発達している。中国では、憐れむべきことに我々が設立した消費合作社が最もよいようで、研究、提唱の必要がある。これら合作社は幾つかの小資産階級のみ運営できるものを除いて、その他、消費と信用合作社は無産階級が共同組織するのに適している。株額が低く、集めやすい。その性質は市場を独占し、専ら平民を搾取する公司とは異なる。なぜなら生活必需品の価格を下げ、社員に安価な物品を販売できるからである。したがって、資本制が打倒される以前、これら合作社は大資本大企業の種々の圧迫に抵抗し、社会において平民生活を維持できる。(43) なお、同教科書の「民主主義」の項目では、産業方面に応用すると、「産業的民主主義」、あるいは「経済的民主主義」と称される。民主主義の観点に立てば、以前の産業組織は資本家、企業家本位で、一切の生産機関は資本家の管理に帰す。今後の産業組織は労働者本位とすべきで、一切の生産機関は労働者管理に帰すと説明する。(44)

二五年一月一五日第二次ストが発生した。原因は二四年七月以来、炭鉱当局の三ヵ月分の賃金未払いにあった。「鉱票」（鉱山当局発行の代用紙幣）一元は市場で六〇銭で、労働者の借金は増大した。二四年末、一一、一二月分の賃金未払いの上、第一次ストの成果である年末手当を取り消した。(45) 二五年第二次全国労働大会が開催され、劉少奇が全国総工会執行委員会副委員長に選出され、安源を離れた。

二五年五・三〇運動後、六月二日長沙の労働者・学生は二万人余のデモをし、「雪恥会」を成立させ、五日にも一〇万人以上の大規模なデモを挙行した。軍閥趙恒惕は戒厳令を宣布、派兵し、活動が不可能となった。一七日水口山亜鉛鉱でも断続的抵抗が続き、生産放棄のデモに対して軍警が発砲し、負傷者一〇数人、労働者代表二〇余人が逮捕された。(46)

日本は漢冶萍公司の経済特権を維持するため、労働運動圧迫を強化した。趙恒惕は、盛恩頤の安源工人倶楽部の武力閉鎖に事前に同意していた。漢冶萍公司経理盛恩頤（盛宣懐の息子）は炭鉱に来ると、江西督弁方本仁、鎮守使李鴻程と結託し、二個大隊を派遣し、二五年九月二一日工人倶楽部、工人学校、消費合作社各所を包囲し、工人倶楽部を閉鎖、工人学校を破壊した。倶楽部職員は逃げたが、逃亡した指導者には五〇〇元の懸賞金をかけられた。消費合作社も襲われ、全商品（価値五万元余）、現金数千元などが略奪された。軍隊は労働者数千人に包囲されると、発砲し、労働者三人を射殺、三〇人余を負傷させた。倶楽部副主任兼工人学校教員の黄静源（湖南人・湖南第三師範学校卒業生・二三歳）らを含む労働者三〇余人（女教員、合作社職員、糾察隊員ら六、七人を包括）を逮捕、労働者一〇〇〇人余を安源から追放した。そして、炭鉱は操業停止に追い込まれた。これが、全国を震撼させたいわゆる安源「九月惨案」で、中華全国総工会、漢冶萍総工会、中共中央済難会、中共湖南区委員会は前後して通告を発して安源労働者救済金を供出し、応援したが、一〇月一六日黄静源が銃殺された(47)。黄の死は湖南労働者、学生、及び一部教職員の怒りを惹起した。かくして、一一月二六日安源、醴陵、株州、粤漢鉄道、湘潭、衡陽などで大規模な大衆デモが発生した。黄の棺を長沙に移し、黄ら「戦士」を追悼し、かつ安源労働者の倶楽部回復を援助したのである(48)。

このようにして、安源工人倶楽部は地下活動に入らざるを得なかった。倶楽部は「全国の同胞に告げる書」を発し、事件の真相を暴露した。全国総工会、漢冶萍総工会などが電報で声援した。二五年九月倶楽部閉鎖後、結局、安源を離れた労働者は一万人に近かった。だが、倶楽部は軍閥に閉鎖され、また大量解雇され、三〇〇〇～四〇〇〇人が残るだけとなった。安源の中共組織は前後して安源労働者二〇〇〇人余を広州農民運動講習所に送り込み、後に北伐の中核勢力となった。また、安源炭鉱労働者は中共地下党の指導下に闘争を堅持するとともに、失業労働者は各地に分散して労農運動に従事した。さらに、炭鉱を首にされた数千人は帰郷し、多くが農民運動に参加した。二六年上半期の二ヵ月間、農民運動は急速な発展を見せており、農民協会に組織されたの二〇数県、人数は二〇余万人に上った(49)。このように、湖南農民運動が全国で最も盛んになったのは、帰郷した安源労働者が各県農民運動の中核となり、指導、援助したことと無縁ではない。

二六年九月北伐軍の萍郷占領時、共産主義青年団（二五年社会主義青年団から改名）は国民革命軍歓迎大会を開催し、一万人が参加した。国民革命軍第二軍中共代表李富春（長沙出身・留仏「勤工倹学」グループの一人・周知の如く抗戦期には中共中央秘書長、延安自然科学院長などを歴任）、第三軍中共副代表朱克靖（醴陵出身・北京大学卒・モスクワ東方大学留学組）の講話後、保安警察所の解散、安源工人倶楽部の回復などを決議した。中共と共産主義青年団は労働者、農民、学生らの広範な大衆運動を展開し、工会、農会、教職員協会、商会、学生会などが組織された。江西省工人代表大会、省国民党代表大会が開催され、全省各県が代表を派遣し、中共からは萍郷代表として孔原が派遣された。その結果、二六年末から二七年初頭全県工会、農民協会の各代表大会が開催され、県総工会、県農民協会などが成立した。県総工会の活動は主に県城と幾つかの大鎮でおこなわれ、職業別工会、例えば理髪、裁縫、土木、靴製造などの工会が組織された。また、工人糾察隊、工人子弟学校、消費合作社が再建された(50)。

闘争面では、元豊裕に対するものが看過できない。元豊裕は萍郷最大の地主・資本家経営の絹織物店で、大豪紳葉紫屏が主な支配人で、「土豪劣紳と結託して民衆を搾取圧迫」したため、民衆は憤慨していた。そこで、葉紫屏を政治上で打倒、経済上で没収を決め、元豊裕を差し押さえ、その基礎の上に消費合作社（責任者は高自立ら）を成立させたという(51)。結局、二六年冬、葉紫屏は公開裁判で銃殺された。消費合作社は元豊裕の建物を利用し、没収した絹製品等を販売した可能性も否定できない。

他方、漢冶萍公司は北伐軍の到来後、萍郷炭鉱への補給を断絶させた。漢冶萍総工会は江西省西部の民衆二四団体と連合し、贛西人民萍鉱擁護運動委員会を組織し、湖南・湖北両省の漢冶萍公司整頓民衆団体と連繫し、武漢国民政府に萍郷炭鉱維持、労働者の生活改善を請願した。その後、炭鉱労働者も六〇〇〇人前後となり、職員一六〇余人、石炭生産高も日に一〇〇余トンから三〇〇余トン、最高時には七〇〇余トンに回復し、労働者の生活も日増しに好転したという(52)。このように、倶楽部は回復し、鉱局の権力を接収、消費合作社を再建し、再び労働運動は高まりを示した。安源労働者は江西農民運動に派遣された。安源地方委員会所属の一〇余県にはすべて安源労働者から選抜され、派遣された中共党員、共産主義青年団員がいて、各県、各区の責任者となった。当時、萍郷全県一七地区の農民協会の内、一五地区は安源労働者が指導した(53)。

北伐軍は江西民衆から極めて多くの援助を得た。特に農民が喜んで参戦したのである。江西農民運動の中共指導者は三〇余人で、北伐が江西に至る以前、県農民協会七、区農民協会二八、郷農民協会二〇、農民協会員六一七二人であった。ただし、中共の工作は非常に少なく、農民が自発的に立ち上がった面が強かった。そこで、中共は江西農民運動工作の重要さを認識し、新たに工作員一六人の派遣を決定した(54)。

表4-2によれば、工人倶楽部は二二年すでに約七〇・六％（12,000÷17,000×100〈二二年九月〉）の組織率を示す。中共党員・青年団員の組織率は約〇・六％（〈10余＋90〉÷17,000×100）に過ぎないが、中共の組織的発展のための核が形成されたと見るべきである。安源での倶楽部、中共安源組織、及び社会主義青年団の組織的相関関係を見ると、当初李立三が三組織とも代表者であった。その後、組織発展とともに、分担が明確となった。中共の安源組織は二二年二月僅かに六人、九月一〇人余であったが、二三年五月三〇人余、二四年八月八五人、そして二四年一二月以降、二〇〇人以上となり、二六年九月後、倶楽部員減少にもかかわらず、二七年中共党員は六〇〇～七〇〇人と増大している。このことは、労働運動沈滞期を含め、すでに中共は強固な基盤を築いていたことを意味するといえよう。注目すべきことは、社会主義青年団は中共組織が入り込む以前の二一年一二月に僅か八人とはいえ、組織化されていることである。つまりまず社会主義青年団から組織化され、それを梃子に中共組織が成立したことを示す。その後、社会主義青年団（→共産主義青年団）は波打ちながらも二五年八月四三三人、二六年九月六〇〇人余となっている。

表4－2　安源路鉱工人倶楽部と中共各組織人員概数（1922～30年）

	安源路鉱工人倶楽部			中共安源組織			社会主義青年団（SY）安源団		
	名　称	総主任	人数	名　称	書記	党員数	名　称	委員長	団員数
1921.12							安源路鉱支部	李立三	8
1922.2				安源支部	李立三	6			
.3	倶楽部準備委員会	李立三	300						
.9	安源路鉱工人倶楽部	李立三	700	安源地方支部	李立三	10余			
.10		李立三	12,000						
.12							安源地方執行委員会	陸沈	90
1923.5				安源地委	朱少連	30余			
.8		劉少奇	12,000			40			
.12								陳潭秋	168
1924.8		陸沈	12,000		寧迪卿	85			
.12					汪沢楷	200		賀昌	245
1925.8		陸沈	12,000		汪沢楷	230		呉景中	433
.11								黄五一	80余
.12								月山	101
1926.2					劉昌炎				
.9	株萍鉄路総工会	朱少連	1,000					江益城	71
								左克誠	600余
1927.7				安源特区委	寧迪卿	600			
.8				安源市委	蔡以忱	700[a]			
.10	株鉱総工会			安源臨時市委		600			
.11				安源市委	郭炳坤				
1928.2					廖保庭	700			
.3				萍郷県委					
.5			800	安源市委	袁文卿				
.6			2,000						
1929.11						40			
1930.3	安源路鉱工人倶楽部		80	安源特別区委		安源 48 醴陵220			

出典：『安源路礦工人運動』（下）、中共党史資料出版社、1991年、1457～1463頁から作成。a．700人中、鉱区党員549人。なお、①1921年２月中共安源支部の成立。②25年９月倶楽部は軍閥によって閉鎖され、中共党組織も停止した。多数のSY指導者も安源を離れざるを得ず、団員数は激減した。③26年９月北伐軍が萍郷・安源を占領したことにより工人倶楽部は回復したが、名称を「萍鉱総工会」に改めた。④27年９月秋収起義後、萍鉱総工会の指導者が安源を離れたため、工会活動は半年停止。市委も１カ月停止したため、臨時市委が組織された。SYからも400人余が秋収起義に参加、その後のSY組織状況は不明。ところで、社会主義青年団（SY）は20年８月上海に成立。22年中共指導下で全国組織となり、広州で第１次代表大会を開催した。安源の場合、李立三下にSY路鉱支部が21年12月に成立しており、その先駆性が明らかとなる。SYは25年段階で共産主義青年団（CY）に改名。

三　安源路鉱工人消費合作社の設立と毛沢民

安源労働運動・工人倶楽部の中で重要な位置を占める工人消費合作社に論を進めたい。果たして消費合作社はいかなる理念に基づいて組織されたのか。その実態、意義と限界はどのように考えればよいのであろうか。例えば、①鄭林荘「中国合作運動史初稿」によれば、安源路鉱工人消費合作社の第一届主要職員は六人で、その内訳は三人が学生、三人が労働者であり、残りの社員はすべて労働者である。ただ、彼らは完全には合作社の意義を理解していなかった。とはいえ、経営原則は消費額による利益分配がない以外は、ほぼ合理的であった。消費合作社設立の動機は労働者解放運動から出ている。これを中国における英国ロッチデール「先鋒社」と見なせるが、後に政府は倶楽部を「過激団体」として強制的に解散させた[55]、と書かれている。②鄧中夏は「工人倶楽部は当時確かに多くの成果をあげたが、最大のものは消費合作社と工人教育等」とする[56]。③『湖南省志』第一巻によれば、大衆が最も歓迎したのは倶楽部運営の消費合作社で、日常生活品の供給を保証した。かくして、安源工人倶楽部は全国的に名を馳せたという[57]。では、このように高評価を受けている消費合作社の実態について論を進めたい[58]。

一九二二年五月メーデーに工人倶楽部が成立すると、「親睦」や「団結」を打ち出した。だが、当初、労働者は自分と切実な関係があると考えず、入会者もあまり多くはなかった。その後、「消費合作社設立」をスローガンに宣伝したので、倶楽部入会者は次第に増大した[59]。かくして、七月工人倶楽部は消費合作社（総経理李立三）を設立した。小規模組織で、資金は僅かに一〇〇元で、当初社員は三〇余人に過ぎなかった。倶楽部労働者は自由に合作社株を購入ができるが、外部から購入はできない。営業は倶楽部内に限られ、極少量の布と日用品を販売した[60]。九月安源スト勝利後、倶楽部主任李立三が長沙で、湘区の毛沢東と消費合作社工作を相談し、易礼容（二六歳・湖南省湘郷出身・

湖南商業専門学校学生・当時、長沙文化書社経理）を消費合作社総経理に決めた[61]。

一一月中共湖南区委員会は易礼容に毛沢民、唐升超、毛福軒らを伴わせ、安源に派遣した。易が起草した「消費合作社章程」（未入手）を倶楽部副主任劉少奇に送り、改正を受けた（劉は起草「章程」が資本主義的色彩を帯びていると批判した）。「章程」の規定では、株加入は一株一元（五角の誤り?）、倶楽部会員は毎人一株に限り加入できる。株購入は活発で、すぐに一万元余を集めた。株券には総経理の署名、捺印がされていた[62]。二二年九月倶楽部の改組に伴い、消費合作社も拡充、改組した。では、その内容をより詳細に見ておきたい。

社　　員：一万三〇〇〇人余（倶楽部員全員）。

資 本 金：二万元（内、倶楽部基金一万二〇〇〇元、社員株金八〇〇〇元。一株五角、月息七厘。社員は最低一株、多くとも一四株と決定）。

社所在地：総社が安源旧街、分社が安源新街。

第一届職員：総経理易礼容（湖南商専学生）、副総経理朱少連（鉄道労働者）、糧食科経理唐升超（二八歳・出身地不明・湖南自修大学生）、兌換科経理毛沢民（二五歳・湖南省湘潭・湖南自修大学生）、衣服科兼「器用」科経理陳枚生（「陳梅生」とも書くが、以下、陳枚生で統一。三五歳・湖南省湘潭・炭鉱労働者）、雑務科経理譚茂林（四〇歳・湖南省衡山・炭鉱労働者）。

組織機構：【総経理】―【副総経理】―【各科経理】―【各科営業員】

糧食・兌換・衣服・「器用」（陶器・木器）・雑務五科。

準備中は南洋特産品・儲蓄・薬品材料などの科。

営　　業：必需消費品の販売。毎月米五〇〇石、塩一万斤、植物油四〇〇〇斤、灯油二〇〇〇余斤、布約三〇〇〇元、「器用」約一〇〇〇余元、銀兌換二万元。支出は月約二四〇元

利益分配：各株主に三割、倶楽部基金三割、合作社共同基金三割、営業員への賞与一割（消費量計算の困難から消費者には配当していない。これは「合作原理」違反なので、将来改善の必要ありとする）[63]。このように、確かに利益から倶楽部基金を三割出すようになっている。

毛沢民[64]によれば、二二年九月スト期間中、路鉱当局と結託し、商店が故意に休み、労働者は生活必需品を購入する術がなかった。この経験から、ストの失敗を回避するためには、まず数百元の資金を集め、倶楽部内に小購買部を設置し、幾らかの油、塩、味噌、酢などを準備する。こうすれば、労働者は商店が閉じられても生活必需品に困らず、ストの順調な発展を可能とする。こうした背景の下、毛沢民は「労働者兄弟の利益を謀るために消費合作社を成立させた。過去、あなた方は僅かな血の滲み出るような金を持って街で物を買い、さらに奸商に搾り取られた。今日合作社が成立した。合作社に来れば米、油、塩、布……食用品すべてであり、安価である」、とその趣旨を労働者に説明した。また、毛沢民は株購入を説得し、「合作社は労働者の合作社である。株主もすべて鉱山労働者である。……ある者は一元を出し、別な者は五角を出す。一元でも五角でも一株である」、と。これは、上述の「一株五角」と矛盾するが、出資の多寡を見ず、柔軟に資金を集めたということであろう。日用品は一般商店の三分の二の価格で、半額以下もあった。価格を下げるため、毛沢民らが武漢や長沙に行き、大量の品物を仕入れた[65]。このように、商人を介在させず、生産地から直接大量購入し、流通改革を図った。

消費合作社の重要業務には、日用品の販売のみならず、銀元から銅銭への兌換もあった。当時、搾取の最大のものは銀元から銅銭への兌換で、一銀元は二八〇枚の銅銭に相当するが、毎回賃金の時、二六〇枚の銅銭しか渡されなかった[66]。つまり、炭鉱当局は労働者に賃金を支払う時、一元銀元を「鉱票」一元で支払っていたのである。「鉱票」では市場で買い物ができず、両替屋で銅貨に換える必要があり、手数料として一割五分をとられる。結局、一元の「鉱票」は八五銭にしかならなかったという。そこで、消費合作社では一元の「鉱票」を一元の銀元に兌換した[67]。

その他、毛沢民は総経理の時、中共入党を誘うオルグ活動もしている。仕事前後、訪れた鉱山労働者と思想や生活について話す。その中に鉱山労働者の青年楊士傑がおり、毛沢民の紹介で中共に入党した。つまり労働者と結びつく重要な場所となっていたのである。また、『嚮導週報』などを販売した。毛沢民自身が広告を執筆し、「軍閥と外力の圧迫下にある中国人民、誰が解放の道へと導くことができるのか。ただマルクス派、陳独秀主宰の『嚮導週報』だけ」と書いた(68)。

樵子によれば、消費合作社が毎月塩一万斤等々を販売すると、小商店は嫉妬から憎しみとなり破壊しようとしたという(69)。確かに消費合作社の新設後、当地の小商店約一五〇〇軒は営業面で大きな影響を受けた（何軒かは倒産した模様である）。そこで、多方面で妨害と競争を惹起した。社員である消費者は当地人口の三分の二（当地人口約八万人。消費合作社員とその家族約五万人）を占め、為す術がなかったという(70)。妨害例を出すと、購入者の中に不審者が現れた。二、三人で来て、四、五人になって出ていく。鉱山労働者と区別がつかないが、大量に購入する。のみならず、購入品を外に待機している者に手渡し、戻って来て何度も購入した。この結果、鉱山労働者とその家族は買えなくなった。ある者は小商店主の妻であり、またある者は鉱山労働者の家族を偽装していた。彼らは消費合作社から低価格の品物を大量購入し、困難に陥れた後、高価格で販売し、差額を得ようとしたという。そこで、毛沢民らは株購入の労働者に「購入証」（これを示せば、廉価で購入できるが、それ以外は市価）を発行し、その携帯を義務づけた(71)。

二三年八月には、「安源路鉱消費合作社弁事公約」が公布されている。第一条：総経理が本社管理・指揮の全権を有すが、倶楽部最高代表会、及び主任団の監督・支配を受ける。各科経理は各科営業の管理全権を有すが、仕入れ、価格設定はまず総経理と相談して決める。第四条：総経理は主任団とともに本社経済保管員一人を任命し、経済保管処を設け、全社の財政を総管理、及びその帳簿を審査する。第五条：各科経理は毎日、すべての営業収入を経済保管処に渡し、同時に各項帳簿を保管員の審査、捺印を受ける。第六条：総経理は随時各科経理の帳簿を検閲する権利を

表4－3　安源路鉱消費合作社営業概況（1923年上半期）

	営業期間	基金(元)	営業総額(元)	総収益(元)	総支出(元)	純益(元)
兌換科	2月7日～7月31日	8,506	54,000	631	511	120
糧食科	3月17日～7月31日	5,625	12,730	705	689	15
衣服科 器用科	4月15日～7月27日	2,840	10,250	1,239	989	250
計		16,971	76,980	2,575	2,189	385

出典：毛沢民「消費合作社報告」『安源路礦工人運動』（上）、1990年、192～193頁。なお、下半期は不明。元以下は切り捨てて計を算出した。各科基金は当初の額で、営業上から、例えば兌換科の基金の一部を衣服科に移動した。①「支出」は運搬費・厘金・賃金・飲食費など。②「純益」の中に株利息配当は含まれていない。③衣服・「器用」両科は「名義上分けているだけで実際的に合体」しているので分けられないとする。

有す。毎日、各科経理も営業員の帳簿を詳細に審査、捺印し、経済保管員もすべての帳簿内容と収支を総経理に報告する。第八条：本社の営業時間は午前五時半から夜の八時半まで。ただし特別な時は時間を延長できる。第一一条：本社職員の生活費は月末に雑務科経理から手渡される。特別な事情があれば、雑務科で前払いするが、月生活費以外は不可。第一二条：凡そ各科の生産物製造以外の雑費（関税、運搬費など）は概ね雑務科が支出する。各科経理が雑務科に各用品要求して受け取るが、営業項目内の物は自由に購入できない。第一三条：来賓を公私に分け、食住とも雑務科が処理するが、仕事関係でも故なく三日以上の連泊は許されない。第一六条：本公約は本社人員が提起し、改訂できる。ただし、全社人員の三分の二以上、及び倶楽部主任の同意を必要とする。第一七条：本公約は倶楽部主任団を経て（二三年）八月一日に通過、実施される(72)。

以上のように、総経理は各科経理の検閲をおこなうなど、大きな権力を有していた。だが、最終的な押さえとして倶楽部による支配権が明記された。雑費などの一般経理は雑務科が担当したが、厳格な規定により、公私混同を阻止し、経費節約が図られた。

表4－3によれば、兌換科が基金八五〇六元、営業総額五万四〇〇〇元と最も多いが、総収益六三一元、純益一二〇元に留まる。糧食科は基金五六二五元、営業総額が一万二七三〇元であるが、総収益七〇五元、純益に至っては僅かに一五元である。それに対して、衣服・「器用」両科は基金二八四〇元で最も少ない。

期間も兌換、糧食両科が約四ヵ月半〜六ヵ月弱であるのに対し、衣服・「器用」両科は約三ヵ月半と短いにもかかわらず、営業総額一万二五〇元で、総収益は一二三九元、純益二五〇元と最も多い。このことは流通が円滑で、購入・販売・利潤がうまく機能していたことの傍証となるといえるが、同時に兌換・糧食両科がそれぞれ独立しているのに対し、衣服・「器用」両科が実質的に合体し、その総計であることと無関係ではあるまい。だが、四科の純益総額が三八五元と極めて少額であることである。すなわち、工人消費合作社の目的にあげられたように、本質的に利潤追求をせず、労働者の物質的な生活向上の組織であり、その点で意義がある。しかし、反面、財政基盤は脆弱で、独立採算では難しく、倶楽部に付属した形にならざるを得ず、したがって逆に倶楽部やストに対する資金支援・財政支出面は不十分であったといえよう。

二三年八月毛沢民「消費合作社報告」によると、収支は以下の通り。

【収入】株券金額七八四五元、倶楽部預入基金（年末に賃金から差引）八八〇七元、倶楽部入部費から一八五〇元、倶楽部員月費から一六〇元、計一万八六六二元。

【支出】創業費一三五〇元五角四分四厘、「劉協記」（劉書記で、劉少奇のこと？）保証金二四〇元、「劉協記」借用金一〇〇元、兌換科基金八五〇六元二角、糧食科基金五六二五元一角五分六厘、衣服・「器用」両科基金二八四〇元一角、計一万八六六二元。

本社は安源旧街に設けられ、兌換、糧食、衣服、「器用」四科があった。次いで、新街第一分社が糧食、兌換両科以外に南洋特産品科が追加され、八月二二日に開店した（二三年八月段階で三店開店）。旧街本社の全営業員は一四人で、内訳は兌換科二人、糧食科五人、衣服・「器用」両科七人である。総経理以下、各営業員の（月）賃金は食事付きで、多い者で一五元、少ない者で四元五角である。(73) 収入は合作社株金が七八五四元（四二％）で、他は倶楽部から来た資金である。このことは消費合作社が独自の経済基盤を有していたというよりも、倶楽部に一定以上依存していた組織であることが明らかになる。なお、消費合作社の幹部、職員の賃金も「食事付き」とすることで圧縮されていた。

消費合作社は毎株五角。純益の一割を営業員の慰労金、四割を株配当金、三割を合作社基金、二割を本部（倶楽部）基金とすることを議決した。営業も発展し、毎日平均一〇〇〇元の取り引きがあった。需要に応じきれず、特に八月一五日新街分店を拡充し、「南貨」（南洋特産物）・糧食二科を増設して野菜、食品、果物などを販売した。さらに、消費合作社は「銅元票」（「鉱票」に対抗する形で出された、いわゆる「合作社紙幣」？）を印刷したが、合作社全資金の五割超過を得ずとした[74]。株配当を純益の四割と増額することで、一人当たりの持株数の増大を図ろうとする試みをおこなった。また、この時も二割を倶楽部基金に拠出した。ただし純益自体が多くはなかった。したがって、工人消費合作社が「我党（中共）活動のために多額の資金を調達して大きな貢献をした」ともされるが[75]、過剰評価であり、資金調達面に関しては歴史事実に合致しない。

ところで、劉少奇は消費合作社の問題点を鋭く指摘し、改善策を提起している。(1)合作社は開店から僅か数ヵ月で、総経理が三回交替（李立三→易礼容→毛沢民）した。その結果、合作社内の職権と財政が統制できず、各科が独自におこない、一種の無政府状態となった。(2)資金配分がうまくいかず、資本回転が円滑でなくなった。合作社に統一した営業計画はなく、物の売買を知るだけで、合作社内の事務には系統的な規則がない。統一簿記もなく、帳簿の整理も杜撰であった。ただ七月整理後、各種の誤りを多く免れた。(3)合作社は機構上、互済課に属すが、現在は互済課の外に独立している。そこで、「将来計画」として、下半期合作社の営業範囲は拡大せざるを得ないが、株金不足が大問題である。補う方法は①株金の増大。労働者への株券の追加募集はしばらくおこなわず、前回の株券を精査し、株金未払者で補う。また兌換科に儲蓄部を増設し、労働者に儲蓄を提唱し、「合作社紙幣」一万元を発行する。②営業機関は拡充しない。③衣服科の貯蔵品は流動資本に変える。合作社の職権と経済統制を実質的に集中する必要があり、新式簿記を用い、総経理が全責任を負い、主任団が厳しく督促する。そして、これまでの帳簿を主任団が経済委員会と合同で徹底的に精査する[76]。これらの多くが実現した模様で、機構は合理的に整備されていった。このように、劉少奇のこの面における役割は極めて大きいといえる。

また、二四年五月中共拡大執行委員会の「安源地方報告」によれば、資金不足にもかかわらず、営業範囲があまりに広く、価格も不適切であった。市価より低い場合、商人に販売、漁夫の利を得させ、高い場合、労働者の懐疑を引き起こした。最大の誤りは衣服科経理陳枚生（辞任）が（借金により）公金一〇〇〇元の欠損を出したが、事前に合作社総経理、及び労働者職員に告げず、発覚後、労働者の信頼を大きく失ったことなどを指摘する[77]。

二四年一二月李滌生の倶楽部第二届（二三・八～二四・八）「最高代表会報告」によれば、①寧迪卿は新街合作社の南貨科経理である。労働者は合作社での銅元兌換には「購物証」（前述の「購入証」と同じものと見なせる）を持参する。毎人一日一回一元、月一〇回兌換できる。合作社は経理独裁制を委員制に改め、総経理の下、営業主任（林育英）、経済主任（唐升超）、事務主任（譚茂林）などを設けた。分社社長には寧迪卿が就任した。この段階で合作社は株利息配当を停止している。劉少奇のいう株追加募集の停止に連動したもので、当然、株金未払者からの徴収・整理・安定による着実な前進を目指したものといえるが、各人の持株数減少を誘発した可能性も否定できない。②倶楽部除籍の労働者は保証人を見つけ、一年に限り一度「保証」され、主任団の決定後、総代表に提起して採択される。「保証」された倶楽部員は労働紹介所で名前を登記し、同時に証明書と「購物証」の追加発行を受け、以前通り合作社株の購入をすべきである。③「株州万益」（消費合作社の鉄道関係部分？）は労働者に株募集し、毎株五元、毎人多くとも一〇株と決めた。株金払込期日は合作社が定める。来年陰暦年末には、株から撤退する。株数は労働者の自由裁量に任せ、強制はしない[78]。このように、消費合作社の主体性が重んじられ始めた。

また、陸沈の「（第二届）幹事会報告」によれば、⑴合作社に関しては、①以後、合作社総経理、副経理、あるいは営業保管員の内、少なくとも一人は倶楽部に駐在する。②主任団は合作社が予定計画、例えば新式簿記、財政集中などの実行を督促する。③合作社営業員は保証人を必要とし、保証金額は五〇〇元とする。営業員の過失でこの金額を超えた時は、経理が賠償の責を負う。④「万益」はまず労働者に株公募し、最高代表会議に提出する。

(2)主任団は業務を分担するとし、①総主任は対外一切の交渉、及び内部整理、訓練を担当、②坑道外主任は教育課、講演課、及び合作社帳簿の精査などを担当、③坑道内主任は内部紛糾の解決を担当、④路局主任は路局のすべての事務、及び合作社監督・整理を担当する。

(3)各課組織概況として、合作社は独自に総経理を設け、合作社一切の事務の直接責任をもち、互済課長らは実質的に消費合作社と無関係であった。毎回の倶楽部幹事会にすら互済課長は列席せず、合作社総経理が直接幹事会に出席するなどの問題も相変わらず残った[79]。結果として合作委員会が成立することになる。

表4-4から新式簿記を採用したため、表4-3と形式も項目も異なる。そこで、単純には相互比較できないが、表4-4の「販売総額」が表4-3の「営業総額」に当たると考えられ、双方とも七万六〇〇〇元余とほとんど差はない。「総支出」が七万八四七一元で、その内、「物品購入」が七万六八六二元（九七・九％）を占め、「総支出」のほとんどすべてが充てられ、いわば自転車操業であった。「営業雑費」は厘金と運搬費で計七五四元で、また他雑費から武漢のみならず、上海からも仕入れ、価格ダウンを図っていたことがわかる。収入は三八二九元で、支出が八〇一二元であるから、赤字経営であった。そのことが、倶楽部の強力な資金支援を必要とした理由であろう。各項支出は六〇一七元（一〇〇％）で、内、賃金三一二六元（五二％）、食費一四三四元（二三・八％）と計七五・八％も占めている。なお、家賃を支払っていることから、消費合作社の家屋は賃借りであったことがわかる。この段階では、まだ株利息配当予定の残存金が六〇二元と低額とはいえ、残っていた。

ところで、江西省の場合、数年のスパンがあるようであるが、労働運動での合作社重視の姿勢はやはり農民運動へ

表４－４　安源路鉱消費合作社第二年目営業概況（1924年度）

総収入（元）	82,303	
販売総額	76,223	
在庫見積り	6,080	
総支出（元）	78,471	
物品購入	76,862	
営業雑費	1,265	①厘金275元、②運搬費479元、③他雑費（上海等からの仕入費・交通費・染料・包装紙など）に511元
その他	344	「銀水」（水銀？）消耗費
収入（元）	3,829	
利益	3,829	
支出（元）	8,012	
各項支出	6,017	①家賃390元、②賃金3,126元、③食費1,434元、④印刷費166元、⑤文具・帳簿82元、⑥他雑費（灯油・新聞代金・旅費・交際費・特別捐など）819元
株利息	602	
歴年損失	1,393	債務は経済審査委員会の審査を経て将来、あるいは可能な時、回収する。借金は陳枚生742元＊、彰谷初350元、李立三137元など

出典：唐升超「安源路礦工人消費合作社営業報告」『安源路礦工人運動』（上）、1990年、384～385頁。なお、元以下は切り捨てて計を算出した。
＊陳枚生の場合、私的な住宅購入費200元などを、了承を得ずに「借金」（流用）し、問題になったものと推測される。

と波及していった。二七年二月江西省第一次全省農民代表大会で議決された「合作社草案」は以下の通り。農民は日用品購入、農産物販売に都市に行き、商人の搾取を受け、かつ時間を消費する。また地主や富家から高利搾取を受ける。合作社は一種の経済組織で、各種弊害を免れる。もし販売合作社、及び消費合作社を組織すれば、小売農産物を集め、直接市場に運んで販売し、奸商が独断的につけた値段による損失を免れ、直接市場での購入物を郷間に持ち帰り、廉価で農民に販売し、商人に利益をあげさせない。また、信用合作社は農民が僅かな利息で借金でき、地主や富家の高利搾取を免れる。本大会は、各種合作社について極力農民に宣伝し、各農民に合作社の利益を明らかにし、熱心に実行を提唱し、他方で政府に、農民協会が各種合作社を作る基金を支給することを要求すると議決した(80)。

このように、農民運動では、農民協会が資金を支給することで、必然的に農民協会の合作社に対する指導力が強化されることになる。

四　湖南・広東労農運動と合作社

では、ここで合作社を中心に労働運動から農民運動への波及、もしくは相互連動について歴史開拓的に明らかにしたい。その際、江西省の安源労働運動と最も関係の深い㈠湖南省、及び㈡広東省に焦点を絞りたい。

㈠　湖南省と合作社

第一に、労働運動。

一九二六年九月「湘区政治報告」によると、湖南省の工会の勃興は頗る順調とする。全省総工会、長沙総工会も成立し、岳陽、常徳、衡陽にも前後して成立した。水口山も安源も回復した。当面全省農民運動はすでに中共の掌中にある。商民運動も次第に起こっているが、それを支える人材に欠乏している[81]、と。続く第六次区代表大会は「職工運動決議案」で三原則を確定した。(1)本党（中共）は公開で労働運動を指導し、労働者は当然、本党指導下に活動する。(2)労働者階級は国民革命過程で指導的地位を獲得する。(3)労働者階級は従来通り、随時随地に経済闘争をおこない、生活状態を改善する。湖南全省総工会の成立後、統一的労働組織のスローガンを出し、実質的に全省工会の指導を打ち出した。その結果、総工会（支部）が長沙、常徳、衡陽、岳陽、醴陵、宝慶、株州など二〇ヵ所、及び錫鉱山、水口山、炭塘子、粤漢鉄道、萍株鉄道の各大産業工会に成立したとする[82]。このように、労働運動は回復、発展し、組織化が進み、湖南全省を統一する趨勢にあった。中共の指導、労働者階級の指導権、及び経済闘争を全面に打ち出していたのである。

二六年一二月湖南全省総工会第一次代表大会の「合作社決議案」は要約すると、現在、労働運動の中で労働者の経済要求は完全には実現しておらず、合作社設立は必要である。合作社は一方で市場の物価調節をおこない、他方で労働者自身の共同経済の関係の中で十分な需要（への満足）を感じさせ、さらに親密な団結をもたらす。大会決議は以下の通り。①全省工会は半年内に各種合作社組織大綱を制定し、公布する。②各地総工会と各産業工会はできる限り消費合作社を設立する。③各職業工会は生産合作社を設立する。④本大会は政府に、各級行政官庁に極力労働者の合作社を提唱、賛助の訓令を申請する。⑤各級工会の各種合作社は直轄する上級工会の指導、監督を受け、並びに全省総工会の許可を受けるべきとある。

同大会では、①中国国民党中央執行委員会、及び各省代表連席会議で決定された新政綱（労働者に関しては団結権、ストの自由などとともに、工人消費合作事業の奨励扶助など）、②国民党湖南省党部第二次代表大会での「工人運動決議案」（労働法制定、八時間労働制とともに、消費合作事業賛助など）の擁護を決議した。また、中共湖南区第六次大会の「工人政綱」（労働者の集会・結社・出版・ストの自由、武装自衛権、八時間労働制とともに、労働者が生み出した消費合作事業を誠意をもって賛助する等々）を擁護することを決議した。さらに「湖南全省総工会章程」の第一章「総則」の「職務」（第五条）の三にも「会員の便利、あるいは利益のために、合作銀行、儲蓄機関、労働保険、生産・消費・購買などの合作社組織を組織する」と明記された[83]。合作社の経済的メリットとともに、労働者を団結させる効用に着目している。そして、「大綱」公布、消費、生産各合作社の設立等々、第一次国共合作下で国共両党の支持、擁護を受けていた。そして、「全省総工会章程」にもそれが明記されている。

第二に、農民運動。

湖南省衡山の農民の多くは水口山亜鉛鉱に行き、仕事をしていたため、労働争議は衡山に大きな影響を及ぼした。

二四年旧暦八月六日農民協会の成立大会を開催し、約一万人が参加した。その後、各所で講演し、農民協会加入者は一〇余万人に達した。会員は雇農、小作農、自作農に限った。農民協会の組織は一〇戸毎に「十代表」一人を公選し、一〇〇戸毎に「百代表」一人を公選し、全区各「十代表」が「総代表」一人を公選する。総代表連席大会で七人を選挙して委員会を組織する。そして、委員長、及び財政、交際、調査、交通、宣伝、教育の委員各一人を互薦し、これを農民協会最高機関とした(84)。ここで押さえるべきことは、農民協会の組織機構が基本的に工人倶楽部とほぼ同形態を採ったことである。

さらに、労働運動から農民運動への波及、連動を実証するため、汪先宗(一八九〇・八~一九二六・二・四)を例に出したい。汪は湖南省湘潭の雇農出身。彼は織布、運搬人夫、そして萍郷炭鉱株州転運局で石炭担ぎをしていた。二二年下半期、安源路鉱工人倶楽部が株州に分部を設立し、工人学校を開始した。彼は積極的に工人補習学校で学び、熱心に倶楽部活動をした。このように、労働運動から開始し、二四年秋、中共入党、中共安源地方党部所属の八迭郷支部に編入された。党支部の指導下で、今度は農民団体の組織工作に従事した。その結果、二五年五月八迭郷農民協会が成立し、協会員は五〇〇〇人余に上り、汪は総幹事に選ばれた。汪の指導下で、農民協会は「反帝反封建」の革命宣伝を展開、農民に広東革命政府擁護、国民革命軍の北伐歓迎を呼びかけた。二五年一〇月黄静源が殺害された後、汪は逮捕され、二六年二月四日「匪党」の罪名で処刑された。汪は湖南農民運動の先駆で、黄静源、龐人銓、黄愛と並び、湖南労農運動で最も早期に犠牲となった著名な「四烈士」の一人とされる(85)。つまり注目すべきことは、労働運動をおこなっていた汪が、農民協会を組織し、農民運動を指導していることにある。

北伐の進展が湖南労働運動に有効に働いたことは前述した通りである。事実、湖南民衆が唐生智(当時、国民革命軍第八軍長兼北伐軍前敵総指揮)を助け、葉開鑫(呉佩孚の「走狗」)に反対した事例は非常に多いという。例えば、(1)長沙、平江、醴陵、湘潭、衡山、衡陽、宝慶などには人民反呉戦争委員会があり、講演隊を組織して郷村に行き、慰労隊を組織して前敵将兵を慰労し、募金して将兵を酒食でねぎらった。(2)衡陽・衡山間の農民は実際に戦闘に参加し、また各県農民は運輸隊を組織した。その理由は、①湖南民衆は都市の学生、手工業者、小商人から郷村の農民に至るまで国民革命の思想に富んでいる。②湖南民衆は呉佩孚を恨んでいるのに対し、唐生智は長沙で政権を掌握して四〇日足らずだが、民衆にかなりの自由を与え、工会や農民協会を圧迫せず、趙恒惕より多くの面で優れていると好感をもった[86]。

かくして、湖南農民運動は二六年一〇、一一月以来、飛躍的発展を示し、六五県で工作、その内、四五県は中共が掌握し、農民協会員はすでに四〇万人に達したが、「農民同志」（中共党員？）は七〇〇人余に過ぎない（広東でも同様で、農民協会員一〇〇万人中、一五〇〇人余しかいない）。全省農民大会は二六年一二月一日召集された[87]。周知の如く発展が急激すぎ、むしろ中共の人材不足と指導力不足が問題となっているのである。

二六年一〇月中共湖南区第六次代表大会の宣言には、(1)政治面では、①農民は集会、結社、言論、出版、及び抗租の自由権を有す。②農民は武装自衛権を有す。③各級農民協会は完全に省農民協会に統一など。(2)経済面では、①減租、②苛捐雑税の排除、③農田水利の整頓、④農村の生産、消費、信用各種合作社の促成など。(3)教育面では、県政府が農民補習教育に経費を支出し、その運営などが掲げられた[88]。このように、農民に都市で叫ばれた自由権を普及させようとした。そして、自衛権などを押さえながら、経済面では減租、抗税とともに、水利と合作社が掲げられている。

二六年一二月湖南省第一次農民代表大会での「農村合作社問題決議案」は要約すると以下の通り。前提は、「合作社」とは相互扶助、相互救済により相互利益を増進する組織とする。貧苦農民は高利搾取を免れるため、「信用合作社」を組織し、資本、信用を集中し、以て儲蓄や借貸に便利である。農作物を売りに出す時、奸商に買い叩かれるのを免れるため、「販売合作社」を組織し、農作物を比較的遠方の市場に運搬すれば、比較的好い売り値となる。農民の日常必需品、例えば油、塩、布、雑貨などは商人の厳しい中間搾取を受ける。常に高価で悪い商品を売り出す。急ぎ「消費合作社」を組織し、共同で資金を集め、比較的大きな市場、あるいは生産地から廉価な品物を運搬し、農民の需要に供給する。当面農民は高利貸、及び農作物価格の低価格、日用品の高価格の三つを免れるため、上記の三種の合作社の組織化が最も緊急である。このほか、農田水利の改良、農業生産力の増大のため「生産合作社」、農具、種子、肥料を廉価で入手するため「購買合作社」も組織できる。農作物加工（例えば穀物加工、精米、木板生産）、及びその他（例えば共同使用の水車）の便のために、「利用合作社」も組織できる。各地の農民協会は各種合作社の効用宣伝に注意するとともに、合作社技術人材の育成に注意を払い、同時に合作社経営法に関する小冊子を出版する。政府方面では、『国民党新政綱』の「政府は農民が組織する各種合作社を援助しなければならない」の条文に基づき、政治面、経済面から有力な援助を与える。例えば、信用合作社資金の補助、消費合作社、購買合作社が日用品や農具、種子などを搬入する際の税捐の免除、あるいは軽減する。各地で合作社を開設する時、経済管理は厳密にして流弊を防止し、信用喪失しないようにするとして[89]、信用、消費、生産などの合作社を提起するなど、合作社に対する理解は深まっていた。だが、湖南農民運動決議案中、生産合作社のスローガンを販売合作社に変更したように[90]、やはり生産合作社の組織化は困難視された。

二七年二月一三日の討論では、農民借貸所と信用合作社の並立が議論された。多くは富裕者から借金する場合、農民協会執行委員会が保証し、その利息を二分、貧農の場合は一分五厘を超えないようにする。合作社は各種株利息の拠出を一切しない。穀類を借りれば、「穀息」を（実物で）一割を加えるとする[91]。このように、信用合作社に注目し始め、当時考えられる現実的対応として実物貸付・実物返済も考慮している。

二七年四月五日長沙県農民協会第二次代表大会で、㈠小作料問題決議案、㈡農民自衛問題決議案、㈢郷村建設問題決議案が議論された。㈢の冒頭で合作社がとりあげられ、⑴消費合作社の組織化。①株式募集。省農民協会第一次代表大会の小作料規定により毎石、「規定銀」二元の超過を得ずを遵守し、二元を超過した「規定銀」で佃農から株主を選抜し、酌量して株式に加入させる。②小作が富めば、力量に応じて株式加入する。自作農は穀数に応じて株式に加入する。⑵農民銀行設立、⑶森林・水利整理、⑷郷村道路修理などであった(92)。株式など極めて具体的なものとなってきているが、やはり消費合作社である。信用合作社に関しては農村金融という側面から重視されてしかるべきであるが、この時期は浮上する時はあっても、重視され続けることはなかった。このことは、合作社形式ではない農民銀行の設立、及び旧来からの伝統的貸借機関で代替できるという意識が働いていた可能性を示唆する。

㈡　広東省と合作社

鄧中夏によれば、広東省海陸豊などで農民運動が広範な運動となった理由は、完全で強固な組織を有していたからとする。例えば、⑴綱領―①農民生活の改善、②農業発展、③農村自治、④農民教育の普及。⑵組織―区会、県会、省会三級に分かれ、省大会が最高機関である。各級執行委員会は文書、会計、交際、教育宣伝、農業、衛生、調査、庶務、仲裁などから構成される。⑶会務―①地主への減租請願、②阿片、賭博などの禁止、③郷農民学校、「半夜学校」、図書報社、演説団、及びその他の教育事項、④農業と養蚕、荒地開墾、造林、肥料改良など、⑤水利、⑥農民医院など、⑦農業銀行、消費組合（合作社）、及びその他の経済事項、⑧民団運営等々である(93)。

二六年五月広東第二次全省農民代表大会が開催された。合作社関係を中心に摘出すると、第一に、「広東農民一年来奮闘経過報告決議案」―過去一年来の広東農民は多くの闘争をしたが、農民協会に対する農民の興味を引き起こすことができなかった。原因は積極方面で農民利益、例えば、水利疎通、公路建設、各種合作事業の創設、教育娯楽機関の設立などに注意を払わなかったことにあるとする。そこで、今後の方針としては、農民の大半は種々の経済圧迫に「消極」的に反抗し、政府に経済改良条件を要求するほか、「積極」方面では容易なことから自ら方法を講じておこなうとし、例えば、各種合作社、義務学校、農民子弟学校、農民倶楽部などをあげる。[94] 第二に、「会務総報告決議案」―敵は総じて昨年ほど激しくはなく、幾らか建設できる機会がある。農村で最も緊急な工作は合作社、例えば、信用・購買・利用生産・販売（各）合作社であり、農民生計との関係が極めて大きく、郷、区の農民協会が合作部を設置し、これを運営する。[95] 第三に、「農民合作運動決議案」―大会は農民合作（社）と農民運動の報告を受けた後、実に農民利害に切実に関係があり、農民運動の基礎を確立し、強固にできると深く信じるようになった。農民の経済上の痛苦と圧迫の大部分を取り除くことができる。例えば、信用合作社は貧農間の金融流通を謀り、その借貸利息を軽減し、以て地方土豪、地主ら高利貸に抵抗できる。購買消費合作社は農民に廉価で良質の物を獲得できる効果があり、生活から幾重もの奸商の搾取を容易に減少させる。販売合作社は農民が適切な値段で売り、奸商、土豪に利益を独占させない。生産合作社は農民の生産を増加、改良させ、生活に余裕を与える。そこで、本大会は合作社組織を、今後農民に宣伝し、実現を促進することを決定した。[96] ここで注目すべきことは、外からの「経済的圧迫」への抵抗、すなわち減租減息や抗税各闘争を「消極」的と位置づけ、むしろ内在的自主的な建設、発展をもたらす合作社を「積極」的と位置づけていることであろう。こうした発想はほかにも随所に見られる。

なお、湖北省でも、各級農民協会委員は郷・区・県各会委員会とも正副委員長各一人、秘書一人。省会委員会のみ、正副委員長各一人、秘書長一人。宣伝・組織・自衛・婦女・教育・合作・調査各部などを設ける。つまりここでも労働運動組織と同様な形で、組織機構が整っていった。そして、「農村合作社問題決議案草案」で、信用合作社、購買合作社、販売合作社、利用合作社、生産合作社の早急、かつ普遍的な組織化を訴える。省農民協会は各種合作人材の養成に注意し、政府方面は新政綱に基づいて農民が各種合作社を組織するのを援助しなければならないとした。[97] このように、合作社に極めて高い評価を与えていることが理解できよう。

五　中国共産党と合作社政策

まず一九二六年一〇、一一月段階での全国中共党員数を押さえておきたい。多い順に示すと、広東区（九月）五〇三九人（二七・二％）、湖南区（一〇月）三七一四人（二〇・〇％）、湖北区（一一月）約二五〇〇人（一三・五％）、江浙区（八月）二二二三人（一二・〇％）、「北方区」（七月）二〇六九人（一一・二％）、山東（六月）五〇〇人（二・七％）、江西（一一月）五〇〇人（二・七％）、河南（九月）三五〇人（一・九％）、「西北」（一〇月）二〇〇人（一・一％）等々、計一万八五二六人（一〇〇・〇％）である。(98)このように、広東、湖南に最も中共の基盤があった。なお、「北方区」にはハルビンなど東北は含まれていない。西安地方区などは不明で、「西北」の党員数に含まれていない。では、当時中共はどのような動向を示し、労働運動、農民運動の中で合作社政策を打ち出したか。それは、いかなる推移を辿ったか。また、全国労働大会ではいかなる合作社決議がなされたか。上述各節の背景を解明するため中共の動向と政策にアプローチする。

第一に、労働運動と合作社政策の関連。

一九二二年七月中共第二次全国代表大会の議決案「第三国際的加入条件」の(二)で、凡そコミンテルン加入の組織は一律系統的に一切の労働運動で重要な位置にあるもの（例えば、党の機関〈誌〉編輯部、「工団」、議員団体、合作社、市議会）から、一切の改良派、中央派を排して確かな「共産党」に代えるべきとし、(99)また「関於『工会運動与共産党』的議決案」の「付加議決案」(一)では、工人消費合作社は労働者利益自衛の組織で、中共はこの種の組織に注目し、活動すべきとする。(100)合作社の質を問題にするとともに、合作社重視を打ち出した。

二三年七月中共第三次全国大会議決案の「労働運動議決案」には「八　半植民地の中国では手工業労働者が多数を占め、手工業の労働運動の中で『加薪減時』（賃上げと労働時間減）のほか、消費合作運動、あるいは臨時手当要求運動に目を向けるべきであるが、ただ労資妥協の傾向は是正すべき」とし、[101]手工業の中でも消費合作運動を重視しつつも、改良主義的傾向に陥ることを警戒していた。当然、階級闘争の観点は堅持され、二五年一月中共第四次全国代表大会の「対於職工運動之決議案」では、合作社（生産・消費・金融）も労働運動中、最も緊要な工作とし、経済利益下で労働者を団結させ、経済闘争に導く一種の方式とする。各大産業区、及び手工業地方でこの運動を喚起するよう努力する。合作社工作は階級闘争の観点に立ち、小資産階級の改良的観点の誇張を努めて避けなくてはならない、[102]と強調した。

ここで、労働全国大会と合作社の関係を見ておきたい。

二二年中共はストの高まりを見て労働全国大会開催の必要性を感じ、党派を問わず参加を呼びかけた。かくして、メーデーを記念し、五月一日第一次労働全国大会が広州で開催された。一二都市、参加工会一〇〇余、代表一六二人で、二七万人の組織労働者の代表とする。代表は香港、広州が最も多いが、鉱山では開灤、安源各工会が参加した。代表は複雑で、中共系、国民党系、アナーキスト系からノンポリまで存在し、混乱したという。ともあれ八時間労働時間、罷工援助案等が決議された。そして、工会組織原則案では「工会組織以産業組合為原則」ことを確定したが、この「産業組合」は合作社ではなく、産業下の労働組合を重視したことを意味する。すなわち、同大会では合作社には触れられていない。大会の意義は労働者階級の全国的な団結への道を歩み始め、かつ労働立法運動を展開する基盤を築いたことであろう。[103]

第二次労働全国大会は呉佩孚勢力の打倒後、民衆勢力の伸長下で、全国鉄路総工会、中華海員工業連合総会、漢冶萍総工会、広州工人代表会の四大団体の発起で、二五年五月一日広州で開催された。参加工会一六五、代表二七八人で、五四万人余の組織労働者代表とする。大会は一致して中華全国総工会の設立、赤色職工国際への加入、全国労農兵大連合などを議決した。ここでは、各地工会組織の促進面では、上海と香港に総工会を組織し、工会運動の統一を決定したが[104]、まず「組織問題決議案」で、広東省一省のみ比較的自由で、工会は公開活動ができるとし、他各省では、工会は半公開か秘密裏の存在とする。公開の工会活動で可能なことは非常に少なく、制限、禁止を受けているという実状を示し、したがって多くの公開の名義、例えば夜学校、「協作社」などを利用して労働運動工作をおこない、工会を秘密裏に発展させることを提起する。次いで、「工農連合的決議案」では、当面実施すべきこととして、①帰郷時、あるいは工作付近の農村で農民に宣伝し、同時に農民協会の組織化を援助する。②工会と農民協会の間で相互に代表を派遣する。工会は農民協会と提携する術を設け、かつ経済組織、例えば合作社などの発展を援助するとした[105]。このように、この段階で合作社を明確に打ち出し、それを利用して公開の労働運動工作をおこない、工会を発展させるとともに、合作社を、工会と農民協会を結びつける経済組織として想定していたといえる。

第三次労働全国大会は二六年五月一日広州で開催された。大会代表は五〇二人で、工会四〇〇余、組織労働者約一二四万人の代表である。職種別には運輸（鉄道など）が最多で、次いで食品、紡績、織布、建築、炭鉱、印刷、手工業などである。重要決議案は①職工運動の総策略、②経済闘争の当面の目標と段取り、③労農関係、④宣伝教育問題、⑤労働法大綱（工会条例を付す）、⑥失業問題、⑦合作社問題などである。「総策略」では、五・三〇後の中国労働者階級は異なる位置にあるとし、当面の目標は経済改善と自由で、その任務は帝国主義と軍閥の死の促進とする[106]。そして、労働者階級の第一の組織形態は政党、第二形態は工会である。第三形態は合作社、工人学校、倶楽部、図書室、食堂、寄宿舎等々の合法組織で労働者を団結させる。要するに、労働者階級は種々の形態を利用して奮闘し、地位改善の目的に到達し、歴史的使命の責任を負うとした[107]。さらに、農民と親密に手を携え、かつ都市の革命的各階級民衆と国民革命連合戦線の樹立を打ち出している[108]。その上、労働運動による農民運動支援、及び労農同盟問題としては、二五年一〇月中共中央拡大執行委員会の「職工運動宣伝問題議決案」で、労働者組織の存在する地方は農民運動とその組織を援助を打ち出した[109]。

二六年一一月コミンテルン第七次拡大全体会議は中国問題をとりあげ、後述する農民運動との関連では、⑴「国民革命と農民」で、①（広東国民）政府は農民組織（農民協会を含む）に最高度の援助を与える。②国家低利息借銭機関を組織して高利搾取に反対し、同時に同様な農民組織や他の互助組織を援助する。③国家が「協作社」（合作社）や互助機関を援助するとしている。そして、⑵「共産党と無産階級」では、①大衆的な産業工会を創造し、産業を基礎として一切の工会を連合させ、全国総工会を強固にする。②大衆工作を強化し、工会の上級指導機関と中国労働大衆との関係を強固にする。③さらに労働者の経済闘争に注意し、経済闘争を政治闘争に改変する。罷工運動策略の計画では互助とスト基金を準備し、「協作社」などを創設、援助するとした[110]。このように、合作社は二六年段階で労働運動において必要不可欠なものと見なされ、政策面で確固たる地位を築いていたものといえよう。

粤漢鉄道の職工数は多く、毎月の消費も少なくない。そこで、職工は消費合作社が支出を軽減できることに鑑み、「職工信用及び消費合作社」を成立させることとした。職工が組織し、日用品を選び、社員が購入する。価格は一般より安価となる。さらに将来、職工運動会、遊泳会、講演、及び夜学の拡大も図るという。所在地は広州市粤漢鉄道管理局で、宗旨は儲蓄の鼓舞、経済困難への支援を以て職工の幸福を増進し、その生活（苦）を軽減する（第三条）ことにある。入会には給料が五〇元以下の者は一株（一株は五銀元）、五〇元以上の者は二株を購入する（第七条）。組織は儲蓄、貸付、経営の三部に分かれる（第八条）。第九条では、本社は董事七人が董事会を組織し、本社一切の事がらを処理する。董事は職員、労働者から各三人を選挙で選び、残る一人は鉄道管理委員会から任命する。本社には経理一人を置き（第一〇条）、帳簿は本鉄道会計処が審査権を有し、少なくとも半年毎に一回検査する（第一一条）。儲蓄は少なくとも一元から開始され、年利五厘（第一二条）。本社社員は緊急時（慶、葬、病など）以外はむやみに借入することはできない。年利息は八厘。借入の際、株主二人を担保とし、借入金は担保人、借入者の一ヵ月の合計給料の半分を超えることはできない（第一三条）。第一五条で、本社の株は利息を生じない。毎年の利益分配は、社員の購入額による分配四〇％、公益事業三〇％、共同基金三〇％とある。社員は会議出席、選挙ができ、一人一表決権を有す(111)。

第二に、農民運動と合作社政策の関連。

では、農民運動面ではどうか。二二年一一月という早期に出したと見なせる「中国共産党対於目前実際問題之計画」の「農民問題」ですでに消費合作社に一応着目している。農民の苦痛を除去するものとして、①「限田運動」（大中地主所有の土地制限と余分な土地の佃農所有）、②「農民消費協社」（農民は資金を集めて都市で購入する習慣があり、それを拡大して消費公社とする）、③「農民貸借機関」（農村にある宗祠、「神社」、飢饉備蓄などの公的資金、及び富農合資で組織された低利息貸借機関）、④「租額制限運動」、⑤「荒地開墾」、⑥「水利改良」をあげる(112)。これらの一つの柱として合作社は認定されていた。

二五年一〇月中共中央拡大執行委員会の「告農民書」では、各級執行委員会は会員若干人を指名して特殊団体を組織させ、自衛軍、消費合作社、教育会、水利局、害虫検査会などの公益事業を運営させるとした(113)。つまり、ここでは一つの機構として合作社を考えている。二六年七月中共中央拡大執行委員会での「農民運動議決案」では経済的要求の一つとして「囤積奇居（買い占め、売り惜しみ）の禁止と農村消費合作運動の提唱」をあげる。また、農民運動工作を開始する地方では、農村補習学校、農村倶楽部、あるいは巡回講演団、消費合作社をおこなう法を設けて、深く農村に入り組織化を発起する(114)。同「対於広東農民運動議決案」で、「目前最低限度的政綱」の経済面では、減租、一切の雑捐付加税の廃止、借貸利率は二分以内、国家による農民銀行の設立とともに、政府による農村合作社発展の扶助をあげ、(115)上からの支援による合作社発展を期待していたことが窺える。このように、政策、戦術、機構など異なるとはいえ、農民運動においても合作社の中で消費合作社のみに着目していた。そして、やはり農村教育と絡め、かつ農村倶楽部と「倶楽部」名称の使用を見ても、農民運動を労働運動式に機構的に再編しようとする意向があると考えて間違いない。

かくして、合作社が中国農民運動にとって現在すでに非常に重要なものになっているとの認識の下、二七年段階になってやっと生産・信用各合作社にも目を向け始めている。二七年四月二七日(~五月九日)中共第五次全国代表大会の「土地問題議決案」で、「国民革命中の農民政綱」の六には、「国家農民銀行、及び農民の消費・生産・信用合作社を設立し、水利を改良する」とし、(116)「中央通告農字第五号」では、当面農民運動の根本任務として、「貧農生活状態を改善する闘争を指導」するとして、減税運動などとともに、消費・借貸・生産各合作社の実施を掲げた。(117)ただし「協作社」は必ずしも「西洋学院」(西洋のやり方)に則って組織する必要がなく、貧農が高利収奪、及び奸商の独占・売り惜しみなどの搾取からの離脱を援助する。そこで、各地は元来の組織、あるいは農民自らの慣習による改良形式にもでき、必ずしも同じにする必要はない。「協作社」の人材を養成し、各地の農民自体の経済を研究し、速やかに「協作社」、とりわけ信用合作社を創設し、農民の経済闘争を補助すべきとした。(118)合作社は西洋式でも中国の伝統方式でも可とする。このことは、中国合作社に柔軟性を与えるとともに、反面、協同組合原理の理解不足、機構組織の不徹底さを誘発する危険性を有していたといえるであろう。経済闘争を補強するものとして、明確に信用合作社を打ち出した。ただし、これ以降も信用合作社に関しては一定の揺れを示している。

二七年六月「第五次大会前中央農委関於協作社之決議草案」では、国民革命期の合作社設立の方針を論じる。要約すると、

(1) 一つの国や都市で生産権力が均しく労働者階級の手中にある時、合作社組織は容易に社会主義社会に到達でき

る。逆に資産階級の手中にある時、合作社は経済面で完全に資産階級の付属物といえる。政治面で資産階級が合作社を利用し、改良派の宣伝をおこない、労働者階級の奮闘政策と階級闘争を消滅し、小資産階級を愚弄する。

(2)当面、民主革命が未だ完全な勝利を保障されない時、合作社工作は以下の方式を採る。①合作社を利用して強力な経済武器とし、奸商の高利搾取による圧迫に反抗する。②合作社は農民を農民協会加入に導き、郷村闘争に参加させる組織形態を形成する。③合作社は農民協会の発展を全力で援助し、合作社が各種農民を組織化する形態となる。郷村にいる多くの手工業者は農民協会が自らの利益を代表できないと考えているが、合作社（生産合作社）を利用して農民協会参加へと導ける。

(3)数多くの大規模合作社を組織する前、農民に合作社の意義と重要さを宣伝し、同時に農村文化を高める宣伝をおこなう。そこで、「協作社」の開始できるのは必ず強力な農民協会組織のある地方で、大衆に合作社の要求がある。換言すれば、合作社は農民協会の発展に随って発展し、同時に農民協会の指導を受けるべきである。

(4)北伐軍が北方軍閥に進攻を続け、帝国主義が中国を侵略している時、合作社は政府から僅かな援助を得られるだけである。そこで、合作社経済は自立の必要があり、ただ郷村で募集する方法があるだけで、郷村各公金内から農民協会が一部分を支出し、合作社基金とする。当面必要な合作社は、一方で経費が少なく、他方で効果が速い消費合作社である。棉花、生糸、茶などの輸出の多い郷区には交易合作社を組織できる。当面組織化が最も困難なのは農民生産合作社である。なぜなら生産合作社は多額の資金、機器、及び比較的に高い知性を必要とする。農民協会は郷村旧社会を合作社の有効性により改良しなければならない。郷村手工業区では、原料購入・生産物の分売する合作社を組織する。この後の二種の合作社方式は生産合作社に到達する最短距離の組織といえる。

(5)都市や省都に中心合作社を設立し、比較的安価な市場で品物を購入し、農民を援助する。二、三〇の小合作社を組織した郷区の中心に比較的大きな合作社を組織する。(119)

以上のように、政権の枠組によって合作社の質が決定されるというのは、陳独秀と同一の発想に立つものといえよう。また、合作社により直接農民組織化、あるいは合作社を通して手工業者の農民協会への誘導が可能とするのである。とはいえ、農民協会の合作社指導という指導・被指導の関係を明白にしている。そして、やはりここでも、消費合作社中心で、生産合作社は模索しつつも組織化困難との認識に立っている。ただし中共にとって農民問題と土地問題の解決策の一つとして合作社は不可欠なものとなっていった。例えば、①地主の一切の土地の没収、②「耕者有其田」とともに、③一切の苛酷な契約、重い債務の取消。共産党は低利息の農業貸借を実施し、農業銀行、農民の貸借合作社を設立する。④農民の合作社運動を組織し、援助する。農産品や農民の家庭手工芸品を販売し、農民の日常必需品や家庭手工芸原料を仕入れる。工業を発展させ、農民に廉価で近代的な新式農具を獲得させ、肥料販売を農民の合作社におこなわせるなどの一五の方法を主張した。[120]

ところで、譚平山、鄧演達、毛沢東らは「全国農民協会之重要訓令」を出し、蔣・夏（斗寅）は農労運動反対（二七年五月馬日事変）、長沙の許克祥反乱（五月）も農労運動の「過度」（ゆきすぎ）は反革命派の一貫したスローガンである。だが、農労運動が「過度」か否かが問題ではなく、一方で革命的潮流が高まり、初期農民運動の原始的現象は完全には脱却できず、他方で上級機関の指導能力が不適切なことも否認し得ない事実である。農民運動は新政策を採るべきである。(1)（農民協会の）組織強化と規律の厳格化。(2)革命同盟者の利益に配慮。農村中の小商人は流通・金融の主要分子で、農民と同じく被圧迫的地位にある。農民協会は密接な革命連盟を樹立する。酒や砂糖精製などは商人の利益であるが、同時に農村経済と関係があり、農民協会は保護を与える。(3)郷村旧習慣改善の段取り。(4)郷村建設事業の開始。郷村自治機関の樹立は農民がすでに獲得した勝利を強固にし、郷村無政府状態を消滅させる。「郷村自治条例」により各級農民協会は即刻郷村の革命的平民と連絡し、最短期間で郷村自治機関の完全樹立に務める。農民銀行、生産合作社、消費合作社、及びその他の建設事業は、各級農民協会も他の革命的平民とともに建設しなければならない。(5)宣伝工作の強化。以上の五項目は均しく革命連盟を強固にし、国民革命を促進する要務とした。[121] ここで重要なことは農民協会の任務を明示していることであり、郷村自治の中の建設事業に合作社を位置づけていることであろう。また、第一次国共合作の維持、武漢国民政府（国民党左派）との関係を考慮してか、商人を「中間搾取」する者として一元的に切り捨てず、小商人が農民同様、被圧迫的位置にあること、及び農村経済に有益なものとして保護し、同時にそれとの連盟を探っている。

ところで、ここで看過できないものに第一次国共合作下で生まれた農民運動講習所（広州）がある。これは、第一届が二四年七月に開始されたが、まず第五届（二五年一〇～一二月）までを見ると、その卒業学生数は第一届三三人（広東出身のみ）、第二届一四二人（広東のみ）、第三届一一四人（ほとんどが広東であるが、広西二人、四川一人などが含まれている）、第四届五一人（内、湖南四人、広西二人など。なお、聴講生二五人中、湖南七人）、そして、第五届は一一四人で、内、湖南四三人（内、湘郷三人、湘潭一〇人、長沙八人などで、毛沢民もこの中にいる）、広東四一人、山東七人、江西四人、広西六人、湖北七人、安徽二人、福建二人などであった。

なお、「章程及科目」として(1)本党（国民党）主義者は(イ)三民主義と五権憲法、(ロ)国民党党綱と宣言、(2)農民運動理論とその実施方策者は(イ)農民運動理論、(ロ)農民協会と自衛軍組織包、(ハ)農民教育、(ニ)合作運動と農村の関係などが教授されている。[122] このように、学生の出身地は広東から開始され、湖南が急増し、さらに華北、華中への広がりを見せている。

第六届農民運動講習所（二六年五～一〇月）の卒業学生は、三一八人で、出身地の多い順から広西四〇人、湖南三六人、河南二九人、湖北二七人、四川二五人、山東二三人、江西二二人、直隷二二人などで、この時点で広東以外にウエートが完全に移り、江西四〇人、湖南三六人に比して、広東は二人に過ぎなかった。授業は「三民主義」（陳公博ら）、「国民党史」（甘乃光）、「中国農民問題」（毛沢東）、「中国職工運動」（李立三）、「軍事運動と農民運動」（周恩来）、「農村合作概論」（于樹徳）などであった。また、授業以外にも蕭楚女、毛沢東らの指導の下、理論研究がおこなわれたが、三民主義、国民党の農民政策、湖南農民運動当面の策略などとともに、やはり「農民合作概論」が組み込まれている。(123)

毛沢東は湖南・湖北・江西三省国民党部に対して、武昌に農民講習所を設立することを建議した。二七年一月一六日準備処が湖北省農民協会内に設立され、二月三省国民党部の連合形態で、「湘鄂贛三省農民運動講習所」が創設された。学生概数は湖北二〇〇人、江西・湖南各一五〇人が選抜され、かつ全国的な農民運動発展を鑑みて、安徽、江蘇、四川、河南、陝西、直隷計一〇〇人が追加召集されることになった。科目には三民主義、国民党史はもちろん、農民組織と宣伝、農民自衛、郷村自治、農村教育とともに、農村合作が組み込まれた。中央党部は農民講習所を重視し、二七年三月「中国国民党中央農民運動講習所」に拡大することとし、国民党中央農民運動委員会の管理とした。(124)

四・一二クーデタ後、周知の如く中共は武漢国民政府との連合をさらに強めようとしていた。両湖（湖南・湖北）の多くの農民は豪紳、地主、「貪官汚吏」、軍閥に反対し、孫中山先生の「耕者有其田」のスローガンの実現を求めている。中共は継続して農民解放のため闘争し、地主の田畑を無償で耕す農民に与える。「小田主」（一般には小地主と訳すが、この場合、富農や自作農を含む？）の田畑所有権を保護し、没収しない田畑に最大限の減租を実行する。苛捐雑税などを廃し、雇農の待遇を改善し、工賃をアップする。豪紳地主、「貪官汚吏」の武装を解除し、農民武装の自衛権を獲得し、郷村自治を樹立する。そして、高利による搾取を制限し、農民合作社を設立し、国家に農業への充分な経済補助を要求、並びに農民への借貸資金支給を実施するとした。(125) このように、農村全体における合作社の位置が明確になっていった。

「国民革命的目前行動政綱草案」では、「四　工人」で(イ)八時間労働制、(ロ)失業労働者救済のため政府による資金支給、失業保険法の制定、(ハ)労働者の「処習育育」（補習教育？）、(ニ)労働者は工会組織化とストの自由、及び武装自衛権を有すと、合作社に関する記載はない。それに対して「五　農民」では、(イ)農民は農民協会組織化の自由と武装自衛権を有す、(ロ)高利貸を禁止し、年利二〇％を超過するを得ず、(ハ)政府が農民銀行を設立し、低利で農民に貸し付け、並びに政府は農民を扶助して消費・生産・販売・信用などの合作社を設立させる[126]。このように、労働問題で合作社が後景に退くのと対照的に、農民問題で合作社がむしろ重視されるようになっていった。

おわりに

以上のことから以下の結論を導き出せる。

第一に、中共の協同組合思想受容の起点はいつか。フランス留学中に「勤工倹学」運動を指導していた蔡和森にある。毛沢東は蔡（湖南第一師範学校同学）との往復書簡の中で合作社に開眼した。その受容の特徴は中共を支える経済基盤、もしくは補強機構として位置づけている点である。ただし、その時は強力な党創出、影響力の増大のためと考えられるが、「小学教育」、「労働教育」、「小冊子」と並列に論じられるに留まった。とはいえ、毛沢東は中共幹部の中で教育の重要性とともに、ごく早期に合作社に理解を示し、それを積極的に支持、推進する一人であったことは疑い得ない。その延長線上で、実弟毛沢民を消費合作社に送り込み、かつ一九二四年第一次国共合作下で国共両党員、民間合作指導者による中国合作運動協会にも自ら参加することになる。弟毛沢民は実務レベルで手腕を発揮し、毛沢東の合作社認識を実現する役割を担ったといえる。こうした発想は労働運動、さらに農民運動を支え、強化するものとして推進されていった。

第二に、一二二年九月安源大ストの勝利により湖南中心に全国労働運動に極めて大きな影響を及ぼした。重要なことは、安源は江西省境にあり、湖南省に隣接するという地理的位置から、むしろ湖南との関係が密接であったことである。こうした経緯で、毛沢東、李立三、劉少奇らが強力に指導した。①当時、組織防衛として自衛軍が重視されたが、李立三はむしろ中共組織拡大の宣伝のためにも労働者教育を最優先したように見える。また消費合作社初代総経理として兌換業務を重視した。②劉少奇は工人倶楽部の組織機構を確固たるものとする面で大きな貢献をした。のみならず、消費合作社章程の修正、機構整備・改革に尽力した。安源工人倶楽部が全国の模範となり、各地の労働運動に強いインパクトを与えたことを考えれば、劉の歴史的役割は決して過小評価できない。なお、劉はこの時期、一貫して工会を重視しており、工会を中心とする労農同盟を考えていた。その延長線上に労働運動中心の消費合作社重視の姿勢がある。

第三に、中共の合作社実践の起点は二二年九月江西省安源路鉱工人倶楽部（炭鉱・鉄道労働者計一万三〇〇〇人で結成）内に創設された工人消費合作社に求められる。この意義を明確にすれば、中共系の労農合作運動の起点というべき先駆性にあるのみならず、具体的には労働者の生活改善・商人の中間搾取への抵抗を通して中共、労働運動への支持を拡大していったことにある。その特色は、労働運動から合作社が開始されたことから、消費合作社を梃子とする流通改革に重点が置かれ、それ以降の中共による合作社政策の骨幹を形成した。すなわち、濃厚な消費合作社中心の発想は初期合作社の流れと安源での消費合作社の経験と実践に裏打ちされた形で、中共において一貫して存在し続けたのである。

第四に、第一次国共合作下で合作社は、例えば、前述の中国合作運動協会の如く、国民党と中共を結びつける紐帯としての役割を果たした。陳独秀にも見られる通り、合作社が改良主義的になることへの虞を喚起し、階級闘争消滅への反発を繰り返し表明するのは、コミンテルンやソ連の協同組合認識が深くかかわっていた。[127]にもかかわらず合作社の経済面での効用、経済基盤の確立における意義を認めざるを得なかった。ただし、この時点では、中共は地主・高利貸批判へと進まず、信用合作社を十分理解せず、かつ毛沢東を含めてその緊急な必要性を認識していなかった。

その上、旧来からの貸借機関があり、代替可能と考え、それらと信用合作社との差異も明確にされていない。このことは、国民党の農村金融・信用合作社重視の政策とある意味で対照的な流れを形成することになる。

第五に、安源労働運動は農民運動にも強い影響を及ぼした。安源炭鉱を首にされ、帰郷した労働者は湖南省各地で農民運動を指導するが、それが湖南農民運動の爆発的発展の一因になったことを否定できない。換言すれば、湖南農民運動をはじめ、組織機構を含め、労働運動方式、いわば安源式に組織された農民運動ともいいうるのである。減租減息など農民運動の外的闘争に目を奪われがちであるが、それを「消極」的ととらえ、闘争を支える内的機構やその経済基盤確立はむしろ重要なものとして「積極」的とみなされた。すなわち、運動を支える合作社、主体的な経済的自立としての合作社政策が不可欠とされた。中共中央のあらゆる会議、決議案で採りあげられ、僅か数年で合作社の重要性が周知され、普遍化していった。その結果、その一環として合作社が重視され、農民協会内に消費合作社が設立されることになる。労働運動の枠組を超える農民の自立性、自発性を重視した毛沢東は二七年三月「湖南農民運動考察報告」の発表以降、合作社側面においても農民運動への傾斜が見られる。つまり合作社の地域についていえば、労働運動から農民運動へと【江西】→【湖南】→【広東】という順で波及していったとみなせる。また、合作社形態からいえば、消費合作社が最も組織化が容易という認識があり、信用合作社は触れられつつも、さほど重視されなかった。特に生産合作社は重要と考えられながらも、資金、機器、及び知的水準から、その組織化は困難との意識がこの時期一貫して存在した。したがって、組織化の順は【消費合作社】→【信用合作社】→【生産合作社】と考えられていた。

註

（1）　中共萍郷市委〈安源路礦工人運動〉編纂組『安源路礦工人運動』（下）、中共党史資料出版社、一九九一年、一三七七頁。

（2）毛沢東ら周知の著名な人物に関しては、本章との関連部分に絞って略歴、活動に触れておきたい。すなわち、毛沢東（一八九三～一九七六）は湖南省湘潭出身。一九二〇年一一月中共創設工作に従事した。二一年秋、毛は中共湖南支部書記、中国「労働組合」書記部湖南分部主任の時、湖南省第一師範学校付属小学主事の身分で、安源路鉱の情勢を視察、労働運動を開拓する準備をした。一二月李立三、宋友生、張理全とともに安源を訪れ、労働者と相談し、階級圧迫を除くことを宗旨とし、工人学校を創立、また、工人倶楽部を成立させた。そして、路鉱両局の全体の労働者を次第に団結させ、李立三が安源に常駐して一切を指導することを決めた。二二年五月工人倶楽部が成立してすぐに毛は安源を回って指導工作をおこなった。九月初頭、全国労働運動の高まりの下、毛は安源で党支部会議を開催、路鉱両局全体労働者のストを決定し、その後、劉少奇を安源に派遣し、スト指導を強化した。かくして、李立三、劉少奇の指導下で、九月一四日ストが開始された。二三年「二七惨案」後、中共安源党組織は労働者の団結を強化し、反抗を準備した。その結果、全国的な労働運動が低調期になった後も継続して党・団・工会組織を維持、発展させ、教育・文化・経済事業の全盛を出現させた。二七年中共中央八七会議後、毛は湖南で秋収起義を指導し、中共湖南省委前敵委員会書記を兼務している（中共萍郷市委〈安源路礦工人運動〉編纂組『安源路礦工人運動』（下）、中共党史資料出版社、一九九一年、一三七三～一三七四頁）。

（3）李立三（一八九九～一九六七）は湖南省醴陵出身。二一年一二月フランスでの「勤工倹学」から帰国し、中共中央から湖南省に派遣された後、毛沢東らと安源に視察に来た。その後、安源に留まり、党組織を核心として工人倶楽部の組織化方針に則って労働者を組織した。李は平民小学を創立、主宰し、労働者子弟を招いて学ばせた。広範な労働者と接触し、調査研究し、社会主義思想を宣伝し、その中から「優秀な分子」を見出して訓練し、社会主義青年団（SY）を組織した。また、青年団員の努力を通じて二二年一月工人補習学校を創設し、自ら教員となった。そして、マルクス主義の基本的観点を教えた。思想教育と工作実践を経て、青年団員から一グループ先進分子を中共に加入させている。二月党員六人からなる中共安源支部を成立させ、李自ら書記に就任した。これを基礎に李は工人倶楽部準備工作を主宰、四月一六日倶楽部第三次準備会で倶楽部主任に選出された。六月一七日青年団長沙地方団員大会で、地方執行委員会委員に選出され、組織部主任となった。七月消費合作社が創設され、その経理を兼務した。七月末頃、李は長沙に泥木工会組織化の援助に赴いた。九月初頭、毛は安源に来て党支部会議を開催、ストの決定をおこない、李は九月九日安源に戻り、ストを指導した。一〇月工人倶楽部が改選され、李が総主任に選出された。同月から二三年初めにかけて萍郷工頭が組織する「遊楽部」を粉砕、勝利に乗じて包工制を廃止し、「合作制」に改めた。四月李は中共武漢区委書記に異動している（『安源路礦工人運動』（下）、一三七四～一三七六頁）。

（4）劉少奇（一八九八～一九六九）は湖南省寧郷出身。二二年九月大ストの前夜、安源に派遣されてきた。李立三総指揮下で、倶楽部全権代表となった。劉の参画によりストが開始されると、秩序は極めてよく、組織も強固で、闘争は着実に勝利を収めていった。一六日劉は単身で鉱山局弁公楼に乗り込み、楼を囲む数千人の労働者と呼応する形で、戒厳司令と鉱山局による強制的な労働復帰の企図を打ち砕き、迅速な勝利を収めるのに重要な役割を果たしたとされる。一二月漢冶萍総工会が成立すると、劉は執行委員会委員に選出された。さらに二四年九月漢冶萍総工会第二次代表大会で、劉は臨時執行委員会委員長に選出され、劉主宰下で漢冶萍総工会等は第二次全国労働大会を共同発起した。二五年春、劉は安源を離れて広州に赴き、漢冶萍総工会を代表して第二次全国労働大会の準備に参画し、中華全国総工会を準備した。五月開催の第二次全国労働大会で、劉は中華全国総工会執行委員会副委員長に選出された。二七年初頭、中共の決定に基づき、劉は個人身分で国民党に加入し、国民党湖南党部の設立準備に参画し、四月七日国民党長沙第二分部準備処主任となった。四月下旬、李立三が安源を離れたため、劉は安源に戻り、倶楽部総主任代理、八月選挙により正式に総主任となった（『安源路礦工人運動』（下）、一三七六～一三七七頁）。

（5）「蔡林彬給毛沢東」一九二〇年五月二八日、『蔡和森文集』人民出版社、一九八〇年、二九頁。新民学会とは毛沢東、何叔衡、蔡和森らが長沙に設立し、基本会員は二一人であった。当初、「学術の革新」などを標榜したが、その後、政治的色彩を強め、「中国と世界の改造」を打ち出した。そして、ロシア革命を研究するなど、中共成立以前の湖南省における中核的な政治団体となった。なお、蔡和森（一八九五～一九三一）は上海生まれ。一八九九年故郷の湖南省湘郷県に帰郷した。一九一四年湖南第一師範で毛沢東と同学。一七年湖南高等師範学校卒。一八年四月毛沢東らと新民学会を設立、六月留仏「勤工倹学」運動の準備のため、長沙から北京に行き、運動発起者の蔡元培、李石曽に会う。二〇年蔡は留仏し、マルクス・レーニン主義、ロシア十月革命の状況を研究、また周恩来らと留仏学生を組織化。蔡は書簡で毛沢東に中共設立の必要性と建党理論を提起し、その創設に多大の貢献をしたとされる。二一年一〇月蔡は「勤工倹学」学生への生活費支給停止に抗議してリヨン大学占拠闘争を指導したことから逮捕され、フランス政府から李立三を含む一〇四人が強制帰国させられた。一一月上海で中共に入党。二二年七月中共第二次大会で「大会政治宣言」を起草。九月中共中央機関誌『嚮導週報』創刊、その主編に就任。二三年鄧中夏、瞿秋白、及び国民党上海責任者らと、革命幹部養成の上海大学を創設、蔡自ら「社会進化史」を担当した。二五年五・三〇運動では労働者、学生、商人による「三罷闘争」を指導した。二五年一〇月李立三らとモスクワに行き、コミンテルン中共代表などを歴任、二七年三月帰国。この間、「中国共産党史的発展」を報告、五・四運動以前を「旧段階」、以後を「新段階」の革命運動と区分した。五月夏斗寅、許克祥両事変に対し、「暴動を以て暴動に対処すること」を主張。八七会議で陳独秀の右翼日和見主義を批判、九月「党的機会主義史」を報告している。三一年中共中央から広東工作のため香港に派遣されたが、三一年六月逮捕され、広東軍閥陳済棠によって処刑された（「蔡和森同志生平年表」同前所収、八三三〜八四九頁。廖蓋隆「中国人民永遠記着他――紀念我党早期的卓越領導人蔡和森――」『人民日報』一九八一年一二月三日等参照）。

(6)「蔡林彬給毛沢東」一九二〇年八月一三日、『新民学会資料』人民出版社、一九八〇年九月、一二八〜一三〇頁。

(7)「毛沢東給蕭旭東蕭［蔡］林彬並在法諸会友」一九二〇年一二月一日、同前所収、一四七、一五二頁。

(8)「俄国之合作運動」『労動週報』第六期、一九二三年五月一九日。

(9) 独秀「告合作社同志們」『嚮導週報』第五六期、一九二四年二月二七日。

(10) なお、瞿秋白が合作社を本格的に論じる文章は発見できず、「農民政権与土地革命」で、「土地革命」の重要性を力説するが、合作社に関しては中共第五次代表大会で決定した国民革命の農民政綱で、「国家農業銀行、及び農民の消費・生産・信用合作社を設立し、水利を改良する」を引用するのみである（秋白「農民政権与土地革命」『嚮導週報』第一九五期、一九二七年五月八日）。このことから、瞿秋白は合作社に関心が薄いか、合作社についてよく分かっていなかった可能性が強い。

(11) 但一「何謂国民革命?」『中国青年』第二〇期、一九二四年三月一日。

(12) 林根「黄岡的郷村教育運動」『中国青年』第二〇期、同前。なお、黄岡は広東省。

(13) 中夏「中国農民状況及我們運動的方針」『中国青年』第一三期、一九二四年□月五日。

(14) 和森「今年五一之広東農民運動」『嚮導週報』第一一二期、一九二五年四月二六日。なお、安源の社会主義青年団は大会を六回開催しているが、内一回は蔡和森が講演、一回は惲代英が全国情勢について講演している（安地・賀昌「安源地方団報告」一九二四年八月二七日、『安源路礦工人運動』（上）、二五四頁）。

(15) 劉少奇「工人階級在革命中的地位与職工運動方針」一九二六年五月、『劉少奇論工人運動』二四〜二五頁。

(16) 毛沢東「湖南農民運動考察報告」一九二七年三月、『毛沢東集』第一巻、二四七～二四八頁。なお、毛沢東は「合作」という言葉は農民にあまり馴染みがなく、「合伙鋪」と称せばよいという。
(17) 太雷「武漢革命基礎之緊迫問題」『嚮導週報』第一九七期、一九二七年六月八日。
(18) 胡栄銓『中国煤礦』商務院書館、一九三五年、三七五～三七六、三七九頁など。
(19)(20) 李昌学「安源工人階級的自発闘争（一九〇一年―一九一九年）」、江西省政協文史資料研究委員会・萍郷市政協文史資料研究委員会合編『萍郷煤炭発展史略』一九八七年、一四六～一四八頁。
(21) 幸元林「安源工人革命闘争片断回憶」『安源路礦工人運動』（下）、九六六頁。
(22) 湖南省志編纂委員会『湖南省志――湖南近百年大事記述――』第一巻、湖南人民出版社、一九五九年、四四三頁。
(23) 「江西安源路礦工人大団結」『上海民国日報』一九二二年五月一八日。
(24) 高綱博文「開灤炭鉱における労働者の状態と一九二二年の労働争議」『歴史学研究』第四九一号、一九八一年四月は英資本下の開灤炭鉱の「把頭」制度を論じて参考になる。
(25) 『湖南省志――湖南近百年大事記述――』第一巻、四四二～四四三頁。劉少奇・朱少連「安源路鉱工人倶楽部略史」一九二三年八月一〇日、中国社会科学院近代史研究所等『劉少奇与安源工人運動――中国現代史革命資料叢刊――』一九八一年、二頁。
(26) 中共萍郷炭鉱委員会著、島田政雄訳『安源炭鉱物語』新日本出版社、一九六二年、二一八～二一九頁。
(27) 鄧中夏『中国職工運動簡史』一一〇～一一一頁。『湖南省志――湖南近百年大事記述――』第一巻、四四八頁。前掲「安源路鉱工人倶楽部略史」一九頁などから考察。
(28) 『安源路礦工人運動』（上）、二〇二頁。
(29) 「安源路礦工会工人図書館募書啓」『平民』第一八二期、一九二三年一二月一日。『湖南省志――湖南近百年大事記述――』第一巻、四四九頁。なお、二六年四月段階であるが、広州第一次工人代表大会での「組織問題決議案」で、工会は最低限おこなうことは①失業救済、②職業紹介、③工人教育、④消費合作社設立、⑤工場内での労働者の仕事の保障とする（「広州第一次工人代表大会決議案」一九二六年四月、『第一次国内革命戦争時期的工人運動』人民出版社、一九五四年、二〇六～二〇七頁）。このように、組織機構面で安源工人倶楽部とほぼ同一の指向が窺える。

(30)『湖南省志──湖南近百年大事記述──』第一巻、四四九頁。

(31)「安源設立労動法廷」『労動週報』(広州)第二一期、一九二三年九月八日。

(32)蔣先雲(一九〇二・七〜一九二七・五)は湖南省新田の農民出身。五・四運動中、湖南省南部で学生運動指導者。二一年冬、中共加入。二二年七、八月倶楽部主任李立三の命を受け、長沙で泥木工会組織化を援助。中共湖南区委は蔣を安源に派遣し、工人補習学校代理教務。九月一四日ストが開始されると、李立三、劉少奇、朱少連に協力し、完全勝利に貢献した。一〇月倶楽部文書課長。その後、萍郷、湘東の永和炭鉱でストを指導、勝利する。一一月倶楽部交際課長謝懐徳ら計四人で、湖南省水口山亜鉛鉱に赴き、安源の経験を用いて水口山工人倶楽部設立を援助、ストを指導して勝利した。スト勝利後、倶楽部を改組し、中共と青年団を設立した。蔣自身が倶楽部主任に就任し、かつ中共水口山地方支部書記となった。二四年黄埔軍官学校で学習後、国民革命軍将領として北伐に参加。二七年五月国民革命軍第七七連隊長の時、河南で戦死(『安源路礦工人運動』(下)、一三八三〜一三八四頁など)。

(33)『安源炭鉱物語』二二一〜二二二、二三〇〜二三一頁等。なお、毛沢覃(一九〇五〜一九三五・四・二五。字は潤菊。毛順生には三人の息子がおり、長男が毛沢東〈潤之〉で、三男が沢覃)も水口山に行っている。一九二一年社会主義青年団に加入。二二年湖南自修大学に入学。二三年中共に入党し、青年団長沙地区委員会書記処書記。水口山労働運動に従事、二五年広州で工作、二七年南昌蜂起に参加するなどの活動をおこなったが、三五年四月江西瑞金での戦闘で戦死(「毛沢覃」『中国近現代人名大辞典』中国国際広播出版社、一九八九年、六八頁)。

(34)朱天紅・逸晩『毛沢民伝』華齢出版社、一九九四年、五五頁。

(35)なお、京漢鉄道総工会(本部は河南省鄭州)の「組織大綱」では、第二章「会員」の第七条「権利」として、①本会に対して発言権・表決権・選挙権・被選挙権を有す、②本会の一切の教育機関(例えば、学校・講演・書籍・新聞等)、経済機関(例えば、消費合作社等)、娯楽機関(例えば、音楽・演劇等)を規定により享受できるとあった(「京漢鉄路総工会組織大綱」『労動週報』第四期、一九二三年五月五日)。

(36)劉少奇「『二七』失敗後的安源工会」一九二五年四月、中共中央文献研究室・中華全国総工会編『劉少奇論工人運動』中央文献出版社、一九八八年、一六〜一八頁。なお、劉少奇は、世界各国の完全な「労働組合組織法」にはすべて二つの共通原則があるとし、①小さな基本組織によって極めて大きな階級組織を形成、②民主集中制の採用をあげる。安源路鉱工人倶楽部もこの二大原則に基づき組織されたとする（劉少奇「倶楽部組織概況」一九二三年一〇月一〇日、同書所収、一二～一三頁）。このように、劉は工人倶楽部を工会と同一視し、ある時は工人倶楽部を「工会」と称す。

(37) 鄧中夏『中国職工運動簡史』一〇九～一一〇頁。

(38) 「各委員報告：中共第三届第一次中央執行委員会文件」一九二三年一一月、中央档案館編『中共中央文件選集』第一冊、一九八九年、一九二～一九三頁。

(39) 「湘区報告：中共拡大執行委員会文件」一九二四年五月、『中共中央文件選集』第一冊、二二六七頁。

(40) 紹予「安源路礦工人之偉大組織」『中国青年』第一八期、一九二四年二月一六日。

(41) 「安源地方報告：中共拡大執行委員会文件」一九二四年五月、『中共中央文件選集』第一冊、二七〇頁。

(42) 「湘区報告：中共拡大執行委員会文件」一九二四年五月、『中共中央文件選集』第一冊、二六八頁。

(43) 安源路礦工会教育股編「小学国語教科書」一九二四年、『安源路礦工人運動』（下）、七七六～七七七、七九三～七九四頁。

(44) 同前（下）、八〇四頁。

(45) 『安源炭鉱物語』二二八頁。

(46) 鄧中夏『中国職工運動簡史』一九一～一九二頁。当時の上海労働運動の特色、意義と限界を論じるものとしては、江田憲治「上海五・三〇運動と労働運動」『東洋史研究』第四〇巻二号、一九八一年九月が参考になる。

(47) 『萍郷煤炭発展史略』二一八、二二九頁。『安源炭鉱物語』一五一頁など。なお、黄静源（一九〇〇・六～一九二五・一〇・一六）は湖南省郴州で農民出身。二一年二月湖南第一師範学校で学んでいた時、蔣先雲らと湖南省南部で最も早期の進歩団体「心社」を組織した。同年冬、中共に加入。二三年秋、安源工作に行き、まず工人倶楽部株州分部事務員兼工人学校第七校主事。後に倶楽部副主任、中共安源地方執行委員会委員に選ばれる（『安源路礦工人運動』（下）、一三七九頁）。

(48) 羅夫「趙恒惕専政下的民衆」『嚮導週報』第一四〇期、一九二五年一二月三〇日。

(49) 『安源炭鉱物語』一五一～一五三頁など。

(50)(51) 孔原「憶大革命時期萍郷民運的断片」『安源路礦工人運動』（下）、一〇三〇～一〇三一頁。

(52) 『萍郷煤炭発展史略』二八～二九頁。

(53) 『安源炭鉱物語』二三八頁など。

(54) 「中央局報告（十、十一月份）」一九二六年一二月五日、『中共中央文件選集』第二冊、一九八九年、五二六～五二八頁。
(55) 鄭林荘「中国合作運動史初稿」、燕京大学経済学会『経済学報』第一期、一九四〇年五月。
(56) 鄧中夏『中国職工運動簡史』一一一頁。
(57) 『湖南省志――湖南近百年大事記述――』第一巻、四四九頁。
(58) 「合作社の設立と拡大は安源労働運動を推進したのみならず、党（中共）の工作を促進し、我党の活動のために多額の資金を調達し、大きな貢献をした」と総括されるが（『毛沢民伝』六三頁）、「多額の資金」調達の事実はまだ確認できない。
(59) 『安源炭鉱物語』二〇七頁。
(60) 「安源路礦工人消費合作社的沿革和現状」『平民』第一五五期、一九二三年五月二六日等。
(61) 消費合作社の初代総経理は倶楽部総主任の李立三（二三年七月段階で二四歳）が兼任したが、李が安源を離れた後、その職務は坑外主任劉少奇が兼任。その後、易礼容（湖南省湘郷出身、二六歳）となり、二三年九月毛沢民（二五歳）が兌換科経理・代理総経理となった。
(62) 易礼容「関於安源路礦消費合作社」一九七八年一二月三日、『安源路礦工人運動』（下）、一九九一年、一〇〇四頁。「易礼容同志談安源」一九八〇年三月、『劉少奇与安源工人運動』一五九頁。なお、李立三によれば、消費合作社運営のため、毛沢東が能力のあった弟毛沢民（当時、文化書社経理）を派遣したとする（「李立三同志談安源工運」一九六二年六月、長沙市革命記念地弁公室・安源路礦工人運動記念館合編『安源路礦工人運動史料』湖南人民出版社、一九八〇年、六九六頁）。
(63) 前掲「安源路礦工人消費合作社的沿革和現状」等。副経理朱少連（一八八七・三～一九二九・一）は湖南省衡陽の農家出身。一九〇九年湖北鉄路学校に入学、卒業後、株萍鉄路局で機関車運転手。一八年安源「機務処」（機関車事務）に異動、その後、路局「行車（運転）部総司機（運転手）」に抜擢された。二一年冬、中共は安源で工作を展開、この時、社会主義思想の影響を受ける。二二年一月李立三が安源で工人補習学校を創設した時、朱は発起人の一人で、校務委員会委員となる。二二年中共入党、三月李立三らと安源路鉱工人倶楽部の設立準備、倶楽部副主任に選出される。七、八月漢陽鉄廠のストライキ勝利のニュースが伝わる。この時、李立三は命を受け、長沙に「泥木」（建築？）工会組織化のため赴き、倶楽部工作は朱が代理主宰した。九月ストライキを指導し、勝利に導いた。一〇月倶楽部（鉄）路局主任に就任、粤漢鉄道総工会、及び湖南全省工団連合会の設立準備に参画、一一月前者の成立大会に出席、後者の第一次、第二次代表会議に出席、第二次では大会主席。二三年安源で倶楽部建築委員会長、消費合作社副総経理を兼担。六月安源地方支部を代表して、中共第三次全国代表大会に出席、中央執行委員会委員に当選。二五年九月弾圧で倶楽部が閉鎖された後、安源を離れ、二六年三月全国総工会の指示で、株萍鉄路総工会委員長。五月一日漢冶萍総工会を代表して、広州開催の第三次全国労働大会に出席、中華全国総工会執行委員会委員に選出された。九月初頭、国民革命軍の北伐が萍郷に到達後、中共安源地方委員会にあって株萍鉄路総工会を指導、北伐を支援した。二七年四月武漢国民政府が萍郷整理委員会の設立を決定後、同委員会と工会が共同で萍鉱の生産と運搬販売を管理することとなり、朱は株萍鉄路総工会委員長、萍鉱株州転運局長に就任、萍鉱生産、運搬販売工作に参与した。馬日事変後の八月、中共株州区委員会の組織化に参画、中共湖南省委の配置に基づき、秋収蜂起を準備。九月中共湖南省委の命を受け、労農革命軍第一師第四連隊を組織し、秋収蜂起に参加したが、二九年一月国民党に逮捕され、萍郷県城で殺害された（「朱少連」『安源路礦工人運動』（下）、一三七七～一三七九頁）。

なお、湖南自修大学とは二一年八月設立された。「平民主義」の大学で、伝統的な書院形式に現代的な学校内容を取り入れ、双方の長所を生かし、書院式の「八股」、学校式の少数の「特殊人」が進学できるという短所を廃すという。大学は二科で構成され、文科は中国文学、西洋文学、英文、論理学、倫理学、心理学、教育学、社会学、歴史学、地理学、「新聞」（ジャーナリズム）学、哲学などで、法科は法律学、政治学、経済学などである。「金銭が命」という時代、自修大学は「無産階級」などすべての人に高遠な学問の機会を与えることはできないが、官立大学よりは融通がきくことが多く、費用も安い。学生は「自己看書（学習）、自己思索」でき、共同討論・共同研究できる者である。修学するのみならず、向上の意思があれば、健全な人格を養成し、不良な習慣を洗い流し、社会革新の準備とする（毛沢東「湖南自修大学創立宣言」一九二一年八月、『毛沢東集』第一巻、北望社、一九七二年、八一～八四頁）。このように、自修大学には学歴的な入学制限はなく、社会革新の気概ある「平民」の養成にあったといえよう。

(64)　毛沢民（一八九六・四・三～一九四三・九・二七。字は潤蓮）。毛沢東の弟で、次男。幼年には私塾で学ぶ。一九二一年春、長沙の省立第一師範学校付属小学で校務担当。毛沢東、何叔衡が中共骨幹養成のため、長沙に湖南自修大学を創設。二二年毛沢民は自修大学で庶務の仕事をしながら、同大学付設の補習学校で学ぶ。この時、毛沢東、何叔衡からマルクス・レーニン主義と中共に関する初歩的知識を学ぶ。同年長沙筆業工会秘書となり、労働運動に尽力、中共に入党。一一月中共湖南区委員会の指示で安源に行き、工人夜学校教員。二三年消費合作社の拡充工作に参画、消費合作社兌換科経理、その後、消費合作社代理総経理。二四年春総経理、倶楽部建築委員会仕入処長。病により二五年二月韶山に戻り、農民運動に従事。四月広州に行き、第五届農民講習所で学習。卒業後、上海で中共中央出版発行部経理。二七年四・一二クーデタ後、漢口に行き、『漢口民国日報』総経理。年末、上海で「地下印刷廠」で工作。三一年七月閩粤贛ソ区で軍区経理部長。三二年江西ソ区で中華ソビエト国家銀行の準備設立に参画、三月国家銀行長、及びタングステン鉱山公司総経理。長征中は一五大隊長で、全軍の後方補給工作を担当。陝北では国民経済部長。三六年初頭、中華ソビエト政府国民経済部長。三八年初頭、中共中央の命で「連ソ連共」のポーズをとる新疆省主席の軍閥盛世才のところに行き、抗日民族統一戦線工作に従事、八路軍弁事処を指導。仮名「周彬」を用い新疆省政府財政庁副庁長に就任。四一年省民政庁長。四二年九月盛世才に一〇〇人余の中共党員とともに逮捕され、四三年九月毛沢民、陳潭秋、林基路はいわゆる「共産党『四・一二』陰謀暴動案」を口実にウルムチで殺害された。周知の如く、それを痛烈に非難した第三勢力の杜重遠も四三年一〇月に獄中で毒殺されたといわれる(『毛沢民伝』五四～五五、四八〇～四八一頁。「毛沢民」『安源路礦工人運動』(下)、一四〇八頁。「毛沢民」『民国人物大辞典』河北人民出版社、一九九一年、一一八頁。「毛沢民」『中国近現代人名大辞典』中国国際広播出版社、一九八九頁、六八頁など)。

(65) 『毛沢民伝』五八～五九頁。

(66) 前掲「李立三同志談安源工運」六九六頁。ところで、二二年鉱局労働者の賃金は一日一人が僅か銀元計算で二角七、八分だけであったが、労働者はすべてを手にしたわけではない。一日労働者一人の所得は銅銭二六、七枚だけである。安源の交換レートは銀貨一元は銅銭二一〇余枚に交換できたとする(『劉少奇与安源工人運動』一八〇、一九七頁)。このように、時期によって交換比率は変動した。なお、五枚銅貨で「一〇〇銭」であるから、一枚銅貨は二〇銭となる。

(67) 中共萍郷炭鉱委員会著、島田政雄訳『安源炭鉱物語』新日本出版社、一九六二年、九八頁。

(68) 『毛沢民伝』六二頁。

(69) 樵子「随感録」『平民』第一六四期、一九二三年七月二八日。

(70) 「安源路礦工人消費合作社的沿革和現状」『平民』第一五五期、一九二三年五月二六日。

(71) 『毛沢民伝』六一～六二頁。

(72) 毛沢民「消費合作社報告」一九二三年八月、『安源路礦工人運動』(上)、一九九〇年、一九三～一九五頁。

(73)毛沢民、同前「消費合作社報告」一九〇頁。
(74)「最高代表会報告」一九二三年八月、『安源路礦工人運動』(上)、一四九頁。「安源工人消費合作社大拡充」『労動週報』第二〇期、一九二三年九月一日。
(75)『毛沢民伝』六三頁。
(76)劉少奇「対倶楽部過去的批評和将来的計画」一九二三年八月二〇日、『劉少奇与安源工人運動』三二、四〇～四一頁。
(77)「安源地方報告：中共拡大執行委員会文件」一九二四年五月、『中共中央文件選集』第一冊、二六九～二七〇頁。
(78)李滌生「(第二届)最高代表会報告」一九二四年一二月、『安源路礦工人運動』(上)、三一二～三一五頁。
(79)陸沈「(第二届)幹事会報告」一九二四年一二月、『安源路礦工人運動』(上)、三一八、三二一、三二三～三二四頁。
(80)「江西省第一次全省農民代表大会決議案」(一九二七年二月)の「合作社草案」、『第一次国内革命戦争時期的農民運動資料』人民出版社、一九八三年、五七九頁。
(81)「湘区政治報告」一九二六年九月七日、『中共中央文件選集』第二冊、三六九頁。
(82)「中央局報告(十、十一月份)」一九二六年一二月五日、『中共中央文件選集』第二冊、五四二頁。
(83)『第一次国内革命戦争時期的工人運動』人民出版社、一九五四年、三四九～三五〇、三五九～三六一、三六四、三六八頁。なお、一九二六年一二月湖南全省総工会第一次代表大会で決議された「工会組織大綱」では、少人数の郷村臨時工(大工、左官など)、あるいは居住地が分散し、工会組織化が不可能な時、該郷村の農民協会に加入できるとする(同前、三三二～三三三頁)。つまり農民協会には一定数の職人や手工業者が参加していた可能性が強い。
(84)中夏「中国農民状況及我們運動的方針」『中国青年』第一三期、一九二四年□月五日。
(85)『安源路礦工人運動』(下)、一三八〇頁。
(86)羅浮「北伐声中之湖南」『嚮導週報』第一六二期、一九二六年七月四日。
(87)「中央局報告(十、十一月份)」一九二六年一二月五日、『中共中央文件選集』第二冊、五二二～五二三頁。
(88)「中共湖南区第六次代表大会宣言：農民的最低限度之政治経済要求」一九二六年一〇月二日、『第一次国内革命戦争時期的農民運動資料』三九三～三九五頁。
(89)「湖南省第一次農民代表大会決議案」一九二六年一二月、同前所収、四二一～四二二頁。

(90)「関於湘鄂贛三省農運議決案：中央特別会議文件」一九二六年一二月、『中共中央文件選集』第二冊、五八〇頁。

(91)「萍郷全県第一次工農代表大会会議日志」一九二七年二月、『安源路礦工人運動』(上)、六一七〜六一八頁。

(92)「県農協代表会第四日」『湖南民報』一九二七年四月六日。「規定銀」とは、上海で通用した銀で、純度九八％であったことから、「九八規銀」とも称された。なお、『湖南民報』は国民党湖南省党部の機関誌で主編は謝覚哉。二六年七月創刊、二七年馬日事変後に停刊に追い込まれた。

(93)中夏「中国農民状況及我們運動的方針」『中国青年』第一三期、一九二四年□月五日。なお、①海陸豊農民運動に関しては、蒲豊彦「地域史のなかの広東農民運動」、狭間直樹編『中国国民革命の研究』京都大学人文科学研究所、一九九二年など、②国共両党と広東、湖南両省の農民運動との関連については、北村稔『第一次国共合作の研究』岩波書店、一九九八年が参考になる。

(94)「附広東農民一年来奮闘経過報告決議案」『中国農民──広東第二次全省農民代表大会特号──』第六・七期合刊、一九二六年七月、大安(復刻)一九六四年、六三三〜六三四、六三七頁。

(95)「会務総報告決議案」同前、六九四頁。

(96)「農民合作運動決議案」同前、八一〇〜八一一頁。

(97)「湖北省農民協会第一次全省代表大会議決案」(一九二七年三月)の「農民協会組織問題決議案」、「農村合作社問題決議案草案」、『第一次国内革命戦争時期的農民運動資料』四九九、五〇三〜五〇四頁。

(98)「中央局報告(十、十一月份)」一九二六年一二月五日、『中共中央文件選集』第二冊、五〇二〜五〇三頁。

(99)「中国共産党加入第三国際決議案：中共第二次全国代表大会文件」一九二二年七月、『中共中央文件選集』第一冊、六八頁。

(100)「関於『工会運動与共産党』的議決案：中共第二次全国代表大会文件」一九二二年七月、『中共中央文件選集』第一冊、八一頁。

(101)「労働運動議決案：中共第三次全国代表大会文件」一九二三年七月、『中共中央文件選集』第一冊、一五〇頁。

(102)「対於職工運動之決議案：中共第四次全国代表大会文件」一九二五年一月、『中共中央文件選集』第一冊、三五五〜三五六頁。

(103)鄧中夏『中国職工運動簡史』六八〜六九、七二〜七五頁。

(104) 心誠「三年来的職工運動」『嚮導週報』第一二八期、一九二五年九月七日。
(105) 鄧中夏『中国職工運動簡史』一六五、一六八頁。
(106) 楽生「第三次全国労動大会之経過及其結果」『嚮導週報』第一五五期、一九二六年五月三〇日。
(107) 「第三次全国労動大会関於中国職工運動総策略決議案」一九二八年一二月、『第一次国内革命戦争時期的工人運動』二二八～二二九頁。
(108) 楽生、前掲論文。
(109) 「職工運動宣伝問題議決案：中共中央拡大執行委員会文件」一九二五年一〇月、『中共中央文件選集』第一冊、四八五頁。
(110) 「共産国際執行委員会第七次拡大全体会議関於中国問題決議案」一九二六年一一月、『中共中央文件選集』第二冊、六七五頁。
(111) 『合作訊』第四〇期、一九二八年一一月一〇日、四頁。
(112) 「中国共産党対於目前実際問題之計画」一九二二年一一月（?）、『中共中央文件選集』第一冊、一一九～一二五頁。
(113) 「告農民書：中共中央拡大執行委員会文件」一九二五年一〇月一〇日、『中共中央文件選集』第一冊、五一七頁。
(114) 「農民運動議決案：中共中央拡大執行委員会会議文件」一九二六年七月、『中共中央文件選集』第二冊、二〇七、二一四頁。
(115) 「対於広東農民運動議決案：中共中央拡大執行委員会会議文件」一九二六年七月、『中共中央文件選集』第二冊、二三九頁。
(116) 「土地問題議決案」一九二七年四月（?）、『中共中央文件選集』第三冊、一九八九年、七一頁。
(117) 「中央通告農字第五号――農運策略――」一九二七年六月、『中共中央文件選集』第三冊、一六一頁。
(118) 「中央通告農字第八号――農運策略的説明――」一九二七年六月一四日、『中共中央文件選集』第三冊、一九一頁。
(119) 安中原等「第五次大会前中央農委関於協作社之決議草案」一九二七年六月一四日、『中共中央文件選集』第三冊、一九一～一九三頁。
(120) 「中国共産党土地問題党綱草案」一九二七年一一月二八日、『中共中央文件選集』第三冊、五〇二頁。
(121) 中華全国農協臨時執行委員会常務委員（譚延闓、譚平山、鄧演達、毛沢東、陸沈）「全国農民協会之重要訓令――農運新規劃五項――」一九二七年六月七日、『中共中央文件選集』第三冊、六一三～六一五頁。
(122) 「第三章農民運動講習所」『中国農民』第二期、一九二六年二月、（大安版）一六八～一七一、一八七～一九三、一九七～

一九九、二〇三～二〇七頁など。

(123)「第六届農民運動講習所辦理経過」(一九二六年五月～一〇月五日)、『第一次国内革命戦争時期的農民運動資料』人民出版社、一九八三年、六七～七二頁。では、ここで于樹徳の講義録「農民合作概論」の内容を押さえておきたい。すなわち、農民合作社に限定するとし、構成は、第一章「合作社的性質及効用」、第二章「信用合作社」、第三章「購買合作社」、第四章「販売合作社」、第五章「生産合作社和利用合作社」、第六章「合作社之兼営及合作社連合会」となっている。于樹徳は第一章で、「現在、経済組織の最大の弊害は自由競争と私有財産」とし、資本が多い者は生産上の利益多く、資本が少ない者は生産上の利益が少ないとする。貧富の差が甚だしくなるというのである。これらを根本的に打破するためには、新たに組織する社会(オウエン的なある種の社会主義社会と考えられる)を創出しなければならない。だが、こうした「新社会」が実現する以前、「小産業者」(小農を含む?)は合作社を組織し、相互に擁護し、豪農や富戸と平等な地位に立たせる。合作社社員間にはもとより貧富の差もあるけれども地位は一律平等である。第四章の販売合作社の意義を重視しているようで、①販売上の特質と効用、②加工の特質と効用、③金融上の特質と効用、④物価調節の性質に分けて詳細に論じている。普遍的な必要性、経営の容易さから見ると、合作社の種別は、信用↓購買↓利用↓販売↓生産の順であるとする。生産合作社に関しては、最も困難視していたが、多数の農民が合作社を組織し、原料を供給し、共同で農産物を製造する。例えば、製糸合作社、養鶏卵工場、「煉乳」(コンデンスミルク)工場、及び缶詰工場などである。また、利用合作社に関しては、小農が合作社を組織し、小農一戸で購入不能、設置不能な噴水機、消毒器、養蚕具、養蚕室、打穀場、貯蔵室、及び倉庫などの社員共同利用とある。生産・利用両合作社に適任者がいなければ、外部から技師を招聘することもできる。最後に、農村の経済的情況や農民の需要に応じて、例えば信用購買、信用販売、信用生産、販売利用生産など合作社同士の兼営の必要を力説する。そして、合作社が発達し、各地方に普遍的に設立された時、各種の同種同性質の合作社は連合し、県を範囲に、例えば、「某県信用合作社連合会」というように、各種の合作社連合会を組織する(ここでは、兼営連合会には言及されていない)。各県連合会の組織化に成功後、全国連合会を組織する。(全国)連合会の職責は、一方で刊行物を発行し、合作社組織を宣伝し、全国に普遍化させ、他方で各合作社に相互扶助、相互救済をおこなわせ、合作社の発展を助ける。「我国の合作社は現在すでに萌芽し、各省各地方である人々が提唱している。我々が皆、努力すれば、我国の合作社思想の普遍化は難しくなく、最短期間で大々的な発展も困難ではない」(于樹徳「農民合作概論」『中国農民』第三期、一九二六年三月一日)、と。

このように、「自由競争と私有財産」を骨子とする資本主義に反対することを明確にし、かつ信用、購買、利用、販売、生産各合作社の特質と効用を明らかにした。信用合作社の必要性が最も高いとしながらも、販売合作社について詳細な説明を加えた。生産合作社に関しては最も設立困難としながらも、先駆的に製糸合作社などについて言及している。そして、于樹徳の兼営、連合会の提起と強調は、その動きを三〇、四〇年代に向けて加速させる役割を果たしたといえるであろう。なお、于樹徳は当時、中共党員で、第一次国共合作下で、国民党にも入党した、いわゆる「跨党分子」である。

(124)「中央農民運動講習所章程」（一九二七年）、『第一次国内革命戦争時期的農民運動資料』人民出版社、一九八三年、一一二～一一三、一二二～一二六頁など。

(125)「中国共産党中央委員会対政局宣言」『嚮導週報』第二〇一期、一九二七年七月一八日。

(126)中国共産党「国民革命的目前行動政綱草案」『嚮導週報』第二〇一期、一九二七年七月一八日。

(127)合作社に対する中共の見解はレーニンの協同組合理論に強い影響を受け続けた。例えば、ソビエト期にも、寿昌は中共中央局機関誌『闘争』の中で、合作社の性格は合作社自体によって決定されず、資本主義、社会主義という枠組で決定されるとする。特に改良主義者は「合作主義」、「合作社会主義」を宣伝して階級闘争を否認し、革命的労働運動と残酷に闘争し、全世界無産革命闘争の最も凶悪なる敵の一つと断ずる。とはいえ、ソビエト区（以下、ソ区）では合作社は資本主義企業でも社会主義企業でもなく、土地革命の中で生長してきた小生産者の一種の集団経済で、労農に擁護されていると評価する。ただし構成分子を労働者、貧農、中農に限定し、搾取分子たる地主、富農、資本家を排除するとともに、合作社内での中共の指導を強調するものであった（寿昌「関於合作社」『闘争』第一七期、一九三三年七月五日）。また、中共では、労働運動の中で生まれた故の消費合作社重視の姿勢は継続された。例えば、三三年八月江西中心の中央ソ区では合作社総数九五〇社で、消費合作社、糧食合作社がそれぞれ四三・九％、四八・一％を占め、生産合作社は八％に過ぎなかった。糧食合作社の任務は食料調整であるが、極めて不十分で、一部は消費合作社的営業をおこない、一部は農業倉庫的役割を果たしていた（亮平「目前蘇維埃合作運動的状況和我們任務」『闘争』第五六期、一九三四年四月二一日）。さらに、三八年六月陝甘寧辺区では合作社総数が一五五社で、実に消費合作社が九五％を占めていた（杜映「継続発展中的辺区合作事業」『新華日報』一九三八年六月五日）。中共が経済未発達地域の西北などに追いつめられるにつれ、消費合作社は少ない物資を分配する形となり、必然的に限界と矛盾を露呈し、生産も重視せざるを得なくなった。そこで、工業合作社が導入され、また地域集合体として消費・信用・手工業・運輸・飯店など多業種合作の延安南区合作社などが模範とされていくことになる。

第五章　沈玄廬の合作思想と浙江省蕭山県衙前農民協会

はじめに

浙江省蕭山県衙前村は県城から一四キロにあり、蕭紹公路（蕭山―紹興）の中間に位置し、また運河が通っている。一九二〇年当時、衙前村は二〇数の自然村落を包括し、人口は三〇〇〇人余であった。淡水魚や米が著名であったが、水害、干魃、蝗害が頻繁に発生し、農業は連年凶作で、その上、地主の収奪が加わり、農民運動は激化していた。なお、浙江省の地図を見れば理解できるように、蕭山県衙前村は紹興のみならず、杭州に極めて近く、その中間に位置し（**図5-1**）、物流の経由地であると同時に、新たな文化、政治思想の流入が早く、その意味で先進地域であったことも押さえておく必要がある。

本章では、衙前農民運動を積極的に指導した沈玄廬に焦点を絞り、特異な形態を採る浙江省蕭山県衙前農民協会（二一年九月設立）に考察を加える。これは、極めて複雑な問題であり、衙前農民協会は合作主義者、合作社研究者が一貫して、これはいわゆる農民協会ではなく「合作社」（協同組合）と断じているものである。にもかかわらず、その合作社としての内容に踏み込んで論じるものは管見の限りなく、設立月日とか、沈玄廬指導であったとか、合作

図5－1　衙前村の地理的位置

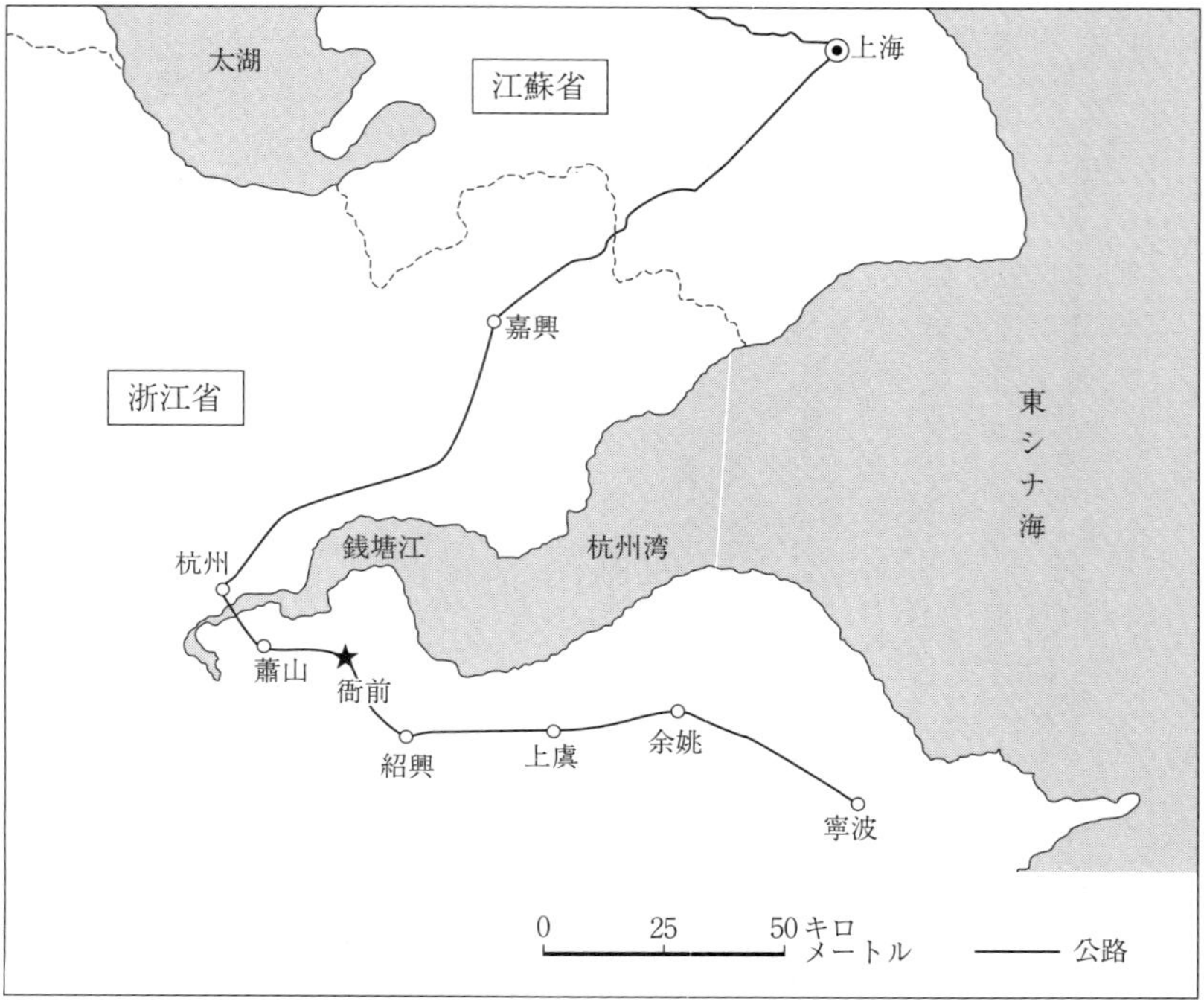

主義を危険思想とした地方政府、官僚によって閉鎖されたとか、詳細な事実の発掘も、その内容や実態を探究することもなく、簡単な記述を繰り返している(1)。他方、農民運動関係から衙前農民運動をとりあげ、詳細に論じたものはあるが、不思議なことに二一年の衙前農民協会が「合作社」であったとの記載はなく、沈と李成虎に指導され、減租闘争をおこなった結果、同年一二月軍警により閉鎖されたとする(2)。そして中国共産党（以下、中共と略称）の指導下、もしくは影響下（その根拠を沈玄廬が上海共産主義小組に参加していたことなどに求める）の農民運動で、広東や湖南のそれよりも早い「中国初の農民協会」との位置づけを与えているものさえある(3)。このように意見は明らかに矛盾、対立しているにもかかわらず、双方の間で議論された形跡はなく、今に至っているのである(4)。

そこで、本章では、現在の研究状況を打開

するため、衙前農民協会を中核に置き、合作社と農民運動の双方からアプローチし、立体的、かつ構造的な分析に努める。まず沈玄廬の経歴を明らかにしながら、いかなる合作主義者であり、衙前農民協会がいかなる「合作社」であったのかを、その実態、変遷を実証的に究明する。また、地方自治、減租をスローガンとする農民運動、及び農村教育の理念と実態、及び相互の有機的関連に考察を加える。その際、歴史開拓的に世界的に著名な英国の社会主義者であり、「協同組合思想の父」と称されるロバート・オウエンとの思想的関連を重視する。なお、沈はごく初期からの中共党員であるが、後に右派国民党員（「西山会議派」）となり、反共を鼓吹した。かつ独特な思想、構想、方法で合作社組織化を推進した。そこで、国民党、中共それぞれの合作社系列に含めず、独立して論じることとした。

一　沈玄廬の略歴と活動

まず最初に、沈玄廬の経歴をできる限り明らかにしたい。沈玄廬（原名「宗伝」であったが、辛亥革命後、「定一」と改名し、日本亡命中、「玄廬」と号す）は一八八三年に浙江省衙前村の官僚地主の家庭に生まれる。父沈受謙は進士で、まず北京工部主事、その後、福建徳化、順昌各知県（知事）を経て台湾「永春」（恒春？）知州となった。父と台湾に行き、フランスに対する台湾・福建民衆の抵抗を目撃し、子供心に列強の侵略に反発を感じたという。八歳以降、『四書五経』、さらに一〇歳以降は『三国志演義』、『水滸伝』なども読む。一九〇一年に秀才に合格した。

一九〇三年沈玄廬は雲南楚雄府広通知県に就任。広通は貧困地で、経済、文化も遅れていた。沈は着任後、教育振興が県政の急務と見なし、廟宇に学堂を開き、革新人士に教鞭を採らせ、学費は沈が負担した。沈は布告を貼りだし、教育を宣伝し、郷民を鼓舞して子女を入学させた。また、団練数百人を募集し、地方の治安を維持した。沈は「愛民」をモットーに、可能な限り減税、免税し、当地の民衆の敬愛を受けたという。沈は孫文の革命思想の影響と中国同盟会員楊秋帆ら革命派との接触を通じて、清朝打倒を考えるようになった。そこで、多くの革命派人士と連繋し、かつ物資、金銭を支援した。浙江民衆の「保路」（鉄道利権回収）運動が高まりを見せ、一九〇五年浙江人士は「浙江鉄路公司」を創設し、英米の滬杭甬鉄道修築権に抵抗した。さらに「浙江保路会」を設立し、沈自身も株主代表の一人であった。一九〇七年頃、沈は雲南武定知州に異動した。ところで、河口が黄興の拠点で、清朝は黄らを掃討した。沈は秘密裏に黄興と連絡を取り、その部隊を安全に撤退させた。それが露見しないように、沈は河口一帯の巡視を装った。沈の巡視を高く評価した雲貴総督錫良は沈に省会（昆明）の巡警総弁という重職を与えた。その地位を利用して、沈は警察部隊を創設し、悪徳官吏に懲罰を加え、また賭博禁止、衛生提唱の布告を出している。だが、中国同盟会の河口起義を支援したことが、密告されて日本に亡命せざるを得なくなった。日本では、浙江出身の蔡元培、陶成章ら発起の光復会、さらに中国同盟会に参加した。一〇年に帰国している。

一九一一年辛亥革命が勃発すると、沈は陳其美らの上海武装起義で上海鋳造廠占領に参加した。その後、沈は革命派青年一三〇〇人余を集め、上海に「中華民国学生軍団」を創設し、沈自ら軍団長に就任した。一一月浙江を「光復」した。一二年九月浙江第一届省議会が成立し、沈は議員に選出され、議長に就任、かつ法律審査課副課長を担当した。そして、「浙江軍政府臨時約法」の制定に参画したが、時局不安定のため実施には至らなかった。さらに、上海で公民急進党を成立させ、「民権を鞏固にし、民意を発展させ、各々公民に尽くすを天職として、完全な共和国家を造成する」を宗旨とした。一三年七月孫文が第二革命を発動すると、沈は「討袁通電」を発表し、袁世凱打倒闘争をおこなったが、第二革命失敗後、省議会は解散、公民急進党総部は閉鎖、沈は指名手配され、一四年二月再び日本に亡命した。

日本では、政治を研究し、各種社会思想、特に社会主義を重視し、この時、思想的基盤を確立したとされる。また、沈仲九の紹介で詩人劉大白と知り合った。当時、孫文、黄興も日本におり、沈玄廬は彼らと何度も中国革命問題を論じた。一五年五月日本の「二十一ヵ条要求」を袁世凱が受諾したことから中国内外で反対の声が巻き起こった。孫文は東京で再び討袁運動を呼びかけ、沈は留日学生集会を開催した。そして、「反袁反日」宣伝活動を展開し、留日学生総会を組織して、沈が総幹事に就任した。留日学生全員の帰国を呼びかけ、また対日経済絶交運動を展開した。この結果、日本の警察が監視しはじめたため、同年夏、沈、劉大白ら九人はシンガポール、さらにスマトラに逃れた。一六年雲南護国軍起義のニュースを聞き、六月上海に戻る。この時、袁世凱死去と「浙江独立」を聞き、帰郷した。九月省議会の回復工作に着手し、第二届省議会議長に当選した。一二月段祺瑞政府が直接浙江を支配しようとした。これに対抗して、一七年一月四日沈は杭州で「浙人治浙」を提起し、沈、蔡元培、章炳麟らが代表となり、それぞれ北京、南京に請願に赴いたが、拒絶された。護法運動失敗後、沈は指名手配され、上海へと逃亡した。この時期、胡適、陳独秀らの文学革命に呼応した。

一九年五・四運動が勃発すると、沈は支持し、上海各界国民大会で軍閥政治を非難した。さらに六・三運動が展開すると、六月戴季陶らと上海で『星期評論』を出版し、「罷学」（授業放棄）、「罷市」（商人スト）、「罷工」（ストライキ）に対して、その目的が外患を防禦し、国賊を誅滅するものとして高い評価を与えた。また、『星期評論』誌上でマルクス主義、社会主義を積極的に鼓吹している。ただ沈は、世界は人の思想が創造したもので社会変革の源は「人の自覚」と考え、階級闘争よりも「階級平等」を提唱し、革命ではなく改良を主張した。そして、沈は「最初の最も重要な手段は教育」であると確信し、教育から着手して社会を改造することを強調した。したがって、二〇年初頭、北京で「工読互助団」が成立すると、各地で「工読互助」を呼びかけた。同時期、沈は浙江第一師範学校の学生運動を支持した。ここでは、教師と学生が進歩的な『浙江新潮』を出版していたが、第二期で刊行を禁じられたので、沈は第三期を上海で刊行した。また、万が一閉校とされたら、沈は故郷に教師、学生を連れて行き、中学を設立しようと考えた。沈の鼓舞の下、浙江第一師範学校の学生運動は全国的に有名となり、数多くの優秀な青年を養成した。

二〇年五月上海で沈玄廬は陳独秀、戴季陶、邵力子、陳望道、李漢俊、劉大白らと上海で、マルクス主義研究会を組織した。久しからず戴季陶、陳望道、劉大白らは意見の差異から前後して退会したが、沈は浙江に戻り活動を継続した。五月陳独秀の紹介で、沈はコミンテルン代表ボイチンスキーの主宰する座談会に参加し、社会主義や中国社会改造問題などを討論した。出席者は陳独秀、沈玄廬以外に、李漢俊、邵力子、施存統、兪秀松、陳望道、沈雁冰らであった。七月ボイチンスキーの提案で、上海で「中国積極分子会議」が開催された。同会議で中共創設が提案され、陳独秀、李漢俊、沈玄廬らは賛成した。かくして、陳独秀を首班とする上海共産主義小組が生まれた。陳独秀らが上海労働運動を指導し、一一月中共指導下で最初の労働組合である上海機器工会が成立した。だが、沈は「中国無産階級は多くなく、農民が国民の中で最大多数を占める。中国社会革命は特に農民運動に注意しなければならない」、とむしろ農民を重視した。

沈は二一年四月衙前に帰郷し、元浙江第一師範学校の進歩的な教師劉大白、学生宣中華、徐白民、唐公憲らとともに、都市で夜学校から着手し、労働運動を展開した方法に倣い、衙前農村小学校を創立した。沈は小学校で農民に革命道理を宣伝し、都市労働運動の状況を紹介した。沈は農民と話しあい、また廟宇を利用して集会、演説をした。九月二三日山北の土地廟で「農民自決」を講演した。こうした啓蒙を基礎に、二七日沈は衙前東岳廟で農民大会を開催し、貧苦農民の李成虎らが責任を負う衙前農民協会を成立させた。その成立は付近の農村に影響を及ぼし、一、二ヵ月間に蕭山、紹興など八〇数ヵ村に相次いで農民協会が成立した。同時に衙前農民協会を中心に農民協会連合会を樹立し、主に減租闘争を展開した。農民運動の高まりは蕭山・紹興地区の地主豪紳の恐怖と不安を引き起こした。幾人かの地方官紳は省政府に、沈が「共産（主義）を提唱している」と告発し、「洪水猛獣」、「過激主義」と非難した。武装警官が出動し、当地政府に請願する農民を弾圧した。一〇月沈は第三届浙江省議会議員に当選、省議会議員の身分で合法的闘争をおこなっているとし、当局に詰問した。だが、当局は年末、農民運動を武力鎮圧し、農民協会指導者の李成虎を逮捕した。

二二年初頭、沈は地方教育発展に尽力し、「教育即革命、革命即教育」を実践した。衙前農村小学校のみならず、蕭山全県に小学校教育を普及させる計画で、東郷地区に東郷教育会を設立し、自ら教育会長に就任した。そして、衙前農民運動指導者の一人で、社会主義青年団員宣中華を総幹事に招聘した。知識青年徐白民、唐公憲、楊之華、銭義璋、王貫三らと共同して、東郷地区の数多くの村に学校を設立した。これは蕭山県で前代未聞のことであった。六月社会主義青年団杭州地区委員会が成立し、衙前一帯に団支部を設立し、青年団支援のため、『責任』を刊行した。沈は「浙江省平民自治憲法説明書」を出し、その中で⑴中華民国は「資本家国（家）」になることはできない。⑵中華民国には新たな統一の中心が出現している。⑶「後進国」は残酷な階級闘争を「消滅させる」（おこなわなくてよい）可能性がある。当時、浙江軍閥政府は「省権自治」を鼓吹し、全民制憲運動を展開した。沈はこれに希望を抱き、「省憲草案」を推薦しただけでなく、さらに「民選省長」を提起した。しかし、北京政府は旧来の「中央政府」名義で浙江省の新省長を任命した。沈はこれを怒り、一一月省議員五一人と共に省議員を辞職した。当時、沈は中共に対しても農民問題に注意を払わないことへの不満があり、かつ国共合作への疑惑があった。沈は「国民党内合作」を決定することになる中共第三次全国代表大会の招聘を拒絶、「脱党」を提起したが、中共はこれを受理しなかった。

二三年「孫文・ヨッヘ連合宣言」以降、孫文はコミンテルン代表マーリンと相談し、代表団をソ連視察に送ることとした。二三年八月孫文の命を受けて代表団は蔣介石を団長に、沈玄廬、王登云、張太雷の四人で組織され、ソ連に三ヵ月滞在した。四人は八月一六日出発し、九月二日モスクワに到着。代表団はソ連の党政軍指導者と会談をし、工場、農村、軍隊などを参観した。一一月七日には赤の広場で「十月革命勝利六周年パレード」を参観した。代表団は一一月二九日ソ連を離れ、一二月一五日上海に戻った。沈はソ連を離れる前日、「被圧迫民衆万歳、中国革命万歳、世界革命万歳」と書き残した。沈は、ロシア革命の成功を労働者、農民、及びソ連内の各民族の擁護によるものと理解した。また、ソ連共産党指導下で経済建設は巨大な発展を示し、人民の生活は安定と幸福を享受している。このように、ソ連視察は沈に深い印象を残したという。この結果、中共脱党、国共合作反対の姿勢を転換し、中共中央の指示に従い、上海で葉楚傖らの紹介で、個人の資格で国民党に入党した。その後、杭州で浙江国民党組織の改組工作に着手した。

二四年一月国民党は広州で第一次全国代表大会を開催し、第一次国共合作が正式に成立した。沈は中央候補執行委員に当選した。だが、大会以後、宣中華らと浙江で国民党各級党部組織を準備設立した以降、次第に中共と疎遠になり、三民主義を主張した。三月三〇日杭州で、国民党浙江支部会議を主宰し、浙江臨時省党部を成立させ、執行委員に当選した。八月国民党一届三中全会に出席。年末、国民会議運動の宣伝員として杭州、寧波、温州などで活動した。一一月孫文は北上し、国民会議開催を主張した。孫文は途中、上海で沈に浙江国民会議運動の宣伝を依頼した。そこで、沈は杭州、寧波、温州などで宣伝した。だが、沈は国共合作に対しても一貫しなかった。そこで、沈は中共内の一定の職務からはずされ、かつ中共中央からの予算も減少したため、再び中共への不満を抱いた。

二五年一月中共中央は上海で第四次全国代表大会を開催し、沈は正式代表として出席した。だが、大会の間、沈は会規を遵守せず、公然と国共合作に反対し、コミンテルン代表ボイチンスキーと参会者の批判をあびた。三月孫文が死去すると、一一月二三日西山碧雲寺ので集会を開き、沈は反共的な林森、鄒魯、居正、張継、戴季陶、邵元冲、葉楚傖らと「分共」（中共と分かれる）を決議し、いわゆる「西山会議派」を結成した。その会議後、沈は浙江に戻り、党務工作に努力した。五月二日上海滬江大学で「革命与人生」を講演し、「三民主義救国」を宣伝した外、知識分子は革命の依拠すべき力量で、広範な人民大衆は「個人の衣食住を顧みるだけでそれ以上に及ばない一群」と談じた。五月一八日国民党一届三中全会で、戴季陶が鼓吹する「国民党最高唯一の原則は三民主義で、共産党を国民党から退出させる」という主張を支持した。

七月五日衙前で「臨時浙江省執行委員会全体会議」を開催した後、「跨党」（国共両党籍）分子と国民党左派を突然襲撃し、浙江の国共合作を破壊した。同会議前、沈は腹心である孔雪雄の起草した「国民党臨時浙江省執行委員会全体会議宣言」に意を授けた。会議の名目は「全省党務発展のため中央決議を実施し、並びに国民党第二次全国代表大会代表を選挙する」とあったが、実質的には会議を通して「三民主義正統思想を確立し、全社会の『青白化』の実現」にあり、これをもって中共に反対した。会議（三日間）は沈が主宰し、最初の二日間は、戴季陶が「国民革命与中国革命党」、「孫文主義之哲学基礎」を講演し、「階級調和」を鼓吹、マルクス主義の階級闘争理論を非難し、中国はブルジョア共和国を建設すべきことを主張した。沈はこれに呼応し、「共産主義は中国の国情に合わない」と強調した。三日目の討論では、宣中華ら中共党員が次々と沈、戴を指弾、幾人かの代表は退場した。そして、中共中央は沈を「反党行為」として党除名を決定した。九、一〇月国民党「旧右派」の謝持、鄒魯は北京、寧波、上海間で活動し、「国民党委員会」を設立し、一一月二三日北京西山の碧雲寺に沈、戴ら「新右派」と謝持、鄒魯ら「旧右派」が集まり、「国民党一届四中全会」、いわゆる「西山会議」を開催した。そして、「国民党執行委員会」を組織し、上海に「国民党中央党部」を設立、沈は「中央工人部長」、王華芬（沈の「第二夫人」とされる）は「中央婦女部長」に就任した。「西山会議派」は公然と孫文の三大政策に反対し、反共、反ソ、国共分裂を鮮明に掲げた。

二六年一月広州開催の国民党第二次全国代表大会で、「西山会議派」が弾劾され、謝持、鄒魯は永久党籍剥奪となり、沈らは「積極的参画者」として警告処分となった。ただ沈は三月上海フランス租界で、謝持、鄒魯などの「西山会議派」を集め、国民党中央に対抗する形で公然と「国民党第二次全国代表大会」を開催し、かつ中共を非難した。沈は大会で中央執行委員会常務委員に選出された。これに対し、中共と国民党左派は団結し、左派国民党浙江省党部は宣中華らの指導下で、全省・県市党部連席会議を開催し、沈らを糾弾するように通電を発した。同時に、国民党浙江省第一次代表大会が開催、宣中華と国民党左派を骨幹とする国民党浙江省党部を正式に成立させた。その結果、沈らの「浙江省党部」は国民党中央の承認を得られず、同省の多くの地方党部の支持を失った。こうした状況下で、「浙江省党部」の内部矛盾が噴き出し、沈は「病気」と称して帰郷した。八月沈ら「浙江省党部」は浙江軍閥当局に密告し、左派省党部を閉鎖、構成員四人を逮捕させたという。

二七年二月北伐軍が杭州に至ると、左派国民党は蕭山県党部を再建した。かくして、蕭山県の農民運動は勃興し、沈玄廬もまた衙前農民協会を発起再建し、かつ積極的に二五減租運動を展開した。王華芬は衙前婦女協会を創設、婦女解放運動を展開した。しかし、四・一二クーデタ後、沈は蔣介石・南京国民政府側に組して中共蕭山地方党部責任者宋夢岐を逮捕、かつ県長の呂衡に呼応して国民党左派の県党部、県工会、県農民協会を閉鎖した。六月南京・上海の「西山会議派」は連合で「清党」を始めた。沈は南京国民党中央に浙江省改組委員会委員兼秘書長、及び同省「清党」委員会主任委員に就任した。そして、粛清を始め、一年間で中共党員二〇数人を殺害したという。八月南京・武漢（左派国民党）・上海の妥協、及び広西系軍閥の圧迫で蔣介石は下野した。この結果、「西山会議派」は全盛期を迎え、「反共清党先進」として、国民党中央の大権を掌握し、中央特別委員会を設立させた。特別委員会第三次会議で沈は中央農民部委員、浙江特別派遣員となり、浙江省党務工作に着手、臨時省党部を再建、腹心を執行委員に任命した。同時に、沈の提起で浙江反省院が設立し、中共党員や国民党左派分子の虐殺に積極的に参与したとされる。

しかし、二八年一月蔣介石は復権すると、中央特別委員会を廃止し、かつ「西山会議派」による各級党部活動の停止を命令した。沈は孤立した。そこで、四月蔣介石開催の国民党四中全会で、沈は一切の職務を辞した。新設立の浙江省党務指導委員会は全国民党員の総登記を実施したが、「西山会議派」はもちろん、沈も苦境に陥り、有名無実の職務に就くことになった。それを辞して衙前に帰郷した。沈は反共を開始してより、一貫して自らを「三民主義の忠実な信徒」と自称し、三民主義の実現には、孫文の「地方自治開始実行法」の実行に努力すべきと考えていた。したがって、自治構想の実験に着手し、二月衙前村試弁郷村自治籌備会を設立した。四月戴季陶、朱家驊、張静江らの支持の下、衙前中心の「蕭山東郷自治会」(面積は蕭山県の約三分の一)を成立させた。沈は戴季陶、朱家驊ら一一人を設計委員とし、「自治会組織法」、「自治会章程」などを起草した。そして、戸籍・地籍・教育・実業・財務・社会・水利・道路・訴訟・糧食・運輸の一一局を設けた。また、農民糾察隊を組織して治安に当たらせた。かくして、自治会は省内外の参観者が絶えなかった。蔣介石はそれに不満と不安を感じ、何応欽に視察させ、経済面で支持を与えなかった。だが、沈は地方公債を発行、国民党員、郷紳を動員して一、二ヵ月義務責任を負わせ、かつ田畑に課税して「畝捐」を取り、資金を充実させた。同時にすべての工作人員に食住を提供する代わりに無報酬とすることで、経費を圧縮した。だが、こうした方法を長期的に維持することはできなかった。自治とともに、「反共」を推進し、例えば、二八年五月「防共方案」の中で、「共産党による社会秩序の攪乱、建設事業の破壊、民族生存の殺害を防止する」とし、中共シンパに対しては「随時随地、政府機関に通知して逮捕する」とした。七月「致張(静江)、蔣(介石)、蔡(元培)、戴(季陶)痛論党政書」を書き、自らの反共の立場と「西山会議派」に参加した心情、及び蔣介石に沈自身の「治党治国」を提示した。二六日莫干山にいる戴季陶を訪れ、農村地方自治計画を話した。二八日沈は下山し、農村地方自治を実験するため、バスで帰郷した。衙前で下車したところ二名に銃撃され、暗殺された。四六歳であった。

沈の死は政界と地方を揺るがし、張静江、戴季陶らは哀悼を贈った。劉大白と地方人士は葬儀委員会をつくり、国民党中央に「国葬」を上申したが許可されず、記念碑建立も妨害された。その後、沈暗殺に対して特別法廷を申請したが、蔣介石は一般の凶悪罪と同様、普通法院での処理を指示した。一年後、犯人が逮捕されたが、雇われた「亡命者」で、獄中で急死したとも伝えられる。ただし、元凶は不明なまま残された(5)。

二　衙前農民運動における実践とその影響

一九二一年八月一九日沈玄廬は蕭山県龕山東で以下のような演説をおこなった。要約すると、世界は「労動者」（この場合、労働者のみならず、農民を含む広い概念で、いわば働く者である）の世界である。あなた方、「労動者」は本来の権利を放棄して、座食する「資本家」（この場合、地主を含む概念で、いわば資産家に近い）に与える必要はない。あなた方は奪われた権利を奪還しなければならない。私の話に「不可能だ」と言う必要はない。あなた方は「労動者」を友として結びつけばよい。「労動者」は世界で大多数で、「資本家」は非常に少ない。団結しよう。散砂ではいけない。散砂では失敗しやすい。団結して一塊りの石になろう。（そうすれば）あなた方を簡単には分解できず、動かすことも容易ではない。私は一人の「資本家」である。衣食住一切の享受する物がすべて「労動者」の汗と血であることを明白に知っている。私は二度と良心をなくすことはできない(6)、と。このように、少数の「資本家」と大多数の「労動者」を対置することで、団結を訴えた。

また、二一年九月二三日沈玄廬は、蕭山県山北村でも演説をおこなっている。「現在の農民は農奴、牛馬にも及ばない。……あなた方は『農民自決』を除いて活路はない。受けた苦痛も十分だ。心の中に怒りも充満している。ならば、暴動か。そうではない。……私の主張は私有財産廃止である。『土地公有』の主張は将来、必ず実現する日が来る。だが、団結力、組織的努力によってこの実現の速度が決まる。当面急ぐべきことは衙前などの農民協会組織法に倣い、まずは団結せよ……速やかな団結、精密な組織、大地主たちは結局あなた方に降伏する日が来る(7)」、と述べている。上述する「私有財産」は、この場合、土地私有に集中し、それを最重要視していたことは間違いない。

山北村で沈玄廬の「農民自決」の演説を聴いた農民は、光を見るようであったという。そこで、一方で自ら団体を結成し、「有産階級」のやり方である「預収一年地租」（予め一年後の小作料を徴収）を打破し、他方で郷民会議は「種要当年地，看年成好歹還租」（その年耕作をして、豊凶を見て小作料返還すること）を提起した。(8)

沈玄廬の影響を受けて農民協会指導者となった李成虎は、いわば沈が理論家・社会運動家で、李が実地指導者で、役割を分担していたように見える。李とは具体的にいかなる人物か。沈と李はいかなる関係にあったのか。李の経歴を押さえた上で、同時に衙前村での農民運動の実態と特質を明らかにしていきたい。

李成虎は一八五四年衙前村の農家に生まれた。父の死亡後、母は物乞いをしながら幼い彼と弟を育てた。李は成長すると、農業を始め、妻を娶り、一男二女をもうけた。二一年四月当地の油菜種子が豊作で、油商が農民を欺き、大量の油菜種子を購入しながら支払いを拒絶した。李は沈玄廬に不満をもらすと、沈は農民協会を組織し、自衛すべきと主張した。李は積極的に貧苦農民を誘った。九月二七日農民協会成立後、李は農民協会委員、議事員に選出され、「抗税抗租」、「二五減租」闘争を指導した。一〇月一八日衙前農民協会第一次大会が開催された。李は農民に、沈の演説を聴くように呼びかけた。沈の演説は農民には組織団体が必要というもので、聴衆は賛嘆の声をあげた。衙前農民協会の成立後、紹興、蕭山の八〇数ヵ村が呼応し、次々と「章程」を求めてきた。数千部の章程はすぐになくなった。このように、農民は組織化を緊急に必要としていたのである。衙前農民協会は「還租」を求め、各所で小作料の「三割返還」に呼応する声があがった。そこで、大地主は官吏と結託し、小地主は農民協会を偵察した。この時、農民による地主殴打事件が発生した。蕭山、紹興の一般地主と文武官吏はこれを口実に農民協会に「死刑」（廃止）を宣告した。一二月一八日各村農民協会は連合会を衙前村の東岳廟で開催した。李は各村代表を迎え、一三〇人余に達した時、紹興駐留の陸軍旅団部、警察、警備隊に包囲され、項家村農民協会代表の陳晋生、農民運動指導者単夏蘭らが捕縛された。その他、農民三人が負傷し、『各村農民協会委員名簿』も持ち去られた。李成虎はこの時は捕まらなかったが、一二月二七日農作業をしていた時に蕭山県秘密警察に捕縛され、二二年一月二四日獄中死した。(9)

『上海民国日報』の「浙江特別通信」は以下のように報じている。浙江省紹興・蕭山農民は「凶作」（油菜は豊作?）で農民協会を組織し、各地主に「租税」軽減を要求した。二一年一二月一四日九湾村の「無頼」である「単和瀾」（単夏蘭）が農民協会員と偽り、至る所で金を騙し取った。また、単は九湾地方で某甲（保甲）の「還租」と地主の間を挑発し、地主周某を殴りつけ、傷を負わせた。周は県に赴き告訴した。単はその罪を多くの農民に転嫁しようと画策した。各「資本家」（地主）はこの機に乗じて農民協会を打倒しようとし、紹興県の富紳謝秦鈞らは県自治弁公所で会議を開き、紹興県知事余大鈞を招聘、列席させた。そして、地主殴打事件に厳罰を下すように、知事に要請した。かつ紹興駐屯の浙江軍旅長盛開第に衙前村に派兵して農民協会員の逮捕を依頼した。一八日農民協会が東岳廟で会議を開き、単問題の調査が提起されることになっていた。会議の開幕以前、すでに東岳廟は軍に包囲され、銃剣で農民二人が負傷した。単ら二人が逮捕され、ほかに龍泉郷閲書報社の整理員一人が拘禁された。さらに、農民「李成夫」（李成虎）ら三人が追加逮捕されている、と。[10] すなわち、農民自身が地主殴打事件を調査し、解決しようとしていたことである。ここから農民の自治意識の高まりを見てとれる。

上述の如く、「無頼」として描かれる単夏蘭は実際はいかなる人物であったのであろうか。単（一八七一〜一九四九）は紹興の前梅村出身。キリスト教を信じていた。「雕花」（家や物に絵を描いたり、模様などを彫刻する）を仕事とし、兼業で小作もおこない、貧困であった。農民協会には初期から参加したようで、協会委員に選ばれている。そして、紹興・銭清一帯の農民協会の主要なオルガナイザーで指導者であった。減租闘争中、一二月八日数百の農民を率いて豪紳（地主）周仁寿に痛打を与え、同時に農民一〇〇〇人余を発動して紹興の軍閥政府に誓願に行った。この時、当局に農民減租闘争の主犯と見なされたという。その後、三年半、獄中にあり、出獄後も相変わらず小作を続け、[11] 貧困なままであったと伝えられる。このように、地主を殴打したとはいえ、「無頼」にはほど遠い人物にみえる。

では、衙前農民協会、農民運動、及びその挫折に対する反響、影響をどのように考えればよいのだろうか。

第一に、邵力子は、蕭山各郷村に農民協会組織があると聴き、喜んでいたが、農民が減租を要求して集会したところを軍隊に弾圧されたという悪いニュースが飛び込んできたとする。そこで、全国同胞に注意を喚起したいという。要約すると、①中華民国の「約法」は元来人民の集会・結社の自由を認めている。農民が自らの苦痛軽減を要求して集会するのに、いかなる法律の制限を受け、何を以て軍隊は非法に蹂躪するのか。②蕭山農民の集会理由は知らないが、蕭山南沙で組織された農民団体宣言を見ると、減租要求の理由は明白である。農民が「預収一年地租」の廃止や「種（要）当年地、看年成好歹還租」という要求は極めて合理的である。「過激」というレッテルで彼らを誣告することはできない、(12)と断じた。農民協会も集会・結社の自由から問題となるはずもなく、かつ減租要求も正当とし、それを弾圧した軍隊の非法を非難する。

第二に、周仏海は蕭山事件を地主と小作農の階級闘争と認識し、「階級闘争の観点から蕭山事件を見れば、我々は決して地主の残酷さを罵ることはできない。なぜなら私有制度の必然的結果であるから」とし、地主に慈悲を求めても無意味とする。したがって「農民階級は永久強固な団体を結成することによってのみ、彼ら（地主）と鋭く積極的で根本的な階級闘争をおこなえる」という。そして、邵力子が「約法」に合致しているか否か、合理的か否かを論じるのはあまりに回りくどいと批判する。さらに、周は蕭山事件が「もし未解決なら、今後農民はいかなる手段で抵抗するのか」と問いかける。そして、三、四ヵ月前の江西省萍郷における地主と農民の衝突事件を例に出す。そこでは三段階であったとし、①減租要求、②もしこれが不首尾なら、全体で抗租をおこない、納入せず、③もし地主が当局の力を借りて圧迫してきたら全体で「罷耕」（耕作放棄のストライキ）をし、内に糾察隊を組織するなどをアドバイスした。(13)このように、漸進的なやり方ではなく、耕作放棄を含む階級闘争を力説する。ただし、この時、周は打ち壊しを含む暴力革命、暴動を肯定しているようには見えない。

第三に、陳承蔭は急進的方法ではなく、農民合作運動の必要性を力説する。今回の蕭山農民の抵抗は非常に大きな影響を及ぼし、一般の人々の関心を引き起こしたとしながら、「階級闘争は社会経済改革の過渡的な一つの方法で、悪くはない」が、ただ「資産階級（この場合、地主）に対処する唯一の手段ではない」とする。我々は現社会の経済制度を改変しなければならず、一部の改革はとりわけ緊要である。それには急進的、緩慢なものがあるが、急進的な方法は完全な理解を得ることは容易ではない。そして、「合作主義の運動は緩慢であるが、その効能は非常に大きい。農民にとって、特に合作運動は資本家（地主）を打倒するのに適している。したがって、過渡期において一方で消極的な闘争でしばらく資本家の暴威に抵抗し、他方で農民合作を実行し、農民経済（生活）の改変を達成し、資産階級の一部を打倒する」(14)、と。このように、急進的な「階級闘争」を否定はしないまでも支持を得にくく、むしろ経済制度改革には、合作運動の方が緩慢ではあるが、現実的で効能が大きいと指摘する。

第四に、宣中華は次のようにいう。すなわち、我々も農民運動が労働運動ほど容易でないことを知っている。労働者は一ヵ所に集まっている。かつ都市化の結果、知識は農民より高く、度胸は農民よりあり、動作は機敏であり、言うまでもなく教育を施せば、団体を結成し、かなり発展しやすい。だが、農民運動が困難だからといって運動しないわけには決していかない、と。そして、宣によれば、農民運動の中心となる人はその郷村の小学校教師がよい。農民運動の初歩は彼らに大衆運動の訓練を施すことである(15)、とする。つまり農民、農民運動が労働者、労働運動と比較して困難なことを指摘しながらも、郷村の小学校教師が中心となり、大衆運動の訓練を施すのがよいといっているのである。自らが浙江第一師範学校付属小学校教師を経験し、かつ沈の招聘で衙前農村小学校の準備設立に参画、農民運動に参加したのも、おそらくこうした発想であった。そして、教育から入手するという沈玄廬と同一の見解に立っていたといえよう。

三　沈玄廬の合作思想における衙前農民協会の位置

沈玄廬はいかなる思想、理論に基づいて衙前農民協会を創設し、衙前農民運動を発動し、指導したのか。結局、衙前農民協会とは一体いかなるものなのか。一九二一年九月二七日に出された『衙前農民協会宣言』、『衙前農民協会章程』から分析、検討を始めたい。

まず『宣言』によれば、「農民は中国歴史上、尊敬されるべき人民であるが、惜しむべきことに精神面での尊敬は第三階級・資本主義の毒水のなかで溺死させられている」、そして「彼らの崇拝する経済制度は我らの貧困を増大させる」。そこで、それを打開するためにも自らの運命を自らで決定し、「土地を農民の組織する団体の保管、分配に帰さねばならない(16)」、と訴える。

また、『章程』では、協会員は「本村で自ら土地を耕す気力あるすべての者」（第二条）とし、「本会は田主・地主と対抗の位置に立つ」（第三条）と明記する。

第四条では、凡そ生産労働者、及び社会主義運動家を、本会は極めて良好な朋友とみなす。必要な時、本会は、できる限り彼らの団体、あるいは個人を扶助する。組織は協会員全体に基づき、大会で委員六人を選び、その委員が互選により議事委員、執行委員各三人を選出するとなっている。委員の任期は一年で、一回に限り再任ができる。【執行委員】は名簿と登記簿を管理し、また大会、及び議事会で議決された事がらを執行する。並びに別村の同性質の団体との連絡をおこなう。【議事委員会】は大会での議論、及び協会員三人以上の提議した事がらを議決する。凡そ本会に利益のある事がらは、議事員が考査して提議する責任がある。凡そ本会協会員で私的な確執がある時、双方が報告し、議事委員が調停と和解を図る。もし厳しい確執がある場合、全体委員で審議解決する。【大会】は協会員の五分の一、あるいは議事委員会により召集できる（第五条）。会費は月銅元■（具体的数字は記入されず空白）枚（第六条）とされ、この時点では、その額は未決定であったようである。なお、執行委員会が保管し、支出する。

本会協会員は毎年農作物の生産高を春、秋に分けて執行委員会に報告して登録し（第七条）、協会員が毎年完納する「租息」額は（地主ではなく）大会が議決し、公布する（第八条）。もし本会大会で議決した納租（小作料）額によって、田主・地主に小作を辞めさせられた協会員に対しては、本会が援助する責任がある（第九条）、と明記する。第一一条は罰則規定で、協会員で、本会決議案に違反した者、及び本会に不利益な行為をした者は除名するとした。

そして、「両村以上の農民協会は農民協会連合会を組織することができる」（第一二条）とし、農民協会同士の連合を視野に入れ、かつ一村を基本単位としていた。第一三条では、凡そ両村以上で農民の利害関係が発生した時は、随時連合会が協議、議決、執行するとある。このように、村同士の矛盾、衝突に対して調停をおこなうという画期的なものであった。最後の第一四条で、本章程は大会が議決する。大会は随時多数の同意を以て修正できる[17]、とする。以上のように、農民を高く評価し、資本主義、地主に対する批判が濃厚で、目的、組織なども明確ではあるが、これが「合作社」であるとの記載はない。会費を合作社の株に相当すると考えるのも飛躍があり、これだけで合作社ということを論証することは不可能に近い。

ところで、『宣言』、『章程』に先立ち、その一日前の九月二六日に衙前農村小学校が設立されている。このことは何を意味するのであろうか。『衙前農村小学校宣言』では、「児童の精神の一部は有産階級に奪い去られ、一部は圧迫されて困窮する家庭に奪い去られ、一部はまた有産階級に替わって手先を訓練する教師によって奪い去られている」とし、「農村小学校は単独で有産階級の勢力を離脱できないが、現在社会教育がおこなわれている社会性質を変えることができる。なぜなら農村小学校内の現在の我々は、有産階級の勢力から飛び出した圏内にいるからである。……さらに農村小学校が施す教育はすでに有産階級の手先を訓練する教育から『人の発見』の教育に改変した[18]」、と。

意廬によれば、衙前農村小学校は社会性質の学校で、決して私人のおこなう公益事業ではない。だが、現在のような困窮した社会では、完全な社会性質の学校を組織する能力はない。そこで、現在、農村小学校の一切の経費は相変わらず私人が負担している。農村小学校の経費負担を承諾した者は計五人である。沈仲清（玄廬の兄）、沈玄廬、嗚和、戴季陶、及び沈玄廬の母である。すでに出資したのは沈仲清、沈玄廬とその母である。沈玄廬らは個人の住宅を校舎に改造した。また、農村小学校の組織は、消極的には勉学する力のない一般児童を救済し、将来の生活の苦痛を免れさせるためである。積極的には全人類の無産階級を養成し、将来の生活均等を勝ち取るためである。現実の社会の中で、「人（人材）の発見」後、「人の事業」をおこなう。農村小学校の宗旨は言うまでもなく幾つかの「私人が恩恵を与える」学校とは顕著な差異がある。(19)

では、衙前農村小学校の実態と特質に論を進めたい。創立後、七〇日目の状況は以下の通りである。衙前全村の学齢児童は一一〇人余であるが、在学児童数は六六人（内、四人は他地域からの外来児童）であった。

(1)　校務：校長を用いて統治させないため、校長を設けず。農村小学校の職務はすべて校務会議（おそらく沈玄廬らが組織するものであろう）がおこない、それぞれが能力に応じて分担する。事務は教務、庶務、文書、会計各課（各主任は一人）である。一切の校務方針は、校務会議が決定する。校務会議は二週間毎に開催し、何か発生したら臨時会議を召集し、討論する。

(2)　教務：農村小学校の教務は具体的で完全な弁法があるわけではなく、一歩一歩実験し、絶えず進行し、実現したい無産階級教育をおこなう。

①　設備。小学校内の設備は経費、能力に限りがあり、非常に簡単なもので、不可欠な机、椅子、その他、スポーツ用品、玩具から揃えている。

②編制。児童の水準は不均等で、小部分を除いて私塾に二〜四年通っている。だが、幾つかの字を識るだけである。したがって、甲、乙両組に分けた。(イ)甲組のA班は一〜二年私塾教育を受けた者で二六人、B班は未修学者で二〇人である。(ロ)乙組は三〜四年私塾教育を受けた者で二〇人である。

③教授法。我々の能動的な教授原則は児童を啓発することにある。融通がきかず、愚鈍な児童をして活発、新鮮な天真爛漫さを復活させることである。そうすれば、児童固有の才能と本能を充分に発揮させられる。教師不足からと考えられるが、甲組は「複式」授業、乙組は「単式」授業であり、将来はすべて「単式」授業にしたいという。

④管理。児童の年齢は、おおよそ甲組が一〇歳、乙組は一三歳である。そこで、意識、活動力は非常に強く、かつ大半は社会の劣悪な環境下で育っており、管理は容易ではない。一方でアドバイスし、一方で自発的に「大衆制裁」を加えさせる。それは二つで、(イ)大衆批判。我々が皆の前で児童の不当な行為を客観的に述べ、さらに児童自身が話し、多数の児童に「懲戒」か「忠告」かを決定させる。こうした方法は無意識のうちに大衆生活を理解させる意義がある。(ロ)遊戯の停止。「懲戒」を決定した場合、五〜五〇分間、遊びを禁止する。その他、小学校の周りは学生（児童）に自発的に管理させ、「学生糾察部」を組織させる。糾察部は糾察員四人（任期は二週間）を設け、全体学生が自ら選挙する、とした[20]。このように、学生（児童）自治を重んじ、農村小学校全体を自治教育・訓練の場所にしようとしている。過度にも感じられるが、「大衆制裁」を学ばせることで、社会システム、法律、規則、そして責任と罰則を教え、地方自治を支える人材育成を企図したことは明らかであろう。

表5-1を見ると、沈玄廬を支援して、衙前農村小学校の準備、創設にかかわったのは、かなり力量のある人々であったことがわかる。全員が浙江省出身で、蕭山五人、紹興、諸暨各二人、遂昌一人で、事情に精通し、地の利があ

った。例えば、まず、①劉大白は沈とともに反袁闘争に参加、日本に亡命。帰国後、浙江第一師範学校国文教員で、省教育会総幹事を兼任した。『双十周刊』を創刊、『星期評論』編輯、及びマルクス主義研究会の設立に参画。衙前農村小学校の準備を支援。さらに衙前農民協会の『宣言』などの起草に参画している。②宣中華は浙江第一師範学校学生で、五・四時期に杭州学生連合会理事長、学生運動を指導。その後、同学校付属小学校教員で、同時に労働運動をおこなう。マルクス主義研究会に参加。衙前農村小学校の準備設立に参画、かつ農民運動をおこなう。中共に派遣され、「浙江農民協会代表」としてモスクワに行く。二二年東郷教育会幹事。二四年中共入党。次第に沈玄廬、戴季陶と意見の相違が生じて闘争。③徐白民も浙江第一師範学校学生で、学生運動指導者、付属小学校教員、中共入党など、宣と同様な軌跡を描くが、逮捕された後、転向し、政治から離れた模様である。④唐公憲も浙江第一師範学校学生で、学生運動指導者。⑤楊之華は浙江女子師範学校学生で、五・四運動に参加。衙前農民運動を指導、農村小学校の設立に協力するとともに、同小学校で教鞭を採る。二四年瞿秋白の妻となり、中共入党。その後、中共中央婦女委員会委員などを歴任するが、文革時期に迫害を受け、死去。その他、陳晋生、単夏蘭は地元、もしくは近隣から農民協会に参加し、徐梅坤は印刷工で、減租減息闘争を指導したが、農村小学校とは無関係なようである。

この特色は以下のようにいえるであろう。師範学校関係者である教員、学生が多い。そして、付属小学校などでの教員を経験している。ある意味で教育のエキスパートであったといえよう。この結果、衙前農村小学校の準備、創設、運営、そして、授業に大きな力を発揮できる顔ぶれであった。彼らの多くは早期にマルクス主義の洗礼を受けており、学生運動を起点に労働運動、農民運動を指導し、中共に入党する者が多い。その上、文章力があり、機関誌や雑誌の編輯・出版能力を有していた。彼らは故郷に戻り、地元にいた李成虎、陳晋生、単夏蘭らと結びつき、運動を推進したといえる。

では、沈玄廬の構想の中に衙前農民協会、衙前農村小学校はどのように位置づけられるのか。これらを有機的に関

農村小学校の主要関係者略歴

氏名	生死年月	学歴・職業等	出身地	略　　歴
唐公憲	1898-1938	浙江第一師範学校学生	浙江省遂昌	1920年浙江第一師範学校在学中、杭州学生連合会評議部部長。宣中華、徐白民らと「一師風潮」を指導した。21年浙江省学生連合会理事長で、全国学生会連合会評議員を歴任した。同年夏、沈玄廬の招きで衙前農村小学校を準備設立、衙前農民協会の発起、組織化に参画。22年衙前近郊にある坎山の継志小学教育部主任。徐白民、宣中華らと『責任周刊』を創刊、社会経済問題、社会教育などを論じる。23年初頭、中共入党。9月杭州地方執行委員会委員長。第一次国共合作下で国民党浙江省党部候補執行委員、省党部党務人員養成所所長を歴任したが、27年四・一二クーデタで逮捕された。37年保釈されるが、38年遂昌で病死。
楊之華	1900-1973	浙江女子師範学校学生	浙江省蕭山	浙江女子師範学校で学び、五・四運動に参加。1920年上海で『星期評論』で仕事をする。21年夏、沈玄廬に招かれ、衙前農村小学校の準備設立に協力、かつ衙前農民運動の指導に参画。23年社会主義青年団に加入、衙前農村小学校教師。衙前農村社会調査を実施。上海大学入学。24年11月瞿秋白と結婚、中共入党。中共「四大」、「五大」、「六大」各代表。中共五届中央委員。28年ソ連の中山大学留学。30年帰国後、中共中央婦女委員会委員。34年上海で中央組織部秘書。35年コミンテルン代表大会に出席。41年ソ連から帰国途中、新疆で逮捕され、獄中闘争を継続、抗戦勝利後、中共中央によって解放され、延安に行く。その後、全国婦女連合会国際部長、副主席などを歴任。文化大革命時期、迫害を受け、73年10月20日病死。
陳晋生	1878-1922	小手工業・露店商	浙江省蕭山	小手工業の家庭に生まれ、幼い頃、何年か私塾に通う。果物の露店を開いていた。1921年沈玄廬らと衙前農民協会設立を発起する。李成虎らとともに、秘密裏に農民と連絡し、まず衙前に農民協会を組織した。9月27日農民協会が正式に成立すると、農民協会委員に選出された。12月18日衙前の東岳廟で軍警に逮捕、獄中で拷問され、保釈されたが、22年2月死去。
単夏蘭	1871-1949	小手工業・小作農	浙江省紹興	略。本文を参照されたい。
徐梅坤	1893-不明	印刷工	浙江省蕭山	貧農出身で、杭州で印刷工。五・四運動の影響を受け、「浙江印刷公司工作互助会」を発起成立させ、ストを指導した。1921年社会主義青年団に加入。衙前農民の抗租減租闘争を指導。農民運動が弾圧された後、上海に行き、民国日報社で仕事。22年初頭、陳独秀の紹介で中共入党。上海印刷工人連合会主任。中共「二大」以後、上海地方兼区執行委員会書記。『嚮導週報』出版に従事。22年6月「三大」で中共第三届中央候補委員。25年8月上海印刷総工会委員長・国民党上海市党部工農部長。北伐時期、上海総工会組織部長。27年四・一二クーデタ後、捕縛され、浙江省陸軍監獄に入り、中共を離脱。35年保釈後、中共を支援。人民共和国成立後、政務院監察委員会参事などを歴任。81年中共党籍回復。

出典：中共浙江省委党史資料徴集研究委員会等編『衙前農民運動』中央党史資料出版社、1987年、109～123頁から作成。

表５－１　衙前農民協会・

氏名	生死年月	学歴・職業等	出身地	略　　歴
沈玄廬	1883-1928	社会運動家	浙江省蕭山	略。本文を参照されたい。
李成虎	1854-1922	貧農	浙江省蕭山	略。本文を参照されたい。
劉大白	1880-1932	浙江第一師範学校教員	浙江省紹興	清の科挙「貢生」。1908年『紹興日報』を合弁で刊行。袁世凱反対闘争に参加したことで指名手配を受け、沈玄廬とともに日本、南洋に亡命。16年帰国。浙江第一師範学校国文教員で、省教育会総幹事兼任。進歩的学生兪秀松、施存統らを支持し、『双十周刊』(後の『浙江新潮』)を創刊。五・四時期に新文化運動に参加し、中国の「新詩」提唱者の一人。20年初頭、(師範学校？)校長経亨頤の「教育革新」を支援したことで、当局からの迫害で離校を余儀なくされた。上海で『星期評論』などを編輯、またマルクス主義研究会の設立に参画。21年春、沈玄廬の要請を受けて、衙前農村小学校の設立準備、かつ農民運動を指導。『衙前農村小学校宣言』、衙前農民協会の『宣言』、『章程』の起草に参画。23年上海復旦大学で教鞭を採る。32年２月13日病死。
宣中華	1898-1927	浙江第一師範学校学生	浙江省諸暨	1915年浙江第一師範学校入学。五・四時期、第一師範学校学生自治会責任者、杭州学生連合会理事長。20年春、全国を震撼させた杭州「一師風潮」(第一師範学校学生運動)の指導に参画。同年夏、第一師範学校卒後、同付属小学教員。同時に徐白民らと杭州労働運動を展開。21年春、上海マルクス主義研究会で仕事をしていた時、社会主義青年団に加入。21年夏、沈玄廬の招きで衙前に行き、農村小学校準備設立、かつ農民運動を展開する。10月中共に派遣され、「浙江農民協会代表」の資格で、モスクワ開催の「極東各国共産党と民族革命団体第一次代表大会」に出席。22年４月帰国、沈玄廬の要請で衙前東郷教育会幹事。徐白民らと『責任周刊』を創刊、「農民和革命」などを執筆。24年１月中共入党、同時に個人資格で国民党に入党し、国民党第一次全国代表大会に出席。浙江に戻り、国民党浙江省党部の準備設立の責任を負い、浙江省党部執行委員、常任委員を歴任。沈玄廬、戴季陶ら「国民党右派」と闘争を展開。27年２月北伐軍が浙江に入った後、臨時省政府政務委員会委員。四・一二クーデタ時期、上海で逮捕され、４月17日処刑された。
徐白民	1895-1963	浙江第一師範学校学生	浙江省諸暨	1915年浙江第一師範学校入学。五・四時期、杭州学生代表として上海に行き、全国学生連合会に出席。20年春、杭州「一師風潮」の指導に参画、学生請願代表に選出された。同年夏、第一師範学校卒後、同付属小学教員。同時に杭州労働運動を展開。21年夏、沈玄廬の招きで衙前農村小学校創設に協力し、かつ農民運動を展開する。22年社会主義青年団に加入、杭州地区委員会第一届委員兼経済部主任。11月『責任周刊』創刊、主編となる。23年１月中共入党。３月『責任周刊』に「殺宣統」を掲載したため、蕭山から追放される。９月上海に行き、中共上海地方執行委員などを歴任。四・一二クーデタ時期、杭州で逮捕された。32年出獄後、中共を脱党、34年から中学教師。

連させることで何を目指したのか。こうしたことを考察する上で、『星期評論』（一九年一一月二三日）に掲載された沈玄廬の文章「他就是你　你就是我」を看過できない。この中で、沈は中国社会党員沙淦の上海の崇明島における新村運動も北京大学村も実現していないと指摘し、その他の「模範村」も幾つかの長所はあるが、生産上の計画が非常に少ないと批判している。そして、沈自身の計画を示す。

【第一期】①共に働く同志召集。まず知識分子が最もよく、次いで佃戸、三番目に一般の労働できる者である。②旧式家屋の簡単な改造。塀、浴室、便所を設ける。③消費外の剰余金の積立など。

【第二期】①会議機関の設立、②公共娯楽場所の改築、③幼稚園の試験的運営、④植物種子と肥料試験場の設立など。

【第三期】①同一服装、②住居の改造、③学校設立とある。

沈の計画は、「共同工作により漸次平均的に共同生活を高めること」を意思の中心に置き、「増大する経済能力」を発展の中心とするとした。「このような平和的に努力する方法と（その）過程は桃源郷的な幻影ではなく、『現象』（現実？）社会となんらの激烈な衝突も発生させない」[21]、というのである。「共同工作」、経済重視、平和的な漸進方法により「激烈な衝突」を回避しながら目的に達するというやり方は、合作主義と共通面を持っているというより、合作主義そのものであろう。つまり衙前農民協会設立の最終目的はこうした構想の実現であったと考えられ、計画とは順番が逆になっているが、衙前農村小学校はこの構想実現の一環で【第三期】の学校設立にあたるものといえよう。このように、沈の経歴でも明らかにしたが、教育重視、教育からの着手するという姿勢は強まっていた。

この構想には種々の思想の影響を受けていたと考えられるが、最も影響を受けた思想は何か。当然、それはロバート・オウエン（Robert Owen）の協同組合思想、すなわち「協同（組合）村」（Village of Co-operation）であろう[22]。オウエンによれば、その規模は平均一〇〇〇人単位の村であり、委員会事務局、講堂、礼拝堂、学校、病院、農場、工場などを有し、「労働・消費・教育の共同」をモットーとした。[23] これを、極めて類似した点が多数あることに気づかざるを得ない。沈はこれを受入ると同時に、協同組合が本来的に持つ自治的発想を受け継ぎ、「農民自決」を主張し、かつ孫文の「地方自治開始実行法」（一九年）を取り入れ、「地方自治」の構想を脹らましていったものと推測される。また、沈は「子孫主義」の中で「伝種」（子孫を残すこと）とともに、互助を重視し、[24] また「競争と互助」では「競争的な軍国主義をとり除き、互助的なデモクラシーを建設しなければならない」[25]、と強調している。

では、沈玄廬はいかなる国家論を有していたのか。政治・経済・社会・教育を包括する自治的な無数の協同村を基盤とした連合体から、いかなる国家構想が描けるのか。それを解明する鍵は『星期評論』第二号（一九一九年六月一五日）掲載の「本社同人」による「関於民国建設方針的主張」にある。「本社（『星期評論』）同人」とあるが、当然のことながら、その主宰者で、主筆の沈玄廬が目指す国家理想像が濃厚に反映していると見なせる。これを要約すると、

(1)「主義」―我々が信奉する民主主義を信条とし、一切の「軍国主義」、「階級主義」を根拠とする制度と施政方針の廃止を主眼とする。凡そ国家の種々の建設はすべて自由、平等、互助の精神に本づく。文化を促進し、人権を擁護し、社会の平等な幸福を謀り、世界永久和平を図る。

(2)「一般綱領」―①国家組織は各地方、各民族の自由発展に適合できる体制を採る。「中央集権的な行省制度」、及び「羈縻主義的な治藩政策」の廃止を主張する。②政府組織は議院を基礎とする。③結社、集会、出版、言論の絶対的自由。

(3)「司法・行政綱領」―①厳正な「司法の独立」を維持する。②督軍制、及び武人が政治関与する一切の制度廃止。③平時の軍事費は永久に総歳入の一割を超えることはできない。④各省の行政首長は民選とすべきで、漸進的方法を用いて省以下の地方自治体をして「直接民政」段階へと進ませる。

(4)「社会経済政策綱領」──①幣制は国家が統一する。②関税を改正し、厘金を廃止する。可能な時期になれば、関税を廃止し、自由貿易主義を以て国際経済政策の基礎とする。③一切の産業、及び徴税制度は「社会の平等生活」を維持し、「社会的な互助組織」を完成させることを最終目的とする。④農民と労働者の生活は、国家が法律上、制度上、その安全を保障する。農民、労働者をして地主、資本家の不当な圧迫、独占から離脱させる。したがって、速やかに以下の各項の法律を制定する。(イ)労働者、及び農民の相互保険制、(ロ)労働者、農民と資本家、地主間の利益分配限度、(ハ)運輸、交通、交易、及び一切の人民の公共生活に関係する事業は次第に国有、及び地方公有とする。

(5)「外交綱領」──一切の自由、平等、互助の精神に合わない条約は廃止、もしくは改正する。中国において外国、及び外国人が有する一切の特権を撤廃し、中国、及び中国人の国際上の平等待遇を要求し、(中国)全国を世界に開放する。(26)

この特色は、第一に、「主義」では「軍国主義」、「階級主義」への批判、それに対置するのは民主主義であるが、その精神は自由、平等のみならず、互助を加える。こうした姿勢は一貫しており、「外交綱領」にも不平等条約の廃止とともに、同様な見解が示される。第二に、中央集権体制への批判と地方自治の強調。省長などの民選、及び漸進的方法で地方自治体を「直接民政」段階に促進するという。第三に、産業、徴税は「社会的な互助組織」の完成を最終目的とするという。そして、農民、労働者の法的保護と相互保険制をあげる。第四に、人民生活に密接に関わる公共機関の国有化・公有化などである。

四　衙前農民協会の復活と各種合作社

一九二一年衙前農民協会（いわば、第一次衙前農民協会）の崩壊後、確認される最初の合作社は、二三年一月一日浙江省蕭山の継志小学校内に設置された合作商店、いわば消費合作社である。合作商店は完全に盛澄世、周仰祖ら学生の発起によるものである。継志小学校の教学方法は、すべて「做」（なすこと）を以て本位とする。いかなることも学生におこなわせる。これには三つの意義がある。⑴商業実習、⑵合作生活の習慣化、⑶合作精神の養成である。「継志小学合作商店弁法」によれば、①本商店は継志小学校の人々の自由株式募集による組織である。②毎株「小洋」（小銀貨）一角、暫定的に二〇〇株とする。③本商店は経理一人、幹事六人、監察二人を、全株主の推薦により選出する。任期は二ヵ月。④経理は品物の仕入れ、出荷、及び金銭を専門に管理し、幹事は品物販売と記録、監察は帳簿検査を担当する。⑤営業時間は毎日午前八時から八時半まで専ら用品販売、午後三時から四時まで用品と食物販売。⑥品物の売価は「定価表」に照らしておこない、加減せず。⑦営業損益は株に応じて分担する、としている。[27]この合作商店は機構、目的、原則なども明確であり、合作社の流れを回復し、継続させたという意義をもつ。

二四年一月第一次国共合作後、沈玄廬は衙前村でも農民協会（いわば、第二次衙前農民協会）を復活させ、自ら農民協会長に就任した。東郷各村を回り、婦女を組織化、医院を創立、学校を整頓し、同時に信用合作社設立を発起し、貧苦農民の銭米貸借問題の解決を援助した。信用合作社は農民の「互助互済」により高利貸搾取に対抗する経済組織と見なされたのである。こうして、二四年（月日不明）浙江最初の信用合作社が衙前村に設立された際、農民協会は副協会長金如涛、及び李張保（李成虎の子供）、衛炳賢（小作農）三人を推挙して委員会を組織させた。主任委員には金如涛が就任し、農民協会幹事沈炳栄が信用合作社幹事を兼任した。二六年一一月沈玄廬が高東莱を衙前農民協会工作に派遣し、同時に沈炳栄に代わって信用合作社幹事を兼任させ、帳簿整理を開始させた。高東莱は自然村落と農民協会小組に基づき帳簿二八冊（原則として自然村落が一単位としての帳簿作成と考えれば、当時、二八ヵ村ということになる）を作成した。平日、帳簿は壁に掛けて公開とした。信用合作社には金庫室を設けず、平時には現金全額を本街の王大興雑貨店で保管し、収支証明書で業務をおこない、利息を計算しなかった。農民協会も信用合作社弁公室も共に東岳廟内の西廂房にあり、文具用品も農民協会から受け取った。委員も幹事も農民協会で生活補填を受け、信用合作社には無賃で兼職した(28)。したがって、信用合作社としては、人件費がかからないシステムであった。

衙前信用合作社が最初に遭遇した難題が基金調達であった。当地農民は生活貧困で銭米貸借に苦しみ、かつ「迷信」に浪費していた。そこで、沈玄廬は教育宣伝から着手し、「迷信打破」を主張した。そして、各農戸が「迷信」に使っている費用から一元を節約し、信用合作社に預け入れ（株購入）、それを貸借基金とすることを提唱した。呼応する者は多かったが、すべての農戸が加入したわけではない。なぜなら農民協会の場合、入会費が僅かで、かつ極貧者は免除されたのに対し、信用合作社の場合、入社の際、毎株一元の購入を義務づけられたからである。当時、毎石（一五〇市斤。一市斤は約五〇〇グラム）米価が一〇～一二元であり、一元は大体米一斗に匹敵する。したがって、貧窮者には決して軽くない額であり、入社できない者も多数存在したのである。その結果、当初、衙前信用合作社は基金二〇〇元余に過ぎなかった。だが、貸付業務を展開した結果、優越性を示し、加入は五四〇戸に増大した。なお、当時の農民協会の構成は自作農一一戸（二・〇％）、半自作農一一一戸（二〇・六％）、小作農三九八戸（七三・七％）、その他二〇戸（三・七％）であった。かくして、衙前信用合作社の基金は増大したけれども、不十分であった。そこで、①農民協会が没収した祠堂・廟財産の現金を基金に組み込んだ。②沈玄廬が浙江大学労農学院（浙江農学院の前身）院長譚熙鴻と交渉し、衙前信用合作社の貸付基金として五〇〇元を無利子で借り受けた(29)。

ところで、二七年四月衙前農民協会の新「組織法」が実施されている。基本組織は小組で、一小組は七、八人から

一一、一二人であった。小組毎に小組長がおり、小組協会員に対する一切の指導責任を負った。一小村落に数多くの小組が包括されており、それらの全協会員の中から大組長一人を推挙する。大組長は各小組長に通知し、指導する責任がある。当時、衙前村は二七の小（自然）村落からなり、したがって二七の大組（小組は計八一。大組一に小組平均三）があり、協会員総数は約八〇〇人である。総数がさほど多くない理由は、入会時、厳格な審査により無頼などは加入できないからと説明する。小組、大組が完成した段階で、会長一人、副会長一人、秘書一人を推挙し、全体の業務を執行する。ほかに、招聘された幹事二人（国民党関係者？）などが援助する。農民協会の成立後、農民は道路修築などを担当した。衙前自治会の工作が順調に進んだのは、多くに農民の支持を受けていたからとする。農民は衙前での戸口調査、土地測量、及び信用合作社などの設立に、積極的に参画した。そこで、周一志は、中共指導下の湖南、湖北などの農民運動に比較して、民生主義の優位性を主張し、「共産党の民死主義」は問題が多いと指摘する。そして、「民衆の苦痛を真に解放しようとしても、決して暴動手段では目的に達することはできず、革命手段は政治を解決できるだけで、経済を解決できない」と断言する。同様に、第三党に対しても暴動政策に固執しているとして非難した。[30]

では、まず沈玄廬の遺著となった「十七年元旦告同志書」から、当時の地方自治に関する沈の見解を押さえておきたい。「総理孫（文）先生は終生、力を尽くして三民主義、五権憲法を提唱し、中国国民党、中華民国を樹立し、彼自身の慈悲深く偉大な革命精神に基づき、四億同胞の自覚と要求を覚醒させた」[31]、と孫文を極めて高く評価し、その思想の後継者であることを自認していた。

沈は地方自治の段取りとして、二八年浙江省政府に「東郷自治会対於浙江省街村制的複決及自治制創制的意見」を提出した。①郷村自治は孫文の「地方自治開始実行法」に則ることを前提に、②郷村自治はまず人口と生活状況の調査、及び土地測量から着手する、③自治の区域は少なくとも二万畝前後の土地生産の人力、財力を有す、④自治組織は訓練から着手し、一〇戸を単位とする、⑤自治推進には生産増大を最も重視する。開始時期、政府は物質的、科学的援助を与える、⑥自治人材育成の六項目であった。このように、現状把握、経済基盤から人材育成まで手堅く押さえ、段階的に発展させようとしていた。

そうした中で、沈の農民重視は一貫したものであるが、「農民は国民総数の八〇~八五%を占め、農業が全国生産の基本で………農民が普遍的な主力であることを無視したならば、政治が基礎を失うのみならず、経済は中心を失い、全民族は生活という立脚点を失う」、と断言している。あくまでも中国で圧倒的多数を占める農民問題の解決が支柱となるとするのである。そして、農民は解放、生産増大を要求しており、広範で厳密な組織を必要とする。この種の組織は、国民党の訓練、組織、指揮、保障下で団結しなければならない。農民運動は七つの目的を包括する。(1)生活面での苦痛の除去、(2)全国食糧の充足、(3)工業原料の増大、(4)農民への知識を普及、(5)農民の政治能力の養成、(6)農村の経済組織の完成、(7)農民に余剰の土地供給である。これらを実現させるため、①租税負担、②食糧生産と耕地整理、③原料の質量両面からの供給、及び工場（設立）、④郷村教育、⑤農村自治、⑥一切の合作社と農業倉庫、⑦移民各問題の解決が必要とした。このように、⑥が合作社についてのものであるが、他の多くも直接、間接に合作社と関係があった。

また、沈が作成した「訓政時期農会（農民協会）章程」草案では、全村の生活と教育状況を調査し、かつ全会員を訓練、指揮し、以下の各工作をおこなう。①三民主義の農民政策を宣伝し、地方状況を斟酌して三民主義の建設に従事する。②農業と工商業の間の経済関係、及び中国民族解放運動中の相互連繫とその利益を説明する。③各種建設事業、例えば農民学校、合作社、及び農業・水利・交通改良などを提唱し、実施する。もし分担する必要があれば、例えば、教育部、農業改良部、雇農部、婦女部、青年農民部、合作部、娯楽部、軍事部等々を組織すればよいとした。(32)そして、孫文・三民主義、その延長線上で自治実現のために、国民党に接近していった。

ところで、二八年五月頃、沈玄廬は全郷経済を改善するために、「東郷自治経済法規大綱」を作成し、地方自治、経済問題解決の一環として合作社、特に信用合作社を重視し始めたように見える。内容を要約すると、すなわち、東郷では、農民は九〇％弱を占める。自作農、小作農、及びその家族は計九二〇〇人であり、収穫した玄米の分配は一人平均一石六斗六升四合である。老若男女の一人一日の生活費（食糧・塩・燃料・衣類・住居・医薬・交通など）の限度は玄米六合より下げることはできない。二七年新玄米の最高価格は一石一〇元で、毎人毎月のすべての最低限の生活費は一元八角である。したがって、ぎりぎりの生活ゆえ、普遍的、あるいは局部的災害を誘発し、その上、地主の搾取が死亡、子売り、借金、失業の原因になるとする。したがって、その方策として以下の具体的な解決案を示す。

㈠　農民経済の改善方法。⑴耕地が労働力に十分配分できない場合、①新耕地の開拓、②銭（塘）江の修築、⑵巨額の債務に対しては、①減租と信用中心の合作社組織化、⑶食糧欠乏に対しては、①穀物貯蔵、②糧食管理局の設立など。

㈡　自治経済の管理。⑴廟産、神会の財産の調査、登記、及び監視、⑵自治金庫の設置、信用合作総社を設立して農工商の金融調整など。

㈢　自治事業の一切の予算、決算。⑴事業を多くの期に分け、経済を発展させ、経営状況と収支は公開とする。⑵現金は各村信用合作社に配分して普遍的に流通させることを原則とする。⑶自治会は郷民大会や代表大会の決議により配分する。貸付は直接の生産事業経営に用いる。郷経済会議が、各村自治経費や生産事業への資金配分・調節は決定する。郷経済会議の構成は、①郷自治委員、②区財産委員会常務委員、③信用合作総社主任、④各村信用合作社の正副社長である(33)。つまり沈玄廬は信用合作社・総社に農民経済の改善、金融、自治財政の管理、及び郷経済会議の構成員など重要な役割を求めたといえる。

では、果たして東郷自治会はいかなる組織系統をとったのか。自治組織は二級制で、全郷には統一的な郷自治会があり、その下に各村の村自治会が位置する。戸籍調査は最初の重要な任務であったが、その終了後、浙江省政府民政庁が補助を得て、土地測量に重点を置いた。

第一に、上部に位置する「蕭山東郷自治会組織法」を見ると、①東郷自治の範囲は蕭山教育委員会東郷分会の区域とし、郷自治会を最高権力機関とする。②村自治会を基本組織として区分部の指導、監察を受け、郷自治会の指揮を受ける。③郷自治会は区党部の直接指導を受ける。④組織完成後、郷自治会の権力機関は、(イ)郷民大会(各村の自治村民)、(ロ)各村代表大会(各村民衆団体代表)、(ハ)全体委員会(各村自治会から選出代表)、(ニ)執行委員会(全体委員互選により三人を選出する。「訓政時期、過半数は国民党員にすべき」との規定があることから、内、二人は国民党員である可能性が強い)からなる。

⑤郷自治会の職権。(イ)村自治会の組織化とそれへの指揮、全郷レベルでの(ロ)水利、交通整頓、(ハ)農業生産、工商業の発展、(ニ)経済合作(社)組織化、(ホ)治安、衛生、(ヘ)糧食の管理、調整、(ト)教育、(チ)各村調査の指揮。

⑥郷自治会全体委員九人の各民衆団体への配分は、農民三人、労働者、商人各二人、婦女、青年・児童各一人である。

そして、最後に、「本組織法は第二、第六区党部党員連席会議で決議し、施行される」と明記され、東郷自治には国民党蕭山区分党部の強い管理指導が働いていたと見てよい。

第二に、「衙前村自治会章程」から基層に位置する村自治会の組織機構や目的を見ると、すなわち、当面は、郷村自治籌備会における構成団体代表は、衙前農民協会代表三人、建築工会、商民協会、婦女協会、農村学校各代表一人の計七人(第二条)であり、党部の認定を受ける。さらに、第三条には、本籌備会は蕭山県第二区第一区分部か高級党部特別派遣員の指導、訓練、監督を受けるとある。このように、民衆団体を重視しながらも、その自発性がどこまで発揮できたか疑わしく、郷、村レベルでそれぞれ国民党の二重管理を受けていた。

第五条、自治の内容は、(イ)戸口、財産の精査、(ロ)郷村経済組織の準備、(ハ)土地測量と地下見積もり、(ニ)道路の修築と各種交通機関の設置、(ホ)荒山荒地の開墾、(ヘ)農田水利の改良と森林保護、(ト)学校設立である。この「郷村経済組織」に合作社は含まれる。

第六条、可能な範囲内で、「清防」（中共粛清・防犯）事務、盗賊警備事務、係争事務、衛生事務をおこなう。

第一三条、本会の経費配分は以下の通り。農民協会五五％、商民協会二〇％、建築工会、農村小学各一〇％、婦女協会五％であり、[34]農民協会が資金面でも力量を有していたことが看取できる。

ところで、東郷自治会が管理、運営している自治機関・局は衙前村に多くが集中し、重要な位置を占めていた。例えば、衛生局、託児園、森林局、印刷局（各地党部、自治会の宣伝品や帳簿を印刷し、毎月数十元の純益を得た）、及び「丐工」局が存在した。「丐工」局とは、衙前村の「物乞い」全員を収容し、仕事を教え、自立させることを目指した。だが、「丐工」局の成立時、「物乞い」は他郷に逃亡してしまったという問題点もあった。これは、特に生産の重要さを周知させ、「游惰分子」（遊び人）や非生産の「寄生階級」の立脚点を喪失させることに骨子があり、その延長線上に成立したものといえよう。なお、衙前村以外に設立されたものとしては、南沙孤児院・幼稚園、東郷水利局、東郷医院、公墓局、道路局、消防局などがあった。

なお、衙前村では、最大の寺廟・東嶽廟の大殿を改築し、中山堂にした。ここは、三、四百人が収容でき、記念日や大会が開催される。第二区党部、農民協会、販売合作社、信用合作社、自治会、及び美術展覧所（各寺廟から回収した羅漢像などを展示した。芸術品と見なしたというより、「迷信打破」に効果があるとする）なども、ここに設置された。他の各寺廟も婦女委員会、森林学校、平民学校などに使用された。民衆運動場は大規模な民衆大会の時以外は、農労民衆の遊戯や運動場として使用した、[35]という。

表5-2によれば、一八年七月段階で、東郷自治会下の村は衙前、銭清、瓜瀝から蜀山まで一六ヵ村であった。戸

表5-2　蕭山東郷自治会戸口調査表（1928年7月）

村　名	自然村落数	戸　数	人　口	男	女	その他※
衙　前	67	5,627	22,313	11,998	10,315	534
銭　清	36	2,341	10,431	5,674	4,757	584
瓜　瀝	28	3,288	14,700	8,092	6,608	682
長　巷	27	2,276	10,063	5,256	4,807	959
転壩東	57	2,830	14,094	7,215	6,879	937
転壩西	61	3,058	13,813	7,886	5,927	724
龕　山	37	5,798	26,194	13,998	12,196	1,038
南　陽	9	2,126	11,416	6,310	5,106	477
倉　前	3	2,974	13,704	7,422	6,282	125
靖　江	5	3,509	17,028	9,262	7,766	762
頭　蓬	5	4,492	23,780	12,911	10,869	489
赭　山	19	2,324	10,121	5,695	4,426	373
義　盛	5	2,756	14,165	7,541	6,621	209
新湾底	5	1,809	9,437	5,039	4,398	285
党山湾底	7	3,783	20,526	10,757	9,769	224
蜀　山	6	2,894	14,904	8,053	6,851	288
計	377	51,525	246,689	133,122	113,577	8,640

出典：王雪園「蕭山東郷自治概況」『再造』第30期（1929年1月2日）。
※なお、「その他」は仕事などで東郷を離れている人数。人口は「その他」を除く、男女の合計。

数は総計五万一五二五戸で、総人口は二四万六六八九人である。したがって、一戸当たりの家族平均数は四・八人である。内、男は一三万三一二二人（五四%）、女は一一万三五七七人（四六%）であり、出稼ぎなどで東郷を離れ、外部に出ている者が八六四〇人に上る。二九年段階になる、東郷地区は「約三〇ヵ村」になるので、次々と村を合併していったことがわかる。では、東郷地区での衙前村の位置づけはどうか。この時、衙前自体が六七の自然村落から構成されていたとする。戸数は五六二七戸で、人口は二万二三一三人である。東郷地区の核である衙前村は、総戸数、総人口のそれぞれ一〇・九%、九%で、一割前後を占めていた。男女比率は五三・八%、四六・二%であり、衙前村は家族平均数は四人で、全体平均より若干下回るが、東郷地区の全体的特徴を如実に示す平均的、ある意味で典型的な地域であったことがわかる。

ところが、不思議なことに表5-3を見ると、衙前村を構成する自然村落が三五村、戸数が二四九〇戸、人口が一万三五五人と、表5-2の約半数である。何故か。「一部区域」の調査とあるが、おそらく旧衙前村の調査であろう。調査期日が不明なことは遺憾であるが、『再造』掲載が半年早いことから、半年前の二八年一月頃の調査と推定できる。二つの表から考察できることは、東郷地区自体も拡大していたが、それに包括される衙前村も近隣の自然村落を併合し、短期間で拡大しつつあったことが理解できよう。家族平均数は四・二人。他所に行っている者が七九五人。生産者は三二五一人、「半失業者」七七六人は、日雇いなど何らかの仕事をしていると見なせるのが、合計四〇二七人（三八・四％）。完全失業者は僅かに一二〇人（一・二％）であった。ただし、完全失業者に、当時基本的に労働をしないとされる「六〇歳以上」が一〇〇六人、及び障害者八九人、学童一七二四人を加えると、合計二九三九人（二八・四％）となる。つまり約四割の労働が実質的に衙前村を支えていたことになる。識字者は七八一人で、全体の七・五％であった。この識字者を中核に自治運動も合作社も展開されることになる。

東郷地区とは浙江省蕭山県の一部であり、この結果、衙前村はこれに組み込まれた。二九年段階で、東郷地区は衙前、銭清、南陽などを包括する三〇ヵ村からなっていたとされる。「訓政」の「訓」とは民衆訓練として、二七、八年民衆団体を梃子に「民衆運動」として組織化と訓練に力点を置いた。

(1)　農民運動―東郷農民協会が成立後、その下には村農民協会が置かれ、衙前、龕山、長巷、銭清、瓜瀝、山北、南陽、靖江、西倉など三〇ヵ村で、協会員は約八万人余であった。①村農民協会の区域画定は区党部がおこなう。②小村を以て単位とし、若干の大組を計画する。③訓練は、農閑期などに随時小組訓練会を開催し、党義講義、時事報告のほか、識字、算数などの授業を実施する。④経費は、入会費、献金などを徴収し、毎年事務費を除いて、農民関連の建設事業に充当する。⑤合作（社）組織提唱、蚕業改良、塘堨壩、及び防虫害、道路修理、学校

表5－3　衙前村自治会戸口調査表

項　目	
自然村落数	35村
戸数	2,490戸
人口	10,355人
現在居住人口	9,560人
男	5,422人
女	4,933人
生産者	3,251人
半失業者	776人
失業者	120人
障害者	89人
60歳以上	1,006人
識字者	781人
学童	1,724人

出典：周一志「蕭山衙前農村考察記」(3)、『再造』第13期（1928年7月12日）。なお、この統計は、「二区一段」（衙前村）の一部区域の数字とある。

設立をおこなう。

(2) 労働運動―東郷にはいわゆる労働者は少なく、多くが手工業労働者で農業もおこなう。したがって、労働運動の大部分は農民運動に包括された。とはいえ、労働団体もあり、衙前建設業工会、瓜瀝交通工会、龕山衣服製造業工会、靖江車夫工会など、一〇〇〇人余を組織していた。

(3) 商民運動―東郷の商民協会は衙前、龕山、南陽、靖江、瓜瀝など九ヵ所にある。大会で執行委員五人が選出され、規律裁判委員七人は商民協会内の紛糾を処理している。

(4) 婦女運動―婦女協会は衙前、龕山、南陽、靖江、瓜瀝など八ヵ所に設けられ、協会員は約五〇〇人。婦女解放、生活能力増強を主張する。託児所、幼稚園、婦女補習学校などがある。[36]

ここで、東郷自治会による合作社の実態と特質に論を進めたい。まず衙前村中心に信用合作社から着手し、他業種に普及させる形態をとった。

第一に、二八年七月東郷で最初の合作社は衙前村信用合作社(有限責任・一株一元)が成立した。沈玄廬を合作社社長に公選し、信用貸付と儲蓄業務をおこなった。つまり二四年設立の信用合作社を基盤に、それを再編し、信用貸付のみならず、新たに儲蓄に重点を置いたものと考えられる。社員は三〇〇人であり、主要に農民協会の全協会員で、他は手工業者などであった。第一年目の貸付は一〇〇〇余元、第二年目は六〇〇〇余元で、三〇年初頭には、社員が五四〇人に増大した。組織機構や貸付章程などは農民協会が議決、施行するが、ただし社員大会が修正権を有する。その総業費は、自治会が負担する。このほか、農民儲蓄の習慣養成のため、竹筒に銅銭を貯めることを規定した。これは、各農民家庭に竹筒を一本置き、毎日銅銭を若干枚入れ、各組長が毎月集めて回り、信用合作社に預金する。一元になると一株となる。自治会の計画では、村自治区毎に信用合作社一社を組織し、さらに全郷総社、あるいは東郷銀行を設立し、農村民衆の経済網を創りあげることにあったとする。[37] このように、衙前村信用合作社の場合、その創業費は自治会が負担することになっており、社員は農民協会の全体分子を主体とし、その他は手工業者等であり、かつ貸付章程は農民協会が議決し、合作社員はその修正権しか与えられていない。

第二に、衙前改良繭販売第一合作社と蚕糸合作社。東郷は元来、蚕桑区域で、年繭産価格が三〇〇万元前後であった。だが、農民は旧習に固執した結果、年々衰退していた。そこで、まず繭質を高めることから開始し、二八年春、浙江大学労農学院、浙江省立蚕業改良場の協力を得て「改良蚕種」を普及させた。新蚕種は質量とも優れており、「改良蚕種」（改良蚕の卵を産み付けた油紙か布?）四〇〇〇枚を販売し、大多数の農民が購入した。従来、繭の出売は「買弁」が外国商人と結びつき、郷村で農民から直接、間接に購入し、買い叩いた。また、繭を上海に直接運搬して販売したが、上海各廠の独占統制下で思うような価格で売却できなかったと考えられる。そこで、蚕戸を集めて衙前改良繭販売第一合作社を組織した。創設資金は浙江省政府が立替払い（額不明）をしたとされる。そして、繭三万七〇〇〇余斤を収め、土種（旧来の繭）よりも売価は三割以上アップした。かくして、二八年必要経費を除いた利益は一万元余と見積もられるとする。そして、将来、剰余は繭量によって農民に配分され、正式に社株を購入させ、合作社資金にするという。さらに、二八年九月東郷自治会は「浙江蕭山東郷蚕桑糸繭改良委員会」を組織し、かつ東郷模範製糸廠（蚕糸合作社）を計画した。年来の繭販売の純益で、糸廠の基礎を築き、同時に他資本も吸収し、民衆合作の上に建設するとした。だが、労農合作の合作社形態を採っていたとはいえ、実際は地方公債によって設立され、償還後、地方公有となることが決まっていたようだ。ともあれ糸廠は衙前・龕山間に設立し、紡車五〇〇を設置し、三一年正式に開業（予定資本五〇万元）した。しかし、その後、繭・生糸価格が暴落し、三三年操業停止に至った。(38)

その他、衙前販売合作社があり、書籍だけを扱うが、農村での書籍購入に便利になった。また、小規模な衙前農民菜種販売合作社、麦藁帽子合作社は取引も衙前の一部に限られた。教育用品消費合作社が（衙前に?）設立され、各小学校が図書、文具などをそれぞれ購入し、不便であったことから、各種文具、図書を販売したほか、自発的に教科

表5-4　衙前・瓜瀝・南陽三村信用合作社統計表（1929年8、9月段階）

社　名	登記	社員数(人)	株式加入	1株	払込株金(元)	借入金(元)	貸付総額(元)
衙前村信用合作社	無	540	540	1元	540	6,490	6,820
瓜瀝村信用合作社	無	560	589	1元	589	2,000	2,575
南陽村信用合作社	無	252	399	1元	399	2,000	2,300

出典：蕭山県金融志編写組『蕭山県金融志（1912～1984年）』1984年、44頁。

書や各種帳簿を発行した。ほかに龕山には桑葉購売合作社などがあった(39)。

ところで、信用合作社は、東郷地区では衙前村の一社のみならず、瓜瀝村（一八年設立）、南陽村（二九年？）二社があった。**表5-4**によれば、瓜瀝村信用合作社は、衙前村信用合作社と同規模であるが、貸付総額は二五七五元と少なく、業務は不活発に見える。ただし借入金は二〇〇〇元と少なく、相対的に信用は低いが、健全運営を目指していた可能性がある。南陽村信用合作社は社員数が前二社と比較すると、二五二人と半数以下で、小規模である。だが、借入金二〇〇〇元、貸付総額二三〇〇元と、瓜瀝村信用合作社と同じ程度の運営をしていた。なお、一株一元で、社員に未購入者はいなかった模様である。ところで、当初、三社とも当地の農民協会が指導したが、二八年沈玄盧の創設した東郷自治会に指導が移った。

こうして、合作社は他地域と比較して先駆的に普及したが、衙前村では農民協会や自治会との関連が極めて密接で、それらの権力が強く、独立した形での合作社自体の自治、権利はあまり配慮されていない。換言すれば、二七年以降は衙前の合作社は独立組織というより、従属的関係、もしくは付属機関と見なされていた可能性が強い。

注目すべきは、東郷自治会が児童会組織にまで信用、消費、販売などの合作部を設置したことであろう。衙前児童会の組織機構は【児童総会】（三ヵ村以上で組織し、全体会員大会や代表大会で委員、幹事各三人などを選出）―【村児童会】（三小組以上で組織）―【小組】（一二人）である。児童会には勤労（清潔・整理）、農作（園芸）、運動（体操など）、衛生、合作（信用、消費、販売など）、社会（宣伝、集会など）、糾察各部、及び倶楽部（音楽、歌舞など）が設置された(40)。このように、あらゆる組織・機関に合作社が設置されたのである。

では、沈玄廬が一貫して重視し、自治運動の一つの骨幹ともいうべき教育について見ておきたい。東郷では二一年以前、キリスト教会運営の初級小学校が一、二ヵ所、及び幾つかの私塾しかなかった。そこで、自治運動はまず教育運動から着手されたが、不統一であった。自治会成立後、教育局を特設し、全郷の教育事業を管理し、小学教育学校、民衆教育学校、及び補習学校、講習所などを積極的に推進し、増設した。民国一七（一九二八）年度の第一学期には、全郷で小学校が三二ヵ所、男子児童一九三〇人、女子児童二三四人が学んだ。それ以降、毎年各村に「複級小学校」（二学年以上を有す?）一ヵ所を設けることにした。全郷で児童約三万人がおり、教育普及のためには、一校当たり一〇〇人で、三〇〇ヵ所の小学校が必要とする。自治会は「集権主義」を採り、一方で小学校を増設し、他方で教会学校や私塾を取締り、「非国民党主義」の教育を徹底的に排斥した。(41) このように、非妥協的であったことは見逃せない事実であろう。その他、研究会、小学校教師講習会、巡回文庫、教科書・教材審査は積極的におこなった。村区毎に少なくとも民衆学校二校の設立予定であったが、手が回らなかったようである。なお、全郷教育は浙江省蕭山県教育委員会東郷分会の管轄下にあり、年支出経費は計一万五〇〇〇元で、小学校三一ヵ所、教職員八〇余人、児童約二〇〇〇人である。(42) このように、県教委区委員会東郷分会が資金を支出していた。

二八年七月沈玄廬の暗殺に打撃を受け、衙前村信用合作社は見通しがたたなくなり、株金も返還し始めた。ある場合は株金で貸付を相殺し、借入金もそれぞれ清算したという。ただ、その後、再び活性化したようで、二九年九月三〇日には、衙前村信用合作社は各種借入資金が六四九〇元、貸付総額六八二〇元に増大した。貸付の主要用途は生産資金である。食費、修屋、葬儀に関しては衙前村信用合作社主任の特別な許可を必要とした。貸付額は一般に一回三～五元で、一〇元以上は特別であった。貸付は期限（期間不明）が来れば返済し、特別の事情があれば、延期手続きをとる。貸付利息は資金源から定める。最初は無利息貸付、後に銀行資金を導入したことで低利を課した。貸付手続きは比較的に簡単で、借入者は農民協会小組長か合作社員が同行して衙前信用合作社に来て「口頭」（非識字者が多かったからであろう）で申請し、信用合作社委員、あるいは農民協会長の批准を経て、借入者、同行者がそれぞれ借用証書に押印する。特別な場合は調査後、決定する。信用合作社には基金領収書、借入証書の二種の証書があるだけである。(43)

三〇年一月東郷自治会は省政府によって廃止され、南陽村信用合作社はすぐに閉鎖され、衙前、瓜瀝両村合作社も株金を返還し、帳簿を整理した。三一年衙前村信用合作社の名義で、杭州農工銀行の信用合作社への割当貸付を受け、それも三二年春、清算した。四月浙江省政府建設庁の合作事業促進政策により、衙前村信用合作社は杭州農工銀行の割当貸付資格を取得し、蕭山県政府に登記手続きをした。だが、登記後も銀行貸付を得ることができず、信用合作社は貸付資金がなかった。三三年省建設庁の衙前村信用合作社に対する評価は低く、三四年には最終的に解散を命じられたという。(44)浙江省政府は、東郷自治が民衆団体・民衆運動を基本としていたことを恐れ、解散させた可能性を否定できない。

この経緯をもう少し詳細にみておきたい。当時、潘起楡は厳しい批判を展開した。すなわち、蕭山県の合作社創始は早く全省の冠たる位置にある。こうした点を認めながらも、二八年当時、「合作社規程」なども公布されていなかった。その後、相次いで設立されたものに、東郷の蚕糸合作社、浦蘿運銷合作社、義橋運銷合作社、南陽（村）信用合作社などがある。だが、義橋、南陽両（村）合作社はすぐに解散した。大多数の合作社は適法ではなく、例えば、東郷蚕糸合作社は有名であるが、内部組織が「規程に合わない点」（具体的事実は不明）があり、三一年省建設庁の調査後、是正した社章などは省建設庁に受理された。もし今後規程に則っておこなえば、我国唯一の蚕糸合作社である。このほか、浦蘿運銷合作社の組織は甚だしく法に合わず、さらに紹興県の天楽合作社は越境して利を争い、殺人事件まで引き起こして封鎖された。衙前、瓜瀝両（村）信用合作社は平均社員が四〇〇～五〇〇人で、業務面では借金以外に為すことなく、今まで成果はあげていない。指導者不足がこうした現象を生み出している。省建設庁は蕭山県の合作社事業の情勢に鑑み、管理の必要を感じ、三二年四月合作事業促進員を派遣し、蕭山県合作事業に組み込んだ、とする[45]。このように、合作社自体の内在的問題を指摘し、省建設庁の管理下に移行させることの必要性を強調したのである。

おわりに

以上のことから以下の結論を導き出せる。

第一に、経歴から考察する沈玄廬の思想と活動であるが、表面的には変転きわまりない。すなわち、マルクス主義研究会の組織化、上海共産主義小組に参加するなど、ごく初期からの中共党員であったにもかかわらず、動揺しながらも次第に右傾化し、最終的には国民党最右派の「西山会議派」に参加した。しかしながら、労働者よりも中国人口の大多数を占める農民重視、階級闘争よりも互助、教育重視、中央集権化に反対して地方自治を鼓吹、及び軍事主導反対などの点は間違いなく一貫していた。では、なぜ中共、国民党の双方と対立、矛盾を深め、第三の道を歩まざるを得なかったか。初期中共の労働者重視、階級闘争、中共中央の上意下達方式は沈の考えとは真っ向から対立する。また、こうした中共との合作反対、特に三大政策への不満であった。他方、国民党に対しては、反共という共通項を有しながらも、蔣介石による軍部主導型の中央集権化の趨勢が強まるにつれ、それとの分裂も決定的なものとなっていく。すなわち、左派国民党と中共による武漢政府と対立することは当然として、蔣介石の南京国民政府との合体も不可能であった。

第二に、沈玄廬によれば、衙前農民の活路は農民自決であり、土地私有の廃止のために、暴動ではなく、団結、組織化する必要があり、その実現が農民協会であった。そして、実践は二五減租闘争であった。先進地域であったこともあり、紹興、蕭山の八〇数ヵ村がすぐさま農民協会組織化に呼応した。沈は減租闘争を非暴力合法闘争にする予定であったが、農民協会指導者の一人、単夏蘭による地主殴打事件が発生した。そして、それを口実に衙前中心の農民運動は二一年末、軍閥政府に鎮圧され、第一次農民協会は閉鎖された。これに対して、邵力子は農民協会の合法性、二五減租要求の正当性を擁護した。周仏海は階級闘争を主張し、減租要求→抗租→「罷耕」の順で段階的に闘うべきことをアドバイスした。特に陳承蔭は経済制度改革こそが重要で、そのため階級闘争よりも「緩慢」(漸進的)な合作運動を主張した。また、宣中華は、郷村の小学校教師が農民運動の中心となり、教育、訓練から着手するのがよいとする。このように、農民運動は停滞したとはいえ、各種の有意義な議論を誘発し、かつ農民は団結し、組織化して自らの利益を守る必要性を認識する契機となった。

第三に、一九年沈玄廬は、他の「模範村」には生産計画が非常に少ないと批判し、「共同工作」、経済重視、平和的な漸進方法により「激烈な衝突」を回避しながら目的に達するという合作主義を提唱したといえる。では、目的は何か。衙前農民協会の創設を梃子とする自治的な「合作社村」創設である。農村小学校も創設した。こうした構想はオウエンの「協同(組合)村」の影響を最も受けたと考えられるが、二一年段階には合作社連合体として生産、消費を行なった事実は見当らない。したがって、沈の村単位の「合作社村」構想の一環(衙前農民協会、農村小学校など)を実現した未完成の「農村合作社(協同組合)村」との歴史的位置づけを与えられよう。

第四に、第一次農民協会崩壊後の最初の合作社は浙江省蕭山の継志小学校内の合作商店である。その後、二四年一月第一次国共合作後、沈玄廬は衙前農民協会(いわば、第二次衙前農民協会)を復活させ、自ら農民協会長に就任した。東郷各村を回り、婦女を組織し、医院を創立、学校を整頓し、同時に浙江最初の信用合作社を衙前村に設立した。その後、信用合作社は東郷地区では衙前村のみならず、瓜瀝村、南陽村の計三社となり、いずれも当地の農民協会が指導した。二八年から沈創設の東郷自治会がその指導を引き継いだ。沈は民権、民生を特に重視し、農民運動と地方自治を重視した。その目的は、衙前村を核に、さらにそれを包括する東郷地区で小規模な訓政を実施し、民衆団体・「民衆運動」を基盤に民衆に自治を教え、建国の基礎とすることにあった。これ以降、国民党の管理統制が強化されていく傾向にあった。確かに信用合作社の創業費は自治会が負担したが、社員は農民協会全員と手工業者などで、農民協会が貸付章程も議決している。このように、東郷自治会が指導を引き継いだとはいえ、農民協会の影響力が強かった。なお、二八年頃、衙前村には他に改良種繭販売第一合作社、書籍販売合作社も設立され、かつ児童会にも信用、消費、販売などの合作部が設置されるなど、合作社として広がりを見せていた。三〇年一月東郷自治会は省政府に廃止された後、衙前村信用合作社は急速に力を失っていった。民衆団体を基盤とし、自治意識を残す東郷自治会は当局にとって不都合であったからであろう。かくして、農民協会や合作社を梃子とする下からの改革は、南京国民政府の管理強化とともに上からの合作事業に転換していく。それに適合できず、民衆運動の流れの中から生まれた自治性の強い民間初期合作社の多くは崩壊を余儀なくされた。

註

（1）例えば、衙前農民協会に対して①張廷灝「中国合作運動的現状」（『平民』第一五二期、一九二三年五月五日）は、衙前農民協会が「農民合作社の別名」で、衙前全村の農民に組織されたが、大同合作社同様に官僚たちに封鎖されたとする。②伍玉璋『中国合作運動小史』（一九二九年、五二頁）は「一種の農村合作社」とした後、同様な記載を行ない、③寿勉成、鄭厚博『中国合作運動史』（一九三七年、八二頁）は沈定一（玄廬）指導の「一種の農村合作社的性質」のもので沈の暗殺後、閉鎖、④朱義析「中国合作運動発軔史略」（『燕京月刊』第九巻一期、一九三二年五月）は「農村の一種の生産合作社」、⑤鄭林荘「中国合作運動史初稿」（燕京大学経済学会『経済学報』第一期、一九四〇年五月）も「衙前村のような田舎でも（合作社の）動きがある」とし、さらに現在の⑥米鴻才、邸文祥編著『合作社発展簡史』（一九八八年、一二四頁）も「農業合作社」であり、今日いう「農民協会」ではないと書く。ただし、終わりの時期に関しては、結局のところ第一回目の衙前農民協会崩壊をもって終わり（①②）とするか、二七年から再開され、二八年八月の沈玄廬の死による新衙前農民協会の崩壊（③⑥）をもって終わりとするかの相違はあるが、大同小異に衙前農民協会そのものが「合作社」であるといっているのである。

（2）例えば、①楊福茂、王作仁「中国現代農民運動的先声——浙江蕭山衙前農民闘争概述——」『中国現代史』（複印報刊資料）、一九八一年三期。②『第一次国内革命戦争時期的農民運動』では、「浙江省的農民運動」として、「浙江省蕭山県は一九二一年農民協会を組織し、減租を要求したことにより、官庁に解散させられ、（農民協）会長は逮捕されて獄死した。この後、農会組織は禁止され、現在秘密裏に進行できるだけである。国民党省党部農民部はすでに一九二六年三月に成立した」（『第一次国内革命戦争時期的農民運動』人民出版社、一九五三年、四三一頁）と、簡単に記載されているに過ぎない。

（3）同前もその傾向があるが、①李吉「農民協会——我党領導的革命史上最早的農民自治性組織——」（『中国現代史』〈複印報刊資料〉、一九八五年一期）は、農民協会で「最も早いのが浙江省蕭山県衙前村」とし、「我党早期の共産党員沈玄廬が組織、発動した」として、「農民自決」、「農民自治」などを強調する。中共浙江省委党史資料徴集研究委員会等編『衙前農民運動』（中共党資料出版社、一九八七年）所収の②成漢昌「中国現代農民運動最早発生於何時何地？」、③葉炳南「新型農民運動的『最先発靭者』」、④「茅盾的回憶」なども二一年の衙前農民協会が「合作社」であったとの記載はない。その他、⑤梓木等著『民主的構思』（光明日報出版社、一九八九年、四四〜四五頁）は、「農民協会制度が人民代表大会の萌芽」と見なし、二一年九月東岳廟で「衙前農民代表大会」を開催したとする。そして、その「宣言」、「章程」を以て「中国現代革命史上、最初の農民闘争綱領」と極めて高い評価を与える。

（4）日本の沈玄廬研究として先駆的な①野沢豊「沈玄廬の死」（都立大学人文学部『人文学報』一一八号、一九七七年二月）は沈を巡る二五減租、地方自治、国民会議運動に焦点を当てるが、これらとの関連でも重要な位置にある合作社を看過している。最近、②弁納才一『近代中国農村経済史の研究——一九三〇年代における農村経済の危機的状況と復興への胎動——』金沢大学経済学部（二〇〇三年）が第二編第六章で、沈と二四年以降、特に三〇年前後の製糸合作社を中心に論じるが、二一年の衙前農民協会を捨象している。その結果、浙江合作社の歴史的流れ、起点、変遷、特質、及び沈の活動の本質を十分とらえきれていない。なお、沈玄廬の伝記としては、アメリカで、R. Keith Schoppa, *Blood Road, The Mystery of Revolutionary China*, UNIVERSITY OF CALIFORNIA PRESS, 1995 が出版されている。

（5）沈玄廬の経歴作成には、①史明「沈定一事略」『蕭山文史資料選輯』(1)、一九八八年一月、②史明「沈定一事略」（続完）、『蕭山文史資料選輯』(3)、一九八九年一二月。③「沈定一」『蕭山県志』浙江人民出版社、一九八七年。④「沈定一」『浙江人物簡志』下冊、浙江人民出版社、一九八四年。⑤「沈定一」、劉紹唐主編『民国人物小伝』第二冊、伝記文学出版社、一九七七年、。⑥「沈定一」、中共浙江省委党史資料徴集研究委員会・中共蕭山県委党史資料徴集研究委員会編『衙前農民運動』中共党資料出版社、一九八七年、⑦沈玄廬「随便談」『星期評論』第二号、一九一九年六月一五日などを参照。なお、茅盾によれば、沈玄廬暗殺に関して、当時ある人は蒋介石が指図したと言っていたという。沈玄廬は国民党中央委員で、蒋に反対したため、葬り去られたことになる（「茅盾的回憶」『衙前農民運動』七九頁）、と。これが事実なら、「C・C」系がおこなった可能性が強い。なぜなら、四・一二クーデタ後、陳果夫、陳立夫兄弟は台頭し、二八年二月には国民党中央組織部（蒋が部長、陳果夫が副部長）が成立し、その下に「C・C」系の最初の正式な機構と称される調査科が設置されているからである（拙稿「都市型特務『C・C』系の『反共抗日』路線について」(上)、『近きに在りて』第三五号、一九九九年六月）。なお、「被刺身亡」など、「刺殺」と書かれたものが多いが、中国語の「刺殺」は日本語よりも幅があり、刺殺のほか、暗殺の意味も含み、具体的に事件を叙述している②から、本文にも書いた通り銃撃を受けたものと考えた。そのほかにも、暗殺に関しては中共の報復、土豪劣紳の恨みなど、多くの説、憶測が飛びかった。なお、沈玄廬は廖仲愷、朱執信を高く評価していたようである（周一志「沈玄廬先生之死」『再造』第一九期、一九二八年一〇月一二日。なお、『再造』は上海刊行）。

（6）玄廬「誰是你底朋友」『覚悟』一九二一年八月二六日。なお、『覚悟』は『上海民国日報』副刊。

（7）玄廬「農民自決」『新青年』第九巻五号、一九二一年九月。

（8）「附蕭山南沙組織農民団体宣言」『覚悟』一九二一年一二月一二日。

（9）「李成虎」『浙江人物簡志』下冊、浙江人民出版社、一九八四年、一七頁。『衙前農民運動』一一六〜一一九頁。なお、浙江省の「二五減租」は沈玄廬によって提起された。そして、二六年一〇月国民党中央、及び各省連席会議で「二五減租」は政治綱領の重要項目と位置づけられたという（笹川裕史『中華民国期農村土地行政史の研究』汲古書院、二〇〇二年、一〇四頁参照）。

（10）「浙江特別通信――蕭山労資争闘再誌――」『上海民国日報』一九二一年一二月三一日。

(11)『衙前農民運動』一二一頁。
(12) 力子「論蕭山農民協会被軍隊残摧事」『覚悟』一九二一年一二月一二日。
(13) 周仏海「対於蕭山事件的感想」『覚悟』一九二一年一二月三〇日。当時、周仏海はこの文章を日本から寄せており、第七高等学校留学中と考えられる。
(14) 陳承蔭「農業合作的需要」『平民』第八六期、一九二二年一月一四日。
(15) 宣中華「農民和革命」一九二二年一二月四日、『衙前農民運動』四八頁。
(16)「衙前(浙江省蕭山県)農民協会宣言」一九二一年九月二七日、『新青年』第九巻四号、一九二一年八月。なお、これには沈玄廬の「付記」があり、「この宣言と章程はすでに衙前全村農民が一九二一年九月二七日本村で議決し、委員六人を選出した。付近三、四百(華)里内の農民にも同性質の団結が醸成されている」、と。また、掲載の『新青年』出版月が「八月」とあり、九月の「宣言」が掲載されているのは不可思議であるが、おそらく刊行が遅れ、九月以降になったと見るのが素直であろう。
(17)「衙前農民協会章程」一九二一年九月二七日、『新青年』第九巻四号、一九二一年八月。
(18)「衙前農村小学校宣言」『新青年』第九巻四号、一九二一年八月。なお、沈玄廬付記によれば、「この宣言はすでに一九二一年九月二六日蕭山衙前小学の開幕日、多くの労働者、農民、資本家、地主、官吏の面前で宣布された」とある。
(19) 意盧「浙江蕭山衙前農村小学校概況」『覚悟』一九二一年一一月二四日。
(20) 意盧「浙江蕭山衙前農村小学校概況」(続)、『覚悟』一九二一年一一月二五日。
(21) 沈玄廬「他就是你　你就是我」『星期評論』一九一九年一一月二三日。
(22) なお、沈玄廬は、これは「日本の新村と同じではなく、またアメリカの蘭露共産村のようなものではなく、かつ農業大家族ではない」(沈玄廬「他就是你　你就是我」『星期評論』一九一九年一一月二三日)とする。「蘭露共産村」とはおそらくオウエンの「協同村」であるラナーク・コミュニティを指している。沈玄廬は「蘭露共産村のようなものではない」と否定しているが、沈玄廬はラナーク・コミュニティを知っており、その発想の共通性、類似性等々から、この構想に主要に影響を及ぼしたのはオウエンの「協同村」と考えられる。
(23) 加用信文「オーエンの『協同村』の構想」『土地制度史学』八四号、一九七九年七月。なお、オウエン(一七七一〜一八五八）は若い頃、ニューラナーク紡績工場の改革に成功した。その経営経験を基礎に発表したのが「社会に関する新見解」（A New View of Society, 1813-14）で、「性格形成原理」を解説、環境改善、児童教育、労働者教育、国民教育を主張した。その実践として一八一五年工場で労働する児童救済を提起した。労働者階級の労働条件、生活条件の改善を訴え、幼児からの教育を重視、利己心のない人間を形成しようとした。さらに、一六年社会主義者となり、産業革命下の労働者階級の貧困・失業問題を解決し、搾取のない人間関係実現のため、協同組合運動を新たな協同組合協同体（Cooperative Community）建設に向かわせた。協同体こそ、よい教育、適切な仕事、労働と消費の指導、非常時のための備蓄、都市と農村の結合、福祉の充実などの社会改革を可能にすると主張した。特に恐慌・失業対策として、「ラナーク州への報告」（Report to the County of Lanark, 1821）で無制限の利潤追求、分業などを根本要因とし、資本主義批判を強めた。打開策として、一〇〇〇人程度の「共産主義的な農工生産協同体」の建設を提案した。そこでは、私的利益と公共利益の一致、肉体労働と精神労働の結合が実現し、協同原理が貫徹されるとし、自主管理を提示した。二五年アメリカのインディアナ州で「ニューハーモニー協同体」の実験をおこなった。それに失敗すると、イギリスに帰国し、国民公平労働交換所を開設、全国労働組合大連合を指導した。このように、オウエンは教育の重要性を主張し、資本主義批判、協同原理、「協同体主義」（＝社会主義）を説き、イギリス中心に協同組合運動、労働運動、社会主義に大きな影響を与え、「協同組合思想の父」と称された（白井厚「協同組合思想の系譜」『新版協同組合事典』家の光協会、一九八六年等参照）。

(24) 沈玄廬「子孫主義」『星期評論』第七号、一九一九年七月二〇日。

(25) 沈玄廬「競争与互助」『星期評論』第六号、一九一九年七月一三日。

(26) 本社同人「関於民国建設方針的主張」『星期評論』第二号、一九一九年六月一五日。

(27) 公憲「継志小学底合作商店」『平民』第一三九期、一九二三年一月二七日。

(28) 高東莱「衙前村信用社始末」、蕭山県金融志編写組『蕭山県金融志（一九一二〜一九八四年）』一九八六年五月、四五〜四六頁。なお、高東莱は元衙前信用合作社幹事である。

(29) 馮正為「全省第一個信用合作社——衙前村信用合作社始末——」、政協蕭山市委員会文史工作委員会編『蕭山文史資料選輯』(3)、一九八九年一二月。

(30) 周一志「蕭山衙前農村考察記」(2)、『再造』第七期、一九二八年七月二日。

(31) 沈玄廬(遺著)「十七年元日告同志書」『再造』第三〇期、一九二九年一月二日。
(32) 孔雪雄『中国今日之農村運動』中山文化教育会、一九三四年、三九五〜三九六、三九九頁。
(33) 孔雪雄、同前、三六一〜三六四頁。
(34) 王雪園「蕭山東郷自治概況」『再造』第三〇期、一九二九年一月二日。
(35) 周一志「蕭山衙前農村考察記」(3)、『再造』第一三期、一九二八年七月一一日。
(36) 王雪園、前掲「蕭山東郷自治概況」。
(37)(38) 周一志、前掲考察記(3)。孔雪雄、前掲書、三九一〜三九二頁。王雪園、前掲「蕭山東郷自治概況」など。
(39)(40) 王雪園、同前。
(41) 孔雪雄、前掲書、三九〇頁。
(42) 王雪園、前掲「蕭山東郷自治概況」。
(43) 馮正為、前掲資料。
(44) 前掲『蕭山県金融志(一九一二〜一九八四年)』四四頁。馮正為、前掲資料、三八頁など。なお、一九八四年九月中国人民銀行総行金融歴史研究室が人員を派遣し、蕭山県衙前を視察し、「北伐戦争以前、共産党員が発動して成立させた衙前(村)信用合作社」は「全国で最初の革命的金融機構と認定した」(前掲『蕭山県金融志(一九一二〜一九八四年)』四四頁)、という。
(45) 潘起榆「報告:蕭山県辦理合作事業之過去与未来」『浙江省建設月刊――合作運動専号――』第六巻二期、一九三二年八月。

第六章　華洋義賑救災総会の活動と農村信用合作社

はじめに

華北大飢饉を背景に、一九二〇年一一月華洋義賑救災総会（この略称は「華洋義賑会」であるが、それ以前に存在した個別救済団体の旧「華洋義賑会」と区別するため、本章では、原則としてフルネーム「華洋義賑救災総会」か「総会」を使用する）が、慈善各団体を糾合して大規模な代表機関として、農村救済を目的に創設された。そして、重要な活動の一つとしてライファイゼン型の農村信用合作社の組織化を二三年から開始した。本章では、総会下の信用合作社に焦点を当て、社数、資金、組織など実態を明らかにしながら、農村救済、農村下層金融などとの関連を考察したい。そして、最後に中国合作社の起点、及び二〇年代における総会系合作社の歴史的位置づけをおこなう。ところで、総会系の信用合作社に関しては、①川井悟の労作（「華洋義賑会と中国農村」『五四運動の研究』第五函、同朋社、一九八三年）があるが[1]、本章では、川井が力点を置いた三〇年代ではなく、統計史料が十分とはいえない創成期の二〇年代に焦点を合わせ、可能な限り実態解明、分析をおこなう。また、川井が主張する「縁」の概念を検証し、また「回収率のよさ」にも考察を加えたい。その際、本章では歴史的背景、政治的推移を重視する。②梨本祐平は、河北省における農村合作社運動が「華洋義賑会（救災総会）を主体とするところのキリスト教的人道主義者達の一個の農村救済運動」とするが[2]、どのような形でキリスト教と関係があったのか。また、多くの研究者が捨象した北京政府による妨害の詳細な実態と特質に考察を加えたい。さらに二八年一〇月南京国民政府の正式成立前後、孫文・三民主義への接近の解明にも力点を置く。これによって、従来の研究を一歩前進させ、その本質の解明、全体像の再構築にアプローチしたい。具体的には①華洋義賑救災総会創設の背景と各種活動、②信用合作社設立と機構整備、③総会の信用合作社貸付とその特質、④信用合作社の社員貸付と儲蓄、⑤合作講習会と合作教育、及び⑥北京政府による妨害の実態と国民党への接近について、順次実証的に論じていく。使用する主な史料は、華洋義賑救災総会農利課が刊行していた機関誌『合作訊』各期（川井未使用の各期も重視する）と各年度『賑務報告書』、及び『上海民国日報』などである[3]。これら史料を本格的に使用することで、総会と信用合作社を内側から、その方針、方向性、実態、動向を解明する。

一　華洋義賑救災総会の創設とその活動

一九二〇年北方五省の大旱魃は未曾有の惨状を呈し、救済を待つ者は三〇〇〇万人余に上った。各種慈善団体が救済に立ち上がったが、被災地域が広範囲で、各団体の資力、人力とも不足した。しかも救済が一地域に重複したり、逆に全く救済の手の届かなかった地域もあり、こうした問題も発生したのである。

二〇年五月上海ＹＭＣＡで、陝西華洋義賑会が成立大会を開催し、上海在住の陝西地方名士、及び商人、慈善家一〇〇人余、例えば朱葆三、王正廷、王一亭らと、閘北、滬西の各慈善団体などの代表が参集した。まず主席李述膺は陝西災情が極めて厳しいことを述べ、次いで王正廷が全国同胞に速やかな募金を呼びかけた。続いて、朱葆三、王正廷、王一亭三人を会長に推挙し、李述膺、呉懐先、周愚夫、紀時若、張鐸、呉希珍の陝西出身者六人が理事に就任した。特に募金のため陝西から上海に来た呉希珍は陝西兵禍、旱魃の詳細な報告後、将来の救済法は絶対に政界に依拠せず、教会、各紳士が支出に責任をもち、弊害が生じることがないようにする、とした。(4) このように、当初から政権、行政に対する不信、逆にキリスト教会や郷紳に対する信任が明らかに存在した。

ところで、各慈善団体は繰り返し統一の動きをみせた。協力して資金を集め、僅かな資金も無駄にせず、配分を期した。例えば、華洋義賑会、仁済堂、上海慈善団、仏教慈悲会、聯義会、聯益施材会、広益善堂などは連合して「中華慈善団」を発起した。つまり当初、中国の伝統的慈善結社も多数参加していたのである。そして、二〇年七月正幹事朱葆三、副幹事には王一亭、徐乾麟が就任した。ほかに、宋漢章、施子英、虞洽卿、魏清濤ら数十人が発起人の列に加わった。「中華慈善団」は各所へ献金を要請した。当時、湖南省では兵災、陝西、福建両省では旱魃・水害に遭った。湖南省は兵災で岳陽、醴陵、宝慶、衡山などが甚だしく、至るところに遺体がころがり、また陝西省では草木が枯れ果て赤地が広がっていたからである。(5) 続いて、九月施子英、唐少川らの発起で、上海のチャールストン西餐館で、中国人、西洋人の有名人士を宴会に招き、北方救済を相談した。その時、「華洋義賑会」という既存の名称を踏襲し、臨時幹事に唐少川、朱葆三が就任した。(6) このように「中華慈善団」正幹事の朱葆三が「華洋義賑会」臨時幹事であり、かつ発起人も施子英らが重複している。このことから、「中華慈善団」の名称を取り消し、連合体の名称を一旦、「華洋義賑会」で統一した可能性がある。

かくして、二〇年一〇月には、華洋義賑会から木綿の上下各二〇〇〇着などを運び、それらを交匯通公司が河南省鄭州に運搬し、調査配分員が配分を担当した。華洋義賑会は内務部への電報で、すべての献金を救済金として自ら納め、漸次、各災害地域に配分すると伝えた。救済金は為替形態で、直隷、河南各一〇万元、山西の閻錫山督軍五万元、浙江台州二万元など、総計二九万五〇〇〇銀元であった。ただし、内務部に、怡和の献金四万五〇〇〇元、匯豊の献金二万五〇〇〇元をどこに渡し、何に配分すればよいか問い合わせている。[7] このように、華洋義賑会は内政部を強く意識しており、配分先について、その承認、もしくは黙認を得なければならなかったようである。

上海華洋義賑会の分配委員会長「威廉蘇徳」（英名不明）によれば、被災地域は広く、災情は厳しい。ただし上海華洋義賑会、天津華洋義賑会、及び中国各地の救済団体との連繫は密である。すべての救済物資・資金は責任ある宣教師などの手を経て配分する。今回、世界各地、中国内外の慈善団体からの献金は、被災民一人に対して多くとも毎日銅元三枚を支給するに過ぎず、当面、小部分の被災者に緊急救済を与えているだけである。これを打開するには外国からの借款を導入するしかない。もし巨額の資金があれば、上海、天津両華洋義賑会の委員会が処理する。なお、各督軍が理由なく車輌を差し押さえ、「満洲」、あるいは漢口から被災地域への米穀運搬が容易ではないとし、これに関しては、北方（当局）に対して強い姿勢で交渉をしなければならない[8]、とした。

二〇年一一月二二日華洋義賑会が幹事会を開催している。⑴華北華洋義賑会（天津？）は華洋義賑会の依頼を受け、河北省静海、南皮、河間、滄州、山東省慶雲などの被災民二万一〇〇〇人に東三省で高粱一四〇〇トンを買い付け、五ヵ月間の食糧として支給するという。⑵賑務会議報告では、①山東省救済の三万元は「雷脱」（英名不明）がカトリック、プロテスタント各宣教師、及び郷紳と相談して配分する。②漢口の各工場から四万元で小麦粉三万二〇〇〇袋を買付契約を結び、河南省彰徳（現在の安陽市）の被害の重い地域に配分するとした[9]。このように、華洋義賑会の目的は、献金で東三省、張家口において高粱を購入して難民に配給することにあった。その際、宣教師や郷紳の役割を重視し、信頼もしていた。当時、華北の鉄道、華洋汽船は救災物資を満載し、被災地域に輸送した。この時、華洋義賑会は一七〇〇万元も使い、また社会団体も多くの資金で救済した。于樹徳（永滋）によれば、これらは前代未聞であったが、その成果は痕跡すらも残らなかったとし、続いて第二次、第三次の水害、旱魃に同様な救災をおこなったが、「浪費」となった[10]、と批判する。結局、慈善的な救済は一時的、場当たり的で、災害が過ぎれば顧みられなくなる。その上、民衆に過度の依頼心、怠惰という悪弊を残し、将来の民衆の経済基盤を形成することは少ない。それに対して、農民生産力を増大させる一切の設備機構は「防災」の効能があると考えられたのである。ここに、後に合作社が浮上する必然性があったといえる。

その上、欧米人委員と中国人委員の間がすべて順調にいったわけではない。西洋人チャールズの批判に対して陝西義賑会が反論している。例えば、「上海の救済献金五万元が南軍領袖に為替で渡された」云々するが、調査すると、上海華洋義賑会がカトリック教会の希主教に渡し、本会の士紳などと相談の上、共同で配分した。その配分はほとんど二〇県に及ぶが、その内、南軍区域は八県に過ぎず、かつ支給したのは現物である。要するに、救済献金が尽く南軍の手に入ったとするが、軍政両界は全く関与していない。チャールズの批判は感情的な誣告であり、根本から誤っていると断言した。だが、この背景には、華県被災地域の中で被災していない中区民衆が救済献金で武器を購入したという事例があったらしい[11]。ともあれチャールズの批判は不正蓄財、不正流用などを骨子とした批判であったが、相互不信が根強く存在したことを如実に物語るものといえよう。

二一年一一月一六日北京国際統一救災総会が北京に天津、済南、開封、太原、上海、西安などの慈善各団体を召集した。そして、各団体は協議し、統一した代表機関が必要との結論に達した。かくして、北京に中国華洋義賑救災総会が正式に成立した。そして、既存の北京国際統一救済会、上海華洋義賑会、天津華洋義賑会、山東華洋義賑会、河南災区救済会、山西華洋救済会を団体会員とした。

華洋義賑救災総会の救済方式は「以工代賑」で一五省に及び、被災者救済のみならず、堤築造、水路改良など水災防止に貢献している[12]。このように、華洋義賑救災総会が他の慈善団体と異なる点は、被災民の依頼心を助長する慈善的な銭糧の支給は極力避けたことにある。そして、労働を按配して防災のための水利・堤防修築、井戸掘削、溝渠築造、及び道路建設をおこなわせ、その代償として食糧や賃金を支給した。すなわち、救済と防災の一石二鳥を図ったものといえる。

では、中国華洋義賑救災総会（所在地：北平東城菜廠胡同六号）とはいかなる組織か。最初の執行委員は、外国人委員がD・W・エドワード、G・D・グレイ、L・D・ルカ、W・P・ミルズ、H・バンダービーン、W・C・ホワイトの六人、中国人委員が労之常、梁如浩、劉芳、孫仲英、蔡廷幹の五人で、計一一人であった。遺憾ながら、この時期の関係史料を入手していないので、組織機構がほぼ基本的に確立した民国一八（一九二九）年の状況を中心に見ておきたい。

(1) 会務―①天災救災の計画と実施、②防災事業の提唱。

(2) 民国一八年度職員―会長梁如浩、副会長谷卓志（来儀庭の代理）、金庫係朱友漁、周永治、総幹事章元善、執行幹事D・W・エドワーズ、執行副幹事G・クラーク、総工程師O・J・トッド（アメリカ人。中国名「塔徳」）、及び帳簿監査はイギリスのトムソンカンパニー（Thomson Co. 中国語では「湯生洋行会計司」）。

(3) 組織機構―職員として、本会には、会長一名、副会長一名、秘書兼総幹事一名、会計は中国人・外国人各一名を置く。毎年例会で過半数以上の賛成で選任する。任期は各一年。総会は検査、庶務、文書、工程、記録保存、統計、農利各課によって構成された。執行委員会委員（任期一年）は本会職員（職員の一部は執行委員兼任）、及び毎年例会の時、団体会員中の多数分会より選出する。そして、執行委員会が一切の会務を統理する。このように、執行委員会の実権が強く、その意見を計画に反映できた。

(4) 会員は、①上海華洋義賑会、天津華洋義賑会、山東華洋義賑会、河南災区救済会、山西華洋救済会、漢口救済会華洋連合委弁、北京国際統一救済会で、中国人、外国人各一人を派遣し、本会会員とする。②他華洋義賑団で、本会の主旨と定款に同意する場合、会員の三分の二以上の賛成を得て代表を派遣できる。③会員に欠員が生じた場合、該会員所属の会より委員を派遣して補充できる。ただし外国人は外国人、中国人は中国人より補充する、(13)

図６－１　華洋義賑救災総会の組織系統図（1929年）

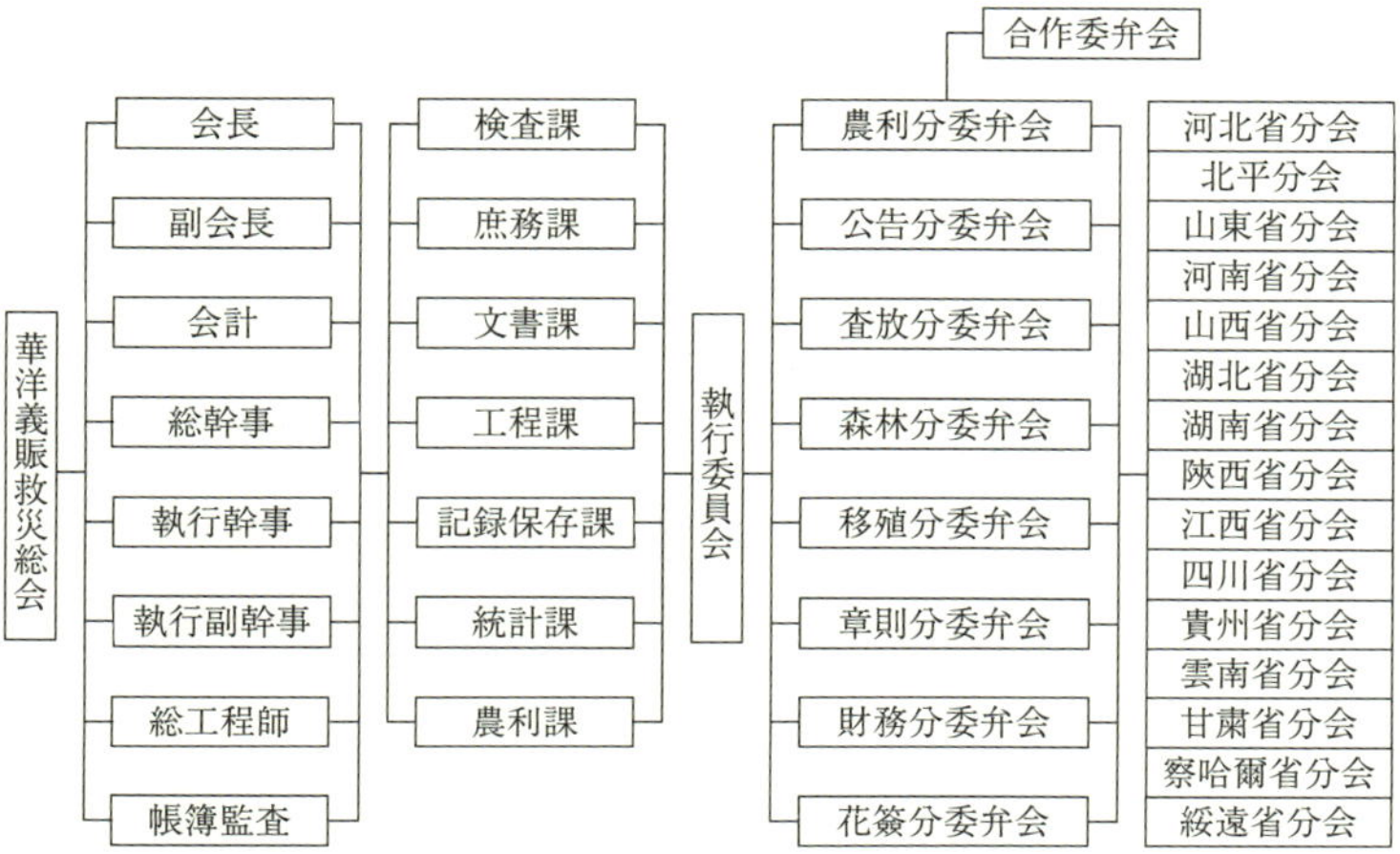

出典：中国華洋義賑救災総会『民国十七年度賑務報告書』1929年の最初の頁から、考察の上、作成。

と。

図６－１によれば、執行委員会下には分委弁会が設置されており、執行委員会の計画を各業種別に実際に実施するのが各分委弁会である。農利分委弁会、公告分委弁会、査放分委弁会、森林分委弁会、移殖分委弁会、章則分委弁会、財務分委弁会、「花簽」（契約署名？）分委会が存在した。主な分委弁会の業務は以下の通りである。

①水利工程分委弁会―災害、事変などの際、一方で難民（被災民）の労力を用いて水利、築堤、道路修築などの防災工事に当たらせ、その報酬として銭糧を払い、救済と防災の一挙両得を目的とする。②農利分委弁会―農事改良、農民知識の向上、また信用合作社の宣伝、提唱、組織化、指導などに尽力する。その目的は農民の儲蓄心の養成、及び高利貸除去にある。信用合作社は低利無担保貸付をおこない、小額儲蓄もまとまった金額となり、天災などの備えとする。③「査放」分委弁会―災害を実地調査、及び防災手段を講じる。④「公告」（通信）分委弁会―平時より災害原因や各種防災知識を教えることが、災害を未然に防ぐ効果があるとして設置された。⑤技術部―各種工程に対する諮問機関で、中国の著名な技師九人によって構成さ

れ、すべての工程に対する計画、技術方面の評議をおこなう。その他、⑥森林分委弁会は水害、旱魃予防の植林、⑦移殖分委弁会は難民による開墾、移民に資すため、調査を実施することになっていた。(14)

華洋義賑救災総会の成立以降、災害救済に積極的に取り組んだ。例えば、浙江災害に対して、一二年一〇月緊急会議を開催し、救済募金委員会の組織化を決定した。目標は一〇〇万元で、劉鎮華から浙江救済のために一〇〇〇元、馮玉祥らから三〇〇〇元、呉佩孚から二〇〇〇元の援助を受けた。(15) 続いて一三年も浙江救済は「春振」(春の救済)が実施された。寧波、紹興各同郷会の報告によると、浙江災害でもし速やかに被災民を救済しなければ匪となり、治安に極めて大きな悪影響を及ぼす、(16) との認識があった。

また、総会は梁如浩、徳来格、労之常、エドワードに代表団を組織させ、黎元洪に謁見して「導淮」に関する文書を提出することにした。要約すれば、中国内外人士の賛同による献金は二五〇〇万元以上に達し、各省の災害救済をおこなってきた。ところで、江蘇、安徽の水災に対して毎年救済してきたが、永遠に水災をなくすために「導淮」の議案を提出する。淮河の水災を調査すると、それは江蘇、安徽、河南三省に関係する。もし淮河を浚渫すれば、水流も安定し、損害を阻止するのみならず、荒田五〇〇〇万畝に給水できる。「衣食足りて礼節を知る」というように、その治安に与える影響も大きい。ただ「導淮」は測量から着手し、必要な期間は一年間で、資金は約四〇余万元である。高等工程師にその業務を担当させ、かつ江蘇、安徽、河南三省の長官と交渉し、並びに江蘇督軍齊燮元に治淮督弁を要請した。「導淮」実施の経費は、アメリカから返還された「庚子賠款」(いわゆる義和団賠償金)一〇〇〇余万元の支出を交渉する。これに関しては、アメリカ議員タイヤーが中国を離れる前に、アメリカ大統領ハーディング(H. G. Harding)に上申することに同意した。アメリカ赤十字社など各団体も同一の主張をしている。また、江蘇北部、安徽北部のアメリカ人宣教師五〇人余が連名でアメリカ政府に、「庚子賠款」を中国の「導淮」に用いる議案を提出した。(17)

ところで、中国華洋義賑救災総会は第一次年会を二三年一月漢口で開幕している。列席会員は中国内の七分会代表である。全年報告はW・H・マロリー、中文報告は副総幹事の章元善（元天津分会幹事）がおこない、総会は二一年の未使用資金を各省に分配し、同時に海関付加税、アメリカ駐華救災会の献金、及び最近の救災募金は総会から交付するとした[18]。ただし、献金、付加税には反対の動きも根強く、例えば、中国煙酒連合会の会議では、「災振（災害救済）協議会」王士珍の提案に対して、各地商人は種々の捐税の負担がすでに重く、さらに負担できない、と次々と反対した。また、上海県商会は付加税停止を待って初めて募金を実施できるとした[19]。このように、献金は自発的側面のみならず、強制された側面もあり、それ故、反発も大きかったのである。

二四年七月頃、再び災害が激化した。そのため、華洋義賑救災総会は、国内外各地から水害難民救済を求める多くの書簡は受け取った。直隷（河北）以外、江西、福建、広東、湖南は被災し、漢口も数ヵ所が水没した。今回の被災区域は一万平方マイルで、とりわけ湖南が最も厳しく、住居を失った者は一〇〇万人に達す。次いで直隷では水没した村落が七二七もあり、また張家口での死者は約三〇〇〇人である。水災委員会が救済策を討論し、湖南、張家口の両地域に救済金を支出するとした。献金不足の時は「北庭」（北京政府？）などと海関付加税について交渉する。①「北庭」に外交団との交渉を要請し、特に海関付加税を徴収して急場に備える。②すべての付加税収入は華洋義賑救災総会が管理する。③付加税収入の使用法は、委員会（「北庭」、外交団からの派遣員、及び救済会幹事で構成）が決定する。④一切の救済の事がらは華洋義賑救災総会が統轄、処理する。⑤すべての救済は借款弁法に照らして、将来すべて返還されなければならない。その返済資金は河川修理に用い、将来の水害防止や救済の費用に用いる、と[20]。このように、華洋義賑救災総会は、献金の使用法、救済における権限を求めて、かなり強硬な姿勢で臨むようになった。

では、ネイサンが提起し、川井悟が強調する「縁」（fringe）の概念の妥当性を含めて検討したい。川井によれば、執行委員会委員の「外国人委員は、主として、宣教師、YMCA関係者、銀行家、ジャーナリスト、大学教授」であり、中国人委員は「その大半が欧米留学の経験をもち、帰国後、中国政府において、教育や外交そして実業関係の仕事に従事していたのである。外国人は西洋から、宗教と知識と技術をもってやってきて縁に住んだ。中国人は、伝統的中国社会から出て、留学によって西洋にふれ、帰国後は、その西洋の影響の波が押しよせる縁に生活した」。そして、川井は中国農村の飢饉に対して活動資金を外国などからの寄付金によって調達したことを高く評価し、中央政府や地方政府が有効な政策をとれない時、自発的に慈善的な農村改良運動に着手した(21)、とした。

まず、**表6-1**から執行委員会はかなりの異動があったことが判明する。二一年から二八年まで執行委員であったのは、G・D・グレイ、W・C・ホワイト、及び梁如浩の僅かに三人だけである。また、前述した如く、執行委員の任期は原則として「一年」であり、例えば、最初の「二一〜二三年」執行委員であったD・W・エドワードは章元善、W・H・マローという順で交替している。川井によれば、執行委員は一一人で、外国人委員六人、中国人委員五人で、外国人が六人と一人多いのは、中国政府官僚の影響力を押さえるためとする(22)。ただし、この原則は貫徹されなかった。まず二五〜二八年はその原則に則っているとはいえ、外国人として日本人の順天時報社長渡邊哲信が入ることで、欧米人五人、アジア人六人となっていることは押さえておく必要があろう。これを過渡期として、(A)では、二八〜三一年外国人委員五人、中国人委員六人、(B)によれば、二九、三〇年欧米人は三人、日本人金井清（略歴不詳）が一人、中国人七人と完全に逆転している。日本人委員の立場が気になるところであるが、このことは、総会自身の指導権が欧米人委員から徐々に中国人委員に主導権が移行していったことを示唆する。いわば中国化が進んでいたのである。

また、二九、三〇年の執行委員も梁浩如（会長）、顔恵慶、G・クラーク（執行副幹事。執行幹事はエドワード）、章元善（総幹事）、G・パドー（Padoux）、J・B・テイラー(23)、全紹文、李協は双方とも重なるが、残り三人は(A)では周詒春、H・ジョエット（会計）、G・R・グロース、(B)では、朱友漁（会計）、谷卓志（副会長代理）、金井清が執行委員となっている。総会自身の報告書(B)が一級史料で、信憑性があると考えられるが、実際には、周詒春は参加せず、パドーがその代理をしたと見なせる。

まず、欧米側委員は遺憾ながら国籍、略歴不明な人物が幾人かいるが、その基本的な特徴は次のようにいえる。国別ではアメリカだけに限られていたわけではなく、イギリス、フランス、ドイツ、イタリアなど多国籍であった。確かに①宣教師や北京ＹＭＣＡなどを中心に各国のキリスト教関係者が多い。だが問題は、②北京政府を中枢から支援しているように見えることである。例えば、Ｊ・Ｅ・ベーカーは北京政府交通部路政司顧問、Ｇ・パドーは同審計院顧問の如きである。しかもパドーの場合、南京国民政府司法部顧問となった。北京政府から南京国民政府へと政権交代があったにもかかわらず、その間に不思議なことに断絶は見えない。③Ｃ・Ｒ・ベネットはアメリカの銀行家、中米文化基金会董事であり、Ｈ・ジョエットは宣教師ではあるが、同時に英国系石油会社経理でもある。及び④協同組合専門家で技術者であるＪ・Ｂ・テイラーがおり、慈善関係のプロパーに見えるのがＷ・Ｈ・マローである。

次に中国側委員を検討したい。アメリカ中心に欧米留学経験者が多いことは一目瞭然であるが、帰国後、北京政府で重要なポストに就いている者が少なくない。例えば、労之常は北京政府交通部次長、梁如浩と顔恵慶は外交部総長、蔡廷幹は海軍部軍制司長などである。次いで、重複するが、鉄道関係者としては労之常、梁如浩、及び全紹文があげられよう。土木関係では李協である。つまり専門能力を有する実務派官僚として高い地位を獲得している。したがって、顔恵慶の如く南京国民政府下でも国際連盟首席代表に就任できるのである。赤十字関係では蔡廷幹が中国赤十字副会長、余日章が同総幹事などである。なお、明白にキリスト教徒とわかるのは、余日章であり、中華全国キリスト教共進会長、朱友漁がニューヨーク神学院卒で神学博士であり、ほかにも蔡廷幹などはキリスト教徒の可能性がある。その他、北京大学、燕京大学、清華学校などで教育行政、教師などの経験者も多い。前述した顔恵慶のみならず、後に南京国民政府下で活躍したのが周詒春、秦汾、章元善、李協などで、合作事業はもちろん、経済建設・水利・救済・教育面などで実力を発揮した。周は実業部常務次長、国民経済建設運動委員会総幹事など、秦は全国経済委員会

表 6－1　華洋義賑救災総会の各期執行委員名（1921～31年）

年 / 委員名	(A) 1921～23	(A) 1923～24	(A) 1924～25	(A) 1925～28	(A) 1928	(A) 1928～31	(B) 1929	(B) 1930	備考
D. W. Edward	○								アメリカ人。北京 YMCA 幹事。救災総会農利課代理総幹事。47年燕京大学校務管理に参画。中国名「艾徳教」
G. Douglas Gray	○	○	○	○					イギリス人
L. D. Luca	○								イタリア人
W. P. Mills	○								アメリカ北長老会宣教師。12年来華、南京 YMCA 幹事
H. Van Der Veen	○	○							ベルギー人？
W. C. White	○	○	○	○					カナダ・中華国教会宣教師、1897年来華、河北省で布教、主教となる。甲骨文字など中国文化を研究
労之常	○	○							山東人。浙江鉄道技師。津浦鉄道管理局副局長。1922年北京政府交通部次長
梁如浩	○	○	○	○	○	○	○	○	広東人。アメリカのスティーブン工業大学留学。オランダ公使館随員。山海関内外鉄道総弁、1912年外交部総長。21年ワシントン会議中国代表団顧問
劉芳	○								牧師
孫仲英	○	○	○						江蘇人。天津商業界の重鎮
蔡延幹	○	○	○						広東人。アメリカ留学。1911年海軍部軍制司長。民国後、総統府高等軍事顧問。1914年袁世凱の英文秘書長。袁の帝政に不満。19年中国赤十字副会長。ワシントン会議中国代表団顧問
R. D. Arnold		○							
C. H. Lauru		○							フランス人。1898年善後借款後、塩務稽核総所財務秘書
W. H. Mallory		○	○	○					アメリカ人？　ロシア、バルカン、及び中東で救済事務の豊富な経験を有す。中国名「梅楽瑞」
曽務初		○	○						
J. E. Baker			○	○					北京政府交通部路政司顧問。華洋義賑救災総会では西北救災担当
J. C. Harlow			○						
L. Todnem			○						
顔恵慶			○	○	○	○	○	○	上海人。アメリカ留学。北京政府外交部総長。南京国民政府成立後、駐英、駐ソ両大使、国際連盟首席代表
J. H. Berruyer				○					
潘蓮茄				○					
周詒春				○	○	○			安徽人。上海聖約翰大学後、アメリカのエール大学、ウィスコンシン大学に留学。1911年以降、上海復旦公学教員を経て、清華学校長、参議院議員、北京中孚銀行経理、関税特別会議専門委員などを歴任。35年実業部常務次長、36年国民経済建設運動委員会総幹事
渡邊哲信				○	○				『順天時報』社長。仏教学研究
余日章				○					湖北人。上海聖約翰書院卒。ハーバード大学院教育科留学。辛亥革命後、赤十字社総幹事。黎元洪政府の外交部交渉局長。1917年 YMCA 総幹事。1923～28年中華全国キリスト教協進会長
C. R. Bennet					○				アメリカ銀行家。1917～30年北京花旗銀行代理経理。中米文化基金会米国側董事

表6－1　続き

委員名＼年	(A) 1921～23	1923～24	1924～25	1925～28	1928	1928～31	(B) 1929	1930	備考
秦汾					○				江蘇人。天津北洋大学を経て米、独、英に留学。北京大学教授。1920～26年教育部参事。28年南京国民政府教育部司長。35年全国経済委員会秘書長
Grover. Clark					○	○	○	○	日本生まれのアメリカ人記者。北京大学英語教授。英文『北京導報』社長兼総編集。中国名「柯楽文」
章元善					○	○	○	○	江蘇呉県人。清華大学卒、アメリカのコーネル大学留学。1915年帰国、直隷工業試験所薬剤師、20年華北華洋義賑会総幹事、22年救災総会副総幹事、燕京大学社会学講師、33年南京国民政府行政院華北戦区救済委員会委員。35年全国経済委員会合作事業委員会委員、37年1月実業部合作司長、39年同商業司長。45年中国民主建国会を発起人の1人、常務理事。49年人民共和国成立後、第2届以降、政協委員
Hardy Jowett					○	○			イギリス人宣教師。1893年来華、湖北省で布教。第1次世界大戦後、威海衛行政官、1923年以降、北京でイギリス系のアジア石油会社経理。中国名「周永治」
G. Padoux					○	○	○※2	○※2	フランス人。パリ大学卒。仏外交部員。北京政府審計院顧問。南京国民政府司法部顧問。中国名「宝道」
J. B. Tayler					○	○	○	○	イギリス国教会宣教師で、協同組合専門家。燕京大学経済系教授。農村工業も研究。七・七事変後、中国工業合作運動に参加、同国際委員会副主席。
全紹文（李徳）						○	○	○	河北省宛平県人。アメリカのエール大学卒。東（三）省鉄路学務処長、清華学校徳育指導部主任を経て、1926年燕京大学副校長
G. R. Grose						○			
李協						○	○	○※3	陝西蒲城人。ドイツのベルリン大学などに留学、土木工程学を学ぶ。帰国後、南京河海工程専門学校教授、陝西省教育庁長、27年上海市政府港務局長、西北大学校長などを歴任、30年陝西省建設庁長、31年南京国民政府黄河水利委員会副委員長、32年同西京籌備委員会委員
朱友漁							○	○	上海人。アメリカのコロンビア大学留学、哲学博士、ニューヨーク神学院神学博士。上海聖約翰大学、北京協和医学校教授
谷卓志							○※1	○※1	
金井清							○	○	

出典：(A)は、① Andrew James Nathan, *A HISTORY OF THE CHINA INTERNATIONAL FAMINE RELIEF COMMISSION*, Harvard East Asian Monographs, 1965, p. 72. (B)は、②中国華洋義賑救災総会『民国十七年度賑務報告書』1929年7月、③同『民国十八年度賑務報告書』1930年4月。

なお、「備考」作成は、①『近代来華外国人名辞典』中国社会科学出版社、1981年、②外務省情報部編『現代中華民国・満洲帝国人名鑑』東亜同文会、1937年、③『中国近現代人名大辞典』中国国際広播出版社、1989年、④『民国人物大辞典』河北人民出版社、1991年、⑤『上海民国日報』1923年1月20日、⑥川井悟「華洋義賑会と中国農村」『五四運動の研究』第二函、同朋社、1983年、⑦拙著『中国工業合作運動史の研究』汲古書院、2002年などから作成。任期途中で執行委員は、例えば、「1921～23」年、D. W. Edward →章元善→ W. H. Mallory と代わっている。

※1は来儀庭、※2は周詒春、※3は王季緒の代理。

秘書長、章は行政院華北戦区救済委員会委員、全国経済委員会合作事業委員会委員、実業部合作司長など、そして、李は黄河水利委員会副委員長などを歴任した。

以上のように、欧米人委員、中国人委員にかかわらず、北京政府との関係が思いのほか強く、外交、交通、経済、教育など各側面で政策提言ができるポストにあった。中国人委員には高級官僚が多い。その上、南京国民政府でも継続して高い地位を得ているのである。それは、実務中心に実力があったからにほかならない。こうした経歴を無視できない。このように見てくると、彼らを「縁」と位置づけることが妥当性があるのか、疑問を禁じ得ない。少なくともベーカー、パドーは「縁」とはいえず、北京政府中枢に影響力を有し、ベネットは経済目的の進出と見なした方が素直であろう。ただし、テイラーらが純粋な技術畑であり、これは「縁」といえよう。つまり彼らは一部を除いて「縁」ではなく、むしろ北京政府の中枢におり、もしくは入り込み、その力を発揮した。同時に華洋義賑救災総会で執行委員にも就任することで、相互に連動させ、民間支援の形態で救済を包括する国家・地方プロジェクトを推進した可能性が強い。欧米側委員、中国人委員とも複雑な構成と目的をもった多種多様な人材で構成され、中枢を中心に「縁」に跨る多重構造を形成していたといえる。

表6-2にみると、総額の変動が大きいことがわかる。拠出しているのは「中国政府」、「民間献金」（'General public' で、直訳すれば、「一般公衆」、「一般大衆」となるが、中国内中心の民間献金という意味あいが強い）、及びアメリカからの献金であり、それによって華洋義賑救災総会は財政的に成り立っていた。すなわち、押さえておくべきことは、総会成立以降、各年アメリカからの献金が突出していたわけではなく、北京政府も海関付加税中心とはいえ、力点を置いて資金を拠出しており、民間献金を含めてそれぞれの占有率は時期によって大きく変動したことである。

第一に、「中国政府」は当然のことながら、二八年六月、もしくは一〇月で北京政府から南京国民政府に拠出面で入れ替わると考えなくてはならない。北京政府は各年華洋義賑救災総会に少なからず経済支援をしていた。二九年に

表 6-2　華洋義賑救災総会資金源（1920～30年）

（単位：元）

年	「中国政府」	%	民間献金など	%	アメリカからの献金	%	計	%
1920～21	3,960,800.00	22.8	6,848,833.39	39.5	6,549,000.00	37.7	17,358,633.39	100.0
1922	2,616,815.39	47.1	2,251,827.12	40.5	691,926.63	12.4	5,560,569.14	100.0
1923	975,810.40	36.8	1,490,655.74	56.2	186,065.00	7.0	2,652,531.14	100.0
1924	165,000.00	43.1	198,346.24	51.9	19,110.00	5.0	382,456.24	100.0
1925	15,000.00	2.2	520,723.96	75.8	151,000.00	22.0	686,723.96	100.0
1926	1,100,103.45	74.6	374,201.07	25.4	—	0.0	1,474,304.52	100.0
1927	731,647.42	86.5	114,135.85	13.5	—	0.0	845,782.27	100.0
1928	419,937.64	40.5	316,753.33	30.5	300,825.62	29.0	1,037,516.59	100.0
1929	228,000.00	11.2	474,723.70	23.4	1,328,274.06	65.4	2,030,997.76	100.0
1930	—	0.0	114,329.61	18.5	503,875.41	81.5	618,205.02	100.0

出典：Andrew James Nathan, *A HISTORY OF THE CHINA INTERNATIONAL FAMINE RELIEF COMMISSION*, Harvard East Asian Monographs, 1965, p. 44. から作成。なお、本書では「$」と書かれているが、表6-3と合わせて考えると、「中国ドル」、すなわち、「元」である。

二二万八〇〇〇元と半減していることを見ると、南京国民政府に代わってから、むしろ政府支援は少なくとも数年間、大幅減となったことが看取できる。総会は南京国民政府を支持したけれども、南京国民政府は成立後、日が浅いこともあって財政基盤がなく、総会支援の余裕がなかったことを示唆する。むしろ北京政府は、総会の齟齬が明白になった二七年（後述）には、逆に梃子入れするが如く、二六年と続き大幅な支援をおこなっていた。第二に、アメリカからの献金も一貫していたというイメージとはかけ離れ、変動している。確かに二〇～二一年は約一七五〇万元で、三七・七％を占め、華北大旱魃救済に全力を尽くし、大きな力を発揮していた。だが、二二年一二・四％と、金額的にも前年の三分の一程度に急落し、二三年七％、二四年五％と激減し、二五年のみ二二％に回復する。だが、これは、この時期、災害が少ないために、献金総額自体が少なく、一五万一〇〇〇元と小額なことから、比率を高めているに過ぎない。二六～二七年には献金はない。二八年から三〇万八二五元と献金を再開し、二九年には一三二万八二七四元（六五・四％）に跳ね上がる。これは、同年の自然災害などとの関連も考えられるが、総会を通して、アメリカが新成立の南京国民政府を支援、影響力を高めようとしているようにも見える。いわば総会はアメリカの強い影響下にあることは否定できないまでも、単

表6-3　華洋義賑救災総会会計報告（1928年12月1日～1929年11月30日）

収入			支出	
項目	金額（元）	%	項目	金額（元）
ニューヨーク中国災害救災協済会	1,328,274.06	62.2	各項支出※	1,838,411.56
用途未指定献金	96,969.85	4.5	各項元金※	237,045.04
用途指定献金	60,492.68	2.8	兌換損失	175.00
綏遠省政府からの薩托渠工事資金	200,000.00	9.4	用途指定献金の支出	60,492.68
河南省返金	132,000.00	6.2		
張学良司令長官食糧救災物資価格	42,554.00	2.0		
投資利息	13,973.99	0.7		
銀行利息	2,600.15	0.1		
救済食糧運搬剰余	11,785.88	0.6		
汽船変動価格黒字	100.00	0.0		
山西「麻黄」（喘息薬）借入収益	1,768.70	0.1		
「花簽」販売資金	4,569.87	0.2		
救済貸付回収	25,058.06	1.2		
直隷・山東救済資金残金	5,324.19	0.2		
借用基金	210,652.85	9.8		
計	2,136,124.28	100.0		2,136,124.28

出典：中国華洋義賑救災総会『中国十八年度賑務報告書』1930年4月、63頁から作成。
※「各項支出」については「詳細は後に付す」となっているが、香港大学図書館の本史料には遺憾ながら付されていない。元来、付されていないのか、剥落したのか、もしくは私のコピーミスか不明である。

純にアメリカ系といえない部分を含み、変動していた。なお、「民間献金」は他二者と比較すると、極端なブレが少なく、双方のバランスをとりながら、総額を安定させる緩衝剤としての役割を果たしていた。

では、**表6-3**から、具体的に二九年一一月決算の過去一年間の収入内容を見ておきたい。二九年一一月決算の収入は計二一三万六一二四元で、その内、ニューヨーク中国災害救災協済会からの一三二万八二七四元（六二・二%）が突出し、この時期、アメリカからの献金が大きなウエートを占めていた。また、表6-2の二九年を比較すると、前者が「二一三万六一二四元」、後者が「二〇三万九九七元」でさほど差がなく、①「アメリカからの献金」と「ニューヨーク中国災害救災協済会」は「一三二万八二七四元」は同額である。となると、残りを「中国政府」と「民間献金」に区分けしなければならないが、表6-2では二九年「中国政府」が「二二万八〇〇〇元」、民間が「四七万四七二三元」を出したことになっている。この時期、②「中国政府」というより、主体は省政府なのではないか。例えば、綏遠省政府から、総会が薩托渠工事を請け負い、その受け皿となったと見なせ、その資金二〇万元がそれに当たるのではないか。それ以外に、「河北省返金」一三万二〇〇〇元、及び張学良からの四万一五五四元がそれに相当すると推測される。ただし、張学良からのものは現物で、その評定価格であろう。③「民間献金」では、純粋な献金に見えるのが、用途「指定」、「未指定」両献金の計一五万七四六二元（七・三％）のみである。その他は、投資利息、銀行利息、救済食糧運搬剰余から救済貸付回収、借用基金にまで至ることから、「民間献金」は実態として、それを包括する雑収入とした方が適切かもしれない。運搬剰余から総会自身が汽船で運搬利益を獲得していたこと、完全な無償救済のみならず、救済貸付をおこなっていたことがわかる。その上、資金が十分といえなかったことは、借用基金二一万元余からも明らかになる。なお、この時期、欧米各国政府から直接財政支援は受けているようには見えず、あくまでも民間慈善の形態をとっていた。

表6-4は収入が簡略に示されているだけであるが、二八年一一月末締めで、収入総額が「六万五六三八元」と少なく、表6-2の二八年は「一〇三万七五一六元」とあまりに差があり過ぎる。したがって、一一月一ヵ月間の報告の可能性がある。ともあれ、**【収入】**では、「Ⅰ．献金」などは一二・五％に過ぎず、むしろ「Ⅱ．利息」が二万六一四九元で、四〇・二％を占め、その内、「銀行利息」は非常に少なく、「投資利息」が二万四六七四元とほとんどである。また、「Ⅲ．その他」でも、「投資利益」が一四五五元とある。では、何に投資していたのか。同年の「中国華洋義賑救災総会資産負債対照表」によれば、滬寧鉄路債券額面「一万ポンド」（実際価格六万一九一四元）、上海工部局公債「二万両」（同三万一四五三元）、天津工部局公債「二万両」（同二万九一三九元）、北京飯店債券「一万五〇〇〇元」（同一万二〇六九元）から「五厘金券」、「九年公債」、「十四年公債」などに至るまで購入し、それらに投資している。ほかに、貸付としては、分会への貸与一七万元、他団体への貸与二〇万八三五〇元、石蘆水利貸付一一万七六

表6－4　華洋義賑救災総会会計報告（1928年11月30日）

収　入

項　目	金額（元）	金額（元）	%
Ⅰ．献金		8,181.74	12.5
雑収献金	7,978.82		
「花簽」収入	202.92		
Ⅱ．利息		26,419.60	40.2
投資利息	24,674.64		
銀行利息	1,744.96		
Ⅲ．その他		31,037.64	47.3
未支出救済金残高	104.02		
投資利益	1,455.13		
支出超過収入	29,478.49		
総　計		65,638.98	100.0

支　出

項　目	金額（元）	金額（元）	%
Ⅰ．救済等支出		10,500.00	16.0
大同救済	500.00		0.8
農利分委弁会	6,000.00		9.1
農事講習所	4,000.00		6.1
Ⅱ．必要経費		28,924.17	44.1
賃金	19,290.70		29.4
光熱費	810.16		
印刷費	2,114.39		3.2
通信費	695.52		1.1
旅費	490.35		0.7
休暇旅費	2,086.42		3.2
自動車費	370.91		
雑費	1,884.24		
文房具代	961.48		
会計検査費	1,720.00		2.6
小　計	30,424.17		
△工程課経費控除	－1,500.00		
Ⅲ．工程課経費		19,137.35	29.2
賃金	24,359.95		37.1
旅費	1,831.53		2.8
器具減価償却	1,159.61		
用品	137.11		
雑費	149.15		
経費	1,500.00		
小　計	29,137.35		
△分会共済費控除	－10,000.00		
Ⅳ．取引損失		548.75	0.8
Ⅴ．「花簽」		540.00	0.8
Ⅵ．年会費		955.06	1.4
Ⅶ．貸し倒れ(回収不能)		2,306.52	3.5
Ⅷ．減価償却		2,727.13	4.2
家具備品		500.00	
自動車		572.00	
汽船		745.76	
会所不動産		909.37	
総　計		65,638.98	100.0

出典：中国華洋義賑救災総会『中国十七年度賑務報告書』1929年7月、47頁から作成。これには、イギリスのトムソンカンパニー会計司の監査署名、及び「司庫」（会計）朱友漁、周永治の確認印がある。

元などがあり、利息をとっていたものと考えられる。銀行関係では、花旗銀行利息三三・九六米ドル（六七・九二元）とある。(24) これらが総会の財政基盤の重要な一環を形成していた。このように、総会は単なる慈善団体ではなく、投資企業としての別の側面が浮かび上がる。

【支出】を見ると、「Ⅰ．支出」で一万五〇〇元（全体の一六％）であるが、山西省大同への救済は僅か五〇〇元であり、農利分委弁会六〇〇〇元、農事講習所四〇〇〇元の計一万元で、むしろ基盤整備や活動に力を注いでいた。「Ⅱ．経費」は二万八九二四元（四四・一％）である。その内訳を見ると、賃金が全体の二九・四％を占めている。印刷・通信費が計四・三％で、宣伝、連絡のための費用であろう。旅費・「休暇旅費」は計三・九％である。「休暇旅費」は奇異な感じがするが、調査を兼ねての旅費であろう。「Ⅲ．工程課経費」を独立して項目を立て、かつ一万九一三七元（二九・二％）と一定以上の資金を出していることを見ても、鉄道修築、河川・水利、掘井などを実施する同課を重視していることが理解できよう。ただ、ここでも賃金が全体の三七・一％を占める（「控除」した総計に対する比率であり、「工程課経費」との逆転現象が生じる）。このように、Ⅱ、Ⅲの賃金合計比率は六六・五％を占め、ボランティアが多いとされる華洋義賑救災総会においても、人件費が全体財政を圧迫していた可能性が強い。その他、「Ⅳ．取引損失」、「Ⅶ．貸し倒れ」は計四・三％で大きいものではなく、この点では経営に成功していたといえよう。

二　華洋義賑救災総会と農村信用合作社設立

華洋義賑救災総会の刊行物『合作訊』第一期（一九二四年六月一日）に掲載された「発刊辞」を要約すると、以下のように書かれている。すなわち、中国農民は至るところで飢え、貧困は極点に達している。ところが、農村には銀行は皆無で、利息も高くて手が出ない。最もよい救済法は、困苦農民が「結合して一つの塊になり、経済生活上の利害で相互扶助の団体を創り出す」ことである。消極面では孤立状態での経済損失をなくし、積極面では経済利益を増大させる。こうした団体を合作社と称する。例えば、農民たちが金融借貸で損をしていると感じれば、急いで信用合作社を組織すればよい。また、農民たちが農産物販売で損をしたと感じれば、販売合作社を組織すればよい。農民たちが日用品購入で損をしていると感じれば、購買合作社を組織すればよい。さらに、もし農民たちが製造面で不足を感じているとすれば、生産合作社を組織でき、社員間で生産面での利益をはかることができる、と。[25] こうした発想の下、明確に合作社の組織化を打ち出した。防災と救済をにらんだ多面的な活動の中でも合作社は重要な位置を占めることになったのである。

分委弁会の中で合作社と密接な関連のあるのが農利分委弁会（人員一九人）で、二二年四月成立した。目的は農村福祉の増進のため、農事改良、農民知識を向上させることにあり、農村経済調査、研究、発展を担当した。その結果、合作社を以て農民救済することが最善とし、信用合作社の組織化に尽力することになった。六月執行委員会で、調査費五〇〇〇元、「農民借本処」（信用合作社）運営費五〇〇〇元の計一万元が採択された。六月農利分委弁会は執行委員会に「農民借本処」設立のため五〇〇〇元の支出を要請し、かつ①政府に信用合作社設立の許可を上申すること、②同分委弁会に上記の資金の柔軟な使用権限を授与すること、③同分委弁会に合作社組織化を許可し、さらに五〇〇元を支出して組織化の費用とすること（前回の五〇〇〇元は基金とする）、④農村経済の各種資料を冊子として印刷、頒布することの四つ許可を求めた。[26] なお、九月頃、大学、専門学校学生七五人が経済状況の実地調査のため、直隷、江蘇、浙江など各地に派遣されている。

二三年二月Ｊ・Ｅ・ベーカーは執行委員会で農利分委弁会、森林分委弁会に要請し、燕京大学、金陵大学との協力を提案した。四月に出された「処理農村合作事業之方針」では、「農民を援助し、農業建設を促進するため、合作事業を提唱する」と明記された。このことは、防災から一歩進んで、農業建設、さらに農村教育を重視する契機とな

日本経済思想史研究会は一九八三年に発足し、以来四半世紀、日本経済思想史という学問の発展を目指して活動してまいりましたが、このたび「評伝・日本の経済思想」シリーズを世に問うこととなりました。

本シリーズの目標は、一冊ごとに一人の人物を取り上げ、その生涯をたどりつつ、その人物の経済思想をその人の生きた時代の中に位置づけ、理解することです。日本人の伝記のシリーズは、これまでにもいくつか公刊されておりますが、経済思想に焦点を当てたものは本シリーズが初めてであろうと自負しております。

本シリーズでは、著名な学者・思想家といった知識人を取り上げるとともに、経済活動の現場に身を置いた企業者、日本経済の将来を構想し経済政策を立案・実行した政策者にも光を当てることに努めました。

しかし、企業者や政策者の考えてい

弘(駿河台大学)

財界人の一人である森村の思
・産業面における西欧へのキ
。

大学)

身を転じ「日本資本主義の父」
合一説」や対米、対中など国際
的性を浮き彫りにする。

大学)

国家とは異なる「日本の近代」
的ナショナリスト」北一輝が目
た生涯に迫る。

大学)

同時代の世界の学問成果を吸収
本における社会科学的思考と制
た福田の生涯を描く。

義塾大学)

権と国権、学問と実業。類いま
ける市民社会を唱えつづけた福
切り口から迫る。

大河内正敏　齋藤　憲(専修大学)

日産等と並び称される新興財閥理研の創業者であるが、同時に東大の造兵学の教授であり、また理化学研究所長でもあった。大河内の経営者像に迫る。

岡田良一郎　仁木良和(立教大学)

尊徳の弟子を自任する岡田は、豪農という立場から報徳思想を時代の変化に即応させながら報徳運動発展の基礎を作り上げていった。どのように時代の変化に対応していったか。

柳田国男　藤井隆至(新潟大学)

農民が自助と協同の精神をもつことが必須であると説いた。柳田の協同組合思想と『遠野物語』との関係に焦点をあて、彼の思想の核心を明らかにする。

田口卯吉　川崎　勝(南山大学)

文明史家と自由主義経済学者との二つの顔を持つ田口卯吉の思想形成過程をキイとして、歴史編纂と経済発言、さらに経済学者としての政治への関わりの意味を明らかにする。

武藤山治　山本長次(佐賀大学)

鐘紡を率い、「日本的経営の祖」といわれた武藤山治。福澤諭吉の精神を継承しつつ、財界のみならず、政界、言論界でも体現した「独立自尊の経営者像」を描く。

ることは、むずかしい課題であることは否めません。本シリーズは、不十分ながらも、そうした方向への一つの試みでもあります。

日本の学界には、日本経済史という領域があり、他方では、主に西洋の経済思想や経済学を取り扱ってきた経済学史という分野も存在します。このためか、経済史や経済学史とある部分では重なりつつ、しかし、どちらに対しても一定の独自性を有するはずの日本経済思想史という領域は、残念ながら、未だしの感をぬぐいきれません。本シリーズが、研究者や学生はもちろん、広く多くの方々の座右に置かれるようになることを切望してやみません。

二〇〇八年一月

日本経済思想史研究会代表幹事
早稲田大学教授
川口　浩

山田盛太郎　寺出道雄(慶應義塾大学)

戦前期マルクス主義の代表作の一つであり、日本における社会科学の展開に大きな影響を与えた『日本資本主義分析』を読み直すことを通じて、新たな山田盛太郎像を提示する。

赤松 要　池尾愛子(早稲田大学)

雁行形態型発展論で世界的に有名な赤松はハーバード・ビジネススクールの実例教授法を日本に導入、その東アジア・大洋州の資源分布論は戦後の貿易政策に影響を与えた。

後藤文夫　中村宗悦(大東文化大学)

戦前期にあって既存の政党政治批判を軸に新日本同盟などを通じて新たな体制の構築を模索し、「新官僚」のリーダー、内務省のドンとして君臨した後藤の思想と行動を読み解く。

下村 治　上久保敏(大阪工業大学)

日本の高度成長を予測し、池田内閣のブレーンとして活躍した戦後の代表的エコノミスト下村。独創的な高度成長論、ゼロ成長論に着目しそのライフワークを活写する。

大久保利通　落合　功(広島修道大学)

西郷隆盛、木戸孝允と並び明治の三傑と称される一方で、冷酷・非情ともいわれ、その晩年は首相でもないのに大久保政権とも評されたその思想と行動をたどる。

森村市左衛門　大

戦前期日本を代表する企

想と行動を検討し、日本の

ャッチアップ過程の特徴を

渋沢栄一　見城悌治

農民、武士、官僚、実業家

と称された渋沢の「道徳経

関係認識など、その思想の

北 一輝　清水　元(早

帝国主義の世界にあって、

を構想し、闘い敗れた「急

指したものは何か。その思

福田徳三　西沢　保(

ドイツ歴史学派の影響下で

し、多くの門下生を育て、

度形成の基盤をつくろうと

福澤諭吉　小室正紀(

伝統と開化、自由と保護、

れなバランス感覚で日本に

沢の経済思想について新た

った。[27]同月合作社にライファイゼン型を採用することとなり、「中国農村信用合作社（空白）章程」（最初のものは未見）を起草した。農利分委弁会は、J・B・テイラーの草案、章元善が修正した「農村信用合作社空白章程」草案を討論し、農村信用合作社最初の社章を作成した。六月には、華北公理会の宣教師E・K・ショー（E. K. Shaw. 中国名「邵作徳」）の紹介で、河北省香河県の福音教会（プロテスタントの一派）に、華洋義賑救災総会として最初の合作社「香河県第一信用合作社」を設立している。このように、慈善から出発した関係上、多くのキリスト教徒、各種教会が参画することになった。八月農利分委弁会の提案で、農村合作事業を専門に担当する合作委弁会が設立された。人員も多くなかったが、当時、事務は簡単で、調査、指導、承認、貸付など一切の業務をすべて処理した。かくして、華洋義賑救災総会は信用合作社の組織化から着手した。①信用合作社が農民に緊急であり、かつ比較的に容易に経営できる。そして、農民の経営能力が高まった後、次第に他業種合作社を兼営し、また連合会を提唱する、②河北省から次第に全国に普及させる、[28]との方針を打ち出したのである。

二三年一二月河北省涞水県婁村で信用合作社を試験的に運営した。総会は貸付基金五〇〇〇元を支出し、成果があがったことから、さらに五万五〇〇〇元の支出を議決した。**表6-5**によれば、二四年一月定県の悟村信用合作社は総会が正式に承認した最初の合作社で、五〇〇元の貸付を許可した。続いて涞水県第一信用合作社が承認され、やはり五〇〇元の貸付を受けた。同時に臨城県第一信用合作社、さらに通県第一、香河第一各信用合作社が承認された。当時、各合作社への儲蓄提唱は合作社の経済自立を高め、総会からの各合作社への貸付金削減、かつその返却を円滑にして資金を回転させる必要からと考えられる。ともあれ、すでに破産したとみえる模式口の合作社を除き、各社とも執行委員、監査委員が置かれ、機構的には整備された。営業範囲も県城内、鎮村内に限られているのは現実的対応といえるであろう。ただし、各社社員数は模式口を除けば、豊潤一六人から涞水県第一の一六四人とまちまちであり、初期においては適正規模を考えず、まずは設立を優先した結果と考えられる。社員一人当たりの株金額は一元～四・

初の信用合作社（1924年5月段階）

執行委員		監査委員数	払込済株金（元）(B)	(B)/(A)	総会貸付金（元）	社員貸付年利率
主　席	人数（人）					
王玉堂	5	6	56	1.8	500	1分
楊玉書	5	6				
童潤之	2	3			240	1分2厘
張文学	5	3	19	1.0		1分
李庭蘭	5	16	326	2.0	500	8厘
潘啓	5	6	47	1.3	500	1分2厘
張肇誠	5	6	94	4.5	315	1分
程擎天	5	6	70	1.6		1分2厘
趙居安	5	6	56	1.9		1分2厘

及び章元善、千樹徳である。各社には宣伝員がおり、公理会部牧師、保定公理会胡本徳牧師、J. B. テイラ
合作社を指導していたもようである。なお、「1華里」は500メートル。

五元であるが、唐県第一以外は各社員が複数株を保有していた可能性が高く、特に通県第一が最も経済的に余裕がある社員が参加し、自立性が高かったとみなせる。大辛荘は払込済株金がなく承認されず、豊潤は承認することで貸付二四〇元による梃子入れが始まった。社員貸付の年利率は八厘もあったが、主に一分か一分二厘と低利率に押さえられた。

二五年七月には、農利分委弁会委員にはテイラー、エドワード、ロシング・バック、唐有恒、陳達、孫翼舜、劉大鈞、歩済時、麻倫、郭仁風、ディーン（中国名「丁蔭」）[29]、徐澄、朱友漁、于樹徳などが就任した。技術者や研究者中心の彼らがいわば「縁」勢力といえよう。テイラー、エドワード、朱友漁、于樹徳などは執行委員にも名を並べたが、執行委員会と農利分委弁会のパイプ役を演じた。ところで、農利分委弁会が要請した二万二〇〇〇元を予め支出することになった。テイラー、章元善の建議によれば、二万元は合作社への貸付拡充費用に、二〇〇〇元は組織宣伝、経営費用に用いられる。一〇月二八日農利課（主任は于樹徳）が正式に成立し、華洋義賑救災総会は初めて合作事業専門の執行機関を有した[30]。すなわち、農利課は農利分委弁会の上部機構として、後に設立されたことになる。

表6-6によれば、河北省における県数は二三年八県、二四年一〇

表６－５　華洋義賑救災総会系の最

社　名	設立年月	総会承認年月	所在地	営業範囲	社員数(人)(A)
香河第一	1923.6	1924.3	香河県城内	香河県城周囲10華里	31
模式口	1923.8		宛平県模式口		0
大辛荘	1923.8		宛平県大辛荘		91
豊潤	1923.10	1924.4	南京豊潤門		16
唐県第一	1923.11	1924.4	唐県管家佐村	管家佐村周囲５華里	19
涞水県第一	1923.12	1924.2	涞水県婁村鎮	婁村周囲30華里	164
悟村	1923.12	1924.1	定県悟村	悟村１村	35
通県第一	1923.12	1924.3	通県西集鎮	西集鎮周囲10華里	21
深県第一	1923.12	1924.4	深県唐奉鎮	唐奉鎮周囲15華里	43
臨城第一	1924.2	1924.2	臨城県梁村鎮	梁村周囲10華里	29

出典：『合作訊』第１～５期合刊、1926年３月所収、第１～３表から作成。総会承認に調査したのは楊嗣誠、一、燕京大学農科、金陵大学卜教授、及び宛平県県長などの個人、もしくは機関から派遣されて、

県、二五年二四県、二六年四三県、二七年五六県、二八年五八県と順調に拡大している。それに伴い、社数総数も八、一一、一〇〇、三一七、五六一、六〇四と増大した。つまり二七年北伐で第三集団軍の河北進軍により交通阻害、社会混乱にもかかわらず、合作社は逆に増大したことを意味する。困難な状況下で、むしろ経済面での団結の必要性が高まっていたといえよう。問題は、その内、二三年はともあれ、二四年のみが承認社九社、未承認社二社であったものが、二五年以降、常に未承認社が承認社を上回り、特に二六年には四・七倍、二七年には三・三倍となっている。ただ、その後は二八、二九年は二・三倍に押さえ、小康状態を保っている。では、これに社員数を絡めて考察するとどうなるのか。例えば、二五年社員数は承認社が一二七〇人（承認社員数を一）で、未承認社の一〇六二人（〇・八）より多かったものが、二六年には逆転し、それぞれ三三八八人（一）、四七四四人（一・四）、二七年四三五四人（一）、八八三六人（二・〇）、二八年五六二四人（一）、九六七七人（一・七）である。このように、社数ほどではないが、社員数も未承認社は承認社の一・四～二倍で推移していた。転換点となる二六年の一社当たりの社員数をみると、承認社は七〇人、未承認社は二一・六人と大きな差があり、二七年はその差は縮まってきているとはいえ、それぞれ三三・八人、二〇・五人である。

河北省合作社統計（1923～29年）

1926		1927		1928		1929	
43	%	56	%	58	%	61	%
97 220	30.6 69.4	129 432	23.0 77.0	169 435	28.0 72.0	246 572	30.1 69.9
317	100.0	561	100.0	604	100.0	818	100.0
3,288 4,744	40.9 59.1	4,354 8,836	33.0 67.0	5,624 9,677	36.8 63.2	7,862 14,072	35.8 64.2
8,032	100.0	13,190	100.0	15,301	100.0	21,934	100.0
3,048 3,634		4,105 7,849		6,341 10,032		9,160 13,164	
6,682		11,954		16,373		22,324	
5,825 5,878		7,984 12,713		10,322 13,608		14,703 20,984	
11,703	25.5	20,697	24.3	23,930	20.0	35,687	21.6
266 1,195 156	3.5※	723 2,550 342	4.3※	1,378 4,465 559	5.3※	3,464 2,519 898	4.2※
32,440	71.0	60,795	71.4	89,374	74.3	122,414	74.2
45,760	100.0	85,107※※	100.0	119,706	100.0	164,984	100.0

る。したがって、各項の計は切り捨てたものの合計。【株金額】＋【承認社自己資金】＋【総会年貸付額】＝
款）の相違は不明確であるが、信用合作社内の社員「儲金」、信用合作社が銀行に預けるのを「預金」と考え
が、実際に計算した数にしたがった。なお、1928年段階までは、華洋賑救災総会系の合作社は南京豊潤門と安

二六年をみると、社株は一株当たりの単価（株金額÷社株）は、承認社が一・九元で高く、未承認社が一・六元であった。この社株総額が最も基本的な自己資金となるが、二六年一社当たりの社株金額（社株額計÷社数）は、承認社が一二三・九元、未承認社が二六・七元であった。すなわち、承認社は実に未承認社の約四・六倍に上る。信用合作社の場合、社員数の多さが資金料合率や社の安定度と比例している。「承認社の自己資金」しか記載されておらず、おそらく未承認社は儲金などにまでは至っていないか、もしくは極めて少なかったことを示唆する。共同基金は二五年四二元、二六年一五六元、二七年三四二元と、思いのほか、多くはない。では、資本総額における総会貸付の比率はどうか。二四年八一・七

表6－6　華洋義賑救災総会系の

年度			1923		1924		1925	
県数			8	%	10	%	24	%
社数		承認社	0	0.0	9	81.8	44	44.0
		未承認社	8	100.0	2	18.2	56	56.0
		計	8	100.0	11	100.0	100	100.0
社員数		承認社	0	0.0	403	89.6	1,270	54.5
		未承認社	256	100.0	47	10.4	1,062	45.5
		計	256	100.0	450	100.0	2,332	100.0
社株	社株数	承認社	0		418		1,367	
		未承認社	176		44		733	
		計	176		462		2,100	
	株金額（元）	承認社	0		691		2,281	
		未承認社	286		44		1,242	
		計	286	100.0	735	18.3	3,523	24.6
承認社の自己資金	儲金（元）		0	0.0※	0	0.0※	121	2.3※
	預金（元）		0		0		169	
	共同基金（元）		0		0		42	
総会の承認社各年貸付額(元)			0	0.0	3,290	81.7	10,450	73.1
承認・未承認社総資本額(元)			286	100.0	4,025	100.0	14,305	100.0

出典：中国華洋義賑救災総会『民国十八年度賑務報告書』1930年4月、21頁から作成。1元未満は切り捨ててい
合作社資本総額で計算されている。そこで、それぞれの割合を百分率で算出した。「儲金」と「預金」（存
た。※は【儲金】、【預金】、【共同基金】合計の総資本額における百分率。※※は「65,109」となっている
徽省懐遠県に各1社以外は、すべて河北省に存在した。

%を占め、その後も七〇%台で推移し、これがなければ、合作社が存立不能なことを示す。とはいえ、例えば、株金総額は二三年二八六元、二四年七三五元、二五年三五二三元、二六年一万一七〇三元、二七年二万六九七元、二八年二万三九七〇元、また「承認社の自己資金」も二三、四年ゼロが、二五年三三二元、二六年一六一七元、二七年三六一五元、二八年六四〇二元と増大していく。

なお、農利課が合作事業のために使用した経費は、一九二四（民国一三）年度（ただし、この年は農利課未成立）が一四八八元（この数字を一とすると）、二五年度九六七元（〇・六）、二六年度が六六八六元（四・五）、二七年度が八三三一元（五・六）、二八年度が七九二四元（五・三）、二九年

表6－7　合作社社務の成績等級評価統計

年度	甲等社	%	乙等社	%	丙等社	%	丁等社	%	戊等社	%	未評定社	%	計	%
1926	0		2	4.2	29	60.4					17	35.4	48	100.0
1927	5	4.2	12	10.0	46	38.3					67	55.8	120	100.0
1928	7	5.6	30	24.0	24	19.2	42	33.6	22	17.6			125	100.0
1929	29	11.8	46	18.7	88	35.8	28	11.4	38	15.4	17	6.9	246	100.0
1930	46	16.6	93	33.6	73	26.4	33	11.9	32	11.5			277	100.0

出典：①『合作訊』第32期、1928年3月、5～6頁、②朱幼珊「中国華洋義賑救災総会辦理合作事業大事記」『合作訊百期特刊』1933年11月から作成。後に書かれた②の記載は1年ずつずれており、①をベースに訂正した。なお、成立1年未満の新社は評定対象とならない。

度が一万一一三九元（七・五）、三〇年度が一万四二三四元（九・六）とある。(31)この経費は、当然のことながら合作社に対する貸付金とは別枠で、事務運営費、国内外の調査費、指導のための派遣費、及び合作講習会の費用などであったと考えられる。二五年度と南京国民政府成立の二八年度に落ち込みがあるものの、全体としては拡充傾向にある。

三　華洋義賑救災総会の信用合作社組織化に対する重要諸問題

では、ここでポイントとなる幾つかの重要問題に焦点を絞り、論じたい。

第一に、華洋義賑救災総会による信用合作社の社務評定

一九二六年四月合作委弁会が「社務成績分等弁法」を議決し、合作社の社務が評価されることとなった。**表6-7**によれば、一九二六年度社務評定では、甲等はなく、乙等は二社、丙等が二九社で、「未評定社」は一七社であった。「未評定社」とは、①報告不完全、②交通不便のため未調査、③承認後、一年未満の新社などである。二七年度は甲等が五社、乙等が一二社、丙等が四六社の計六三社である。これに対して未評定社が半数以上の六七社も存在した。二八年評定では、丙等社の下に丁等社、戊等社が新たに設けられ、細分化している。二九年度は、甲等が二九社、乙等は四六社、丙等は八八社、丁等は二八社、戊等は三八社で、未調査は一七社であった。このように、甲等に評価されるの

は至難の業で、全体としては極めて厳しい評価が下された。昇格だけでなく、降格もあった。その上、未評定社が多数を占めるのは問題といえよう。ただし、甲等は二七年が四・二％で、その後、五・六％、一一・八％、一六・六％と漸増傾向を辿る。甲等、乙等の合計は二六年四・二％、二七年一四・二％、二八年二九・六％、二九年三〇・五％、そして、三〇年には五〇・二％に上る。このように、各合作社の評定は高まり、充実度を高めていったように見える。

では、合作社をいかなる基準で甲、乙、丙の三等に区分したのであろうか。総会が「社務成績分等弁法」に則り毎年一回、表に作成している。八〇点以上が甲等、七〇点以上が乙等、七〇点未満が丙等である。評価対象は各合作社の年間の事業、行動であり、①管理能力、②合作社目的の社員理解度、③社員内の識字者の割合、④社内の融和、⑤自己で資金を集める能力、⑥講習会への参加人数などを見て決定する。成績のよい合作社を奨励し、成績の悪い合作社には貸付額を減額して、戒めると同時に、援助し、将来は甲等の評価を受けるようにする、と。[32] このように、等級分けすることで、資金を有効に使用し、かつ刺激を与え、全体を活性化しようとしたものといえよう。ただ、逆にいえば、増大していく合作社に対して、総会資金が不十分なことを如実に示したものといえ、勢い甲等社を厳選し、少なくせざるを得なかった。

等級別の最高貸付額と利率が、二七年五月合作委弁会で確定され、七月公布された。これによれば、同年度であれば、甲、乙、丙等各社とも返還利率は同じであるが、貸付額に差が付けられた。その結果、甲等社とその社員は、最高額の貸付を受けることができるようになった。例えば、成立後、一年目ならば、甲等社は七一五元、社員一人当たりは一八元であるのに、乙等社はそれぞれ六〇〇元、一七元、丙等社は四九五元、一六元となる。[33] その上、合作社成立後の年数（一〇年後まで規定）により貸付額は増大していく仕組みである。これは合作社が短期間での崩壊を防ぎ、長期に存在させるための方策といえよう。

では、調査、評定は実際にいかにおこなわれたのか。例えば、二七年二月第一組の視察員包松青ら二人が二週間通県、香河、三河、順義一帯の合作社、続いて第二組の視察員楊嗣誠ら三人が涿県、房山、淶水一帯の計七〇余社を視察することで実施された。(34)

ところで、二八年八月頃、天災と兵禍にあった合作社は二〇数県、七六社に上り、農民生活は非常な困難に陥った。そこで、合作委弁会は①被災地域に指導員を派遣し、未承認社の社員を訓練する、②執行委員会に資金増大を要求する、③総会会計員や調査員を増員し、随時各社の状況を調査し、社務を指導し、あるいは承認社の等級を高めることを決議した。信用合作事業はすでに六〇〇社に達しているが、承認は一四四社（二四％）に過ぎない。なぜなら貸付条件に合致しない合作社は承認されない。社員が宗旨を誤解し、負債を増大させ、害を及ぼすからである、とする。(35)とはいえ、伍玉璋によれば、これらは深刻な事態を招いていた。すなわち、遺棄される合作社も多く、最高額（借入）可能な甲等社は二六年の開始時には、一社も選抜できなかった。二六、二七年に乙、丙のほか、遺棄されたものが多数であった。二八年合作社は六〇〇社に達するが、遺棄された合作社は実に「三分の二」（実際は四分の三）に達する。これら合作社が間違った宗旨を有したためとは絶対に考えられない。要するに承認社は最低額の援助（貸付）を受けることができるが、未承認社に至っては崩壊の危険性すらある、(36)と危機感を募らせる。つまり問題は、承認社の中での等級分けよりも、むしろ問題はその対象から完全に除外される未承認社にあった。

とはいえ、承認社の評定自体も細分化され、むしろ強化された。二九年三月合作委弁会は第五五会議で修正をおこなった（六月一日から実施）。等級に関しては、まず、甲等社、乙等社は同様であるが、丙等社を六〇（〜六九）点とし、前述の如く、この下に新たに四〇（〜五九）点の丁等社、四〇点未満の戊等社を置いた。そして、丁等社の総会からの借入金は丙等社（社員個人、及び合作社）の最高限度額の三分の二を限度とされた。戊等社に関しては総会からの貸付を停止し、一年未満の新社は丙等社に準じる、(37)とした。

こうした評定自体に疑問を抱かせる事態も各合作社レベルで発生していた。例えば、二八年七月合作委弁会は調査員を、総会近隣の合作社に派遣した。おそらく抜き打ち的な訪問であったため、社員はいなかった。小学校教員が兼任する事務員一人がおり、合作社は「失敗であった」と述べた。その理由を問うと、①社内に不良分子がいる。②社員が宗旨を誤解し、総会からの借入ばかり考えている。③ある人物が社の事務を支配し、業務を破壊している。そこで、社内の人心はまとまらず、信用合作社は相互疑心の散砂の如きものに変わった、と。この合作社は成立後、一年余経っている。前回の調査員報告では、社員は非常に熱心で、かつ総幹事章元善も信用合作社の意義を講演したこともある(38)。このことは、甲、乙、丙の等級を問わず、流動的で、どちらかといえば、模範的と思われる合作社の基盤も脆弱であったことを示唆する。

第二に、華洋義賑救災総会による農村信用合作社貸付

「信用合作社的一種効用」（『合作訊』第二期）によると、「都市が日に日に繁栄し、農村は日々窮乏していく。これは金銭が流通しないことと実に大きな関係がある」、とする。したがって、農村に信用合作社があれば、農業が金融機関をもち、農村の金銭は農村内を流通する。こうした機関（信用合作社）によって都市から資金を吸収、借入し、農村で運用する。農民は比較的低利で融通を受け、高利で儲蓄できる(39)、と強調する。続いて『合作訊』第三期で「購買合作社」、第四、五期で「販売合作社」の役割と意義を同様に説明する。このように、信用合作社だけではなく、将来構想として販売、購買、生産各合作社の設立を視野に入れていたことは明白である。

「信用合作社空白章程第三次修正案」（第七次合作委弁会議決）の「中国華洋義賑救災総会処理信用合作社事件之方案」の（一〇）利率の甲では、元々は「総会が合作社に貸与する資金は概ね年利八厘を基準とし、ただ災害を受けない年には年利一分二厘以上とする。すなわち、総会が貸与する利率は八厘と当地利率平均の中間とする」。修正では、「総会が合作社に貸与する資金は、農利分委弁会の特別規定を除いて概ね年利六厘を基準とする(40)」、とブレを少なくし

た。かくして、利息を緩和し、返還しやすいようにしたのである。

総会の合作社に対する貸付限度額は三〇〇～五〇〇元とする。合作委弁会主席の指名で唐有恒、テイラー、章元善が専門に担当することになった。

(1) 合作社は総会に借入を要請する際、①合作社の社員に対する貸付利率、②合作社の自己資金額を明らかにする。

(2) 総会の合作社に対する貸付条件。

①「地契」(土地売買契約書)を抵当とする、②貸付期間は毎期一年を限度とする。

(3) 総会と合作社の契約条件。

① 合作社は借入する時、まず申請書を提出し、総会の審査を受けなくてはならない。

② 無担保貸付の場合、契約の際、執行委員会全体と監査主任が連帯責任を負う。

③ 貸付の延長は満期一ヵ月前に総会に提起し、審議する。合作社が返還できない場合、満期後は利率は四厘増加する。貸付延長は一ヵ月を越えることはできない。

その上で、悟村信用合作社、涞水第一信用合作社にそれぞれ五〇〇元の貸付を決議したのである。(41)

総会からの信用合作社貸付は信用を主とする。すなわち、各合作社の自願である。だが、特別な事情がある時は、相談の上、担保貸付となる。まず借入願書に記入し、並びに所有畝数、及び土地所有権の証書数を明記する。本会が同意すれば、契約を結ぶ。要するに、「地契」は契約して調印する時までは必要がない。(42)このように、「無担保」、「信用」を強調するが、自己資金などを申告し、「地契」を不可欠なものとし、審査も厳しく、「無担保」の場合、契約の際、執行委員、監査主任の連帯責任も明確にした。

告)

償還			計	
件数	金額(元)	1件平均額(元)	件数	金額(元)
106	58,064.76	547.8	180	89,374.00
160	83,244.59	520.3	255	122,414.00

書』1930年4月、16頁から作成。川井悟方式【回収率＝償
「延期」( ) 内は、それぞれ全体の件数、金額における百

表6－8　承認社貸付金回収表（農利課報

項目／年度	期限内		期限がきたもの		延　期				
	件数	金額（元）	件数	金額（元）	件数	%	金額（元）	%	1件平均額（元）
1928年度	35	15,296.00	16	4,700.24	23	12.8	11,313.00	12.7	491.9
1929年度	59	24,900.78	13	4,374.77	23	9.0	9,893.86	8.1	430.1

出典：①中国華洋義賑救災総会『民国十七年度賑務報告書』1929年7月、13頁、②同『民国十八年度賑務報告
還÷（延期＋償還）×100】を参考に回収率を算出すると、1928年度が83.7%、29年度が89.4%。なお、
分率。

二四年四月合作委弁会では以下のことが議決された。

①合作社の社員に対する貸付利率は年利一分二厘を超えてはならない。

②合作指導員は、各合作社が儲蓄事項をおこなうよう準備に着手する。

③合作社は社員貸付の際、食糧購入を理由として認めてはならない。

④一村をもって区域とする合作社は甲種合作社とする。一定地域範囲内の村鎮をもって区域とする合作社は乙種合作社とし、その名称を「〇〇（地名）第〇信用合作社」とする。(43)

①は、総会からの貸付利率よりも合作社社員のそれを相対的に高く設定することで、各合作社の財政的な安定度を高めることができる。②は、合作社の業務が貸付と儲蓄という二本柱に確定する契機となった。③の「食糧購入」への貸付は禁じたものの、緊急な救済的側面を濃厚に有し、継続されていった模様である。④については、甲種の方が社員は緊密で、乙種は相対的に広範で緩い関係にみなせ、次第に乙種から甲種へと移行し、甲種を基盤とした後述する信用合作社連合会が形成されていった可能性がある。ともあれ、各合作社の特性を掌握し、指導、伝達、貸付などの効率を高める試みとみなせよう。

表6-8によると、総会からの承認合作社貸付の回収であり、確かに回収率は高い。例えば、一九二八年度は総件数は一八〇件であり、延期金額は一万一三一三元、償還は五万八〇六四元であった。したがって、回収率は八三・七%となる。また、二九年度は八九・四%であった。延期件数は両年とも二三件であるが、相対的に全体における比率を下げており、一二・八%から九%、金額は一万一三一三元から九八九三元となり、や

はり一二・七％から八・一％へと下がっている。件数が同じなのは同一合作社貸付を示唆し、金額合計が異なるのは、一部を返却した可能性がある。各合作社に対する一件平均額はそれぞれ、四九一・九元、四三〇・一元であった。だが、回収率がよいことは、前述の如く、当然、承認合作社が対象で、それも等級がつけられ、貸付額が決められ、回収を重視し、各種の防衛策がとられていたからである。かつ未承認合作社は貸付対象とされていないことは押さえておく必要がある。

表6－9　直隷南部13県救済貸付（1929年度）

用　途	金額（元）	％
食糧購入	22,398	62.5
債務返済	3,449	9.6
用具購入	2,970	8.3
家畜購入	2,936	8.2
種子購入	1,646	4.6
家屋修理	901	2.5
土地請け出し	570	1.6
肥料購入	527	1.5
冠婚葬祭	192	0.5
未報告	253	0.7
計	35,842	100.0

出典：中国華洋義賑救災総会『民国十八年度賑務報告書』1930年4月、18頁。なお、計と百分率は実際計算した数に従っている。

総会は、二八年の直隷南部の災情が厳しいことに鑑み、執行委員会が救済貸付（無利子）三万六九〇〇元を支出することとし、被災区内の承認各合作社に委託して二九年四月からそれぞれ三万五九四二元を高陽、安国、深沢、定県など一三県の三八社代表に貸し付けた。貸付は二八五九戸で、内、社員は僅かに四四四戸（一五・五％）に過ぎず、残りは非社員であった。このことに関しては、不満の声はなかった。二九年末まで償還したのは二一社、一部償還は一六社で、計二万八八五四元五角で、残りの七〇八七元五角も積極的に回収するとしている。(44) 被災区の場合は、貸付が非社員に拡大し、むしろそれにウエートが置かれ、かつ**表6－9**によれば、食糧購入が六二・三％と突出しているが、被災地域でやむを得ないところであろう。こうした直接救済の側面も持続しているが、信用合作社設立後はそれが媒介として重要な役割を果たした。

事情によっては、返済金の減免もおこなっている。例えば、二九年、淶水県婁村、上車亭二社は総会に償還する時期、多数の敗残兵集団が襲い、返却するはずであった資金を奪われてしまった。総会が人員を派遣し、その事実を確認した。したがって、合作委弁会もそれを認め、損失の半額、すなわち婁村合作社は九九元八角四分、上亭合作社は一七五元を減免すると同時に、各地合作社にこうした事件の再発防止に注意を喚起した(45)。このことは、合作社が「不健全」であるが故に償還できないのではなく、軍事・社会情勢から不可抗力的に償還できない事例も多く存在したことを示唆する。

第三に、信用合作社に対する華洋義賑救災総会の斡旋

二七年には、華洋義賑救災総会は紹介、斡旋もおこなっていた。例えば、(1)卜内門洋行は華洋義賑救災総会と交渉し、化学肥料の販売をもちかけた。掛売を承認し、信用合作社がまず肥料を受け取り、六ヵ月を期限に代金を支払うことにした。ただし、卜内門洋行と各信用合作社が直接取引をし、総会は何らの責任も負わないとする(46)。

(2)安平県の馬尾業、毛髪業（鬘などに使用すると思われる）は以前、隆盛であり、全県で二、三万人がそれで生計を立てていた。ただ両業種とも近年、販売する術がなくなり、次第に衰退した。そこで、王家荘の信用合作社は天津の洋行に直接販売することを提唱し、総会に協力を求めてきた。総会としては、販売合作事業（運銷合作社）と信用合作社を相互に協力させることとし、まず調査から着手した。一方で、天津に人員を派遣し、買い手の状況を調査し、他方で各村で生産側の状況を調査した。その結果、英米商人、日本商人は製品となった毛髪を購入している。したがって、①毛髪の長短により切り揃え、分別して束ねる、②洋行は直接生産者と取引をするなどを決めた。総会から通知を受けた後、王家荘の合作社は毛髪を天津に運搬し、直接洋行と取引をした。また、郭家荘の合作社も同様な試みをした。総会は天津に人員を派遣し、紹介、交渉などの責任を負った(47)。このように、斡旋という形態ではあったが、安平県王家荘で毛髪合作社、運銷合作社の試験的な運営を援助した。

ところで、興味深いのは安平県馬家営の婦女小合作社である。女五人で組織し、株金「若干元」を納入し、かつ会計員、監察員、事務員、顧問なども決めていた。各自が棉花二斤を出し、棉繰り、紡績、織布し、販売で利益を得た

後、再び棉花を購入した。すでに「棉一〇斤の資本」があり、さらに「一〇斤」を支援し、「年末一分二厘」の利息を返還すればよい。合作社の効能により「この社は成立から十年経っていないのに、共同基金は巨額」で裕福という。(48)この史料は不十分で、その布の生産高、また棉の購入先、販売先、及び共同基金、公益金などが不明であり、かつ社員数も不足しているが、一応は合作社の形態をとっているようにみえる。こうした点から、華洋義賑救済総会下での最初の未完成の生産合作社の可能性もある。なお、「十年」はありえず、おそらく「一年」の誤植であろう。

第四に、華洋義賑救災総会と海外の協同組合との関係

二〇年代に関する限り、海外協同組合の紹介・研究、及び総会からの派遣、もしくは個人的な参観、調査・資料収集の時期であり、いわば模索時期といえよう。

(1)『合作訊』は世界各国の協同組合、英国、米国、日本、及び日本植民地の朝鮮などを中心に紹介、もしくは海外雑誌の翻訳を付す。特に世界でも協同組合が発達しているデンマークの消費協同組合を重視し、「合作的丹麦」(『合作訊』第三〇期、一九二八年一月)を掲載した。そして、管理、帳簿、信用、販売、教育、及び政府の補助などに着目している。かつ酪農協同組合なども紹介する(「丹麦合作制度」が『合作訊』第一二~一四、一六、一九期にも掲載)。「日本合作近況」は第一八期、「朝鮮之合作近報」は第二八期、「世界各国合作消息」は第二九期に掲載されている。

(2)視察、参観、調査方面をみると、①農利分委弁会主席J・B・テイラーがインドに協同組合を調査に赴き、二四年一二月執行委員会でその情況について報告している。二七年七月執行委員会はテイラー、D・W・エドワーズのデンマーク協同組合視察に資金援助をおこなった。②日本に関しては、二六年一一月総幹事章元善は東京開催の第二回極東赤十字社会議に参加するため訪日したが、同時に日本の産業組合状況を視察した。(49)二九年三、四

月合作委弁山東分会総幹事の陳雋人は訪日し、中華農学会を代表して日本農学会年会に参加した。その時、日本の産業組合状況を参考にし、かつ中国合作社の状況を日本の農業界に紹介した。日本滞在中、日本産業組合中央会を参観し、組織状況と主要産業について考察を深め、また日本産業組合金庫も視察している。(50)

(3)　世界各国の雑誌などにも紹介され始めた。例えば、二七年の第三次合作講習会が中国内外の注目を浴び、例えば、アメリカ協同組合連合会の月報で紹介された。(51)二八年五月三〇日スイスのジュネーブでの国際労働者会議で、華洋義賑（救災総）会指導下で国際連盟労働局長が、中国農業合作事業は顕著な進展を見せた、(52)と紹介したという。二九年国際連盟労工局が贈呈してくれた協同組合旗は高陽県楊家佐合作社に送られ、それに倣って合作旗が製造された。各合作社にこの旗を購入し、用いることを通告している。

(4)　中国人職員・委員には、当然のことながら個人的にも海外協同組合に通じた者が就任していた。例えば、董時進は四川出身。国立農業専門学校を卒業後、アメリカのコーネル大学農科で農業経済、農村社会学を三年間研究し、博士学位を取得した。また、一年間、イギリス、ドイツ、フランスを視察、かつデンマークで協同組合を参観し、二五年帰国した。平民教育促進会訓練主任、かつ東南大学などで農学を教えていたが、華洋義賑救災総会の招聘で農利課主任に就任している。(53)

四　農村信用合作社の社員貸付と儲蓄

李景漢の説明によれば、信用合作社の特色と役割は、①重要業務が貸付であり、担保を求めない。各社の信用程度によって貸付基準が定まる。②農民が一般銀行と関係がもてない理由は、借入額があまりに少なく、かつ信用もあまりないからである。信用合作社があれば、信用が高まり、久しからず銀行との関係を発生させる。③正当な儲蓄機関がないから農民の多くは余った金銭をしまい込んでいる。信用合作社は金銭に余裕があるが、運用する術のない農民に儲蓄の機会を与える。かくして、農村の金銭は流通し始め、農村の金融閉塞状態を打ち破る。④従来、農民の借入用途の多くは「消極的」(非生産的) な凶作、婚葬などであった。信用合作社の貸付条件は主に生産事業などで、例えば、種子や用具の購入、及び河浚渫、灌漑、開墾などの資金である。⑥農民の大半は互助共済精神、公共団体の観念が不足し、そのことが農村発展の最大の障害となっている。そこで、合作社は農民の団結能力を訓練する、とされている。(54)

また、『合作訊』第一四期に掲載された標語には、「合作社は人の団体で資本の団体ではない。したがって、社員の人格道徳を重視するが、資産を重視しない。合作社は団体力量を以て経済的地位を増進するが、烏合の衆ではなく、非道なことはしない」とあり、倫理的側面も強調された。(55)

ここで、「信用合作社には一戸で一人しか合作社に加入できない」とされる理由を押さえておきたい。以下のように説明されている。章程上では、一戸で家長が資格があり、社員となる。もし家長が老人の場合、子供一人が社員となることができる。無限責任の社員の責任は非常に重く、万一合作社が破産した場合、社員の購入した株金は回収不能となる。かつ社員は合作社の負債を均等分担しなければならない、と。(56) 換言すれば、一戸で複数人が入社すると、無限責任のため、責任が負いきれないというのである。このことは、合作社の破産を抑制する効果はあるが、破産した場合、無限責任、すなわち連帯責任がかなり重いものになる可能性がある。

では、農村信用合作社のポイントとなる幾つかの問題に焦点を絞り論じたい。

第一に、信用合作社の社員貸付

合作社貸付は銀号、富戸貸付とは性質が異なる。利息の高低や担保の有無ではなく、借入用途が生産に限定される。

社員が返済の時、借入時よりも生活がよくなることが、望ましいとされた。[57]

一九二七年五月五日合作委弁会は「農村信用合作社空白章程」を修正採択した。「空白」とは、おそらく確定したものではなく、未決定部分も多く、十全ではないという意味であろう。遺憾ながら最初の「空白章程」は入手しておらず、その全文を明らかにし、分析することはできない。川井悟前掲論文では、二九年三月の「空白章程」に分析を加えるが、私はさらに遡り二七年五月「空白章程」に対して、いかなる点で修正、削除、加筆が加えられたのかを押さえることで、その内容、その後の推移、特質に迫りたい。

では、この時点で、どのように加筆、削除、修正されたのか。例えば、(1)【原文】第四条　社員―七、凡そ社員は各自「社員株」(金額未定)元を納めなくてはならない。株式購入は一株以上、無制限で、入社後、随時、追加購入できる。この株式は無利息である。(株の)購入力がない時は、本社(所属合作社)から利息付き貸付を受け、購入する。この「社員株」貸付は後日、借入社員が返還する中で、まず(購入貸付金を)差し引く。【修正文】前文は変更なく、傍線部分が修正削除され、新たに「この『社員株』貸付、及びその利息は貸付を受けた日から三ヵ月以内に元利(元金と利息)を返却する。さもないと、社員資格を喪失する。この貸付をまだ返却以前に、同社員がさらに同合作社から貸付、あるいは預金(儲金?)する時、同合作社はまずその預金(儲金?)、あるいは貸付からまず(購入貸付金を)差し引く」が修正追加された。このように、社員株の確実な購入を義務づけ、利息を含めた貸付の確実な回収を目的とし、かつ返却できない場合、社員資格の喪失などの罰則規定を盛り込んだ。なお、一定程度、各社の判断に任されたのか、社員株額は未統一、もしくは未決定であった。

(2)【原文】第八条　利益と共同基金―三二、本社が万一解散した時、すべての営業資金、共同基金などは本村で新合作社を開始する費用として残す。もし一年以内に新合作社を組織できない場合、これらの資金は総会に納入し、地方公益の費用に充当する。【修正文】本社が万一解散した時、本合作社のすべての債務を清算した後、利益、共同基

表6-10　各合作社貸付用途別統計表（1924～30年）

（単位：元、（　）内は%）

項　目	1924年	1925年	1926年	1927年	1928年	1929年	1930年
種子、食糧、飼料、及び耕作費用	1,260 (29.5)	1,875 (53.3)	5,223 (27.2)	8,056 (35.3)	10,308 (35.5)	8,449 (29.1)	14,330 (28.5)
荷車、家畜、用具購入、及び家屋修理	579 (13.6)	470 (13.1)	6,138 (31.9)	7,651 (31.7)	9,389 (32.2)	8,814 (30.3)	16,950 (33.8)
浚渫、堤防修築、灌漑、排水など	115 (2.7)	3 (0.1)	242 (1.3)	449 (1.9)	25 (0.1)	190 (0.7)	1,900 (3.8)
冠婚葬祭など	345 (8.1)	26 (0.1)	1,076 (5.6)	336 (1.4)	517 (1.8)	446 (1.5)	1,459 (2.9)
借金・債務返済など	980 (23.0)	680 (19.0)	4,308 (22.4)	1,717 (19.7)	7,177 (24.7)	6,812 (23.4)	10,210 (20.3)
その他	986 (23.1)	530 (14.8)	2,229 (11.6)	2,412 (10.0)	1,673 (5.7)	4,365 (15.0)	5,355 (10.7)
計	4,265 (100.0)	3,584 (100.0)	19,219 (100.0)	24,072 (100.0)	29,060 (100.0)	29,076 (100.0)	50,204 (100.0)

出典：于永滋「本会農村合作事業之鳥瞰」『合作訊百期特刊』1933年11月、10頁。川井悟「華洋義賑会と中国農村」『五四運動の研究』第二函、同朋社、1983年、143頁。「その他」は、商売や織布などのため。

金などを包括する残った資産は均しく総会に納入しなければならない。（それを）本村での新合作社開始の費用として残す。もし一年以内に新合作社を組織できない場合、その資金は総会から支出して地方公益の費用に充当する。[58] 誤解を招く表現に説明を加え、まず債務清算をさせた後、利益などを含む資産のすべてを総会に納入と明記することで、総会は合作社の個別債務を負担することを免れ、かつ利益を含む資産を差し押さえ、納入された資産は総会が主体性をもって「地方公益」に支出するとしたのである。

表6-10によると、貸付総額は、二四年が四二六五元（この額を一とすると）、二五年三五八四元（〇・八）、二六年一万九二一九元（四・五）、二七年二万四〇七二元（五・八）、二八年二万九〇六〇元（六・八）、二九年二万九〇七六元（六・八）、そして、三〇年には五万〇二〇四元（一一・八）と飛躍的に増大する。このことは、二八年南京国民政府の正式成立前後から、信用合作社自体の資金繰りが順調になってきたことを示す。貸付用途をみると、①種子、「食糧」、飼料などは、二五年五三・

三％を除けば、約三〇％前後で推移している。②荷車、家畜など生産関係で、二六年以降、約三〇％である。このように、生産に直接関係する貸付が約六〇％を占めていた。これは貸付目的が原則として貫徹されていたとみなすことが可能である。ただし、①には救済を含む「食糧」、②には「家屋修理」など、生産とは直接関係のない項目が包括され、それぞれの中での割合が不明なのは遺憾であり、その点で不完全な統計といわざるを得ない。③防災の意味と同時に、生産にも重要な影響を及ぼす浚渫、堤防修築、灌漑などへの貸付は思いのほか、多くはない。これは小規模なものは合作社が媒介となる場合が多いが、主要に総会から直接貸し付け、合作社統計には含まれていないものと考えられる。④非生産項目の筆頭として常に問題とされる「冠婚葬祭」に関しては、二六年には五・六％であったが、その後、一、二％台で、圧縮に成功していた。むしろ問題とすべきは⑤「借金・債務返済」である。これは、高利貸などからの借金を合作社からの貸付を受けて返済するものとみなせるが、非生産的のみならず、不経済なものである。とはいえ、緊急避難的な意味あいをもち、かつ農民生活を正常な軌道に戻す狙いがある。この貸付は二〇％前後で推移し、大きな変動はない。このことは、合作社からの貸付開始後も、農民に対する高利貸を阻止できず、継続していたことを示唆する。

結局、「冠婚葬祭」も認めざるを得なかったことについて、例えば、ある社員の母親が突然死去したが、葬式の費用はなかったとする。もし合作社が貸付に応じなければ、その社員は当地の富裕者に高利で借りなければならない。これでは合作精神に背反する。返却できなければ、この社員が害を受けるのみならず、他社員にも累を及ぼす。合作社が貸し付ける場合、その社員とまず相談し、最も節約した方法で貸し出すため、借入金額は当然少なくなり、返却しやすくなる。このように、節約の習慣も養う。したがって、合作社は社員に結婚、葬儀の貸付を正当な費用として認める(59)、と説明するのである。

また、二八年八月執行委員会は河北省南部の旱魃に対して、災害地域内の合作社三八社に委託して「救災貸款」三

表６-11　合作社社員への貸付額統計（1929年度）

貸付金額	社員数（人）(A)	%	貸付額計（元）(B)	%	1人当たりの貸付平均額(元) (B)÷(A)
10元以下	785	15.8	6,332.5	6.3	8.1
10～20元	2,992	60.2	52,063.3	51.5	17.4
20～30元	679	13.7	16,716.2	16.5	24.6
30～40元	239	4.8	8,666.0	8.6	36.3
40～50元	105	2.1	5,059.0	5.0	48.2
50～150元	166	3.4	12,266.1	12.1	73.9
計	4,966	100.0	101,103.1	100.0	20.4

出典：中国華洋義賑救災総会『民国十八年度賑務報告書』1930年４月、16頁から作成。

万五九四二元を農民に無利息で貸し付けた(60)。このように、合作社が媒介、受け皿となることで、農民貸付を可能としているのである。

さらに、農村小工芸も農民の生産的な副業と認め、小工芸提唱のため、信用合作社の貸付対象に追加された。そして、以下の条文を付加する。農村小工芸（紡績、醸造など）に対する貸付は、材料購入の場合、半年、あるいは一年で返却。紡織機などの購入の場合、状況に応じて一年、ないし三年で返却する(61)。このことは、華洋義賑救災総会が生産合作社としてではなく、信用合作社の貸付対象として農村手工業にも着目し始めたことを示す。

表６-11は、一九二九年度における合作社社員への貸付額である。これによれば、二〇元以下が借入した社員数の七六％に当たる。三〇元以下と考えると、実に八九・七％に上る。貸付額を見ると、二〇元以下が五七・八％、三〇元以下が七四・三％である。結局、最も多いのが社員数、貸付額で、それぞれ一〇～二〇元が六〇・二％、五一・五％である。全体の一人当たりの貸付平均額は二〇・四元であった。最大でも一五〇元であった。**表６-12**によれば、六ヵ月～一年が社員数の八一・四％、貸付額の八〇・九％を占める。一年以下とすると、実にそれぞれ九一・八％、九二・四％を占める。このように、回収重視の短期低利小額貸付であった。したがって、中産以下としながらも、元来、一定以上の生活基盤を有する農民に限られ、長期の設備投資として使用するというよりも小回りの利く緊急避難的なものに使われる傾向を示すことになる。では、貸付期限は貸付額に連

表6-12　合作社社員への貸付期限統計（1929年度）

期　限	社員数（人）(A)	%	貸付額計（元）(B)	%	1人当たりの貸付平均額(元) (B)÷(A)
6ヵ月以下	516	10.4	11,621.3	11.5	22.5
6ヵ月～1年	4,041	81.4	81,812.8	80.9	20.2
1年～1年半	239	4.8	4,544.0	4.5	19.0
1年半～2年	161	3.2	2,920.0	2.9	18.1
2年以上	9	0.2	205.0	0.2	22.8
計	4,966	100.0	101,103.1	100.0	20.4

出典：中国華洋義賑救災総会『民国十八年度賑務報告書』1930年4月、17頁から作成。

動するのであろうか。一人当たりの貸付平均額は六ヵ月以下が二二・五元であるが、二年以上を含めて二〇元前後で、平均も二〇・四元であった。このことは、期限は貸付額が多くなれば、相対的に長期になるということはなく、貸付額と期限はほとんど無関係であったことが判明する。これも、使用用途、貸付額とは無関係に回収率を重視した結果であろう。以上のように、合作社の「健全性」というよりも各合作社、もしくは各社員の経済基盤、回収率を重視したものであったといえよう。ここから導き出されることは、農村信用合作社の趣旨は中産以下の農民を救済することにあるとするが、主要に貧農、雇農を除く形で農村基盤を確立しようとする試みであったということである。ただし社員に対する一年以下の短期低額貸付は収穫までの間の仕事を維持し、かつ生活費を捻出するという点では意義があった。

第二に、信用合作社の社員儲蓄

信用合作社の社員貸付が軌道に乗るに伴い、もう一つの大きな柱として浮上してきたのが社員儲蓄である。合作社は貸付だけを積極的におこない、儲蓄には十分な努力を払ってこなかったとの反省もあった。かくして、二六年五月総会は各合作社に儲蓄業務の開始を促した。「各地信用合作社宜開辦儲蓄」を要約すると、以下の通り。合作社の優位点を十分発揮させようとするならば、社内で剰余金を儲蓄させ、それを資金不足の社員に運用させる。こうすれば、外部の援助に頼る必要がなくなる。こうして、初めて合作社の互助精神を十全に発揮できる。要するに、農村の資金は農村間で流通させなければならず、社員の資金は社員間で運用し、絶対に利益を外部に放出してはならない。現在、各信用合作社は総会が計画する「儲金章程草案」に基づき儲蓄を開始する。すでに農利分委弁会で討論しており、議決後、実施できる、とした。(62)

続いて、二六年五月頃「敦促各社開辦儲蓄通告」を公布した。これは、農民儲蓄が緊急なことから、二五年八月公布したもの（未見）に若干の修正を加えたものという。すなわち、信用合作社が農民の互助自助を実施しようとすれば、まず儲蓄を実行しなければならない。貸付は社員を援助するが、資産を増加できない。裕福者、あるいは多少の未使用資金がある者は儲蓄によって利息を生み出す。有用な金銭を一日も眠らせるべきではない。信用合作社が貸付と儲蓄を同時におこなえれば、ある部分の儲蓄を他の部分の貸付に回せる。つまり儲金は、①利息を生じる、②社員の節約倹約の美徳を養成する、③貸付資金を集中できる、④合作社員に限らず、その社員の家族、友人も章程を遵守すれば、儲金できる。儲金する者が多ければ多いほどよく、儲蓄も次第に多くなり、合作社も次第に自立でき、ほかに援助を求める必要がなくなる。(63)こうした利点があるという。すなわち、この場合は、合作社社員の家族、非社員と見なせる友人にまで範囲を広げ、小額資金の集中により合作社の自立化を図るとするのである。

この際、「農業信用合作社勤倹儲金規約」では、本社各社員は（勤倹儲金の）目的を達成するため、①早寝早起きし、勤勉に働く、②極力自分の仕事を研究し、収入増加を図る、③正業以外の副業収入を儲金する、④禁煙し、毎日の煙草代を儲金する、⑤冠婚葬祭などに禁酒、節酒し、儲金する、⑥家の周りに樹木を植え、樹木（売却）収入を儲金する、⑦奢侈、浪費を努めてしないなどを自発的に実行すべきと、(64)事細かな指示まで出している。

第三に、各種活動における信用合作社の役割

二七年華洋義賑救災総会は堤防修築は約二〇〇〇華里で二一万六九〇〇元、道路修築は約一八万〇七〇〇元、井戸

掘削は約三七七二本、二〇万元、貯水池一〇〇ヵ所で五〇〇〇元、溝渠築造は七八〇華里で一七六万元で、総計二三六万九六〇〇元である。この防災工事のため、二七〇〇万元が計上された。他方、華北、特に山東の旱魃、飢饉、蝗、戦乱、土匪などの被災地域は五六県で、二四万平方華里に及ぶ。被災民は六〇〇万人で、委員に五万元を支給し、実地調査のため派遣した。海外では、パリ赤十字連合会、ジュネーブ万国赤十字社、アメリカ赤十字社にも窮状を訴え、救済を図ったが、華北は戦乱のために充分な計画実施に着手できなかった。(65)

では、地域別に、例えば山東省での救済事業をみると、

(1)　道路修築―二八年一〇月起工、二九年五月末の完成計画の徳県より恩県、臨清などを経て、大名に至る道路修築予算五〇〇〇元で、難民に専ら食糧で与える。難民には労働一日当たり高粱二斤、家族のある者にはさらに四斤(家族六人が飢えをしのげるとするが、期間不明)を与える。ただし月二〇斤を限度とする。

(2)　河堤修築―二七年春、臨清付近の堤防、二八年秋、徳州や武城付近の堤防を修築し、各五ヵ月で、それぞれ約五〇〇〇元であった。臨清でも約二万元の予算で、難民救済のため「給糧開工」した。いずれも材料は地方負担の「給糧開工」であった。

(3)　井戸掘削―二八年一一月総会はニューヨーク中国災害協済会に委託され、政府の許可を受け、河北、山東両省の被災村に農田を灌漑するため、掘井貸付を実施することとなった。予算二〇万元で、恩県、夏津県、堂邑県、冠県、東昌県で、一県二〇〇本の井戸掘削の計画であった。これを「井戸掘削貸付」と称し、井戸一本に対し、各個人に平均一〇〇元の工賃を契約して貸し付ける。これには保証人を必要とし、出資金は工程に応じて三回に分けて支出し、決して全金額を一度に貸し付けない。償還は五年間で、第一年目は六厘、第二年目は七厘、第三年目は八厘、第四年目は九厘、第五年目が一分と、極めて低利である。①被災村の地主で耕地面積五〇畝以下で、掘井灌漑をおこなう能力のない者は当地の公益団体、信用合作社、あるいは確実な商店を保証人とする。②各被

災村の信用合作社が連合で掘井貸付を本会に願い出ることができる。③掘井工事は総会派遣の工程師が指導する。(66)つまり、信用合作社が「掘井貸付」の際の保証、受け皿としての役割を果たすことが求められている。三〇年には、華洋義賑救災総会は「孟亭紀念金掘井貸款」(いわゆる「孟井貸」)を設立、合作社経理に委託し、各地で井戸を掘る貸付を開始した。

第四に、信用合作社連合会

二六年二月通県燕郊合作社が付近の各合作社を召集し、会議を開催して連絡を密にし、自発的に連繋し始めた。こうした動向を背景に信用合作社連合会の組織化の動きが加速していった。四月総会は、①一連合会は合作社からの距離が三〇華里以内(連合会中心に直径六〇華里の範囲)で、②一連合会所属の合作社は五~三〇社を限度とする。③三〇社を超過した時は、特別の例外を除いて、縮小、改組し、区域の小さな連合会を二つ以上、組織する。④連合会の常務委員中、少なくとも視察員証書を有す者が二人いなければならない(67)、と決定した。二八年四月には、「視査(視察)資格証書填発規則」などを議決し、これで各合作社社員が管理・指導に参画することとなった。かくして、最初の「視査資格証書」を李学勤ら七人に発布した。

このように、安平県では、利益が一社一社に留まり、全県に普及していないことから、北関合作社が全県合作社の団結一致、共同努力のため、全県合作連合会の設立を提唱した。もし全県各社の四分の三の同意があれば、召集し、定期開会し、章程を起草するという(68)。二七年四月安平県辛荘などの一〇社を「連会章程」に依拠して、最初の連合会として安平県農村信用合作社連合会を組織した。

「農村信用合作社連合会社務視察規則」によると、総会は、農民に自発的に合作社を運営させるため、まず各県農村信用合作社連合会に社務の指導と視察を実習させることを議決した。その後、次第に他業務も担わせ、連合会の職権の完成を期すとある。つまり連合会の職権の範囲は未確定であり、まず各合作社の指導、視察を実施させ、かつ農民の自発的な合作社運営能力を高めることを目指したものといえよう。また、「視察章程」によると、連合会は少なくとも三ヵ月に一回、所属各社を視察する。連合会が委託する視察員は本会「視察資格証書」取得者に限る。その職権は①社務の調査、②社務の指導、③紛糾の調停、④帳簿の検査などである。視察員の活動は連合会職員、農利課調査員が共同で監督し、農利課が不満の時、その活動を停止させることができる。(69) かくして、農村信用合作社連合会が安平に続いて、淶水、深沢にも成立した。

なお、総会は、連合会との距離三〇華里以内、五社以上などの規定に合致しなければ、県連合会の設立を許可しない。そのため、涿県では、暫定的に「合作講演団」を組織化して県連合会に代替したいとし、各県合作社に賛否、指導を求めた。「涿県合作講演団細則」（草案）によると、人員は講習会に参加経験のある会員、及び熱心な社員が構成する。主任一人、文書一人を推薦し、団員数は定めない。【宗旨】①合作社精神を一般民衆に伝える、②社員間の関係を親密にさせる、③全県各社の連絡を一体化させる。【事業】①巡回講演は五人が一組となり、半年毎に各社を一回りし、各社事務所が召集した社員、村民に講演する。②定期講演は適切な地点でおこなう。③専門家を招聘し、講演してもらう。【団費】各団員の分担と各社の自発的献金である。(70)『合作訊』に掲載されていることから、おそらく組織されたものと思われる。そして、県合作連合会の設立への過渡的組織として、かつ各種公演により、合作社への理解を深めさせ、社数を増大させることで、連合会基盤を形成する目的があった。連合会設立でも、こうした下からの自発的、かつ創造的な動きがみられた。

第五に、南京金陵大学指導下の各種合作社

金陵大学は華洋義賑救災総会と協力関係にあったが、農民が高利の搾取を受け、各種改良計画を実施する力もなく、現状維持すら困難であると認識していた。二四年二月同大学農業経済系は華洋義賑救災総会から二四〇元の「資金援助」(ただし貸付)を受け、農村信用合作社である豊潤合作社を試験的に運営した。数年を経て成果をあげたことから、範囲を拡充するため、二六年秋に自己資金を準備した。

(1) 江蘇省江寧の豊潤借貸信用合作社に対しては五回の貸付を実施し、生姜の種を共同購入した。二六年一〇月に元利の一斉返却としたが、すべてが返却されたわけではない。社員は二〇人余で、各人が一元を立替払いして無限責任を実行した。同合作社は一一月に「塘泥」(池の泥土で肥料用)運搬、小作料支払い、肥料購入、及び結婚、葬式費用として貸し付けた。婚葬に関しては、社員が極力費用を抑え、互助を図ろうとしている。(71)

(2) 二六年秋、句容の謝家辺、蔣崗村、江寧の厳家墟の三ヵ所に借貸信用合作社が前後して成立した。金陵大学が事前に人員を派遣し、各社の指導社員候補に会い、かつ農村生活状況について視察し、章程を決め、貸付を許可した。(72)

(3) 江蘇省境に近い、安徽省の烏江棉産販売合作社は棉産農家が組織したもので、棉繰り、梱包、販売などをおこなう。合作社員は棉花を合作社に持ち寄り、まず代価の一部を先払いの形で借入し、棉花の売却後、借入金を差し引き、その残りを社員に支払う。社員は三〇人余。繰綿計六〇余担を集め、無錫の茂新紗廠と交渉し、適正価格を決めた。栽培したのは、多くが金陵大学が改良した棉種で品質は優良であり、かつ梱包もよく、水が混入する弊害もない。そこで、紗廠側も特に優待した。また、二八年烏江農産運銷合作社は、社員の鶏卵を南京や上海に合同で運搬し、販売する計画を立てた。合作社同士の協力面では、南京太平門外の鐘山合作社が社員の必要とする食米購入計画を立てた時、烏江合作社は食米販売を提起した。そこで、両社は提携を進め、生産と消費の合作の実現を期している。(73)

(4) 江蘇省丹陽は絹織物が著名で、全県に織機四〇〇〇余架あり、重要な家内工業であった。ただ絹織物の販路が十分確保されておらず、かつ価格が低く、経済上の損失を受けていた。そこで、金陵大学が絹織物販売合作社を組織し、糸行と機戸を合作させた。糸行が機戸に絹糸を貸し付け、織布した後、共同で上海に運搬、販売した。その後、絹糸の代金を糸行に返還する。機戸が充分な原料を得ることができ、かつ比較的に優位な価格で販売できれば、糸行、機戸双方に有利である。かくして、同合作社は非常に発展し、社員は一〇〇人に上り、すでに上海の公司と販売契約を結んでいるとする(74)。

このように、金陵大学指導下の合作社は数こそ少ないとはいえ、信用合作社のみならず、棉産販売、農産運鎖など生産者と消費者を結びつけ、流通を中心に他業種の合作社への広がりを示していた。また、丹陽の絹織物販売合作社は販売にウエートが置かれていたが、機戸を組織化（ただし各戸分散的に織布して持ち寄るのか、一ヵ所に集まり織布するか不明）しており、初歩的な工業生産合作社的な色彩を有していたといえる。

五　華洋義賑救災総会の合作講習会と合作教育

『合作訊』は、教育の重要性も主張している。合作社では資金融通、儲蓄などが「主産」（主要任務）で、「副産」は教育とした。もし各社の職員、社員が発給文件、印刷品をみず、研究せず、非識字社員に読んでやらないならば、その合作社は発展の機会を失う(75)、と。合作社の発展が教育をもたらし、教育が合作社の発展を支えるという考えは一貫したものであったとみなせる。特に文字を知らなければ、実際の業務面で合作社への伝達も十分できず、死活問題であり、不可欠との認識があった。この結果、必然的な趨勢として合作社が農村経済面のみならず、農村社会・文化・教育各側面での変革をもたらす。確かに合作関係の人材育成に重点が置かれたが、間接的にも非識字者教育に影響を及ぼす。

表6-13　河北省における合作講習会（1925～30年）

年	回	期間	目　的	班数	受講者数			費用（元）		
					人数	出身県数	参加社数	総会	各合作社	計
1925	第1回	7日間	合作人材訓練	1	104	15	52	1,468.27	0	1,468.27
1926	第2回	7日間	合作人材訓練	2	323	25	159	1,974.88	0	1,974.88
1927	第3回	3ヵ月	合作指導者養成	1	40	22	40	1,882.89	0	1,882.89
1928	第4回	5日間	合作人材養成	4	363	15	158	335.25	0	335.25
1929	第5回	5日間	合作人材養成	9	717	39	334	620.76	85.87	706.63
1930	第6回	6日間	合作人材養成	9	733	31	343	500.61	304.42	805.03

出典：于永滋「本会農村合作事業之鳥瞰」『合作訊百期特刊』1933年11月、9頁。川井悟「華洋義賑会と中国農村」『五四運動の研究』第二函、同朋社、1983年、132頁。

表6-13によれば、一九二五年に合作講習会が開始されたが、第一、二回が合作人材訓練、第三回のみが合作指導者養成で、いわば幹部育成であった。第四～六回は合作社人材育成で、第一、二回と同様な傾向にあるが、合作社の増大に伴い、基盤強化の必要から二八年は四班、特に二九、三〇年は九班もあり、受講者は七〇〇人以上に上る。ただし、費用を見ると、総会は、二五年一四六八元、二六年一九七四元、二七年一八八二元であったものが、二八年には三三五元に激減し、それを契機に各合作社も分担金を出すようになった。このことは、合作社経済基盤の強化、自立化とともに、南京国民政府の樹立後で、体制が十分固まらない混乱期であるが故に、総会の資金節約の可能性を伺わせるものといえよう。

では、各回の合作講習会毎にその内実と特質をより詳細、かつ具体的にみていきたい。

まず、二五年一一月二七日から第一回合作講習会（一週間、三七時間）が北京で開催された。軍事状況が緊迫していた上、悪天候であったが、多数が参集した。受講者は蠡県一三社をはじめ、香河、淶水各七社、通県五社など、計一五県五二社を代表する一〇四人（各社一～四人）であった。講義内容は章程、経営方法など、経費は一〇〇〇余元（受講者支給の旅費、手当七〇〇余元を含む）である。(76) このように、講義は初歩的ではあるが、当初から基本的、かつ実践的なものに重点が置かれた。

続いて、二六年一一月第二回合作講習会が一週間、開催された。開催地は定県と北京である。定県では、東街中山中学、社会教育弁事処、県議会の三ヵ所で、甲組（定県、及び唐県、深県、臨城、安平、東鹿、蠡県などから約二〇〇人）とした。北京では、国立農業大学で、乙組（通県、香河、三河、房山、宛平、淶水県などから約一三〇人）とした。

(1)　宗旨は、合作社で必須の知識と技術を教え、その経営方法を改善する。同時に合作社代表同士が相互に意見を交換し、合作運動の普及をはかる。

(2)　受講者は、各合作社の宣伝員、執行主任、監査主任、事務員、会計の中から二人を推薦する（本会が審査の上、「聴講証」を発給）。旅費、宿泊費、食費などは免除された。ほかに各合作社二人の一般聴講者が認められるが、旅費などは自弁である。つまり各合作社の幹部や事務員に主眼が置かれた。

(3)　課程は、合作概論（一時間）、信用合作社（二時間）、購買合作社（一時間）、販売合作社（一時間）、章則（八時間）、儲金実習（一時間）、会計簿記（一〇時間）、帳簿（二時間）、農業常識（二時間）である。このほか、著名人士の講演、討論会、演芸会などが準備されている(77)。信用のみならず、購買、販売各合作社の科目があり、注目されるが、組織運営面で最も基本的な章則八時間、業務面で重要な会計簿記が一〇時間と突出している。

第三回合作講習会では、各地指導人材の養成が打ち出された。なぜなら合作社が増加し、地方連合会も次第に多くなり、社務を処理する人材が必要になったからである。場所は北京で、特に会期を延長し、二七年一〇月一七日から約三ヵ月とした。受講課程も比較的多く、かつ受講者の年齢、資格にも制限が設けられ、正規生四〇人、聴講者は多くとも一〇人と絞り込まれた。正規生は、年齢が二一歳以上、四〇歳以下で、文章を正確に書け、一年以上の合作社事務の経験者とされた。聴講者までも中等農業学校以上の卒業生で、一〇人に限るとされた。つまり指導者養成という目的に沿い、講義科目が高度化し、一定の学歴、レベル、理解度が要求されたといえる。なお、講習会には、清華大学、燕京大学が熱心に協力し、多くの大学教授が課程を担当していたようである。

応募には、履歴書、服務機関の在職証明書を要求し、総会が選抜したが、①資格審査、②口頭試問、③筆記試験を課した。一律学費は免除で、正規生は食事、宿泊は総会が給付する。旅費も支給するが、直隷、京兆に限るとする。聴講生は食、宿、旅費は自弁である。正規生は卒業後、「視査員証書」を受領し、総会、あるいは各社連合会服務の義務を有す。全課程時間は計二八八時間と厖大なものとなり、経済大要（一六時間）、農業経済（一六時間）、現代社会と農村問題（一六時間）、普通簿記学（一六時間）、信用合作社簿記学（二四時間）、会計学と監査学（二四時間）、合作概論（二四時間）、信用合作経営論（四〇時間）、購買合作経営論（一六時間）、販売合作経営論（一六時間）、合作事業促進研究と実習（三二時間）、信用合作章則・帳簿の研究と実習（二四時間）、「農林大意（概説）」（二四時間）の計一三科目である。「実習六〇時間で、課外講演は時を定めず」とある。[78]なお、全課程時間二八八時間以外に、「実習六〇時間」が設定されているようにみえる。このように、合作社指導者に必須の基本的な知識を押さえながら、本格的、かつ実践的な内容にまで至るカリキュラムで構成されていた。その結果、当時、生産合作社に関しては現実味が乏しいと考えられたのか、独立科目とならず、経済大要などで触れられるに留まった。修了後、部門毎に試験が実施され、甲が五人、乙が一六人、丙が一六人であった。[79]

第四回合作講習会は、南京国民政府の成立後、二八年一二月一六日から五日間、趙県で開催された。趙県二五社を中心に寧晋、元氏、欒城の四県、計三五社が参加した。「正聴講員」は一社二人であるが、職員や傍聴人を含めて九七人に達した。会期は五日間で、講習時間は必要なものを主として三〇時間。講師は楊嗣誠、李郡三の二人で、合作概論（一時間）、信用・購買・販売合作社（各一時間で計三時間）、章則（六時間）、経営方法・帳簿（八時間）、会計簿記（八時間）で、その他、討論時間（四時間）が設けられた。一六日開会式であった。①国民党旗（青天白日旗）・国旗（青天白日満地紅旗）、及び孫総理（孫文）遺像に「三鞠躬礼」、②孫文遺嘱朗読などが続いた。このように、同講習会は国民党を意識し、もしくはその影響を如実に示したところに特色がある。とはいえ、主席李嘉会が開会の辞の後、趙県県長訓辞、来賓の県党部、公安局各代表の講演があるはずであった。だが、何故か、彼らは出席していない（代理人が代読?）。その後、楊嗣誠、李郡三の講演などがあり、盛会のうちに終えたという。なお、聴講者からは食費として「僅かに」日に一人二角を徴収した。かつ本会の「充分」な援助のほか、中心となった趙県一〇社が赤字分七元を負担した。(80)

合作講習会だけでなく、各方面に波及し、多くの教育・訓練・養成が実施された。例えば、二八年一〇月には、第一回農事講習所（募集人員三〇人、期間は三年間）を、おそらく華洋義賑救災総会が協力し、清華大学・燕京大学、香山慈幼院が合弁で実施している。「農家子弟」の志願者は一六七人で、合格者は三〇人、補欠六人で、手当も出した。二九年七月第二回農事講習所（国立北平大学法学院）の新受講生三〇人を募集した。「第二届招生簡章」によれば、応募先は華洋義賑救災総会。(1)【宗旨】は①農村指導者、②開墾の先導者、③農事推進員、④「新農民」の養成にある。(2)【期間】は三年間。第一、二年で、必須の農学知識と公民常識を授け、実用を重んじる。第三年目はそれぞれ専門の園芸、「田芸」（田畑耕作技術）、牧畜、乳業、養蜂、森林などの科に分かれ、実習する。待遇は一般労働者と同様の待遇を受け（賃金がもらえる?）、自ら農労生活を経験、管理方法を学習する。(3)【入学資格】①初級中学卒業かそれに相当するレベルの者、②年齢は一八～二五歳、③身体壮健で、労苦を惜しまない者、④農家出身、⑤郷村服務、農業改良を志し、かつ信用合作社から正式な紹介を受けた者。【試験科目】国文、算術、本国（中国）歴史、及び地理であった。農事講習所第二期生の募集には、四三五人が応募し、受験資格を与えた七四人中、三〇人を合格、七人を補欠とした。(81)つまり第一回農事講習所の受講生が第二年目に入ったところで、第二回新受講生の第一年目が開始される。このように、学年制の学校方式に近く、結局、三〇年農事講習所は「新農農業学校」と改称されることになる。

かくして、合作社への認識が日増しに高まり、それを背景に、二九年夏、国立北平大学法学院の院長謝瀛洲、教授曽同春が合作教育を提唱し、夏期合作社講習所を二ヵ月間開催している。同講習所の教員、学生は卒業試験後、「北平合作学会」を共同発起し、北平の「合作同志」に入会を呼びかけた。学会の⑴宗旨は、合作学の研究、合作運動の提唱、合作社指導の実施にある。入会費は一元である。⑵権利としては、会員は選挙権、被選挙権を有す。⑶組織は、本学会全体会員が組織する。本学会には執行委員会（選出された委員七人で構成）が置かれ、一切の会務を執行する。執行委員会下には総務部、研究部、宣伝部、調査部、指導部が置かれた(82)。つまり入会費を株とみれば、選挙権と被選挙権を含めて北平合作学会それ自体が合作社に類似の方式で運営されていたことがわかる。このように、学術研究にまで拡大してきた。

その上、合作社レベルで自発的に合作教育をおこなうところが出てきた。例えば、房山の丁家窪合作社は二五年一一月成立（二六年六月承認）した。同社は非識字者が学校に行く術がないことに鑑み、連合会社員が平民学校を開くことにした。同社執行主任丁春栄がボランティア教師となり、小学校を借りて三〇人余に教えている(83)。涞水の呉各荘の合作社は成立後、三年を経ているが、貸付のみであった。そこで、二七年総会からの人員が指導した結果、儲金が進展した。これを背景として、さらに会計員張祥は学校設立を計画し、事務員が教師を兼任して一方で社務をおこない、他方で学校を運営し、受講者は社員子弟に限り合作社について説明する(84)。これらのことから、合作社レベルでは貸付→儲金→学校という順で進展していったことがわかる。

また、涞水にある呉各荘の信用合作社からの書簡によると、フランス学校協同組合に倣い、学校経費をつくり、合作社を学習する「合作学校」を設立した。そして、貧窮な子弟も学習でき、かつ一種の合作精神を養成する、と。これに対して『合作訊』は、実は「合作学校」と「学校合作社」とは異なる、と述べている。それは、いわば「合作学校」ではなく、「学校合作社」で、厳密に区別すべきというのである。「合作学校」は合作授業により合作人材を養成するのに対し、「学校合作社」は学生が組織するもので、合作社方式で学校を補助するものである。すなわち、【活動方式】学生が社員で、合作方式で互助自助をおこない、団体活動を発展させ、目的は学校教育の補助、学校業務能力の増大を図る。【訓練】学科は「科学的方法」を用いて授業、自習し、また合作的方法を用いて実習する。このほか、会議開催、召集、討論、組織、及び研究の各方法を教える。同時に各学校、各種合作社を相互参観する。フランスの初級学校協同組合は、第一に、工業村の模範学校協同組合で、一般設備のほか、織布工場、絨毯工場を擁している。そこで、小学生は勉学のほか、布、木工、象牙細工、装飾品などを学び、職人としての性格を養う。これらの販売によって、すべての学校経費と彼らの生活費を捻出した。第二に、農村の模範学校協同組合がある。農場を有しており、落花生、芋、トウモロコシなどが栽培され、収入の増加を図る。学校運営費用、学生の食衣は農場で生産された農作物などの販売で賄われている。こうした方式は一八九九年フランスの国民学校内で教員によって開始された小森林合作社に起源があり、その後、英、米、イタリア、ロシア、チェコなどにも普及した。報告によれば、中国で開始された「学校合作社」は授業、実習以外に清潔運動、利己主義反対運動、知識開明運動などを実施し、「兼愛」の心が自然と生まれているという(85)。このように、「学校合作社」は合作社方式で経営されているが、同時に合作社教育を骨幹としており、それは本質的に社会運動にまで進む可能性を内包していた。

その他、農業展覧会も開催されている。直隷華洋義賑会農事試験所は農業（振興）のために、陰暦九月に武清県で農業展覧会を、三日間、開催することにした。宗旨は①社会に農業の重要性を喚起する、②農民に相互競争、相互学習させることにある。展覧会では新農具、改良種子、農薬などを陳列し、農業専門家が農民による展覧品に甲乙を評定し、若干の賞金を与え、奨励する。その上、華北各農事機関人員が耕作新技術、土地改良、病虫害予防、及び郷村社会改善の問題などを講演する。なお、「娯楽」としては農業改良や社会衛生に関連する映画を放映する(86)、となっている。このように、農民同士の競争による農村活性化、技術普及・革新などを主としていた。そして、「娯楽」も単なる娯楽ではなく、目的意識が明確なものであった。なお、三〇年三月には、合作巡回書庫を創設をすることとし、書籍収集と購入に着手した。

出版物としては、『合作訊』が二六年から毎月定期的に刊行し始め、「農業常識」、「農民心得」で、中国伝統的方法のみならず、新知識を駆使し、種子の選抜方法、種子の交換、栽培法、及び冷害防止などをきめ細かく解説している[87]。『農村合作社簿記程式』、『合作講習会彙刊』（第一次〜第三次各刊）。『農村信用合作社之在中国』、『農村信用合作社章則』、『農村信用合作社会計規則』が刊行されている[88]。こうして、研究、理論の普遍化、宣伝が進められていった。

家海は合作社社員に以下のように呼びかける。国内には幾つかの農業大学や農事試験場があるが、有名無実である。災害を天命とはできず、人力で救済できる。旱魃救済には植林、水路、掘井を実施する。水害防止には河を浚渫し、堤防を堅固にし、かつ灌漑に利用する。これらは、村民の心を一つにして合作社の方法と精神を骨幹とすれば、不可能なことではない[89]、と。特に二八年は蝗害が厳しく、大城翟家村合作社は「捕蝗連合会」設立を提唱し、殺虫、卵掘りなどを実施するとともに、省県各政府に対して早急に連合会を設立を求めた。官庁側も好意的で、多くの支援をし、その設立を促進するという[90]。このように、南京国民政府の成立後、まだ足場が固まらず、動きの鈍い官公庁をも突き上げた。

それだけではない。合作社は各地で社会風紀の是正面でも好影響を及ぼした。安平白駝羅村では賭博が流行し、陰暦正月には至るところに賭博場が開かれた。しかし、信用合作社の設立後、職員が「信用」について宣伝し、合作社規則を解説した。三〇人余が入社し、希望者は極めて多かった。その結果、村の賭博の風潮も大幅に減ったとする[91]。また、『合作訊』（第三九期）は中国国民拒毒会の「アヘン禁止」を農民に呼びかける文章を掲載し、その撲滅推進に一役かっている。

六　華洋義賑救災総会系合作社に対する北京政府の妨害と国民党への接近

協同組合思想は外来思想であり、それが必然的に中国の社会経済を改編していく以上、華洋義賑救災総会とはいえども、各方面との摩擦を避けることができなかった。

『合作訊』第一九期（一九二七年二月）は以下のようにいう。すなわち、汽車が初めて中国に導入された時、中国人は「妖怪」のように見なし、破壊した。協同組合も新たに外国から流入したものであり、一部の人は数十年前の汽車のように見なし、猜疑心をもっている。晋県のある地方では、合作社を「党派組織」、「教門の団結」と誣告し、官庁に解散を請求している。だが、各地の当局、士紳は社会公益から着想してもらいたい。一般人に合作社が有害なものでなく、かつ直接社員に有利で、間接的には人民全体に福をもたらすことを知らせていただきたい。「合作運動は弱小者が平和的手段、経済的方法に道徳的要素を加え、共同で経済的地位を高めようとするものである。敵はなく、いかなる階級闘争もなく、現在の政治、社会組織も干渉を加えるものではない。合作社は絶対に政治活動をおこなわず、政党とも性質が完全に異なり、それを党派組織とするのは誣告以外の何ものでもない。教門の団結というのは誤解も甚だしい。なぜなら合作社は貸付、あるいは売買によって成立するもので、神に供えず、祈祷せず、教門に賛成、反対にかかわりなく」、すべて合作社に加入できる。合作社と宗教がどうして関係があるといえるのか(92)、と。こうして、地方官僚、郷紳にむしろ理解と支持を訴える。そして、党派や宗教との関連を否定する。

特に華洋義賑救災総会はキリスト教会の関係を懸命に否定している。例えば、合作講習会の時、多くの人々から質問を受けたが、華洋義賑救災総会とキリスト教会は関係はなく、合作講習会とキリスト教会も無関係である。合作講習会を主催する董時進、楊嗣誠もキリスト教会とは関係がない(93)、と。このように、総会は成立の経緯からキリスト教徒・教会と密接な関係にあったが、中国社会経済に入り込み、基盤を形成し、発展させる過程で、それからの脱却、「中国化」を図っていく必要性に迫られたといえよう。

北京政府財政部から問い合わせに対して、総会は資料、及び農村信用合作社の抵当貸付戸数、抵当状況を明細書二件に作成し、審査のために添付して送付した。財政部は「満足の意」を表す返信（一九二七年六月九日）があり、社数、貸付は頗る発展し、かつ利率は概ね六厘で計算し、七三戸中、抵当をとっているのは僅かに三戸である。高利搾取ということもない。随時監督し、完全を期すように、とあった。(94) このように、財政部はどちらかといえば、好意的であった。

矛盾があったのは農工部であるが、ただ、農工部自体も一貫性がなく、総会への対応に苦慮していたようである。したがって、その指示を受けた県レベルも必然的に動揺せざるを得ない。例えば、二七年一一月二三日、総会は定県の合作社から、奉県県長から「合作社取消」を命令されたとの報告を受けた。続いて一一月二八日、一二月五日悟村近隣、安平北関の各合作社も、警察から合作社「停止」の伝令を受けたという。総会はすぐに楊嗣誠ら二人を定県に派遣し、県長と会見した。その際、県長は、当局としては解散を強制する意思はなく、紛糾の有無を調査して制限、禁止を斟酌するに過ぎない、と釈明したという。そこで、総会はすでに農工部に書簡で指示を求めたが、まだ返答がない。したがって、各社は自ら暫時現状を維持する。なお、農工部に出した書簡の内容は以下の通り、「五年以来、慎重に業務をおこない、進行も順調であった。並びに随時監督し、完全なものとしようとした。各村組織の合作社に至っては善良な村民が自発的に組織したもので、本会は外部から宣伝勧誘したものではない」。今、制限、禁止の命を受け、総会は即日進行を停止する。すでに設立を進めている各社は速やかに解散する。政府が頒布する法令を待って、再びそれに則って実施する。ただ合作社は開始されたばかりで中断し、数年来の成果を放棄するのは遺憾である。結局、政府の農業改善政策と抵触する点はいかなる業務なのか。本会は独断でおこなうつもりはなく、多くの方針の指示をお願いした。我国の合作事業は政府が上から提唱し、人民が下で努力すれば、成果は大きく、農民を幸福にできる、とその意義を強調した。この時も、むしろ支持、協力を求めた。(95)

『合作訊』第三〇期（二八年一月）はその経緯を以下のように伝える。兵禍、土匪、及び天候も農業生産に不利であったにもかかわらず、農民は合作社に熱心に従事し、大きな進歩を見せた。しかし、前述の如く二七年一一月農工部が突然、京兆、直隷の地方長官から各県に命令させ、各合作社の紛糾の有無を調査し、（紛糾があった場合）それぞれ制限、禁止せよとの通達を出した。これに対して、「我々の合作社は紛糾せず、あるいは合法的行為であるならば、騒ぎ立てる必要はないのではないか。皆、宗旨を堅持し、章程に依拠して安心して仕事をせよ」と訴えている。(96)安平、定県、良郷、香河などでは、県長は命を受けて、各県境内の信用合作社の紛糾の有無を調査し、斟酌して制限、禁止を加えるとした。こうした妨害が続いた。それに対して、華洋義賑救災総会は合作社に自制と現状業務の続行、そして、浮き足立たないように指示した。

こうした状況下で、農工部から返答が届いた。農村信用合作社に関して、「政府が法令を頒布してから、人民が自発的に法に則り準備組織すべきである。本部（農工部）が現在の情況を斟酌して、法規を準備、決定し、以て一律にした後、貴会が遵守できるように提供する」、と。では、法規が頒布される以前、総会は（現在おこなっている）すべての合作事務を従来通りおこなってはいけないのか。「農工部の返答はそれに言及していない」、と反発する。そこで、一月一四日総幹事章元善が農工部に行き、同「籤事」（公文書署名）の張敦伯、農林司長王楠伯と会見した。そこで、初めて農工部が法を設けて提唱することを目的とし、禁止が目的ではないと知ったとする。これが「誤認」され、官庁の調査に合作社員はかなり動揺した。王楠伯によると、華洋義賑会（救災総会）が合作社を試行して以来の成果は承知しており、合作社が民衆に有益であり、基本的に賛同している。ただ現在社数が多く、その中にはおそらく範囲を逸脱し、かつ財産上で紛糾する事例があるであろう。そこで、省区に調査を指示した。そうした事例があれば、酌量し、制限し、劣悪なものは禁止する。その上で、問題がなければ、法令頒布前も、現状維持を妨げてはならない、と。[97]このような形で一応の決着をみた。すなわち、農工部自体が法未整備の現状を認め、妨害を黙認しながら禁止が目的ではないと釈明せざるを得ず、現状維持を認めた。かくして、農工部自体が方針が定まらず、動揺していることを露呈した。つまり、当然のことながら、農工部は合作社の全面否定ではなかったのである。

では、各合作社レベルで、北京政府としては是認しがたい意識が存在しなかったのか。当然、存在したといわざるを得ない。例えば、安平河漕合作社の劉潤亭は、今、華洋義賑救災総会が「特に合作（社）を提唱し、すべての人々に互助の道理、必ずしも国家に依存する必要がないことを明らかにした。………さらに政府は督励する必要がない」として、[98]「合作（社）は自治の先導」と主張した。

逆に村民に残る伝統的な発想とも摩擦が生じていた。馬家営合作社の張沢普からの書簡よると、彼は村長補佐で、年齢は古稀に近い。「孔孟の道」だけでは村の前途を打開できないと考え、合作社に入社した。だが、「迂闊」と笑われ、「妄動」と譏られ、甚だしきは「赤化党（共産党）に入党した」と中傷された、[99]と因習的な村の現状を伝えている。

このような閉塞的な状況を打ち破る上で、北伐の成功と国民党の躍進、政権樹立は合作社関係者に光と大きな解放感を与えるものであった。

『合作訊』第三六期（二八年七月）は次のように述べる。「現在、我々の合作事業は大いに発展する希望がある。国政は統一し、政治は刷新され、民生は孫中山（孫文）先生の最も重視する一環であり、党綱領に含まれて」おり、「合作事業はその主義に背かないのみならず、最も実用的で、成果も卓越している」。ここ幾年来、我々は無知蒙昧な奉天系軍閥の虐待と脅迫を受けてきたが、現在、北伐が成功し、「従来の農工部はすでに解散させられ、政治的障害は排除された」[100]、と喜びを隠さない。こうして、孫文の民生主義に接近、合作社をそれで捉えかえそうとする気運が生まれた。

続いて、『合作訊』第四一期（二八年一二月）も、孫文は民生主義を唱導し、「養民主義」と称した。最も主要なものは「平均地権、節制資本」にほかならず、「耕者有其田」により貧富の差の拡大をなくすことは合作主義の「均富」と全く同じである。もし全国農村で普遍的に合作制度を実行したならば、人口の八五％を占める全国農民の生活は豊かになり、民生主義と異ならない。そこで、国民政府が農民の地位を高め、農民生活を増進しようとすれば、農村合作に努力、提唱すべきである。江蘇、浙江、広西、広東などの省ではすでに鋭意進行している。ここから合作事業は中国で大々的に発展するであろう、と。[101]

この延長線上で、民生主義のみならず、三民主義全体で信用合作社を再評価しようとする趨勢も生まれている。例えば、「信用合作和三民主義的関係」には、要約すると、以下のように書かれている。三民主義は自らを救い、国家を救う。信用合作社は自らを救い、国家を救い、三民主義を実現できる。(1)民族主義。信用合作社は同一の目的と共同の利益のために連合した団体で、信用合作社の一つ一つが大団体結成の小基礎となる。信用合作連合体は大団体であり、大団体があって民族主義は容易に回復できる。もし信用合作社を基礎とすれば、全国を連絡でき、民族固有の道徳も回復できる。(2)民権主義とは、人民の政治上の地位の平等であり、選挙、罷免、創制、複決四権を有する。【選挙権】信用合作社では、執行委員、監察委員は全社員の中から選挙で選ばれ、凡そ社員は選挙権を有し、持株の多少を問わず、一人一票である。【罷免権】執行委員、監察委員は社員全体会議の決議によって罷免できる。【創制権】・【複決権】社章は許される範囲内で多数の意思で一切（規定など）を「創制」（制定）でき、かつ「複決」（廃止、修正）できる。このように、信用合作社は民権行使の基礎であり、民権を実施、発展させる。(3)民生主義。信用合作社は一方で低利で農民に貸し付け、一方で農民に儲蓄する精神を養成する。その結果として、将来農民資金が豊富となり、農産物が増大し、農家経済が改善されれば、人口の最大多数の農民生活を向上させ、農村社会の生存が安定し、農民生計も充実し、農民の生命も安全となる。つまり農村信用合作社は民生問題の大半を解決できる[102]、とするのである。このように、信用合作社を三民主義全体で再解釈し、その関係を模索、確立しようとしたのである。

南京国民政府の樹立という中央政界での大変動に連動した形で、華洋義賑救災総会系の信用合作社が発展していた河北省が動き始めた。河北省農鉱庁は「河北省単行合作法規」を起草し、合作事業の発展を計画している。したがって、参考のため、総会の規程、帳簿、刊行物、及び河北省における合作社所在地の報告を要求し、協力したいとする。そこで、総会はすぐに資料を送付し、河北省合作事業が政府の保護を希望した[103]。

注目すべきことは、三〇年四月河北省合作指導委員会が成立し、華洋義賑救災総会の総幹事章元善、農利課主任の楊嗣誠らが委員に招聘されていることであろう。同時に「河北省合作社暫行条例」が公布された。並びに省農鉱庁、省工商庁が総会と相談の上、「合作社補行登記弁法」を定めた。七月二一日農利課員が「北平市同仁消費合作社」を組織したが、社員はしばらく華洋義賑救災総会の会員のみとした。八月一八日農利課同人補習班が期間二週間で開かれている[104]。いわば、華洋義賑救災総会の合作社の実績、方針、経験、人材が南京国民政府の合作社政策に継承され、影響を及ぼしたことを示唆する。

河北省では民生政策も実現せず、まだ合作社の発展も十分ではない。そこで、伍玉璋は以下のように提言する。すなわち、河北省政府と党部は江蘇、浙江両省と同様に、緊急に農民銀行を設立し、各地合作社を支援する必要がある。同時に合作訓練所を設立し、合作人材を養成し、区に分けて合作社の組織化を指導する。普遍的に合作社を広めれば、また救済も普遍的になる[105]、と断言するのである。そして、省政府の支援の必要性を述べながら、金融、教育・訓練に救済をからめて合作社の意義を強調した。

のみならず、広東省政府は農村新建設を重視し、合作事業がその重要な一環とみなした。そこで、広東全省籌賑総処に準備に当たらせた。広東省各地では、匪禍、風害、蝗害、水害、旱魃などの被害を受け、難民は借金するところもなく、苦境に陥っている。籌賑総処長伍観淇は、救済のため、信用合作社の設立を準備している。まず籌賑総処が三〇万元から一〇〇万元を支出する。そして、第二科科長の馮炳奎に、広東地方警衛隊の会周用を同伴させて、北平に来た。四月一五、一六日華洋義賑救災総会総幹事の章元善、農利課主任楊嗣誠と面談し、合作社方針、及び現状を質問した。瑠璃河合作社では、同合作社職員が経営状況、特に儲金・貸付業務を詳細に説明した。馮らは北平を離れた後、定県などに赴き、村治や農村の種々の建設を視察した(106)。ここでも、華洋義賑救災総会の指導、アドバイスを仰いでいるのである。

『合作訊百期特刊』の巻頭には、編者の「我的頌祷」が掲載された。ここ三年来、政府機関は、合作運動が農村を復興でき、人民生活を安定させ、経済闘争をなくし、国難を挽回でき、そして、政治力量をもって合作運動を支援できることを深く認識するようになった。各級政府も次第に力を入れ始めた。このように、「政府と社会が分業合作すれば、今後一〇年の合作（社）の進展は真の価値を確立し、慶ぶべき情況となって顕れる(107)」、と予測する。つまり、中央政府、地方政府各レベルで、合作社への認識が深まり、それを支援し始めたことを意味する。しかし、逆にいえば、国民政府による上からの合作事業への管理統制が強化されていく過程でもあった。

おわりに

以上のことから以下の結論を導き出せる。

まず第一に、華洋義賑救災総会は慈善各団体を統合する形で成立し、かつ地方各慈善団体を参加に収めることで、主要各地域に対応できる形態となった。ここで押さえるべきことは、執行委員は一部を除いて決して「縁」とはいえず、むしろ北京政府の中枢に参画していたことである。それに対して、「縁」といえるのは農利課、特に農利分委弁会を構成した人々といえるであろう。彼らは後に世界第三勢力、中国第三勢力を形成、もしくはそれと結合していく。そして、その一部は抗日戦争時期に中国工業合作運動に参画、もしくは支援することになる。執行委員会と農利分委弁会を結びつけ、パイプ役を果たしたのがテイラー、エドワード、劉大鈞、朱友漁、及び于樹徳（于は中共党員↓国民党員↓民主建国会員と移行していく）らであった。なお、キリスト教、キリスト教会との関係であるが、それが総会創立時、そして、それ以降も大きな役割を果たしたことは否めない。にもかかわらず、信用合作社が農村、農民に入り込む過程で、次第にそれから脱却せざるを得なくなり、「中国化」が図られていった。それは、総会の上部機構たる執行委員会を含めて同様な再編が進行していったといえよう。また、アメリカとの関係も、時期によって異なるが、財源的にも人員的にも一定の独自性が保たれており、総会がアメリカ系資本による運営とは一元的にいえないであろう。

第二に、総会は慈善的救済は一過性で、かつ被災民に依頼心を助長するとみなし、水利、堤防修築などに対する労働を按配し、それによって銭糧を支給した。つまり救済、防災の一石二鳥を狙ったのである。さらに農村建設、農民自立化に向けて農村金融面から着手した結果、信用合作社組織化が急浮上した。機構的には、一九二二年四月農利分委弁会（農村経済調査・研究・発展担当）、二三年八月現場担当の合作委弁会（調査・指導・承認・貸付）、最後に、二五年一〇月には計画執行機関である農利課が成立した。この段階で、（執行委員会↓）農利課↓農利分委弁会↓合作委弁会という合作社組織系統が完成したといえる。地域的には河北省、そして信用合作社から着手された。信用合作社は順調に発展し、二三年八県、八社から、二八年の五八県、六〇四社まで一貫した伸びを示した。それだけ信用合作社の需要が高かったことの傍証となる。信用合作社の資本総額の中で、総会貸付の比重は大きく七〇％台で推移するが、資本総額が増大し続ける状況下で、合作社の自己資金額も順調な伸びを示している。

第三に、①信用合作社の等級分けであるが、総会が限界ある貸付金を有効に使用するため、甲等社に重点的に資金を投入する必要から実施された。そして、各等級毎に貸付金に格差をつけ、相互に競い合わせ、全体を活性化させる試みであった。だが、その背景には、総会の貸付資金自体は増大していたのであるから、資金が合作社の増加に追いつかなかった事情があった。丁、戊の設定は丙に上昇できる丁と、切り捨て可能な戊に分けた。かつ、その背後には大量の未承認社が存在していた。換言すれば、多くの合作社を切り捨て可能な状態にしておきながら、良質の合作社を生き残らせ、発展させる方策を採ったといえる。逆に考えれば、信用合作社全体の裾野は広く、柔軟な多重構造であったと理解できよう。②総会による信用合作社貸付の実態はどうか。一般に年利一分二厘を上限、被災地域は八厘を基準とするなど一定しなかったが、六厘を基準と修正、一社当たり三〇〇～五〇〇元とされた。信用貸付が原則とされたが、自己資金を明らかにし、厳密な審査、「地契」を担保とするなど貸付回収の厳しい防衛政策がとられた。したがって、回収率のよさは回収可能な合作社に貸し付けたこと、同時に社員貸付の責任を各合作社に担わせたことによる。つまり一定以上の経済的保証を有する合作社、もしくは農民に限定せざるを得なかったという限界と、にもかかわらず、一定範囲の農村に金融流通を図ることに成功し、その基盤を形成し得たという意義を併せ持つ。③総会は、合作社と民間企業との橋渡し、斡旋もおこなった。ただし、この場合も防衛策がとられ、紹介後は一切責任をとらないことを明確にした。また、天津の商業状況の調査、交渉などのきめ細かい活動をおこない、次第に流通を重視するようになり、運銷合作社の試験的な運営も援助した。④海外協同組合の紹介、研究、及び総会からの人員派遣、もしくは参観、調査、資料収集の模索時期であった。特にデンマーク、イギリス植民地のインドの協同組合、近隣では日本、及びその植民地朝鮮に注目した。管理、信用、販売、消費各合作社、教育、そして政府との関連を調査した。

第四に、①従来農民は信用がなく、貸付を受ける術がなかった。こうした農村の金融閉塞状態は打ち破るため、信用合作社は原則として無担保で農民社員に貸し付けた。貸付総額も二四年を一とすると、二六年には四・五倍、二八、二九年には六・八倍に伸びている。社員貸付の年利率は八厘もあったが、主に一分か一分二里である。すなわち、信用合作社から社員への貸付は、総会から合作社への貸付と同率か、若干下に設定されていた。これによって、合作社からの貸付の安定度を高めたといえよう。また、貸付用途を原則として生産に限定したが、実際は冠婚葬祭貸付は継続した。ただし、これは高利貸からの借金阻止の意味もあり、かつ貸付額を抑制することに成功した。むしろ問題は債務返済貸付で、農民生活を正常に戻すための緊急避難的な意味があったとはいえ、その比率は二〇％前後で推移し、好転することはなかった。②信用合作社の重要な二本柱の一本である儲蓄は、貸付が順調になった後の二六年五月から開始されている。農村資金を農村間で流通させ、かつ合作社が次第に自立することが目指された。③合作社全体の発展に伴い、合作社同士の連合の動きがみられ、まず安平などで県単位の農村信用合作社連合会が結成された。なお、総会と協力関係にあった金陵大学下の合作社は経済地帯の江蘇省を中心に、信用合作社のみならず、数少ないとはいえ、流通関係の運銷合作社が実現可能なことを立証し、その道を切り開いたという意義がある。

ところで、華洋義賑救災総会は合作社発展のためには人材養成が不可欠との認識から教育・訓練を重視した。講習会では、各合作社レベルの幹部、事務員から指導者養成まで実施され、それに伴い講義内容も合作社に関する基礎知識から高度な実践的内容まで包括されていた。こうした合作講習会にも触発され、第一、二回の農事講習所が開催され、「新農農業学校」の創設に繫がっている。注目すべきは、合作社や連合会レベルで自発的に学校を開設し、識字教育や簡単な合作社教育を実施したことであろう。かくして、『合作訊』の影響も含め、それらは相乗作用を発揮し、合作社を梃子に農村経済のみならず、社会・教育・文化を改編していく役割を担った。

第五に、北京政府、地方当局による妨害に関してであるが、合作社法規の頒布以前に、総会が先行的に合作社組織化を実施していることへの政権側の疑念を背景としていた。実は合作社は農村再編という方向性と地方自治的な指向があり、政権と摩擦を引き起こす必然性を有していたのである。とはいえ、北京政府は元来、華洋義賑救災総会に資金援助をおこなっており、大枠としてその必要性自体を認めていた。「弾圧の急先鋒」とされる農工部自体も農村建直しの必要性は認識しており、総会や各合作社に対して対応に苦慮し、動揺していたのである。北伐の成功と南京国民政府の樹立は総会に大きな解放感を与えた。その前後から国民党への接近を開始し、信用合作社を孫文の三民主義で捉え返す作業が始まった。南京国民政府側としても成立後の不安定な社会経済状況を強固にする必要に迫られ、その合作社政策のみならず、地方レベルでは河北、広東両省の合作社法例作成などに総会が参画、支援していくことになる。しかしながら、その南京国民政府成立の初期段階においては、北京政府時代よりも総会への資金援助は大幅に減額したと見なせ、三〇年に至ってはゼロであった。

最後に、華洋義賑救災総会系の信用合作社の二〇年代中国合作社史における位置づけをおこないたい。①中国における合作社の起点は民間初期合作社にある。ライファイゼン型の農村信用合作社の起点は成都農村合作儲蓄社にある。ただし、②都市中心の民間初期合作社と異なり、総会は中国人口の圧倒的多数を占める農民、農村を対象とした。かくして、中国で初めて農村で広範で大量の信用合作社設立に成功し、その有効性を実証した。それにより農村金融に着手し、かつ三〇年代には上海商業儲蓄、中国、金城各銀行が農村に進出できる一つの基盤を築いた。③小規模で分散的であった民間初期合作社に比して、総会は多くの慈善団体を糾合した巨大団体として出発し、章程作成、組織機構の樹立・整備面で力量を発揮した。そうした実績、経験は南京国民政府に引き継がれ、その合作社政策、方向性に影響を及ぼした。④総会も、その下の農村信用合作社も二三年以前の民間初期合作社との関連はない。薛仙舟の上海国民合作儲蓄銀行は都市でのシュルツェ型であり、二〇年代に関していえば、相互の思想的、技術的、実務的交流も一切みられない。総会が民間合作社を意識するのは主に二七、八年になってからである。

註

（1）先行研究としては、まず① Andrew James Nathan, *A HISTORY OF THE CHINA INTERNATIONAL FAMINE*

RELIEF COMMISSION, Harvard East Asian Monographs, 1965 をあげなくてはならない。ネイサンは、西洋人、もしくは西洋の影響を受けた中国人を〝fringe〟と定義し、飢饉に十分対処できる政府がない時、彼らが民間の力でそれを引き受けたとする。そして、中国経済を平和的、かつ漸進的に近代化しようとした。その中でも、信用合作社が最も成功したものの一つと見なす。これを受けて、日本では、②川井悟「華洋義賑会と中国農村」（『五四運動の研究』第二函、同朋社、一九八三年）が「華洋義賑会」（救災総会）をとりあげ、華北大飢饉から、その成立の背景、目的、組織機構、及び欧米人委員、欧米留学経験を有す中国人委員の役割を論じ、かつネイサンが提起した〝fringe〟（「縁」）という概念をさらに強調した。川井の研究は、当時の研究が政治的な評価を下す傾向が強かった中で、歴史を客観的に把握する上で、大きく貢献したといえる。なお、川井自身は、ネイサンに基本的に同意しながらも、その違いを、「西洋で教育をうけ、西洋を志向する人々を『新しい支配階級』と読んでいることに疑問」を呈し、一部が官僚になったが、「微々たる支配力」しかなかったとし、いわゆる「階層」ではなく、「人々の集合」で「縁」（九三頁）としての側面を強調する。果たして「微々たる支配力」といえるのであろうか。また、信用合作社に関しては、主に三〇年代以降を論じ、経済効率、貸付回収率からのみ組織の「健全さ」を立証しようとする点には疑問が残る。特に当時の北京政府による妨害、北伐、南京国民政府成立など歴史的背景に関する意識は稀薄である。中国出版の概説で、華洋義賑救災総会に触れているものとしては、③米鴻才等編『合作社発展簡史』（中共中央党校出版社、一九八八年）が「社会制度の根本的な変革はおこなえず、改良主義」で、入社に財産制限があり、貸付に抵当を必要とし、社員の多くは自作農で、貧農、佃農は極めて少なく、貧窮農民にはメリットはなかったと断じる。④楊堅白主編『合作経済学概論』（中国社会科学出版社、一九九〇年）は、その援助で河北省で信用合作社が大々的に発展したと紹介するが、合作社史の中での位置づけ、相互関連には論及されていない。台湾では、⑤頼建誠『近代中国的合作経済運動』（正中書局、一九九〇年）は、ライファイゼン型信用合作社の導入が後の中国合作運動への啓発と模範的効能があったことを認める。だが、経済的には貸付が甲等社社員ですら三〇～五〇元で、こうした少額では合作事業は運営できず、貸付金回収のみを考えた一種の救済運動に過ぎないと厳しく批判する。そして、経済効果は実証できないという。

その他、当時から中国合作社の起点に関しては、議論が分かれる。例えば、①「合作事業は清の時代には誰も提起する者はなく」、民国以後「学者の研究はあったけれども提唱しようとする者はなかった。民国一二（一九二三）年になって本会は災害を防止するため、順直省区で試行、創設を提起し、まず信用合作社から着手した」（『合作訊』第三六期、一九二八年七月、三頁)、と。このように、華洋義賑救災総会自身、中国の合作社は自ら創始したと自認しているようである。それに対して、②伍玉璋は「中国合作社が華洋義賑会から開始された」とする海外での論調には、民間初期合作社を無視していると反発している（伍玉璋『中国合作運動小史』中国合作学社、一九二九年、一〇四頁など。以下、『小史』と略称）。

(2) 梨本祐平『北支の農業経済』白揚社、一九三九年、三〇二～三〇三頁。

(3) 『合作訊』は二四年六月一日華洋義賑救災総会として最初の合作社刊行物である。「合作訊月刊簡章」(『合作訊』第一期)によれば、その宗旨は合作ニュースを伝え、合作思想を普及させ、合作事業を提唱する（第一条）とする。内容は①合作講壇、②合作委弁会決議案、③合作指導員の事務日記摘要、④合作ニュース、⑤合作社通信摘要、⑥農事常識、⑦農村の食糧価格と都市の食糧価格、⑧特別記事（第四条）である。第六条で、本月刊は非売品で、各社に一冊、社員一〇人毎に一冊を寄贈する（社員一〇人の場合、社割当一冊＋社員一〇人の一冊で計二冊と考えられる）。社員が一〇人未満でも一冊。各社では識字の社員を（一人）配置し、他の九人に講読、解釈してやる責任を有す（「合作訊月刊簡章」『合作訊』第一～五期合刊の第一期、一九二六年三月二五日）。なお、本書使用の『合作訊』は中国社会科学院経済研究所所蔵。ただし、『合作訊』第一～五期、及び『合作訊百期特刊』は京都大学人文科学研究所開催の狭間直樹研究班に共に参加していた馬燕が広東省から取り寄せてくれたものである。学恩に感謝している。

(4) 「陝西華洋義賑会成立会記」『上海民国日報』一九二〇年六月一日。

(5) 「募湘陝閩三省賑款啓」『上海民国日報』一九二〇年七月三一日。

(6) 「華洋義賑会之組織」『上海民国日報』一九二〇年九月一二日。

(7) 「華洋義賑会消息」『上海民国日報』一九二〇年一〇月二二日。

(8) 「義賑会分配委員意見」『上海民国日報』一九二〇年一一月一〇日。

(9) 「華洋義賑会幹事会紀」『上海民国日報』一九二〇年一一月二九日。

(10) 于永滋（樹徳）「本会農村合作事業之鳥瞰」『合作訊百期特刊』。

(11) 「西人対於陝賑之誤会」『上海民国日報』一九二一年五月八日。

(12) 『上海民国日報』一九二三年一月二〇日。

(13) 中国華洋義賑救災総会『民国十七年度賑務報告書』一九二七年の最初の頁（香港大学図書館所蔵）。末光高義『支那の秘密結社と慈善結社』満洲評論社、一九三九年第三版、二九七～三〇〇頁。
(14) 末光高義、同前、三〇〇～三〇二頁。
(15)「華洋義賑会募捐浙賑」『上海民国日報』一九二二年一〇月二五日。
(16)「華洋義賑会籌辦浙省春振」『上海民国日報』一九二三年三月一七日。なお、これらの救済活動は中国内に留まらず、例えば、二三年日本の関東大震災の時、華僑義賑救災総会は役員に救済金一万九〇〇〇元をもたせ、東京に派遣している（末光高義、前掲書、二九二頁）。
(17)「華洋義賑会導淮意見」『上海民国日報』一九二三年五月二九日。
(18)「華洋義賑会年会記」『上海民国日報』一九二三年一月二〇日。
(19)『上海民国日報』一九二三年二月二八日。
(20)『上海民国日報』一九二四年七月二八日、二九日。
(21) 川井悟、前掲論文、二九頁。
(22) 同前、二四頁。
(23) J・B・テイラー（J. B. Tayler）はイギリス国教会宣教師で、協同組合専門家。一九二一年から三二年まで燕京大学経済学系教授。中国の郷村合作事業を重視し、華洋義賑救災総会の信用合作社組織化に人力。実業部に籍を置いたこともあり、そこで農村工業の研究に従事した。七・七事変後、中国工業合作運動に参加し、その組織章程や会計財務管理財務制度の制定に助力した。また、工業合作国際委員会副主席にも就任している（拙著『中国工業合作運動史の研究』汲古書院、二〇〇二年、一〇二～一〇三頁）。
(24) 前掲『民国十七年度賑務報告書』四八頁。
(25)「発刊辞」、中国華洋義賑救災総会農利股『合作訊』第一～五期合刊の第一期、一九二四年六月一日。
(26) 朱幼珊「中国華洋義賑救災総会辦理合作事業大事記」、中国華洋義賑救災総会編『合作訊百期特刊』一九三三年一一月など。なお、調査費五〇〇〇元を使用したものと考えられるが、九月頃、大学、専門学校学生七五人が経済状況の実地調査のため、江蘇、直隷、浙江など各地に派遣されている。
(27)(28) 于永滋（樹徳）「本会農村合作事業之鳥瞰」『合作訊百期特刊』。

(29) ディーン（H. Dean）は、華北工程学院長で毛織郷村工業の初歩的実験をおこなった。その後、一九三二年九月南開大学校長張伯苓、燕京大学校長J・A・スチュアート（J. A. Stuart）が華北工業改進社を創設した時、ディーンは毛織を担当し、梳毛板、分毛機の改良に成功し、毛織訓練工廠を設立するなどの活動をおこなっている。太平洋戦争後、工業合作社に対する国民党の弾圧に激しい抗議の意を示した（前掲拙著『中国工業合作運動史の研究』八六～八七、五六八～五六九頁）。

(30) 朱幼珊、前掲史料。なお、農利課主任は于樹徳の辞任（理由不明）に伴い、董時進がに就任。二七年四月董が農大教務辞職に伴い、唐有恒が引き継ぐ。八月唐が病気で辞任、前主任の董が兼任した。董は東南大学などで農学を教授する仕事を辞めているようにもみえず、兼任形態であった可能性が強い。二九年一月八日合作委弁会の常務委員は董、卓宣謀、農利課主任は楊嗣誠が就任した。つまり、農利課主任は于樹徳（一九二五・一〇）→董時進（二六・九）→唐有恒（二七・四）→董時進（二七・八）→楊嗣誠（二九・一）という順で交替した。

(31) 于永滋（樹徳）、前掲史料。

(32) 「貴社是『甲等社』麼?」『合作訊』第一三期、一九二六年八月。

(33) 『合作訊』第二三期、一九二七年六月、二頁。

(34) 『合作訊』第二〇期、一九二七年三月、六頁。

(35) 虞振鏞「因有一個不幸的経験再来警告大家」『合作訊』第三七期、一九二八年八月。

(36) 『小史』一一一～一一三頁など。

(37) 「議決案摘要」『合作訊』第四五期、一九二九年四月。

(38) 虞振鏞、前掲史料。

(39) 「信用合作社的一種効用」『合作訊』第一～五期合刊の第二期、一九二四年七月。

(40) 「信用合作社空白章程第三次修正案」（第七次合作委弁会議決）、『合作訊』第一～五期合刊の第一期、一九二四年六月。

(41) 「農利分委辦会於民国十二年八月十七日開会会議記録摘要」一九二四年三月一三日、『合作訊』第一～五期合刊、一九二六年三月。

(42) 『合作訊』第二五期、一九二七年八月、三～四頁。

(43) 「合作委辦会会議記録摘要」一九二四年四月二九日、『合作訊』第一～五期合刊、一九二六年三月。

(44)(45)『民国十八年度賑務報告書』一六～一八頁。
(46)『合作訊』第二三期、一九二七年六月、六頁。
(47)「協助王家荘信用合作社辦理髪業合作報告」『合作訊』第二六期、一九二七年九月。
(48)『合作訊』第二五期、一九二七年八月、八頁。
(49)『合作訊』第一八期、一九二七年一月、三頁。
(50)『合作訊』第四八期、一九二九年七月、二頁。同第四五期、一九二九年四月、四頁。
(51)『合作訊』第三三期、一九二八年四月、七～八頁。
(52)『合作訊』第三七期、一九二八年八月、七頁。
(53)『合作訊』第一四期、一九二六年九月、三頁。
(54)李景漢「中国農村経済合作社之発展」『合作訊』第二〇期、一九二七年三月など。
(55)『合作訊』第一四期、一九二六年九月、七頁。
(56)『合作訊』第二五期、一九二七年八月、二頁。
(57)「怎様利用借款」『合作訊』第二〇期、一九二七年三月。
(58)「議案公佈」『合作訊』第二三期、一九二七年六月。
(59)『合作訊』第一一期、一九二六年六月、二頁。
(60)朱幼珊、前掲史料。
(61)「議決案摘要」『合作訊』第四五期、一九二九年四月。
(62)「各地信用合作社宜開辦儲蓄」一九二四年五月八日、『合作訊』第一～五期合刊の第二期、一九二四年七月。
(63)「敦促各社開辦儲蓄通告」『合作訊』第一〇期、一九二六年五月。なお、関係帳簿、手続きなどは以下の通り。①一角に満たない儲金は儲金票を購入し、儲金券に貼り付ける。②儲金願書。予め儲金願書に（必要事項を）記入するが、最も重要なのが印鑑である。③儲金簿（通帳）。儲金は一角から記入し、五角から利息を生じる。④「支款単」。儲金の引き出しは自筆でサインし、かつ印鑑を押す。⑤「儲金分戸帳」。儲金を儲金簿とともに、日誌に記入する。「総帳」に転記する時、さらに戸別に「分戸帳」に転記する。

(64)「農業信用合作社勤倹儲金規約」『合作訊』第三二期、一九二八年三月。
(65)末光高義、前掲書、二九四頁。
(66)執行委員会「掘井貸款規則」一九二八年一一月二日、『合作訊』第四一期、一九二八年一二月。末光高義、同前、二九五頁。
(67)「総会処農信合作連会事件之方針」一九二六年四月一七日、『合作訊』第一一期、一九二六年六月。
(68)『合作訊』第四一期、一九二八年一二月、五頁。
(69)『合作訊』第四五期、一九二九年四月、三頁。
(70)「涿県組織合作講演団」『合作訊』第二〇期、一九二七年三月。
(71)(72)「江蘇之合作近況」『合作訊』第一八期、一九二七年一月。
(73)『合作訊』第三六期、一九二八年七月、七頁。
(74)『合作訊』第二〇期、一九二七年三月、四頁。
(75)「教育是合作的『副産』」『合作訊』第六～八期再刊の第七期、一九二六年二月。なお、第六期は一九二六年一月、七期は同二月、八期は同三月。
(76)「第一次合作講習会開会紀略」『合作訊』第六～八期再刊の第六期、一九二六年一月など。
(77)「第二次合作講習会通告」『合作訊』第一五期、一九二六年一〇月など。
(78)「第三次合作講習会簡章」、「第三次合作講習会要為合作事業培養領袖」『合作訊』第二三期、一九二七年六月。
(79)朱幼珊、前掲史料。
(80)「『四合講』紀事之二」『合作訊』第四二期、一九二九年一月。
(81)「清華大学・燕京大学、香山慈幼院合辦農事講習所続招新生了」、「合辦農事講習所第二届招生簡章」『合作訊』第四八期、一九二九年七月。朱幼珊、前掲史料。
(82)「合作者之新団結、成立北平合作学会」『合作訊』第五二期、一九二九年一一月。
(83)『合作訊』第一七期、一九二六年一二月、八頁。
(84)『合作訊』第二六期、一九二七年九月、八頁。

(85)「学校合作社」『合作訊』第二六期、一九二七年九月。
(86)『合作訊』第三九期、一九二八年一〇月、三頁。
(87)『合作訊』第一～五期合刊、九頁。
(88)『小史』一〇八～一〇九頁。
(89)家海「敬告社友們！」『合作訊』第四二期、一九二九年一月。
(90)『合作訊』第四一期、一九二八年一二月、五頁。
(91)『合作訊』第二〇期、一九二七年三月、四頁。
(92)記者「為各県県長進一言」『合作訊』第一九期、一九二七年二月。
(93)『合作訊』第一七期、一九二六年一二月、七頁。
(94)『合作訊』第二四期、一九二七年七月、七頁。
(95)「通告——各社応暫維現状」『合作訊』第二九期、一九二七年一二月。
(96)「民国十六年的回顧」『合作訊』第三〇期、一九二八年一月。
(97)「農部訪問記」『合作訊』第三一期、一九二八年二月。
(98)『合作訊』第二四期、一九二七年七月、八頁。
(99)『合作訊』第一九期、一九二七年二月、四頁。
(100)『合作訊』第三六期、一九二八年七月、三～四頁。
(101)「農村合作的新生命」『合作訊』第四一期、一九二八年一二月。
(102)「信用合作和三民主義的関係」『合作訊』第四二期、一九二九年一月。なお、本文章は『浙江農民銀行叢刊』第二集からの転載とある。
(103)「河北単行合作法規」『合作訊』第五二期、一九二九年一一月。
(104)朱幼珊、前掲史料。
(105)『小史』一一一頁。
(106)『合作訊』第四〇期、一九二八年一一月、五頁。同第四五期、一九二九年四月、四～五頁。

(107)　編者「我的頌祷」『合作訊百期特刊』。

補論　江蘇合作事業推進の構造と合作社（一九二八～三七年）
――南京国民政府、江蘇省政府、省農民銀行と関連させて――

はじめに

一九二七年四月国民政府は南京と武漢に分裂したが、薛仙舟ら五・四時期に実践活動をした初期合作運動関係者は陳果夫との関係から南京国民政府と合体し、また、華洋義賑救災総会が支援し、国民政府による合作事業開始の前提条件を創った。さらに第一次国共合作が崩壊、南京、武漢が合流し、二八年一〇月南京国民政府の正式成立の前後から、江蘇合作事業は大々的に展開されることになった。江蘇は中央政府と省政府が重なり合う特殊な地域となり、同省の合作社は省の枠内に留まらず、国民政府の合作事業の中で先導的役割を果たすと同時に、当初、中国で合作事業が最も発展した省として、それ以降の全国的発展をもたらした。しかし、こうした重要地域にもかかわらず、主に全国合作事業の一環として取り上げられるか、幾省かを相互比較するか、あるいは合作行政、合作立法、農業金融などの各個別テーマの中で、一例として分断された形で論じられている(1)。中国の合作事業が幾つかのパターンに分けられるとしても、省によって大幅な差異のある複雑な合作事業というテーマを研究対象とする場合、まず、各省毎の実証研究を蓄積することが重要との考えから、本補論では江蘇に焦点を絞って論じる。この際、合作社と農民の関係だけに局限せず、江蘇の合作行政、合作立法、及び金融問題の有機的関連を重視し、〈国民政府〉―〈省政府〉―〈省銀行〉―〈合作社〉―〈農民〉という構造にアプローチする。具体的には、江蘇合作事業の発展要因の解明を念頭におきながら①南京国民政府、江蘇省政府の行政、立法、運営、②省農民銀行の金融面での支援、及び、その下で推進された③合作社の実態、特質、意義、それと密接な関係にある農業倉庫、さらに反合作社の動向なども絡めながら実証的、構造的に明らかにする。そして、合作社は三〇年代になると、いかなる展開を見せたのであろうか。二〇年代と、どのような連続、断絶があるのであろうか。その特色の共通性と差異は何か。すなわち、三〇年代の実態を明らかにすることで、二〇年代の位置づけと特色も明確にするであろう。なお、江蘇の場合、上から政策的に推進された形態を採っており、「合作運動」と自称する場合も多いが、下からの民衆運動形態となっていないことから、本補論では「合作事業」という名称をあえて使用した。

一　南京国民政府、江蘇省政府と合作事業

一九二八年二月国民党中央は第四次全体執行会議を開催した。この会議で陳果夫、李石曽、張人傑、蔣介石は、当面の最重要問題は民生問題として「合作運動組織建議案」を提出し、「合作運動委員会」を設立し、宣伝費として年最低五万元の支出を主張した(2)。そして、いかに三民主義における民生主義の資本節制、地権平均の実現するかの詳細な法案は将来「中央経済設計委員会」に責任を持たせるが、特に重要な経済運動として「合作運動」があるとした。さらに中国共産党（以下、中共と略称）の農労運動、民衆運動を破壊的運動と決めつけ、それに対抗し、民生問題解決の手段は「合作運動」だけではないとしながらも、それは穏当で、適切で、最も民生主義に合致する重要方法とする(3)。次いで八月陳果夫らの再建した中国合作運動協会が「合作運動提唱案」を国民党中央執行委員会第五次全体会

議に提出した。その内容は、①中央による合作訓練学院の設立、②民衆訓練委員会下に合作運動委員会を設立、③合作同志を選抜し、海外協同組合事業を調査させる、④政府が合作社法を頒布できるように訓練する、⑤全国の学校に合作課程重視を訓令する、とあった。(4)

二八年一〇月三日国民党は中央常務委員会で「中華民国国民政府組織法」、「中国国民党訓政大綱」を議決し、南京国民政府が正式に成立した。次いで、二五日中央第一七九次常会は「下級党部工作綱領」、いわゆる七項運動を採択し、地方自治確立への努力として①識字運動、②造林運動、③造路運動、④「合作運動」、⑤保甲運動、⑥衛生運動、⑦国貨提唱運動に重点を置くことを決定した。(5)「平民経済の発展」を目指す「合作運動」をその一本の柱にできたのは、陳果夫の尽力とされる。(6)陳果夫は、すでに一四年には薛仙舟からドイツ語と協同組合について学び、二〇年一二月設立の上海合作同志社委員、二四年七月第一次国共合作下で国共両党員によって設立された中国合作運動協会の発起人、準備委員を歴任した。(7)陳果夫は「C・C」系の巨頭として批判されることも多いが、このように中国で早期に協同組合理論に開眼、以後一貫して国民政府下の合作事業発展に政治面から大きな役割を果たすことになる。ところで、七項運動は二八年一〇月二七日中央執行委員会が各級党部に通令、施行させたが、同時に農工庁を農鉱庁に改組し、合作事業を担当させることとなるのである。

注目すべきは、「合作運動」が七項運動に包括されたのを受けて、二八年七月に中国合作社法規の最初ともいえる「江蘇省合作社暫行条例」全一二章一〇〇条（内容に関する史料未入手）が発布されたことであろう。これは省政府が日本の産業組合法などの諸外国の協同組合法を参考にして、省農鉱庁農民銀行準備委員会が起草し、作成したもので、三日省政府八〇次会議を通過、六日修正、発布された。おそらく、戴季陶が日本とロシアのそれを参考に作成した「広東省産業協作社法草案」（二〇年一一月）などがベースになったのではないであろうか。ともあれ江蘇が実質的に中国合作事業の先駆的な実験・模範省となったことを意味する。また、合作主義者にとっては最大の念願であった法律上の保障が得られ、法人資格を初めて取得したことになる。さらに合作社史の側面から見ると、この時期は初期合作社崩壊後の「復興期」とも言え、その特質は救済、撫恤の意味を有し、合作社法規も金融もその観点から作成されたという。(8) 省政府には、中国の「農業の不発達は総じて資本が欠乏している故であり、農民の経済問題の解決、改善する組織は合作事業であり、農村経済を調整する唯一の方法」との認識があった。(9) この後、それに倣って同月浙江では「省農村信用合作社暫行条例」が出され、続いて二九年山東、三〇年江西、河北各省の「合作社暫行条例」が発布された。

ところで協同組合思想は辛亥革命時期に流入したが、合作社組織化は五・四運動前後で、約一〇年の歴史を有しているに過ぎなかった。そこで、初期合作運動参加者や華洋義賑会関係者などを除けば、一般民衆にはほとんど知られず、他省より抜きんでていたとはいえ、理論、実践とも弱く、人材も不足していた。それ故、合作社普及には宣伝とともに、指導員養成が急務であった。省農鉱庁はそうした状況に鑑み、①専門家を委員として招聘、全省合作事業を計画、指導する合作事業指導委員会、②農民の合作社組織化を援助する合作社指導員の養成所を設立したのである。(10)

ではここで、指導委員会と指導員養成所について少し立ち入って説明したい。まず第一に、指導委員会は省農鉱庁に直属し、専任委員三人、省農民銀行委員二人、名誉委員若干人が設けられ、その下に主任幹事一人、幹事一人、助理幹事三人がいた。全省は委員会下に八区に分けられ、それぞれ鎮江、無錫、蘇州、松江、揚州、南通、淮陰、徐州に合作社指導所を設立した。各指導所には常務指導委員一人、総務指導員二人を置き、宣伝、組織化を担当させた。当初は宣伝を重んじ、標語を貼ったり、小冊子を出したり、農民への講演などをおこなうと同時に、郷長副会議でも合作社を宣伝した。この結果、かなりの成果があり、農民の自発的組織化の申請が日増しに多くなったという。そこで宣伝以外に、監査整理、社務経営の指導、社員の合作思想の養成に特に注意するようにした。(11)

指導委員会と指導所の二八年度省予算は計三万二二六八〇元である（省の全予算は不明）。指導委員会は一万六六六八〇元で、その内訳は委員や幹事の賃金一万三〇八〇元、旅費二四〇元、予備費一二〇元である。指導所は一万六〇〇〇元で、賃金九六〇〇元、運営費（文具、消耗、郵便など）一七二八元、旅費二八八〇元、予備費一七九二元である。(12)このように人件費などが多く、実際活動の必要経費は不十分であった。

指導所内部の問題として、(1)小規模なのに、帳簿、工作報告事項の作成など、仕事が多すぎる、(2)農村工作が多く、旅費は殊に足りず、他の経費もあまりに少ない、さらに(3)借地、借家に関する糾紛（例えば、第四指導所は松江県建設局から借家しているが、明け渡しを求められている）、(4)宣伝物などの不足、(5)各指導所における合作社知識水準の格差などが指摘され、現場では①農民の知識不足、②指導人材の不足、③土豪劣紳は合作事業を新事物と見て、その名義を悪用する、④呉江などは佃農が多いが、業主、債主が合作社の佃農に対する生産資金援助を多方面で妨害する、⑤「共産主義者の擾乱」（例えば、鎮江、蘇州では常に警報があり、宣伝、指導が十分にできない）などが問題とされた。(13)

第二に、指導員養成所（二八年四月創設）はどうか。この設立の背景には、前述の如く、指導人材不足があったが、直接的契機は二七年八月国民政府運営の中央党務学校で、薛仙舟が合作社に関する講義をした際、「全国合作銀行」を設立させ、その後合作教育を発展させることを希望したことによる。九月薛は急逝したが、その遺志も継いで合作教育発展のため、設立させたのである。(14)

結局、指導員養成所は創立費五〇〇〇元、月経費一九二〇元、五月一日に開学し、九月一三日に卒業することとした。この間、学習三ヵ月、実習一ヵ月であり、受講者の一部は江蘇省各県政府の推薦、一部は南京、上海、無錫、南通で試験で採用、その他、江西、浙江、安徽、福建などの各省県政府から派遣された二〇人を含め、計七三人であった。(15)講義科目は、①国民党義、②合作概論、③合作法、④信用合作社、運銷合作社の経営、⑤合作簿記、⑥中国旧来の「合作制度」、⑦統計学、⑧郷村社会学などであった。⑥は伝統的互助組織の井田制、常平倉、義倉、合会などを指すが、これらとの関連を強調するのは国民党の合作政策の特徴であり、協同組合思想を海外からの流入思想とせずに、伝統形態の復活とすることによって身近なものとし、民衆組織化を容易にし、かつ中共に対抗するためであったと考えられる。卒業生は、江蘇省の者は省農鉱庁が按配し、一部は省農鉱庁で、一部は省農民銀行で合作業務をおこない、その他の圧倒的多数の四〇余人は八の指導区に服務し、毎区三人、指導員候補一人ずつ配分し、他省の者は各省に戻って合作事業に服務した。[16] このように、他省の人材までも養成したが、江蘇にとっては不満でもあった。例えば、薛樹薫は「江蘇は巨額の省幣を費やし、（指導員を）養成している。……（だが）今多くは外省、あるいは金融機関に吸収され、その結果、本省は人材の乏しさを感じ、速成訓練の趨勢にある。この種の現象は江蘇自身にとって一大損失である」[17]と。とはいえ、江蘇が先駆的に周辺各省の合作人材養成の中枢としての役割を果たし、かつ合作社関係の金融部門を充実させ、その後の中国合作事業発展の基盤を築いたという歴史的意義を有したことは間違いない。

省農鉱庁はこの他にも多くの普及活動をしている。まず①多くの国民が理解不十分なことに鑑み、合作小冊子九種、『合作』半月刊、合作書報を発行した。②民政、教育両庁を巻き込み、両庁に、郷鎮長や小学校教師などを訓練する時、合作学科を主要科目に入れ、同時に巡回宣伝講演団を組織、合作講習会開催を計画するように諮問した。③関係機関、例えば省農民銀行、養桑場、林場、苗圃、農具製作所、農場などと連絡し、合作事業を推進する。④省農鉱庁と省農民銀行が共同で、農事調査、合作社調査をおこない、合作社の組織、経過概況などを調査する。[18]

三〇年三月二七日から三日間、省農鉱庁は鎮江で省合作事業会議を開催した。出席者は四〇余人。①省農鉱庁長、秘書、科長、各委員会委員など、②省合作事業指導委員会委員幹事、助理幹事、③省農民銀行総分行、及び弁事処代表、④合作指導所代表、⑤指導員養成所代表、⑥中国合作学社代表で、[19] 江蘇の合作関係者が一堂に会した。まず、弁事処を農鉱庁内に設けることを決めた。議決案件は一〇〇余件を越え、合作法規組、合作行政組、合作教育組、合作事業組、合作貸付組、特別組の六組に分かれて討議された。例えば、この中で国民党中央が各級党部、各級政府に「合作運動宣伝週」挙行を命令する一案件は、省合作事業会議で議決された。この案件は省農鉱庁から省政府、そして国民政府行政院、さらに国民党中央の審査を経た。かくして、国民党中央宣伝部は三〇年七月の世界協同組合デーを「合作運動宣伝週」とすることと決定した。[20] このように江蘇の動向は単に省内に留まらず、中央に吸い上げられ、中央の政策までも提起し、実施に移させる側面があったことは、注目しておく必要がある。

なお、同時期、国民党中央は第三次中央全体会議を開催し、この時、採択の民衆訓練方案は「農業経済は中国国民経済の主要部分であり、今後の民衆運動は農村教育、農村組織、合作運動を援助し、及び農業新生活の方法の注入を援助することを主要任務とする」[21]など、合作事業の関連部分が極めて多かった。

三一年実業部が「農村合作社暫行規程」を発布し、各省の建設庁、実業庁がそれぞれ合作事業指導委員会を設立し、農業合作社を提唱した。[22] 省建設庁下の指導委員会という体制は江蘇と全く同じであり、それに倣い、普遍化させたものといえるであろう。また、三二年江蘇では指導委員会は「設計委員会」に改称され、八区指導所は廃止され、一六区となったようで、さらに「各県指導員」が設けられ、[23] 県単位での指導が強まり、現場に密着した肌理細かい指導が可能になった。こうした県を重視し、単位とする発想は、当然、孫文の「地方自治開始実行法」（一九年）によっている。[24]

ところで、農民自身に直接、合作社を組織させようとしても、その能力がなく、農事機関が重要な補強的役割を果たした。三三年一一月段階で、江蘇省は農業行政機関六〇、農業研究機関四六、農民教育機関三七、農業教育機関一六、農業金融機関一五、農業団体一、その他四の計一七九もの農事機関が存在した。その上、政府所在地の南京にも二九が存在し、総計二〇八もの農事機関が設立されていたことになる。二位以下は広東が九六、山東が五七、河北が四五、河南が四〇、安徽が二六と続くが、江蘇、及び南京は全国六九一の三〇・一％を占める。江蘇は特に農民教育に力点を置いており、全国四三機関の内、三七（南京を含めると三九）に達していた[25]。このことは、農民自身に合作社を理解させ、円滑に運営させることを重視したことの現れであろうし、同時に全国に先駆けて農民教育という困難な課題に取り組んでいたかが読み取れる。農事機関を経営主体別に見ると、江蘇は省立八六、県立五七と多く、私立二七、国立が八、団体が一である。この時期には、省機関は力量を有しているが、県単位での指導が伸張しており、実質的指導面では国は副次的役割しか果たしていなかったと見なせる。むしろ国は南京で全国をにらんだ形で、農業技術の改善、品種の改良、農業研究を主体におこなっていた[26]。

三三年には省農鉱庁は廃止され、合作行政は他省と統一され、省建設庁第三科（農鉱課）が引き継いだ。三四年省建設庁、省教育庁、省農民銀行は合同で江北各県の合作事業推進方法を統一するために、江蘇省江北合作事業討論会を召集した。会期は四月一七日から二〇日までで、出席者は一二五人に上り、案件は①農村合作社組織問題、②農村合作社経営問題、③合作運銷問題、④農業倉庫問題、⑤合作教育問題、⑥農村副業問題の六部門に分けられ、一〇〇余件であった。江北合作事業、農業倉庫の推進、及び副業などが徹底的に議論されたという[27]。このように、行政機関、後述の省農民銀行の懸命な努力が続けられていたのである。

三五年三月は、南京で全国合作事業討論会も開催されている。その宗旨は「全国合作制度の実現、合作法規の施行、合作教育の推進、合作業務の統一」を図るためとある。参加者は①国民党中央党部代表、国民政府代表、②全国経済委員会代表、行政院農村復興委員会代表、実業部代表、③各省合作事業の行政機関代表、④行政院直轄の各市政府合作事業の行政機関代表、⑤合作事業に投資の各銀行と郷村改進事業に従事する機関と学校代表、及び⑥全国経済委員会、行政院農村復興委員会、実業部選抜、招聘の合作専門家であった。議案は、〈第一組〉（召集者・陳果夫、章元善）合作制度、合作法規、〈第二組〉（鄒樹文、寿勉成）合作業務、〈第三組〉（王志莘、于樹徳）合作資金、〈第四組〉（王世穎）合作教育などに分かれて論じられた[28]。合作行政を全国的に統一するという動議は大会で王世穎、寿勉成、

業の範囲に留まらず）指導、監督、推進、取締、統計（作成）などの責任を負わす」ことが議決された。これは、六月国民政府によって公布され、八月には合作司長に章元善が就任した。かくして合作事業は省政府に主に委託する形であったが、国民政府自身が全国的視野に基づき、積極的に乗り出したことを意味する。さらに一〇月全国経済委員会合作事業委員会（主任陳公博、委員周作民、鄒平文、王志莘、文群、楼桐蓀、許仕廉、章元善、曾仲鳴、王世穎、寿勉成など）が工作を開始した。この顔ぶれを見ても分かる通り、初期合作運動時期の合作研究者や指導者である楼や王世穎、華洋義賑救災総会総幹事の章元善、江蘇合作事業からは王志莘、南京金陵大学農林学教授の鄒平文、中国合作学社員で中央政治学校合作学院院長寿勉成、中国農民銀行農貸責任者文群、それに金城銀行総経理で合作事業に熱心であった周作民らで構成されていた。また、それまで華洋義賑救災総会がおこなってきた安徽、江西、湖南、湖北、陝西などの合作事業を同委員会が責任をもつこととなった(29)。

省内でも、次々と改善、整理がおこなわれ、同年省建設庁は農業管理委員会を設立し、合作事業を担当させ、さらに委員会は合作課を設け、それを省最高合作指導機関とし、その下に指導、登記両科を置いた。合作課初代課長は陳仲明であったが、三六年一一月全国合作人員訓練所主任に昇格した。このように、有力な省の合作指導者は中央に吸い上げられた。結局、陳岩松が課長職を引き継いだ。課員には、技師で丹陽合作実験区副主任の李吉辰らがいて、巡回、指導などをおこなった(30)。

また、三七年四月一〇日省建設庁で全省合作事業会議が開催され、各県合作指導員、及び合作専門家として寿勉成、王世穎、陳仲明ら一〇〇人が出席し、各県工作、金融などの問題が論じられた。続いて翌一一日には、省建設庁は合作事業関係機関の力を統一して運用し、効果を増大させるために、省党部、省農民銀行、省立民衆教育館などと相談して江蘇省合作事業協会を設立している。成立大会には一七六人が出席し、省党部代表石順淵、省主席陳果夫、合作学院長寿勉成がそれぞれ挨拶した。そして、名誉会長に陳果夫、副名誉会長に沈百先、余井塘、趙棣華、周仏海らが就任、理事には陳仲明、陳岩松、侯厚培（初期合作運動指導者）、黄石、唐啓宇、王世穎、寿勉成、李吉辰ら一五人が選出された。ただ、成立後、間もなく、日本の侵略が鎮江に波及し、挫折した。とはいえ、これは合作界の注目するところとなり、四〇年重慶の中国合作事業協会として結実したとされる(31)。

二　江蘇省農民銀行と合作事業

合作事業、農村金融の展開で、先駆的意味を持つのは二八年七月一六日の江蘇省農民銀行設立である。なぜなら行政、立法面に次いで、金融面からの強い支援が開始されることを意味するからである。また、元来、商業銀行などは僅かな資金を農村に投資するだけで、動きは鈍く、とりわけ、三一、三二年農村の破産により商業銀行などは都市で公債、金、外国株などへの投機をおこない、農村投資には極めて消極的であった（これら銀行が農村投資を本格化させるのは三四年前後である）。こうした状況下を打開するため、農村金融の円滑化を目指す省農民銀行が政策的に早期に設立された意義は大きい。

では、ここで設立経過について述べておこう。二七年江蘇省政府の成立後、陳果夫と葉楚傖は薛仙舟と相談し、合作事業発展のため省農民銀行を創立することを決め(32)、そして葉と何応欽の要請を受けた省財政庁長張寿鏞が孫伝芳時代の徴収を終えていない「二角畝捐」を省農民銀行基金にすることを提議した。「二角畝捐」とは、二六年孫伝芳が北伐に抵抗するため軍事費を必要とし、江蘇全省に徴収を命じたが、軍事的敗北が早すぎ、徴収しきれなかったものである。張寿鏞提案は中央政治会議の審査、許可を経て省財政、省農工両庁に命令された。両庁は準備弁法一一カ条を定めた。二七年六月省政府第一四次政務会議は、①孫伝芳の「二角畝捐」を取り消す、②各県に省農民銀行基金の徴収を命令し、その額は以前の「二角畝捐」と同じ、③孫伝芳時代にすでに徴収した「二角畝捐」は省農民銀行の基金の抵当とするなどを決めた。その決定を経て省政府は省農民銀行準備主任に薛仙舟を招聘し、準備委員会を組織、総経理に過探先、副総経理に王志莘を推薦した。(33) 銀行の建物は金陵大学工程師齊兆昌が設計しており、同大との良好な関係が窺える。

かくして、二七年一〇月から設立準備が開始され、二八年七月一六日省農民銀行が資本金二二〇万元で成立する運びとなる。開幕式には、省主席鈕永建（陳果夫の前任者）、省農鉱庁長何玉書ら三〇〇人が参加した。何は報告で、農村高利貸を批判し、農民生活を援助、農村経済を発展させるため「農民銀行組織」を創設したと述べ、農鉱部代表陳郁は「農民生活の発展は国民経済建設の基礎」と位置づけ、孫文思想から「資本主義と民生主義は相容れず、農民銀行成立により資本主義の圧迫と操縦を免れる」とした。その他、省党部代表は「国民革命はまず農民革命をおこなわねばならない」といい、葉楚傖は「農民銀行の組織は科学者の組織」と述べている。(34) 開幕式での発言ではないが、王志莘は、その設立が「江蘇一省の新事業に留まらず、全国農民銀行の嚆矢」であり、「農民の金融機関」で、「慈善機関ではない」とその意義、特徴を明言した。(35) 以上のように、江蘇合作事業は全国合作事業の先駆けであり、単なる改良主義とは考えておらず、国民経済を視野に入れ、民生主義に立脚して農村を重視し、農村における「資本主義の圧迫」を排除するという国民党の施策の中で極めて革新的なものであったとみなすことができる。なお、二九年三月過探先が去したため、王志莘が総経理となり、三三年王の辞職により、「C・C」系の趙棣華が総経理に推挙され、(36) 三七年までその任に就いた。

では、省農民銀行の宗旨とはいかなるものであろうか。省政府の「組織大綱」によれば、第一条「省政府が農民経済の発展を補助し、低利資金を農民に貸与するため、（省立）農民銀行を設立した」とし、第四条で「省農民銀行は監理委員会を設け、委員五人から七人でこれを組織し、基金の監理、業務の監督」をし、第五条で「監理委員の任免は省政府委員会で議決する」として省政府の銀行への権限を定めた。さらに第七条で「省農民銀行の貸付は農民組織の合作社に限る」とすることで、農村金融の受皿として信用不足の個々の農民ではなく、合作社にその役割を果たさせることを明確に規定した。そして第八条で「省農民銀行が合作社の組織、及び推進に関して提唱と指導の責任がある」とする。(37) 省農民銀行は自らの「使命」として①農村金融の調整、②農業生産の発展をあげる。そして、農村衰亡の最大要因が金融が回転できないことにあるとし、農村金融調整の工作は低利貸付に終わらず、貸付の結果、農民の生産増大を促進する効果まで把握することを目指すとした。すなわち、種蒔きから収穫、貯蔵、運銷に至るまで、全「生産過程」を補助、さらに農産物の改良を図り、旧来の方法に固執する一般農民を皆「現代化」、「科学化」するというのである。(38) このように、農業技術、農民意識の改革を目指し、限界はあるとしても農村改造を想定していた。

次に、省農民銀行の組織であるが、総行を中心に、分行、支行があり、分行組織は経理、会計、業務、出納、調査、文書、庶務などの各課以外に、業務調査員が設けられ、合作社の組織化指導、合作社調査、農村経済調査をおこなった。(39) 総行は省内、国内外の農民合作社の調査、分行は省内管轄区の合作社の指導、審査、宣伝、推進を業務としていたようである。(40) 総行は南京（三〇年五月総行は鎮江に移転。南京は分行となる）に設けられ、分支行が上海を含み、丹陽、高淳、常州、無錫、江陰、蘇州、呉江、常熟、崑山、青浦、嘉定、松江、如皐、塩城、宿遷等々、二一県、二三ヵ所という広範囲に設けられた。また、豊県、金山、宝山、奉賢、東台、阜寧、太倉などには弁事処が設立された。(41)

省農民銀行の総行、分支行、弁事処は江南が中心で、ほとんど分支行、弁事処のいずれかが存在している。それに対し江北は貧窮な県が多く、設立されない県もあった。それでも七割位には分支行などが組織されていたようである。(42)

三三年には、江蘇省に合作社一八九七社が設立され、その内訳は丹陽一五九社、江北の高淳一四三社、蕭県一二五社、鎮江、江寧、如皐、松江はすべて八〇社以上であった。このことは上海の金融圏とかなり近く、商業が発展し、社会が安定し、かつ完全に商品化されていた生糸や綿が大量に生産されていたこととの相互関連を示唆する。(43)

三〇年上半期の省農民銀行の貸付総額は、二九年の二倍余の一四九万四九八六元で、内、抵当貸付が七三％、信用貸付が二七％であった。省農民銀行の全体利益は七万三九三三元（純益一万八九一三・〇五元）であるが、その内訳は「利息」が六万九四七三・〇六元、為替料が七五七・七元、手続費が一六二一・三八元で、実に「利息」だけで九八・七％を占めるのである。では、この「利息」はどのようにして生じるのか。例えば、総行は江寧、宿遷などの分支行処に資金を貸し付け、貸付利息と基金利息を受け取る。また、分支行処は合作社に春秋蚕貸付などをおこない、合作社から利息を獲得する。(44) すなわち、農民を含めて考えれば、農民から合作社、さらに分支行処、総行へと利息が支払われていくシステムなのである。

三一年上半期から貸付は「合作社に限る」という枠組みが外された結果、同時期の貸付総額三〇四万四〇〇〇元の比率は、合作社五三・八八％、個人一二・〇六％、省機関一一・九七％、県機関一一・八九％、その他一〇・二％であり、三二年上半期は第一次上海事変の影響で、貸付は減少しながらも、二五八万八〇〇〇元を貸し付け、合作社五三・五六％、個人一〇・六六％、省機関一〇・〇八％、県機関一三・四八％、その他一二・二二％で、合作社貸付は依然として五〇％以上で、それが省農民銀行にとって重要な業務であった。(45) ただ、駱耕漠によれば、例えば、三二年上半期の省県機関への貸付の合計が二三・五六％を占め、「省県財源の補填とされ、いつ返還されるか分からない」(46)、とする。だが、逆に考えれば、省農民銀行の貸付は省県財政の安定にも貢献していたともいえる。

三五年二月には、省農民銀行は資本金三六〇万元、共同基金二〇万元となり、その業務は(1)貸付、(2)為替、(3)荷為替、(4)信託、(5)倉庫、(6)金庫、(7)預金に分かれていた。そして、(1)の貸付は①信用、②抵当、③手形割引に分かれ、(47) また、(4)の信託業務は①種子の代理購入、②肥料の代理処理（購入）、③耕牛の代理購入、④新式農具の賃貸、⑤農産物の代理脱穀、⑥包装、運銷、⑦代理貯蔵、⑧代理保険、⑨不動産の抵当化（正当な需要であれば合作社名義で不動産を抵当にして貸付を受けられる）等々、(48) ほとんど合作社に関係があった。このように省農民銀行が機能的に同省

別合作社統計（1928～36年）

%	兼営	%	不明	%	計	%	社員数（人）	払込株金額（元）
			77	100.0	77	100.0		
					309	100.0	10,971	46,371
					668	100.0	21,175	96,453
0.7	59	4.8			1,226	100.0	38,280	266,885
0.5	233	13.5			1,721	100.0	53,512	434,312
			620	32.7	1,897	100.0	56,192	473,164
2.6	415	14.1	37	1.3	2,937	100.0	105,006	578,899
2.7	1,356	33.4			4,059	100.0	138,369	
0.5	1,135	34.3			3,305	100.0	147,563	

方顕廷「中国之合作運動」、天津南開大学経済研究所『政治経済学報』第3巻1期、1934年10月。1934年は③実業年、38～41頁。なお、計は実際に算出した数。1936年は⑤実業部中央農業実験所『農情報告』第5巻2期、1937年

の農業関連事業、合作社の中枢であり、心臓的役割を果たし続けていたのである。

かくして、**表1**によれば、二九年二〇県であったものが、三〇年三一県、三一年五〇県と着実に合作社組織化の地域を拡大し、社数も、二八年七七社、二九年三〇九社、三〇年六六八社、三一年一二二六社、三二年一七二一社、三三年一八九七社と漸増している。統計数字は異なるが、**表2**によれば、三四年六月には華洋義賑救災総会の後押しする安徽（二四四四社）に首位を譲ったとはいえ、二二二〇社と順調な伸びを示している。全国的割合を見れば、三二年江蘇は一六〇九社、浙江六八六社、河北二八五社、山東一一四社で全国の合作社総数二六七三社の内、実に五八・二三%を占めていた。江蘇は三三年二七・三一%、三四年六月には二二・三二%、三五年一五・五五%と減少するが、伸び悩んだというより、全国的に合作社が設立され始めたことを示しており、江蘇省自身もむしろ着実に前進し、当初の国民政府の目標通り江蘇中心の全国への合作社の普及の結果と考えられよう。三六年には三三〇五社で八・八五%と、社数、全国に占める割合とも減少に転じる。これは、当時、江蘇で省農民銀行などにとって重荷となる「不健全」な合作社の整理、解散を断行した結果であった。例えば、三六年一年間に江蘇では信用一八三社、生産七八社、運銷三三社、兼営二三三社など、五五五社（社員一万七九五八人）が解散に追い込まれた。と

表１　江蘇省における業種

年	県数	信用	%	購買	%	生産	%	運銷	%	利用
1928										
1929	20	280	90.6	5	1.6	20	6.5	4	1.3	
1930	31	605	90.6	12	1.8	47	7.0	4	0.6	
1931	50	949	77.4	42	3.4	160	13.1	7	0.6	9
1932	51	1,159	67.3	82	4.8	227	13.2	12	0.7	8
1933	54	1,277	67.3							
1934		1,660	56.5	151	5.1	465	15.8	134	4.6	75
1935		1,713	42.2	164	4.0	504	12.4	213	5.3	109
1936	57	1,506	45.6	72	2.2	504	15.2	71	2.2	17

出典：1928年は①子楊「最近的江蘇農村合作社統計」『蘇農』第１巻７期、1930年７月。1929年から33年までは②部編『中国経済年間二十五年』第３編第18章の（R）５・７・21頁。1935年は④『革命文献』第84輯、1980２月、45頁。

はいえ、表とは矛盾するように見えるが、『農情報告』第五巻二期（三七年二月）によれば、信用二七四社、生産七八社、運銷九社、兼営三〇四社など、六八七社（二万三〇五八人）が新設されたとされる。(49) このように、一方的に解散されていたわけではなく、他方で新設されているのである。つまり合作社の需要は相変らず高かったといえる。なお、三七年の激減は合作社自体の問題というより、八月に勃発した第二次上海事変の結果である。

合作社の質を重視する姿勢は当時一般的になっていた。例えば、薛樹薫は三五年七月『農村経済』誌上で、合作社乱造を批判し、社数を減らし、業務を発展させねばならぬと主張した。乱造の原因は、(1)指導者が功を焦る、(2)農民が低利資金を競って借りる、(3)省政府の全体計画不足などにある。それ故、①虚名のみの社は解散させる。②社務が停滞して久しい社は政治力などを用いて債務返済後、解散させる。③近隣で業務が同じ社は合併させる。そして県を基準に中心業務を設定し、それぞれ一、二県を模範県とする。(イ)棉生産の各県は棉花生産、繰り棉、運銷などを中心業務とする。(ロ)蚕糸業発展の各県は養蚕、繭焙り、製糸、運銷を中心事業とする。(ハ)工場、学校の多い各県は消費合作社を中心とする。(ニ)荒山、荒地の多い県は林業、開墾の合作事業の中心区とする。(ホ)米麦、雑穀区は倉庫業の合作中心区とすることを提言した。(50) 解散した合作社の「無限責任」、「有限責

統計（1931〜37年）

%	1935	%	1936	%	1937	%
22.32	4,077	15.55	3,305	8.85	96	0.34
12.89	1,972	7.52	1,518	4.07	1,195	4.19
24.57	2,284	8.71	4,125	11.05	847	2.97
5.42	3,637	13.87	4,965	13.30		
2.51	963	3.67	1,985	5.32	3,674	12.88
3.77	1,228	4.68	1,932	5.18	2,717	9.53
0.61	54	0.20	60	0.16	67	0.23
0.32	671	2.56	2,066	5.53	4,009	14.06
0.20	453	1.73	69	0.18		
9.66	2,038	7.77	3,239	8.68	4,614	16.18
14.68	6,240	23.79	6,633	17.77		
0.10			1,322	3.54	2,374	8.33
0.06	50	0.19	78	0.20		
0.07	7	0.03	19	0.05		
0.01						
0.15			17	0.04		
0.31	123	0.47	15	0.04		
0.03						
0.03			290	0.77		
0.01					1	0.00
0.05	1,761	6.71	3,221	8.63	3,484	12.22
0.47	307	1.17	255	0.68	750	2.63
0.27			3	0.00	129	0.45
0.12	14	0.05	6	0.01	20	0.07
0.05	312	1.19	1,946	5.21	2,615	9.17
0.04			35	0.09	1,487	5.22
0.03	33	0.12	244	0.65	437	1.53
0.76						
100.00	26,224	100.00	37,318	100.00	28,516	100.00

申報年鑑社『申報年鑑』1933年版（P）89〜90頁。③1933年は、『申報年鑑』1934年版（T）1頁。

表2　各省市合作社数進展

各省市＼年	1931	%	1932	%	1933	%	1934年6月
江　蘇	1,265	45.24	1,609	58.23	1,897	27.31	2,220
浙　江	622	22.24	686	24.83	882	11.25	1,280
安　徽	7	0.25	16	0.58	1,742	25.07	2,444
山　東	81	2.90	114	4.13	255	3.67	539
湖　南	3	0.11	8	0.29	31	0.44	249
湖　北	1	0.04	3	0.11	117	1.68	375
綏　遠	1	0.04	4	0.14	19	0.27	60
陝　西	5	0.18	1	0.04	9	0.13	32
山　西	14	0.50			3	0.04	20
江　西	12	0.43	12	0.43	335	4.82	961
河　北	711	25.42	285	10.31	1,605	23.10	1,460
四　川	7	0.25	2	0.07			10
南　京	13	0.46	8	0.39	6	0.08	6
北　平	6	0.21	6	0.22	4	0.05	7
天　津	2	0.07	2	0.07	2	0.02	1
青　島	1	0.04	1	0.04	3	0.04	15
上　海	7	0.25	2	0.07	35	0.51	31
広　州	2	0.07	2	0.07			3
チヤハル	1	0.04	1	0.04			3
青　海	1	0.04	1	0.04			1
河　南	6	0.21					55
広　東	3	0.11					47
雲　南	12	0.43					27
広　西	1	0.04					12
福　建	2	0.07					5
貴　州	2	0.07					4
甘　粛	3	0.11					3
漢　口	5	0.18					75
計	2,796	100.00	2,673	100.00	6,946	100.00	9,948

出典：①1931・1935～1937年は、頼建誠『近代中国的合作経済運動』正中書局、1990年、98～99頁。②1932年は、
④1934年6月は、『申報年鑑』1935年版（P）1頁。

社数統計（1928～36年）

利用	%	公用	%	兼営	%	不明	%	計	%	社員数
						118	16.3	722	100.0	15,301[a]
						342	21.2	1,612	100.0	37,434[b]
4	0.2			14	0.6	434	17.6	2,463	100.0	78,832[b]
13	0.4			73	2	899	24.8	3,618	100.0	104,600
149	3.8					1	0.0	3,978	100.0	151,212
35	0.5					572	8.2	6,946	100.0	233,541
466	3.2			1,365	9.3	111	0.8	14,649	100.0	557,521
1,066	4.1			4,374	16.7	3	0.0	26,224	100.0	1,004,402
c		56	0.1	10,514	28.2			37,318	100.0	1,643,670

ａは河北省の信用合作社のみの統計数字。ｂは河北・江蘇・浙江三省のみの社員数。ｃは実業部によって原則的
称された。「不明」は各省報告の不備（？）等々から業種が確定できないもの。

任」、「保証責任」の比率は不明であるが、例えば、債務返済は社員が無限に負うとする「無限責任」の場合、合作社、農民の全財産の差押えが可能と考えられ、解散させても銀行自体への打撃は軽微であったと推測される。

また、三五年一月の『農情報告』第三巻二期によれば、合作社組織化の多い県は呉江一〇五社（社員六〇〇五人）、崑山一四六社（七四五〇人）、武進一〇〇社（二六四二人）、宜興一三二社（四九二四人）、江寧一三六社（五〇一〇人）、丹陽一六二社（三三〇二人）、宿遷二四一社（九七九二人）で、宿遷を除けば、省農民銀行が力点を置いている江南に位置しており、同銀行の金融面での支援が有効であったことの傍証となる（なお、宿遷には江北唯一の同銀行支行があった）[51]。指導機関は県政府がほとんどで、次いで合作指導所、さらに省農民銀行、建設局、合作実験区、及び民衆教育館、農業推広所などがある。このことから、省政府は、現場での直接指導の多くを県政府に肩代わりさせるようになっていた。圧倒的多数は県政府のみで指導しているが、同県内に数機関が存在し、指導しているところもある。例えば、呉江は県政府、農業推広所、省農民銀行、無錫は合作実験区、建設局、合作指導所である。かくして、指導が十分おこなわれているように見えるが、現場での指導員は省全体で僅かに四一人しかおらず、金山六人、江寧三人以外は一人がほとんどで、一人もいない県もあった[52]。三六年には、県政府の指導がさらに明白になる。すなわち、合作指導機関は市県政府が五五機関に対し、省合

表3　中国合作社業種別

年	信用	%	購買	%	消費	%	生産	%	運銷	%
1928	604[a]	83.7								
1929	1,241	77.0	5	0.3			20	1.2	4	0.3
1930	1,937	78.6	12	0.5	6	0.2	47	1.9	9	0.4
1931	2,362	65.3	42	1.2	54	1.5	160	4.4	15	0.4
1932	3,227	81.1	57	1.4	216	5.5	271	6.8	57	1.4
1933	5,720	82.3	129	1.9	125	1.8	304	4.4	61	0.9
1934	9,841	67.2	547	3.7			1,260	8.6	1,059	7.2
1935	15,429	58.8	738	2.8			2,321	8.9	2,293	8.7
1936	20,620	55.3	267	0.7	296	0.8	3,199	8.6	2,366	6.3

出典：鄭林荘「中国合作運動史初稿」（燕京大学経済学会『経済学報』第1期、1940年5月）から作成。なお、
に「利用合作社」という名称は廃されて、その各社の性格にもとづいて生産、あるいは公用合作社に改

作委員会は二機関と大幅に後退しているのである(53)。

指導機関と貸付機関は省農民銀行などが指導しているのを除けば、基本的に分かれていた。貸付は、省農民銀行がほとんどで三六県に達し、省農民銀行以外の銀行はすべて省農民銀行と重複した形で同じ県に貸し出しており、独自の県はなかった。例えば、上海商業儲蓄銀行は相乗りする形で一五県、中国銀行二県、農工銀行三県、国民銀行、「江蘇銀行」（江蘇省農民銀行？）、農民貸款所、金陵大学各一県であった。合作社はこれら貸付機関から八厘〜一分五厘で借り受ける。最も多いのが一分であった。これを農民に一分二厘〜一分八厘で貸し出す。最も多いのが一分五厘であった(54)。つまり合作社はその差額三厘から一分程度の利益を得ていたと考えられる。

表3から業種別に見ると、中国の合作社は二〇年代後期から信用合作社を中心に推移してきた。例えば、三一年は信用合作社は六三・三％に留まっているが、「不明」の八九九社の中に信用合作社が同じ比率で含まれていると考えると、計八一・五％となる。他の年も「不明」が多く、結局、二八年から三三年は一貫して八〇％以上であったと推測される。しかし、三四年以降、信用合作社は業務の発展、資金蓄積により兼営形態へと転換し、また他業種の合作社の発展により、信用合作社の全体の占める比率は漸減傾向に入る。江蘇省でも同様な傾向を辿るが、すでに三二年信用合作社は六七・三％（全国八一・一％）、三三年は同じ（八二・三％）、三四年五六・五％（六七・二

％）で、江蘇の方が信用合作社の比率低下が明確にでている。その違いは他省に先駆けて生産、兼営両合作社に重点を置き、その伸びが全国に比して大きいことから起こっている。例えば三四年江蘇では生産は一五・八％（全国八・六％）、兼営一四・一％（九・三％）である。このことは、江蘇が元来、毛布、織布、桐油、製糖などの副業基盤をもち、原料入手や流通も容易で、かつ上海、南京などの大消費地を有していたことに起因していた。

ところで、省農民銀行が代理省県金庫としての役割を果たしていたことを看過できないであろう。三一年下半期から三二年上半期に総行は、代理省金庫として五三万元余の税収を入手したが、省の必要支出が多く、結局、二〇〇〇元しか残らず、運用が困難であると嘆いている。とはいえ、総行のみが集めていたわけではなく、第一区分行も如皐、高淳、青浦三県の営業税、売買契税などを徴収した。第一次上海事変で税収は急減したとしながらも、四三万九一六五元（繰越しを合わせると一四三万四二七七元）であったとする。このように、各分行がそれぞれ税を省政府に代って集めていたと考えられ、省農民銀行自体の経済基盤を安定させる一因となった[55]。また、三五年の営業総額は①合作社、青苗貸付の推進、②農業倉庫の拡充、③合作運銷の発展、④税の代理徴収県の増加、⑤戒アヘン貯金の開始などで、六億八九八〇万元となり、三四年より九四一九万元増大し、純益一五万六七四八元であったとしている[56]。

陳果夫は「省財政には何ら困難も発生しなかった」と回想する。それを要約すれば、趙棣華が財政庁長を引き継いだ後、省県予算は確立し、金庫会計制度を実施し、優良な財政秩序を樹立した。一方で、田賦、営業税などを整頓し、数十種の苛捐雑税を廃止し、他方で、省農民銀行を省県代理金庫とし、「全て」（？）の資金で農民の生産運銷（当然、合作社や農業倉庫を主要とする）を援助した。その結果、農村経済は日増しに活発になり、省財政も日々好転した。「導淮」（淮河からの水路）等々の建設に一〇〇〇～二〇〇〇万元を使用し、前任者が残した三～六ヵ月の教育費を支出した上、各校の設備を増大させたが、省財政はびくともしなかった。また、各県も次第に富裕になり、三七年春には県庫の貯蔵金額は八〇〇万元の巨額に達した[57]、という。このように、省県財政と合作社は密接な関係をもっており、相互安定、相互発展する形態を採っていたと考えられる。

三　江蘇省合作事業の実状

江蘇省における合作社組織化は早く、二三年一月頃、金陵大学学生は上海職工合作商店の曹軼飛に弁法などを相談しながら、南京消費合作社を設立、書籍、日用品を販売した。また、同大学農業経済系は農民が資金に欠乏し、種々の搾取を受け、かつ改良計画も実施できないことに鑑み、華洋義賑救災総会の委託を受け、同年試験的に豊潤信用合作社を設立している。さらに一二月には「無産階級の経済発展、不平等消滅、世界永遠平和」を宗旨として、合作研究、宣伝をおこなう無錫合作研究社も設立されている。江蘇は上海中心の民間主導の初期合作運動の影響を強く受けていたのである。その他、江蘇女蚕校教師費達生が日本留学の経験を生かし、二四年同校と呉江県震沢市が合弁で開弦弓蚕業改進社を組織し、養蚕の指導、技術改良などをおこない、二六年には糸車七〇余座などを有し、生糸八担(一担は一〇〇斤)余を生産、共同で包装し、杭州の綺成糸廠上海営業処に販売した。二八年生糸価格の下落により、合作社組織化の動議が出され、二九年二月、これらを基礎に生糸精製運銷合作社を成立させた(58)。なお、二七年秋に烏江棉産購買合作社、丹陽絹織物購買合作社など数社も設立されている。このように、江蘇には相対的に合作社組織化の経験、人材、及び基盤もあった。

では、ここで南京国民政府成立後の各種合作社の実状について論じたい。

第一に、信用合作社。これが最も多い理由は農村が緊急に資金を必要とした以外に、組織機構が単純で、かつ経費も相対的に少なく、経営、管理も容易であったことに起因している。政府にとって信用合作社は農村金融を調整し、一方で農民を高利貸の搾取から免れさせ、他方で農具、種子を購入させ、農業を改善、生産を増大させることにあったが、同時に農民の納税能力を回復、また貯蓄させ、当面の財政危機、政治危機を打開することにあった[59]。ただ、農民の中には、合作社加入には株購入を義務づけられていることに対して、「必ず先に出資（株購入）させ、政府は徒に農民救済の名目をいう」との疑念も存在した。信用合作社の資本は主に①社員の株金（一般に一株は二元）、②預金、③共同基金、④借入金によって構成されるが、合作社の信用は株金の多寡によらないが、合作社の株金保有が多ければ多いほど、運用が活発となり、対外信用も高まるといわれている[60]。

三四年江蘇では合作社に借りる者は五・六％に過ぎないが、全国平均が二・六％なので、それよりは合作社の普及、依存度は高い。最も依存度が高いのは河北一一・九％、安徽八・六％で、江蘇は第三位であるが、資金潤沢な華洋義賑救災総会系の信用合作社の多い河北などとは同一に論じられぬであろう。もちろん地主、富農、商人からの借入は五三・七％と大きいが、全国が六七・六％であるから相対的にかなり低いものとなっている。銀行からの借入は八・八％で、全国の二・四％を大きく上回っているが、他省に比して経済安定と経済発展が進んでいたことの証左となる。典当一八・五％、銭荘六・二％であった[61]。信用は個人信用が二二・六％（全国一九・八％）、保証信用が三二・六％（三三・九％）、抵当信用が四四・八％（四六・三％）であり、個人が全国より上回り、抵当が全国より下回っていることが分かり、この点からも江蘇は信用を有する個人が多いことを意味する[62]。銀行からの借入は合作社への貸出を含んでいることも十分考えられ、その場合、合作社の役割はさらに大きいものとなる。

ただし、合作社への貸付規程は回収も考慮して厳格であった。省農民銀行はその対象を合作社と規定したことは前述の通りであるが、三四年には、その対象の農村合作社は「成立して六ヵ月以上で、組織健全、分子純正で、同時に所在地の市県政府に登記して、本銀行に借入を申請できる。すべての合作社は市県政府の登記を経て、登記後、社株と共同基金は本行に預けるべし[63]」、と。このように、貸し付ける合作社を厳選すると同時に、社株と共同基金をある意味での「抵当」に取り、銀行の存立基盤を安定させた。

では、どのような合作社を「健全」と称するのであろうか。三一年一一月頃、省農鉱庁の許可の下で出された「江蘇省合作社成績評定規則」によれば、「一〇〇〜八〇」、「八〇〜六〇」、「六〇以下」の三段階で評定される。①設備、②合作主義の理解度、③合作精神の有無（「自私自利」の場合、六〇点以下）、④社員の農民に対する忠誠度（少数の「特殊階級」、教師、商人以外は忠誠心がある場合、八〇〜六〇点、多数が「特殊階級」で合作社を利用する場合、六〇点以下）、⑤社員の増減、⑥「教育程度」（社員の半数が識字の場合、一〇〇〜八〇、一割の場合、六〇点以下）、⑦社員大会、社務大会が章程通り開催されているか、⑧職員の運営能力、⑨営業成績、⑩社員の株購入数、⑪儲蓄高などが細かく決められ、評価された(64)。

三五年末の省農民銀行の合作社貸付の償還率は悪くなく、期限どおり返却したのが六四％強、期限を延ばして返却したのが一八％強、催促して取り立てたのは八％弱で、未返還は九％強に過ぎない。合作社の種別から言えば、信用、兼営が最も信用度が高く、六五〜七〇％、次いで、生産、産銷が六〇％以上、購買と利用は最も低いが五〇％を越えている。ただ、利用は催促して取りたてねばならぬのが三〇％に近い(65)。利用は灌漑などで、元来、農業生産力の低い所も含まれていると考えられ、すぐには効果が現れず、返却が渋滞したものと推測される。

ところで、合作社はどのような階級によって構成されていたのであろうか。三〇年呉県の場合、全合作社社員一一七三人中、自作農八・七八％、半自作農（自小作農）四一・七七％、佃農（小作農）四五・一八％、雇農〇・六％などであった(66)。当然、こうした構成から半自作農、佃農らの低額借入が多いと予測される。また、雇農は他地区からの者も多いと考えられ、合作社加入は困難だったのかもしれない。

表4は三〇年信用合作社員の借入統計である。これによれば、未借の者と二五元以下の者の合計だけで六四・一七％。五〇元以下とすると、実に七九・五一％（二万六九七〇人）を占める。二〇〇元以上は一・二五％に過ぎない。このように、幅広く多数に低額な貸付をおこなっていた。これには「制限があまりに厳しく、合作事業進展の障害に

表4　信用合作社社員の借入統計（1930年6月）

借入金額（元）	人数（人）	百分率
未借	1,822	5.37
25以下	19,945	58.80
26～50	5,203	15.34
51～100	4,710	13.89
101～150	956	2.82
151～200	859	2.53
201～250	299	0.88
251～300	100	0.30
301～350	22	0.06
351～400	3	0.01
計	33,919	100.00

出典：子揚「最近的江蘇農村合作社統計」『蘇農』第1巻7期、1930年7月から作成。

なる」との批判もあった。それに対して、張国鴻は三一年決定の「各社員の借入額は五〇元を超過するを得ず」を支持して、以下のようにいう。その要旨は、農民の救済要求は切迫しているが、仕事の範囲は狭く、生活必需以外に、消費する所がなく、四〇～五〇元の程度の負債で憂いており、五〇元で十分である。五〇元とすることで、①多くの農民に平均分配でき、その利益に享受することができる、②投機分子（高利貸など）を退却させ、再びそうしたことをしなくなる。かくして、省農民銀行の貸付は増大する、(67)と。このように、逆の可能性もあるにもかかわらず、少々楽観的な見解を披露している（ところが、表5から一人平均の借入額を実際算出すると、五〇元にも程遠い二八・九元にしかならない）。地主、富農は地縁関係と経営能力をもって各合作社の指導的立場に立ち、実権を有している場合があり、自らに貸し出すことも容易であったであろう。例えば、三五一～四〇〇元は地主が借りている可能性が強い。合作社は地主にとってもメリットがあったのである。

表5によれば、社員借入金の用途は、地主、高利貸などからの借金の返済が最も多く、人数的に二〇・七％、金額的に二七％に上る。地主は社内の地位を利用して社員に自らの借金返済に誘導することも可能であったであろう。このように、合作社は農村の地主、高利貸による搾取構造を実質的に否定せず、それへの返済という形で、再生産を肯定しているように見える。地主、高利貸にとっても、合作社にとっても、その構造の中で一定程度の安定がもたらされる。半自作農、佃農などは合作社に加入しても、当然〈地主〉―〈小作〉関係から離脱できない。その他、雇工を雇うための一万一九七九元は地主、富農が借入したものであろう。それ故、地主、高利貸は本質的に合作社の対抗勢

表5　信用合作社社員の借入金の用途（1930年6月）

用　途	社員数（人）Ⓐ	%	金額（元）Ⓑ	%	1人平均金額（元）Ⓑ／Ⓐ
肥　料	5,837	16.6	183,193	18.0	31.4
種　子	1,670	4.8	43,630	4.3	26.1
農　具	2,499	7.1	92,521	9.1	37.0
田　畑	361	1.0	34,998	3.5	96.9
家　畜	1,226	3.5	62,311	6.1	50.8
副　業	3,210	9.2	94,084	9.3	29.3
雇　工	748	2.1	11,979	1.2	16.0
蚕　桑*	5,823	16.6	93,505	9.2	16.0
水　利	151	0.4	8,404	0.8	55.7
開　墾	3	0.0	240	0.0	80.0
食　料	2,985	8.5	73,959	7.3	24.8
借金返済	7,273	20.7	274,292	27.0	37.7
租　税	1,208	3.5	16,861	1.7	14.0
家屋修築	51	0.1	3,172	0.3	62.2
婚　姻	29	0.1	1,915	0.2	66.0
その他	2,049	5.8	19,993	2.0	9.8
計	35,123	100.0	1,015,057	100.0	28.9

出典：子揚「最近的江蘇農村合作社統計」『蘇農』第1巻7期、1930年7月から作成。
　　　＊は養蚕と桑の植樹。

力とはならなかったのではないか。生産に関しては、肥料購入を筆頭に、種子や農具の購入、養蚕、副業など、雇工を含めて、水利、開墾まで、人数は二万一五二八人（六一・三％）、金額で六二万四八六五元（六一・六％）に達している。偽りの申告もあったことは間違いないが、地主、富農経営を含めた農業生産の向上に一定の効果があったと考えられる。ただ、これらの貸付が六ヵ月が四六・四％（河北一三・九％）で、実七ヵ月〜一年以内が五〇・七％（六八・七％）で、実に一年以内の計が九七・一％に上る。一年以上は三・一％（一七・四％）に過ぎず、二年以上は皆無であった(68)。つまり、江蘇は低額資金の短期貸付に特徴があり、大型長期貸付はほとんどおこなわず、そのため、有効利用も自ずと制限があったと見なせる。

第二に、生産合作社。㈠工業生産合作社。業種は毛氈、織布、桐油、製糖などであるが＊、ここでは毛氈と織布について論じたい。①毛氈生産合作社。農民で織毛の技能のある者が連合して合作社を組織する。合作社が原料を大量購入し、毛織完成後、合作社連合社が共同で運搬、販売する。呉県の唯亭村、後戴村の毛布合作社連合社はその代表的例である。原料は連合社が購入し、各社員は連合社から受け取り、各自の家庭で織る。つまり分散的な手工業形態であり、社員は専ら生産責任を有しているだけである。②織布生産合作社。武進などで、主に自ら織機を有する農民が組織した。社員は各家庭に分散して織るか、雇工に織らせる。原料は合作社理事が銀行に資金を借り、購入し、社に持ち帰り、各社員に分ける。社員は織り終えた後、社に持ち寄り、推銷員が当地の布廠に販売する。つまり自らの販売網を持っておらず、商人の介在を許し、その機能は生産よりもむしろ原料購入などにウエートが置かれていた。とはいえ、組織後、農民は①合作社が共同で綿糸を借りることで経費軽減でき、②商人の価格操作に任せず、綿価の動向から販売を決定するという二種の利益を上げたという(69)。

㈡農業生産合作社は、養蚕、養牛、煙草、林業、開墾などがある。養蚕合作社は江蘇、浙江、山東の蚕桑地域に多いが、とりわけ呉県光福区がその代表である。すでに二八年光福鎮の指導所が蚕桑指導していたが、二九年指導員が合作社二社（社員三〇余蚕戸）に技術指導をおこなった。同年春、科学的方法で飼育、蚕種改良をおこない、販売価格を高めた。この結果、社数は一二社、社員は五一六人に増大した。この時、省合作指導所が蘇州に成立し、農業改良所と協力し、連合弁事処を組織した。そして別に三一年四月呉県第三区養蚕保証責任合作社連合会も成立させた。三二年省合作指導所は廃止されたが、連合会の会務は停滞せず、三五年一一月には連合社に改組した。養蚕合作社の運営は、まず連合社で「催青」（暖め孵化を早める）し、各合作社で社員共同で飼育する。その後、繭商の中間搾取を排除して、繭を連合社に引き渡し、共同で繭を焙ることとした。この他、省立女子蚕桑学校推広部は旺米山などで養蚕合作社を組織している。なお、全国経済委員会蚕糸統制委員会と江浙両省は共同で合作社を利用して蚕種統制、改良を推進しようとしている(70)。

三六年一月鄭厚博は以下のように提言する。すなわち①副業を提唱し、合作社が経営する、②各地特産で、最も良好なものは合作社が経営する、③農村間の一切の生産業務は次第に合作社がおこなう、④品質改良と生産増大に留意する、⑤生産業務の最も良好な社は、運銷、供給、信用各種業務と連携して経営する。呉江県の開弦弓生糸精製運銷合作社生産の生糸は良質だが、生産量が多くはない。海外から高価で大量購入の希望があっても、供給できない[71]、と。このように質量ともに改善することが望まれたのである。

第三に、運銷合作社。華中南では江蘇、浙江、江西、華北では山東、河北、陝西で発達している。華北の運銷は棉花、華中南では蚕糸、茶、棉花が主要である。形態は(1)集中式、(2)連合式などで、(1)は県単位とし、大規模で、社員も一〇〇〇～五〇〇〇人にも至る。これは主に棉業統制委員会指導下の各省棉花産銷合作社が採用しており、社務、業務の集中に特徴がある。(2)は元来、華北農産研究改進社指導下の運銷合作社の方式で、江浙各地の蚕糸運銷合作社の多くが採用している。これは村単位の運銷合作社を連合して業務をおこなう。そのため意見の相違を惹起しやすく、団結も弱く、不安定要素が残るという[72]。

三四年一月には、省農民銀行が「江蘇省合作社農産運銷弁事処」設立の提案をおこなった。副経理侯厚培が弁事処主任を兼任し、五月一日上海に農産運銷弁事処を正式に成立させた。八月江南の旱魃の際、弁事処は各地の農産物と民衆の食料を調整し、省財政庁に代って江北の米数万石を送って救済した。また、無錫、徐州、清江、塩城、如皐などに運銷分処を設置して、運輸上の便を図った。さらに、弁事処の設立以後、一方で省建設庁が、各県合作指導員、農業推広所に、農民を指導して農産物販売に合作運銷方式を採用させ、同弁事処に加入させるように命令した。他方で省農民銀行が業務調査員を派遣し、各地で各種農産運銷合作社を推進した[73]。三六年四月「江蘇省農民銀行合作社農産運銷弁事処」と改名し、農産物の運銷を円滑にし、農民が有利な市場、市価を選択する能力を養うように援助することを目的とした。したがって、代理運銷を主とし、肥料、種子、その他の必需品の依頼購入を従とし、同時に無線により市場や市価のニュースを迅速に伝えた。農民からの依頼額は三四年八五万元、三五年一一〇万元、三六年一五〇万元前後であった(74)。

三六年には、呉江県の地方人士が農村と絹織物の衰退に鑑み、合作社組織化の必要を感じ、北麻郷の機織地域の郷鎮長の賛同を得て、地方事業者と各保長を召集し、準備会を開催した。そこでは、①調査(織機数など)、②宣伝(文字と口頭で機戸に合作社の意義を理解させる)、③社員募集(一軒毎に勧誘する)、④社章程の立案などの段取りを決定した。結局、三五九人が入社し、三六年七月運銷合作社の創立大会を開催し、県派遣の合作指導員、区長、省農民銀行代表がそれぞれ訓話した。組織は総務、信用、販売三係に分かれていた。当初、社員の株金払込みは悪かったが、開業し、政府が提唱していることを述べたところ、社員も安心して払込みをおこなったとされる(75)。ここでも株購入に対する理解は低かった。

従来、運搬販売する範囲があまりに狭く、運搬品も少なく、また連絡機関も不足していた。省農民銀行が上海の埠頭に農産運銷処を設け、合作社の生産物の販売を援助したが、その力量は江浙数省に及んだだけであった。「生産物」(生糸などの原料?)は消費団体や合作社への直接販売が最もよいが、加工製造の生産合作社、及び消費合作社が未発達で、致し方なくメーカーや商店に販売しているという(76)。とはいえ、各機関は総力を挙げて合作事業に対する支援体勢を採った。例えば、省政府は鉄道部と交渉の末、三七年四月より、省政府に登記した合作社の大麦、小麦、高粱、落花生、茶、棉花、繭などの農産物は、京滬や隴海両鉄道などを利用する場合、運賃を一割引とすることとなり、また、国営招商局も合作社支援のため、船舶運搬の優待割引を実施することとした(77)。

ここで、極めて重要な反合作社の動向について触れておきたい。なぜなら、合作社がいかなる勢力にインパクトを与え、利害対立したかは、社会改革の方向性を明白にできるからである。ここでは反合作社の傾向が著しかった呉江県盛沢区の状況について論じたい。盛沢区は盛沢鎮を始め、一五郷鎮で構成された絹織物生産地域で、とりわけ緞子が著名で、極盛時期には欧米、南洋諸島などに輸出していたが、列強の侵略と人造糸、人絹による織物の流入により衰退した。

同地の販売構造は従来以下の通りであった。機戸（綢農。生産農家）は各郷で分散して織布をおこなっているので、「航戸」が船で郷間を回って絹織物を集め、盛沢鎮に運搬する。そこで、仲買い商人である「領投」（盛沢鎮に八〇〇余人）が受け取り、製品を類別し、「綢行」（元来、山西、山東、広東などからの客商で、盛沢鎮に会館を設立していたが、交通発達により、上海に集中した）に売却する。これを「綢行」が各地で販売する。(78)盛沢の場合、機戸は絹織物一疋毎に、「航戸」に運搬費六分から二角、「領投」に「傭金」二角から一元余、「綢行」に「洋水」（売値の一・五％）を支払っていた。合作社も無料ではないが、これより安価に運銷をおこなうので、合作社一社の機戸は日平均一六〇〇疋を生産、四〇六元四角を節約になるという。(79)逆に考えれば、「航戸」、「領投」、「綢行」はこれらをすべて失うことになり、彼らの経済基盤は大打撃を受けることになるのである。

まず三四年、第三区紅梨郷で綢業運銷合作社設立が提唱され、県政の中心工作の一つに据えられた。だが、機戸が自覚なく、「旧勢力」が大きすぎ、失敗に終わったとされた。さらに三六年五月大謝郷に綢業運銷合作社が成立した時は、まだ全市場の四〇分の一を占めるに留まり注目されなかった。三六年春「領投」らは同業者間の競争を避け、利益独占を図るために集成公司を設立した。このことは各郷機戸の大反発を誘発した。県政府はこの時、県合作指導員を派遣し、盛沢（省）農民銀行の支援を受け、同年八月壇坵郷に綢業運銷合作社（社員一五〇人）を正式に設立させ、電機綢業合作社七社も成立した。(80)

それに続き、南麻郷、北麻郷、盛沢鎮などでも運銷合作社（社員計三七〇〇余人）が設立され、当地での絹織物の六割を押さえた。かくして、「領投」は脅威を覚え、合作社独自の運搬が増大したため「航戸」の仕事も減少し、「綢行」は合作社の直接販売を恐れた。また、従来機戸は手数料（購入価格の一、二％）を「航戸」に支払い、盛沢鎮で原料、日用品などを代理購入してもらっていた。だが、合作社付近に商業が発展したため、そこで自分で購入するようになり、結果として盛沢鎮の茶館、飯店、雑貨店などはかなりの打撃を受けた。それ故、彼らは相互に結びつき、反合作社の潜在勢力を形成した。彼らは旧来からの地位、人間関係を利用しながら、種々の方法で合作社に打撃を加え、新社設立を阻止しようとしたのである。例えば、①最初は合作社との取引を拒絶、②鎮政府に合作社の運銷地を制限するように要請、③「航戸」は社員を利益誘導し、合作社に絹織物を渡さないようにさせる、④「領投」は当地の劣紳と結託、郷民に伝単を発して合作社への加入に反対する、⑤合作社の責任者、及び支持者を個人攻撃する等々であった。合作社側のこれら妨害工作への対抗策として、①各郷鎮の保甲長（機戸で合作社に加入している保甲長）に、管轄区域の各機戸が自発的に合作社に加入するように勧めさせる、②公安局に合作社業務区域内に潜入した「航戸」を取り締まらせる、③当地の省農民銀行から資金調達を受け、経済基盤を安定させる、④「領投」に合作社社員になることを進め、販売を担当させる。こうした対抗策と切り崩しが奏功して、集成公司を解散に追い込み[81]、反合作社の趨勢を押さえたと考えられる。

第四に、購買合作社。これは広義には購買、供給、消費の三つを包括しており、三五年七三八社中、五八七社が江蘇、浙江、河北、山東、及び上海に集中していた。社数から言えば、郷村に多いが、単営のものは都市に多く、信用合作社との兼営は郷村に多かった。⑴多数を占める生産手段購買合作社——一般に農民は個人信用に限界があるため、無限責任で合作社を組織し、金融機関から生産上必要な資金を借りるが、金融機関は生産手段の購入に使用されているか否か、不信をもっており、そこで必要な生産手段を調査し、実物貸付をおこなう。とはいえ、合作社による自主的共同購入の例も少なくない。例えば、江浙両省では合作社は上海の省合作社農産運銷弁事処に委託して重油、機器（棉花機など）、肥料、種子、棉紗などを購入する。このほか、農民が江蘇省農民銀行、上海の農産運銷弁事処に委託して上海、無錫などの生産地に行って購入してもらい、同銀行は合作社に貸し、さらに合作社から農民に貸すという実物貸付形態を採っていた。(2)消費品購買合作社――①兼営社としては、華中南各省に存在する連合社による供給部、購買部がある。その業務範囲が広く、村社が拡大し、多くは市鎮を中心としていた。南京の上新河農村合作社第二連合弁事処の供給部はその代表例であり、米販売を主流とするが、当地の社員、非社員にかかわらず利益を受け、その業務が発展し、米商人も随意に米価を値上げできなくなったという。(82) ②単営社の多くは都市の消費者が組織した消費合作社である。二八年一〇月省政府消費有限合作社が成立した。すでに五月省農鉱庁は前述の如く指導員養成所を設立したが、同時に八月同庁内に実験消費合作社（資本総額一〇〇〇元、五〇〇株に分け、一株二元）を創設した。開始以来、営業が伸びたので省主席鈕永建はこれを拡大して省政府消費有限合作社とすることを主張した。その結果、資本金は省政府秘書処、省民政庁、省農鉱庁などの職員の株式購入、及び四、五月分の北伐捐の五分の二が充てられた。これ以外は、自由募集となったが、結局各機関の株式加入は（総計?）八〇〇〇元となった。かくして一〇月開幕し、唐啓宇が理事会主席に就任した。合作社内は会計、営業、仕入、総務、文書各科に分かれ、営業員はすべて指導員養成所の卒業生であった。仕入れは直接生産者と現金取引し、掛売買はしなかった。(83) また、南京には、二九年一一月設立の中央政治学校消費合作社があり、当初、社員は同校の教職員、学生二〇〇余人に限られていたが、三五年頃には校外からも参加して六二〇余人となった。南京の同校総社のほか、弁事処を鎮江に設け、社員に石炭、食料を中心に文具、衣類などの日常必需品を供給し、営業成績は三五年約一〇万元であった。(84)

第五に、利用合作社。利用合作社は灌漑、土地の画分、共同耕作などがあるが、三五年江西七七〇社に次ぎ、江蘇は一〇九社で、この両省が突出していた。(1)水利合作社。これは農民が田畑の灌漑の必要から共同で組織し、機器を用いて灌漑した。武進湖塘区の水利合作社（社員二〇人）は中国銀行に八〇〇元を借入し、モーターと汲上機を購入し、電力灌漑、用水路を開くことに卓越した成果をあげたという(85)。(2)耕牛公養合作社も江蘇などにあり、目的は①貧農などの養牛の負担の軽減、②牛力の適度な按配、③耕牛の不足を免れる、④科学的飼育により発育を促し、また死亡率を減少させることにあった。その他、牛糞からの社員用の肥料の製造、牧畜の経営、牛乳、肉の販売、牛力を利用して搾油、豆腐、麺粉などの農産品を兼営することもできるとする(86)。

第六に、兼営問題。省農民銀行は、例えば、信用合作社が産銷、購買、利用などの業務を兼営し、産銷合作社が信用貸付を兼営するように、一、二種の別な合作業務を兼営することを主張してきた。また、三四年三月省政府は、糧価低落で農民を害し、民生への影響も重大との認識から、省主席陳果夫の省府会での提案により、合作社が穀物を貯蔵することを採択した。この結果、各県に発令され、各種合作社は社員大会の議決を経て、穀物貯蔵を兼営することとなった(87)。このように実際的要請から兼営が推進されたのである。

合作社の所在地ではすべて良好な経済的影響を及ぼした。その顕著な例が呉県光福鎮という。二八年には、一日一回小型の汽船が来ただけであったが、呉県では三〇年度宣伝から本格的な実践に転換し、①合作社の質量に注意し、拙速をさける。②合作組織と技術との相互関係に注意し、農業改良を援助、促進する。③合作事業の中心区を確定し、模範を作り、段取りに従って発展させるなどが決められた(88)。その結果、三四年以降は合作社の進展により合作社連合会が「製種」(蚕卵製造)、「乾繭」両部などを設け、繭の連合運銷などをおこなった。これにより繭行三ヵ所、私人の製種場一ヵ所をも設立させる契機となった。さらに、汽船三艘が日に二往復するようになった(89)。このように、光福鎮の合作事業の進展が農民経済を安定させたのみならず、旧来からの商人を排斥しながら、合作社に有利な新たな商人、商業を生み出させる契機となり、鎮全体の経済の好況を呼び起こしたことを窺わせる。

第七に、農業倉庫。これは農村金融、合作社と密接な関係をもっており、決して捨象できない。すなわち、新たな農民貸付には二種あり、一種は銀行が合作社を経て間接的に農民に貸し付け、もう一種は銀行が倉庫を運営し、直接農民に抵当貸付をおこなう方式であったという。(90)では、農業倉庫の実態、存在意義と、発展理由は何であろうか。三三年実業部が「農業倉庫法」を制定した後、中国各地でその設立に努力したが、江蘇省農民銀行主弁の倉庫の成果が最も著しかった。(91)省農民銀行は三四年常熟、松江、如皋、塩城、嘉定、江陰、丹陽、徐州、無錫、青浦、呉江、崑山、常州、蘇州、金壇、高淳などの分行、及び営業処が農業倉庫九五ヵ所を設置し、内、三八ヵ所は分行、営業処自ら運営の倉庫であり、三二ヵ所は当地の機関の代理運営の倉庫で、二五ヵ所は合作社、あるいは農民教育館代理運営の倉庫である。これら倉庫は専ら各県付近の農産物を抵当、儲蓄を司っている。三四年一年間の抵当、儲蓄の農産物は五〇万四四三〇余担で、その総額は一二八万一七〇〇余元であった。(92)無錫の倉庫を例に取ると、保管は半月、最低毎担七厘で、また麻袋一枚一角などを借り、さらに運搬時、船の代行費等々が徴収される。なお、省農民銀行運営の倉庫以外に省農業倉庫一〇ヵ所、県農業倉庫一二六ヵ所があった。(93)

図を見ると、農業倉庫は公路と河に挟まれた、搬出に便利な場所に設立され、かつ大規模であったことが分かる。この図には縮尺が付されておらず、かつ倉庫が階段設置から二階建てとも考えられるが、明白ではない。一階建てとしても、貯蔵のみで最低七二室を有していたのみならず、会議室、弁公室、浴室はもちろん、精米場、脱穀場、広いスペースの乾燥場等々を有していた。三五年には、省農民銀行をはじめ、省、県、合作社、及びそれらの合弁の倉庫が二一一ヵ所、貯蔵室六三六二室（抵当貯蔵総額六六一万六二九八元）に達している。(94)つまり、倉庫は一ヵ所に平均三〇・二室を有していたことになる。

省農民銀行総行機関誌『農行月刊』によれば、倉庫運営の目的は①運銷、消費、生産などの合作業務の順調な進行を助け、農村経済の発展を促進する。②農村金融、農業生産の発展のために深く民間に入り、倉庫が下層金融所とな

図　江蘇省農民銀行無錫分行東亭倉庫

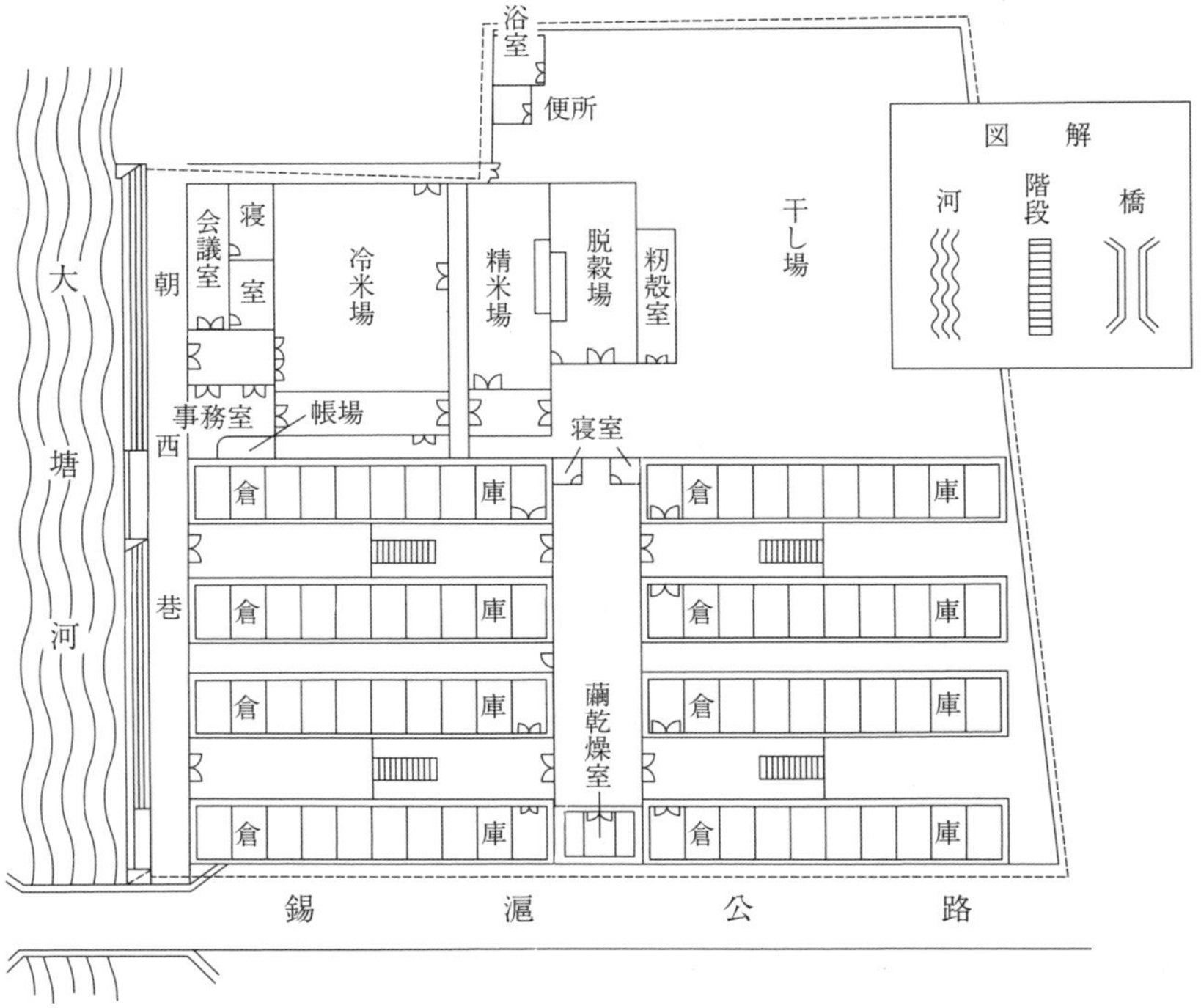

出典：「本行東亭倉庫創設之原因及其経過」『農行月刊』第2巻4期、1953年4月15日。

り、農民と密接な関係を持ち、先導する。③「穀賎傷農」が特に厳しいが、倉庫があれば、まず抵当、貯蔵し、値上りを待ち、販売できるし、倉庫は予め金融面で援助し、高利貸の圧迫を減少させる。④倉庫のような金融、流通機関の創設は緊急である。その他、食料調節、穀物の市価を高めるなどの機能がある。(95) 重要なことは農業倉庫を運営し、抵当貸付をおこない、秋の収穫時期、農作物価格が低い時、省農民銀行から資金を借りて急場を凌ぎ、農作物は倉庫に貯蔵し、商人の中間搾取を免れることである。(96)

倉庫業務は保管、抵当・儲蓄、加工、包装、運銷の五つである。当初、抵当・儲蓄業務のみを重視していたが、倉庫内に郷鎮代理処を付設し、為替、信託など一切の銀行業務を処理するようになった。抵当物品で最も多いのが米であり、徐州などの倉庫以外、すべて貯蔵しており、江南の各倉庫では貯蔵の八、九割までが米である。次いで棉花、三番目が小麦、この他、大豆、繭、豆餅、煙草、高梁などがある。(97)利率は、農産物を抵当に貸し付けるが、月利約一分五厘であった。(98)

省農民銀行の農業倉庫の組織形態が不明なので、省政府の倉庫のそれを見ておきたい。省政府は省農業倉庫管理委員会（委員七～九人）を設け、全省（省農民銀行のそれも包括？）の農業倉庫を管理、監督する責任を負わせた。省管理委員会の下に、県管理委員会（委員五～七人）が設置され、各県の農業倉庫を取り扱う責任を持たせた。省政府は各県政府に適当な地点に県倉庫を設置し、県管理委員会に運営するよう督促したほか、重要郷鎮に大規模な新式農業倉庫を設立し、模範とするよう命令した。三五年一月末までに省農民銀行が農業倉庫に使用した流動資金のみで一四六万七六三七元の巨額に上ったという。(99)ともあれ、省農民銀行成立から六年間（三四年七月）で資本金約一三六〇万元、分支行四三ヵ所、農業倉庫一八〇ヵ所に達したとされる。(100)

第八に、青苗貸付という実物貸付がある。省農民銀行総経理趙棣華は「我国の実物貸付は江蘇省農民銀行より始まり、現在該行は青苗貸付をおこなっている」(101)、という。この貸付も三三年から開始されたが、その規定によれば、農民が生産増大を欲すれば、省農民銀行に貸付を請求できる。例えば、肥料、種子、農具、家畜などを購入するものは青苗貸付とする。ただし、その借入額は収穫見積額の五〇％を越えることはできない。このように、当初は資金貸付として開始された。ところが、三四年に規定が改正され、実物貸付を原則とし、例外的に現金を貸し付けるがその用途を厳密に審査するとなった。(102)このように、銀行は貸付の使用に深い疑念を有し、同時に申請された目的以外に実際には農民が使用し、偽りの申告をしている可能性を強く示唆している。こうした危惧を打開するため、種子、肥料、原料、農具、蚕種、家畜、機械オイルなどを現物で貸し付け、農民による資金乱用を阻止し、完全に生産に用いさせようとしたのである。これらを省農民銀行が購入し、農民に貸与するのであるから、農民が直接購入するより安価であった。

かくして、青苗貸付総額は元来、年四〇〇万元であったが、三六年六〇〇万元となった。貸付は物品、現金の二種のままであったが、当然物品が主流を占め、省農民銀行が合作社に貸し付け、合作社から農民に青苗貸付をおこなわせた。その際、省農民銀行は合作社に返還保証として①収穫物、②地券などを抵当とさせた。ただ物品の場合も金銭表示で借りるらしく、返還は全て現金であり、貸付は小額を主とし、月利一分を標準とし、省農民銀行への返還は八ヵ月を期限とした。(103)

当時の農村金融の状況をより的確に把握するため、省農民銀行とともに、大きな役割を果たした上海商業儲蓄銀行についても若干見ておきたい。同銀行は初めて三一年南京金陵大学と烏江で指導した合作社に貸し付けた。三三年には上海に農村貸款部を、南京、鄭州、長沙に分部を設立した。同銀行は「農民自身に引き受ける能力がないならば、農村経済組織の改善には合作社を提唱することから着手すればよい」とし、「本行と関係ある合作社に経済面での補助をするほか、それが農村改進事業の中心団体になることを希望する」(104)、とやはり貸付における合作社の受皿としての役割などを重視していた。三三年江蘇、浙江、安徽、湖南、河北、陝西六省への合作社貸付は一〇二万二五九七元で、運銷合作社に四二万八六四二元、信用合作社に三〇万六四三三元、農業倉庫に二八万七五二一元で、自らの農業倉庫も三ヵ所有していた。(105)このように省農民銀行が一省に留まっていたのに対し、数省に跨がっていたのである。三四年四月六日付『天津大公報』によれば、上海銀行も信用合作社を江蘇に六〇社、安徽に三一社、浙江に七社などを設立していた。貸付は農業生産事業への使用を原則としながらも、農民知識の低さを憂慮し、同銀行による合作社は各地の社会教育機関、郷村小学、実験区と協力して進行するとする。(106)同銀行の合作社への貸付は月利一分、あるいは九厘であった。(107)

同銀行と関係ある運銷合作社は全国で七社あるが、江蘇には東台、江浦、蕭県に各一社ずつ三社ある。①東台の裕豊村棉花生産運銷合作社は銀行総部が直接管理する。ここは優良棉産区であり、三三年春、当地の大豊公司の朱謦辞らが農民援助のため、棉花運銷合作社を組織した。社員一五〇余人が生産資金七〇〇〇元を借入し、棉花は大生紗廠に運搬し、販売した。該社は以上二種の貸付のほか、農民抵当貸付部を付設し、二万四〇〇〇元を放出し、二〇〇〇余戸がその恩恵にあずかった。②江浦棉花生産運銷合作社は分区銀行が取り扱う。中央大学棉花試験場が主に運営し、棉花の改良をおこなっている。社員は計五〇人で、棉田七〇〇余畝。三三年に運搬した棉花一七四担、借入金五五〇〇元。棉花は無錫の慶豊紗廠に販売した。③蕭県黄口の落花生・雑穀生産運銷合作社－蕭県黄口は落花生、大豆などが著名で、輸出額は年に二万元に達す。近年来、商人などが一切を独占していた。そこで、省立徐州民衆教育館が農民を指導し、七月運銷合作社を成立させた。社員二〇五人、借入金五〇九九元であった(108)。

南京国民政府は「農業が国の基本」との認識から、合作事業政策を強力に推し進めてきた結果、農貸事業は萌芽時期から次第に展開時期に入り、三六、七年には極盛時期に入ったとされる。農村への資金回流に参与する銀行は全国で六七銀行に達し、農民貸款所も江蘇、浙江、安徽、湖南、湖北、河北、河南、山東、山西、四川、福建などの一一省となった。未曽有の状況であったという(109)。また、三七年二月省農民銀行は江蘇省の農産物運銷網を完成したとされる。特に総行内に農業貸付課を設立し、農業倉庫、抵当、春耕などの貸付業務をおこなわせた。同時に、武進、宜興、無錫などの養蚕事業の拡充を決定し、産銷合作社を組織させるために貸付金額を一〇〇〇万元とした。ただ、八月第二次上海事変の勃発により、同銀行はついに貸付業務を停止せざるをえなくなったとする(110)。

おわりに

以上のことから導きだされる結論は以下の通り。

第一に、江蘇合作事業の発展要因。まず、①五・四時期に上海中心に実践活動した薛仙舟ら初期合作運動関係者が南京国民政府に合流し、江蘇合作事業の発展に寄与した。薛の銀行を中核として合作社を発展させるという構想は、「全国合作銀行」という形態では当時結実しなかったが、江蘇省農民銀行の設立をみた。また、国民政府、省政府、合作主義者のパイプ役は、すでに二〇年代中期に薛の影響を受けて強力に「合作運動」を鼓吹してきた陳果夫であった。②江蘇省には元来、生糸業、絹織物を中心としての副業が存在し、これらは没落過程を立て直すために二〇年代中後期から、各種の生産技術面、組織面、流通面での改良が模索されてきた。さらに上海という大消費地が近隣に存在し、流通問題はとりわけ重要であった。③南京が首都となったことから、国家権力が存在し、政治権力を行使しやすい所であった。江蘇合作事業は国、省、県の権力に守られ、公安を含む各種機関の支援も受け、「上から」促進された。このように、江蘇にはそれまでの合作運動の指導人材が存在し、経済的には当地の副業基盤を再建し、かつ政治力を最大限に利用できる地域であったといえる。

第二に、南京国民政府は自らの地盤を固めるため、まず、足元の江蘇省から着手した。「合作運動」を七項運動に組み込むことによって、全国的な下層基盤の育成へ道を開くと同時に、実質的に江蘇省政府、とりわけ省農鉱庁（省建設庁）に合作運動推進を担当させた。省農鉱庁は指導委員会、指導員養成所を設立し、江蘇合作事業の普及、発展の基盤を形成した。これらを本格的に展開するためには経済、金融面からの支援が必要である。かくして、農村投資に躊躇していた商業銀行などに先駆けて、政策的に農村、合作社金融を主要対象とする江蘇省農民銀行を設立させたのである。同銀行は華洋義賑救災総会と異なり、慈善機関ではない。孫伝芳の「二角畝捐」に着目して基金としたが、資金が多いわけではなく、その資金を保持しながら、資金の増大を図り、発展させなければならなかった。それ故、個人信用のない農民を合作社に組織することで、信用をもたせ、銀行から合作社にまず貸し付け、合作社を通して農民に貸し付けるという方式を採った。逆に考えれば、貸付利息という形で合作社がまず利益を受け、合作社から利息を取ることによって、省農民銀行も利益を得るというシステムなのである。さらに、省県金庫としての役割は省農民銀行の経済基盤を安定させた。陳果夫の言にもある通り、これら税収の一部は合作社にも使用された可能性が強く、同時に合作社から利息形態で吸い上げた利益は省県財政を潤し、ひいては南京国民政府の安定度を増大させたのである。

第三に、「上から」の合作社組織化の問題は否定的に考察するよりも、むしろ開発途上国における国家資本主義の問題として考察する必要がある。当時の農民の生活、及び知的水準の低さ（合作社組織化能力の欠如）、農村の疲弊、遅れを考慮した場合、農民の自発性によって合作社のような会計や経営能力などを必要とする改革運動をおこなうことは不可能であり、それを上から移植、指導、保護、援助することが重要であった。確かに、民間初期合作運動は自発的であったが、復旦大学中心の知識人、合作主義者が集まり、完全な民間主導型でおこなった結果、各都市、及びその近郊という極めて狭い範囲でしかおこなうことができず、幾つかの合作社は権力との対立によって崩壊していった。また、農村、農民を無視した形であったため、自ずと限界があったと断じざるをえない。それに対し、農村、農民に主眼をおいた二八年前後以降の江蘇合作事業は国、とりわけ省、県に擁護され、指導され、そして全国的な合作事業発展を呼び起こすという成功を収めた。中央の合作事業の体制が確立し、法令が出されるのは三五年（八月実業部合作司の設立、九月中華民国合作社法の公布、さらに一〇月全国経済委員会合作事業委員会の設立）であったことを考えれば、その先駆性は自ずと明らかになるであろう。ただし、合作事業の発展と質的成長は「上から」の過度の指導、保護（干渉）に対するアンチテーゼとして、抗日戦争時期に自発性を重んじ、民主、自主、自立を標榜する中国工業合作運動を生み出すことになる。

第四に、当時の合作社の方向は流通改革にあったのであり、それ故にこそ、商人をはじめとする流通部門を担う人々と厳しい対立を示すことになる。合作社の中では数の多い信用合作社が当時の先端を担っていたのではなく、むしろ先駆的な動きを示し、当時を特徴づけるものは、数こそ多くはないが運銷合作社であった。つまり、「資本主義の圧迫と操縦」とは具体的には商人による価格操縦であり、その「中間搾取の排除」とは流通改革を意味するものであった。生産合作社の役割も、生産より原料の共同購入、布商などへの共同販売に主眼が置かれていた。布商を排斥できないなど、不徹底なものであったが、やはり流通改革の一種であった。生産、信用などの合作社も兼営形態で運銷への方向を歩んでいた。つまり国、省、県、合作社が力を合わせ、流通過程から旧来の商人などを排除し、その利益を奪取し、それを省、県、合作社、農民で再配分し、農民の生活、農業の成長を図り、農村基盤を確立することで南京国民政府の安定を図るものであったといえる。何玉書の言にもある通り、「農村高利貸」への批判もあり、一方地主なども当初、合作社に反発していたが、合作社に加入し、自ら借入できる。また、佃農などが合作社に加入しても〈地主〉―〈小作〉関係は変わらず、合作社によって農民生活が安定すれば、地租の取り立てが容易になり、また地主、高利貸は円滑な貸付金の利息付きの取り立ても容易になる。結局、江蘇合作事業は地主、富農、高利貸に打撃を加え、排除するものではなく、それらをも実質的に包括し、地主などへの質流れに伴う土地集中を阻止はするが、彼らを含めた形で農村全体を富裕化することで、省県財源をそこから獲得しようとする試みであった。かくして、地主、富農による合作社支配は起こるべくして起きた。当時の合作社にはそれを阻止する機能はほとんど存在していないのである。なお、農業倉庫は抵当による個人貸付に道を開き、合作社を通しての貸付と、抵当のある農民への直接貸付の両方式を取ることによって、より幅広い資金の吸収、金融流通の円滑化、及び農作物の掌握を目的としていたことは明らかだろう。また青苗貸付は合作社から農作物などを抵当にとり、農民が資金を最も必要とする時、合作社を経て収穫見積の五〇％以下を実物で貸し出すというもので、使用目的以外の貸付金の流用を阻止し、生産増大に直結させるという現実に立脚した方法も採用している。

註

（1）　ここでは、江蘇合作事業の関連論文を主要に取り上げておきたい。①石井俊之「支那に於ける経済復興運動」（上）（下）(3)、『満州調査月報』第一七巻七号（一九三七年七月）、第一七巻八号（八月）、第一七巻九号（九月）は、合作社を中国の「経済復興運動」と位置づけ、江蘇を包括する中国の合作事業を経済的背景、政治、イデオロギー、教育諸側面から論じた力作であるが、相互の関連づけが不明確なこと、とりわけ合作社に対する評価は低く、「植民地」的経済に規定され、零細農を排除、高利貸的役割の継続と結論づけるのは問題であろう。②弁納才一「南京国民政府の合作社政策」『東洋学報』第七一巻一・二号（一九八九年一二月）は江蘇、江西両省の各種合作社の意義などを丁寧に分析し、好感がもてるが、主に両省の合作社と農民の関係に局限して国民政府の合作社政策、農業政策を論じるのは、いささか無理があるのではなかろうか。また、優良な合作社のみに着眼し、限界を捨象したため、当時の合作社の実態を正確に捉え切れていないことが惜しまれる。台湾では、③陳岩松『中国合作事業発展史（上）』台湾商務印書館（一九八三年）は第一一章第二節で「江蘇農民銀行」、第一四章第一節で江蘇合作事業というように、同銀行と合作事業の記述が分断され、また、主要に全国視点で書き、その一部として江蘇を論じるために、その実態、特質や省農民銀行の組織機構などはほとんど明らかにされていない。④頼建誠『近代中国的合作経済運動』正中書局（台湾、一九九〇年）は台湾や「満州国」をも視野に入れた意欲作である。ただ、二八年から四九年までの全国「合作経済運動」を五期に時期区分し、その後、江蘇を含む全国合作事業を機構、合作金融、経済利益、政治・軍事などからそれぞれが個別的に論じられ、それらの有機的関連が定かでなく、時期区分との相関関係も十分でていない。中国でも幾つか概説があり、⑤米鴻才等『合作社発展簡史』中共中央党校出版社（北京、一九八八年）は第七章第二節で二七年から四九年までの国民政府下の合作社を論じるが、蔣介石らが合作社を利用し、農民革命運動を直接間接に破壊したと強調する。⑥楊堅白主編『合作経済学概論』中国社会科学出版社（北京、一九九〇年）は華洋義賑会や盧広綿らの棉花運銷合作社などの民間主導の合作社を高く評価して注目されるが、それに対して国民政府下の合作社は地主、商人などに支配され、農民の生活改善に何らの作用もなかったとする従来の研究を踏襲する。本補論では、江蘇に焦点を絞り、国民政府、江蘇省政府、省農民銀行、合作社、農民の構造的、かつ有機的関連を考察し、江蘇合作事業の方向性と積極的意義を実証的に明らかにしたい。

（2）　石井俊之、前掲論文（下）、六九頁など。なお、「三月二日」は「二月二日」の誤り。

（3）（4）　寿勉成・鄭厚博『中国合作運動史』一九三七年、一〇六～一〇七頁（以下『運動史』と略称）、及び本書第三章。

（5）　蔣建白「十年来的中国社会教育」『抗戦前十年之中国』一九六五年、六〇三頁など参照。

（6）　『満鉄調査月報』第一六巻七号、一九三六年七月、二一〇頁。

（7）　本書第三章。

（8）　陳仲明「民元来我国之合作運動」、周開慶主編『民国経済史』一九六七年。伍玉璋『中国合作運動小史』中国合作学社、一九二九年、八八頁。以下『小史』と略称。王志莘「推行江蘇合作事業之意見」、江蘇省農民銀行『蘇農』第一巻六期、一九三〇年六月。呉華宝「中国之農業合作」『天津大公報』一九三六年四月二二日。

（9）　「江蘇省政府農鉱庁合作社指導員養成同学会慶祝江蘇省農政会議開幕宣言」『合作週刊』第三一期、一九二八年一一月二二日。なお『合作週刊』は『上海民国日報』副刊。

（10）　鄭林荘「中国合作運動史初稿」、張延祝主編『経済学報』第一期、燕京大学経済学会、一九四〇年五月。

（11）　丁鍚棠「江蘇省合作事業之調査」、浙江省政府建設庁『浙江省建設月刊』第四巻二期、一九三〇年八月。

（12）　丁鍚棠、同前。表では、「一六六八元」と見えるが、おそらく点の打ち方を間違っており、その最初の説明で総計「三万二六八〇元」となっており、一万六六八〇元が正しい。他の数字もそれに準じた。

（13）　唐啓宇「視察江蘇農鉱庁第一第二第三第四第五第六各合作指導所報告書」『合作週刊』第四五期、一九二九年三月七日。

（14）　張鏡予『中国農村信用合作運動』商務印書館、一九三〇年、六七頁。

（15）　丁鍚棠、前掲論文。『小史』八五～八六頁。この二つの史料には差があり、九月卒業ではなく、丁によれば第一期は「(二九年？) 四月」卒業、そして第二期の二九年九月六〇余人が入学となっている。つまり、当初スムーズにいかず、なんらかの事情で一ヵ年となったか、学習の開始が遅れた可能性もある。

（16）　丁鍚棠、同前。『小史』八五～八六頁。なお、『合作訊』によれば、省農鉱庁何庁長は江蘇省に暫定的に指導所八ヵ所を設立し、養成所卒業者を各指導所に派遣し、合作社の設立、経営を指導することとなった。例えば、第一指導所は鎮江に設けられ、指導員三人が派遣された。揚州の第五指導所は五台山の蚕糸試験場内に設置され、指導員一人が派遣され、合作社の設立準備に着手した（『合作訊』第四〇期、一九二八年一一月、三頁）、とある。

（17）　薛樹薫「推進江蘇合作事業芻議」㈢、農村経済月刊社主編『農村経済』第二巻一一期、一九三五年九月。

(18)(19)　丁錫棠、前掲論文。なお、浙江省では、省農民銀行が成立する以前に、まず信用合作社を運営し、並びに合作指導員養成所が設立され、合作指導人材が養成されている。九月二七日省建設庁が省農民銀行籌備処処長の許璟に養成所長を兼任させている（前掲『合作訊』第四〇期、四頁）。
(20)(21)　『運動史』一一〇、一一一、一二〇頁。
(22)　呉華宝、前掲論文。
(23)　実業部『中国経済年鑑二十五年』第三編、〈R〉三頁。以下、『年鑑』と略称。
(24)　本書第三章。
(25)(26)　実業部中央農業実験所『農情報告』第二年一二期、一九三四年一二月、一二〇～一二一頁。
(27)(28)　『運動史』一二〇～一二二頁。
(29)　『年鑑』〈R〉二頁など。なお、寿勉成は「CC」系で、陳果夫による合作事業推進の片腕と目される人物で、国民政府下の合作事業発展に尽力した。二一年復旦大学卒業後、一時中学教師をしたが、その後、アメリカに留学。帰国後、復旦大学で教鞭を採っていた二七年冬、おそらく大学同窓の王世穎などとの関係から中国合作学社（内実はかなり変化したと考えられるが、初期合作運動指導機関・平民学社の後身）の創設に参加した（寿勉成「陳果夫与国民党的合作運動」『文史資料選輯』第八〇輯、一九八二年二月など参照）。
(30)　『運動史』二〇五頁。
(31)　陳岩松、前掲書（上）、二六六頁。『江蘇合作』第二二期、一九三七年五月、一五頁。
(32)　陳果夫『蘇政回憶』正中書局、一九五一年、六五頁。
(33)　言穆淵「我国銀行経放農貸之数量」『経済学報』第二期、一九四一年五月、駱耕漠、前掲論文、及び『運動史』二九六頁など参照。
(34)　記者「農行史料——開幕——」『蘇農』第一巻九期、一九三〇年九月。
(35)　王志莘「主張」『蘇農』第一巻四期、一九三〇年四月。
(36)　経済資料社編『CC豪門資本内幕』一九四七年、三頁。なお、三六年には資本金四〇〇万元に増大した。また、省農民銀行は中国農民銀行の雛型になったとされる。また、政治史的に見ると、江蘇省農民銀行は「C・C」系の拠点であった。二〇年代から先駆的に合作運動にかかわってきた陳果夫が三二年一〇月省主席になった後、趙棣華（「C・C」系。一八九一年浙江省生まれ。アメリカのノース・ウエスト大学留学。国民党中央党部会計主任などを歴任したが、陳果夫に従って江蘇省財政庁長に転ずる）が三三～三七年財政庁長兼省農民銀行総経理に就任した。銀行董事には浦拯東、顧翊群、陳光甫らが就任し、中下層幹部は「C・C」系がほとんどであったという（同前、三～四頁）。
(37) 記者「農行史料——籌備——」『蘇農』第一巻三期、一九三〇年三月。
(38)「本行第十次業務会議紀要」、江蘇省農民銀行総行『農行月刊』第二巻三期、一九三五年三月一五日。
(39)『運動史』二九七頁。
(40)『小史』八一～八二頁。
(41) 龔善継「十九年上期農行及各分行処営業情形概述」『蘇農』第一巻八期、一九三〇年八月、及び『運動史』二七九頁など参照。
(42)『農行月刊』第二巻一、二期（一九三五年二月）所収の図を参照。
(43) 駱耕漠「信用合作事業与中国農村金融」『中国農村』第一巻二期、一九三四年一月。
(44) 龔善継、前掲論文。
(45) 江蘇省農民銀行総行編『第四年之江蘇省農民銀行』一九三三年七月、七頁。
(46) 駱耕漠、前掲論文。
(47)『農行月刊』第二巻一、二期、一九三五年二月一五日の裏表紙。
(48) 唐啓泰「農行信託業務之特殊性及其与救済農村之関係」『農行月刊』第二巻一、二期、一九三五年二月。
(49) 実業部中央農業実験所『農情報告』第五巻二期、一九三七年二月、四六～四七頁。
(50) 薛樹薫「推進江蘇合作事業芻議」(1)、『農村経済』第二巻九期、一九三五年七月。
(51)(52)『農情報告』第三巻二期、一九三五年一月、二八～三一頁。
(53) 前掲『農情報告』第五巻二期、四八頁。
(54)『農情報告』第三巻二期、二八～三二頁。
(55) 前掲『第四年之江蘇省農民銀行』一一、三二頁。

(56) 江蘇省農民銀行『廿四年業務報告』一九三六年一月、一頁。

(57) 陳果夫、前掲回憶、五〇〜五一頁。

(58) 本書第一章。張鏡予、前掲書、五三頁。費達生「呉江開弦弓村生糸製造之今昔観」『蘇農』第一巻五期、一九三〇年五月。拙稿「工業生産合作社の展開と農村工業」『東洋学報』第七四巻一・二号（一九九三年一二月）では、二三年頃「養蚕合作社」が設立されたと考えたが、その存在は確認できず、合作社的なものがあった程度と推測される。当事者が当時書いたものに信憑性があり、正式に合作社になったのは「二九年二月」であろう。

(59) 駱耕漠、前掲論文。

(60) 張漢林「江蘇省合作社運用之資金何在」『蘇農』第一巻六期、一九三〇年六月。なお、規定によれば、一株少なくとも一元、高くとも二〇元で、社員は少なくとも一株の購入が義務づけられ、多くとも五〇株が購入限度とされていた（陳一道「合作社職員訓練大綱」『蘇農』第二巻四期、一九三一年四月）。株金は運用資金、債務保証などの意味と同時に、出資により社員の自覚を高め、また持株限度を設定することで、一個人による合作社支配を阻止、さらに株利息を低くすることで投機的色彩を弱める目的もあった。

(61) ここでは、江蘇などの典当を見ておきたい。江蘇には典当が四〇県に三四五店あり、資本金は総計一三六三万元という。一店当たりは三・九万元であるが、総計は省農民銀行より多く、同省の有力な金融機関であった。利息は各省によって異なるが、江蘇、浙江は二〜四分、山東は四〜六分、青海、吉林は四分、新疆は六〜八分であった（厳格「中国農村金融流通方式的検討」『農行月刊』第二巻一〇期、一九三五年一〇月）。このように江蘇、浙江は最も利息が低い。このことは資金の回転が速く、かつごく限られた階層に限定されず、広範な人々が借入でき、必然的に借入者も多かったことを示唆する。

(62) 『農情報告』第二年一一期、一九三四年一一月、一〇八頁。

(63) 「江蘇省農民銀行二十三年業務報告」『農行月刊』第二巻一、二期、一九三五年二月。

(64) 「江蘇合作社成績評定規則」『蘇農』第二巻一一期、一九三一年一一月。なお、「特殊階級」とは何を指すのか不明であるが、「資本家」、「地主・高利貸」、「土豪劣紳」などを示す概念と考えられる。

(65) 『運動史』二九八〜二九九頁。

(66) 『革命文献』第八六輯、一九八一年、一七六〜一七八頁、及び弁納才一、前掲論文参照。

(67) 張国鴻「限制毎個社員借款五十元的理由」『蘇農』第二巻四期、一九三一年四月。
(68) 方顕廷「中国之合作運動」、天津南開大学経済研究所『政治経済学報』第三巻一期、一九三四年一〇月。
(69) 梁思達・黄肇興・李文伯編『中国合作事業考察報告』天津南開大学経済研究所、一九三六年一一月、六〇～六二頁。以下、『報告』と略称。生産合作社の詳細に関しては、前掲拙稿「工業生産合作社の展開と農村工業」を参照されたい。
(70) 『報告』五四～五六頁。
(71) 鄭厚博「我国合作社業務之検討」『浙江合作』第九巻七期、一九三六年一月。
(72) 『報告』四一～四五頁など。
(73) 前掲「江蘇省農民銀行二十三年業務報告」。
(74) 言穆淵、前掲論文。
(75) 沈維新「呉江県第七区北麻郷綢業運銷合作社組織経過及業務情形」『江蘇合作』第二八期、一九三七年八月。
(76) 鄭厚博、同前論文。
(77) 前掲『江蘇合作』第二二期、一五頁。
(78)(79) 盧貽孫「盛沢綢之衰落与合作社之勃興」、前掲『江蘇合作』第二八期。
(80) 王宝鋆「呉江綢業合作社之現状及今後推進方針」。兪蟾芬「呉江県第七区壇坻郷綢業運銷合作社過去与将来」、盧貽孫、同前、『江蘇合作』第二八期。なお、本補論では「集成公司」と「統制管理処」は同じものと考えて、前者を使用している。
(81) 盧貽孫、同前。なお、江西省湖口県でも商人による反合作社の動向があった（弁納才一、前掲論文参照）。
(82) 『報告』六六～七一頁。
(83) 唐啓宇「江蘇省政府消費有限合作社成立的経過和現在的状況」『合作週刊』第三七期、一九二九年一月五日。
(84) 『報告』七二～七三頁。
(85) 『報告』七六～七七頁。
(86) 邱治新「耕牛公養与利用合作」『農行月刊』第二巻一、二期、一九三五年二月。
(87) 『天津大公報』一九三四年三月四日。
(88)(89) 胡昌齢「江蘇呉県合作事業概述」、中国合作学社（上海）『合作月刊』第四巻五期、一九三二年五月。

(90)　趙棣華「我国農業金融今後之展望」『農行月刊』第二巻一二期、一九三五年一二月。
(91)　江蘇には倉庫法公布以前の二九年に、農業倉庫はすでに三ヵ所創設されており、その後、三〇年二〇ヵ所、三一年二八ヵ所、三二年三四ヵ所、三三年倉庫法が公布されると九四ヵ所と飛躍的に増大し、三四年一八四ヵ所、三五年二一一ヵ所、三六年には三一七ヵ所、全省五二県に上り、三六年貯蔵総額は一七二二万四〇〇〇余元であったという（言穆淵、前掲論文）。
(92)(93)　張鉄錚「中国的倉儲制度」『国民経済建設』第二巻二期、一九三七年二月一五日。
(94)　前掲『廿四年業務報告』一二九〜一三二頁から算出。
(95)　「本行丹陽分行両年来辦理倉庫概況」『農行月刊』第二巻一二期、一九三五年一二月。
(96)　厳格、前掲論文。
(97)　前掲「江蘇省農民銀行二十三年業務報告」。
(98)　胡昌齢「論農業倉庫為復興農村経済之要点」『農行月刊』第二巻五期、一九三五年五月。
(99)　「江蘇省農業倉庫管理処一年来辦理農倉之経過」、同前『農行月刊』第二巻五期。
(100)　厳格、前掲論文。
(101)　趙棣華、前掲論文。
(102)(103)　言穆淵、前掲論文。
(104)　「上海商業儲蓄銀行農村貸款報告」(1)、『天津大公報』一九三四年四月一日。
(105)　方顕廷、前掲「中国之合作運動」。
(106)　「上海商業儲蓄銀行」(4)、『天津大公報』一九三四年四月六日。
(107)　「上海商業儲蓄銀行」(6)、『天津大公報』一九三四年四月一三日。
(108)　「上海商業儲蓄銀行」(3)、『天津大公報』一九三四年四月三日。
(109)(110)　言穆淵、前掲論文。

結　論

以上の各章、及び補論から、以下の最終結論を導き出すことができる。

第一に、五・四運動前夜、救国思想として各種社会主義が討論されたが、協同組合主義もその一つであった。結局、これと資本主義、社会主義、共産主義、無政府主義など各種思想との関連であるが、①無政府主義に対しては、合作主義者はそれを批判しながらも目的、理想は同じであり、互いに排斥するものではないと考え、かつ「互助」という共通項を有していた。②合作主義は資本主義と社会主義の中間に立ち、それは「和平」、「調和」を基調とするとの認識では一致していた。その上、合作主義を資本主義から社会主義への過渡的手段と明確に位置づける意見も多かった。③毛飛の言う如く、中国は「分配の不均等」だけではなく、最大の問題は「生産力不足」にあり、したがって「激烈な手段」は不要と考えたのである。④合作主義者は当初から労働者解放を重要な柱と考えていた。だが、ストライキには多くが否定的で、それに対して全国の労働者が合作方法を実施すれば、「数多くの資本家は自然消滅する」と、少々楽観的な見解までも披露している。⑤薛仙舟の場合、資本主義発展の結果、生じる貧富の差にも、階級闘争を核とするマルクス経済理論にも批判的となり、その中間に存在する「大道」と考えた協同組合思想を深く信じた。⑥合作主義は進化論に対してアンチテーゼの位置にある。したがって、進化論の主張する「生存競争」、「自然淘汰」に激しく反発する。つまり明確になることは、暴力革命と階級闘争の否定、資本主義と社会主義の中間に立つ過渡的手段、及び「互助」の重視である。そして、平和裡に社会主義に移行できる手段と考えた者も多かったことである。

ところで、中国の合作社組織化の実践は民間から開始された点に特徴がある。そして、当初、消費、信用、生産各合作社など多様な可能性を示した。まず、①イギリスのロッチデール式に最も強い影響を受けた。これは、産業革命後の先進国型協同組合であり、農業国家たる中国への適用は客観的に容易ではなかった。だが、民間初期合作運動の指導者が都市に集中していたことにより、消費合作社を重視する傾向があり、学生消費合作社や上海職工合作商店など大学や労働者の間に設立基盤を見出した。次いで、②信用合作社はドイツのシュルツェ、ライファイゼン両型から影響を受けた。特に前者から影響を受けたのが、中国初の都市型信用合作社である薛仙舟の上海国民合作儲蓄銀行で、後者から影響を受けたのが中国初の農村信用合作社である成都農工合作儲蓄社といえる。③生産合作社はフランスに注目しながらも、同国の政府保護形態を採る大規模工業協同組合の中国への適用は不可能と考えられた。したがって、中国初の生産合作社である大同合作社はロッチデール式、オウエン的「農労一体共同社会」、無政府主義、工読互助運動、「新しい村」などの混合体という特殊な形態を採っており、その他の生産合作社は工会、罷工との関連が深く、労働者の経済基盤、もしくは生活防衛組織としての色彩を濃厚に有していた。

その他、日本の「産業組合」からも影響を受けているが、『産業組合法』（一九〇〇年）に着目した戴季陶を除けば、京師大学堂の科目など、五・四運動以前に影響を受け、直接実践には結びつかなかった。徐滄水、于樹徳らは日本で開眼したとはいえ、むしろ日本が影響を受けたドイツなどに目を向けた。民間初期合作社段階では、酪農主体のデンマークの農業協同組合については触れられる場合があっても、その影響は実質的にほとんどない。華洋義賑救災総会もデンマークに着目しているが、本格的になるのは、やはり三〇年代の梁漱溟による郷村建設運動以降と考えるのが妥当である。

民間初期合作運動と海外協同組合運動との関係はどうか。合作主義者はＩＣＡの動向に注目したが、とりわけ第一次世界大戦後の二一年八月、敵国同士のドイツ、フランス両代表が同席したスイスのバーゼル開催の一〇回大会に着目した。この場合も、敵対ではなく協力、平和志向、反戦、反資本主義から見るという姿勢は一貫していた。その上、民間初期合作主義者は意外なほど海外協同組合運動の歴史、現状、問題点に精通し、イギリス、フランス、ドイツ、アメリカはもちろん、ソ連、スイス、インド、フィリピンにまで及ぶ。他方、ＩＣＡも二二年中国合作運動に気づき始め、二三年にはＩＬＯ協同組合事業部からも援助の申し出があった。

では、二四年頃までに民間初期合作社のほとんどが崩壊した要因であるが、①民衆の組織能力の欠如、とりわけ経営力不足から経営難に陥った、②政治、経済的バックがなかった、③農村国家たる中国での都市型合作社の不適合などが指摘できるが、とりわけ重大な要因は、④合作社保護、優遇の合作社法が未成立なばかりか、逆に軍閥政府は合作運動を危険視し、妨害、弾圧していることであろう。その主要対象は生産合作社で、労働者が自発的に組織したため、労働運動の延長上にあると解され、特に危険視された。当時、合作主義者は否定を繰り返したが、軍閥に弾圧される必然性は当然あったといわねばならない。なぜなら「救国」、経済改造思想として中国に流入、その結果生まれた民間初期合作運動は反権力、反封建主義は当然のこと、さらには日本品ボイコットのための経済基盤育成、流通機構の改造、搾取への対抗、資本家との地位の逆転など、反資本主義、反帝国主義の志向を当初から濃厚に有していたからである。ともあれ軍閥の弾圧などで沈滞する合作運動の突破口として、自立的運動の姿勢の転換し、張廷灝らはイギリスで協同組合党を例に出し、国民党への接近を真剣に考え始める。かくして、合作主義者の主流は二七年七月以降、国民政府下の合作事業に合流することによって自己実現を果たしていくことになる。

第二に、国民党の合作社は一九二八年に開始されたのではなく、それ以前の地道な前進、試行錯誤の結果として飛躍的展開を見た。まず①孫文であるが、一二年一〇月早くも合作社に触れているが、初歩的で漠然としたものであった。孫文が明白に合作社に言及したのは、一九年の「地方自治開始実行法」であり、その効能を強調した。この時、イギリス消費協同組合の影響から主に流通過程の変革を重視したが、組織機構などには言及せず、実践するには不十分なものであった。だが、極めて早期に地方自治の関連で合作社に着目し、さらに「民生主義」の中に消費合作社を組み込んだことは注目される。②戴季陶は日本で「産業組合」の重要性に気づき、帰国後、五・四時期の上海での労働運動の盛り上がりを背景に、それを工会の下部経済組織と位置づけた。合作社構想に関していえば、孫と戴の関係は同時並行的であった。その後、戴は「協作制度的効用」などを出し、中国初の協同組合法制定により中下層レベルの経済基盤確立、経済発展を目指した。その際、農村より都市にウエートを置き、また社員の国籍条項の撤廃など国際化を志向した。さらに、「七人以上での組織化」などは大枠として後の『中華民国合作社法』などに継承された。③廖仲愷はロッチデール式消費協同組合を最も重視した。その意味で考えは孫文と近い。そして、合作社が平和漸進的な方式で、生活改良、分配問題を解決でき、資本主義の跋扈を消滅できると強調した。廖は自ら合作委員長に就任し、労働運動、農民運動と合作運動を結びつけようと尽力している。その他、陳果夫、邵力子は二〇年に民間初期合作社、例えば、上海合作同志社に実際に参加している。かくして、その経験を生かして、その後、陳は合作行政機構の樹立、合作教育の唱導、江蘇合作事業の推進、また、邵は陝西合作事業を推進し、抗戦期には中国工業合作協会理事に就任するなど、両者とも国民政府の合作事業推進に大きな役割を担うことになる。

ところで、国民党が最初の合作社は二四年設立である。この時は、合作社単行法ではなく、『農民協会章程』、『工会条例』、『商民協会章程』などの法令に付随させる形で出発した。したがって、国民党初の合作社も二四年六月廖仲愷の発起による中央執行委員会付属の消費合作社であった。その後、国民党系合作社は都市型の消費合作社から次第に農民協会運動と連動した形で農村合作運動へと傾斜、ウエートが農民の信用合作社へと移っていく。二七年四月南京国民政府が分離、成立すると、民間の初期合作社指導者は武漢ではなく、陳果夫らとの関係から南京との合体工作を本格化させる。こうした状況下で、六月には薛仙舟の『全国合作化方案』が提出された。この後、孫文の「地方自治開始実行法」、「民生主義」など「遺教」が繰り返して引用され始め、合作社との関連が強調された。つまり合作社に関する限り、孫文の言は生前ではなく、むしろ死後、特に二八年、合作社が国民政府の運動へと大転換する際、大きな推進力となった。そして、国民政府は合作社の「調和」、「中庸」などの側面を特に強調することによって全面的採用に踏み切った。すなわち、中共指導の農労運動を「破壊的」と規定し、かつ労働組合と合体する可能性が強い工業生産合作社を排除しようとした。かくして、中共の土地革命に対抗しながら、「建設的」農労運動へと転換させる合作運動に期待を寄せた。その結果、農村建設・復興を核とする国民経済の確立、及び「七項運動」の一つである保甲運動とともに、国民政府支配権の貫徹のための有力な支柱として大々的に展開されることになる。

第三に、中共の協同組合思想受容の起点は、フランス留学中に「勤工倹学」運動を指導していた蔡和森にある。毛沢東は蔡との往復書簡の中で合作社に開眼し、中共を支える経済基盤と位置づけた。そして、実弟毛沢民を消費合作社に送り込み、かつ二四年第一次国共合作下で国共両党員、民間合作指導者による中国合作運動協会にも自ら参加した。ところで、二二年九月毛、李立三、劉少奇らが指導した安源大ストの勝利は、湖南中心に全国労働運動に極めて大きな影響を及ぼした。こうした背景下で中共系合作社の起点ともいうべき、二二年九月江西省安源路鉱工人倶楽部内の工人消費合作社が設立された。①李立三は中共組織拡大の宣伝のために労働者教育を最優先し、また消費合作社初代総経理として兌換業務を重視した。②劉少奇は工人倶楽部の組織機構を確固たるものとし、かつ消費合作社章程の機構整備・改革に尽力した。なお、劉は工会中心の労農同盟を考え、その延長線上に消費合作社重視の姿勢があった。かくして、工人消費合作社は中共系の労農合作運動の起点として、また労働者の生活改善・商人の中間搾取への抵抗を通して中共、労働運動への支持を拡大する基盤となった。その特色は、消費合作社を梃子とする流通改革に重点が置かれ、それ以降の中共による合作社政策の骨幹を形成した。

ところで、合作社は第一次国共合作下で前述の中国合作運動協会にも見られる通り、国民党と中共を結びつける紐帯としての役割を果たした。陳独秀らは、コミンテルンやソ連の協同組合認識を受け継ぎ、合作社が改良主義的になることへの虞を喚起し、階級闘争消滅への反発を繰り返し表明した。だが、陳らも合作社の経済面での効用、経済基盤の確立における意義を認めざるを得なかった。ただし、この時点では、中共は毛沢東を含めて、消費合作社の重要性を認めてはいても、信用合作社に関しては、その緊急な必要性を認識しておらず、旧来からの貸借機関で代替可能と考えた。このことは、国民党の信用合作社重視の姿勢とは対照的な流れを形成することになる。

安源労働運動は農民運動に強い影響を及ぼした。安源炭鉱を首にされ、帰郷した労働者は湖南省各地で農民運動を指導するが、それが湖南農民運動の爆発的発展の一因となった。換言すれば、湖南農民運動は労働運動方式、いわば安源式に組織された農民運動であった。減租減息などを「消極」的ととらえ、闘争を支える経済基盤確立を「積極」的としてむしろ重視した。すなわち、運動を支える合作社が不可欠とされたのである。中共中央のあらゆる会議、決議案で合作社が採りあげられ、僅か数年で普遍化していった。その結果、農民協会内に消費合作社が設立された。ただし、毛沢東は二七年三月「湖南農民運動考察報告」の発表以降、合作社側面においても農民運動への傾斜が見られた。つまり合作社は、労働運動から農民運動へと【江西】→【湖南】→【広東】という順で波及していった。また、合作社形態からいえば、組織化の順は【消費合作社】→【信用合作社】→【生産合作社】と考えられていた。

第四に、沈玄廬は初期からの中共党員であったが、最終的には国民党最右派の「西山会議派」に参加した。その結果、首尾一貫していないことや動揺が強調されるが、労働者よりも農民、階級闘争よりも互助を重視し、かつ蔣介石・国民党による中央集権化より地方自治を鼓吹するなどは間違いなく一貫していた。かくして、中共、国民党の双方と対立することになる。沈によれば、衙前農民の活路は農民自決であり、土地私有の廃止のために、暴動ではなく、団結、組織化が必要で、その実現が農民協会であった。一九年沈玄廬は、「共同工作」、経済重視、平和的な漸進方法により「激烈な衝突」を回避しながら目的に達することを主張した。いわゆる合作主義を提唱したのである。実践的には、衙前農民協会の創設を梃子とする自治的な「合作社村」創設で、農村小学校も設立した。こうした構想はオウエンの「協同村」の影響を最も受けたと考えられるが、二一年段階には生産、消費を行なった事実は見当たらず、沈の村単位の「合作社村」構想の一環（衙前農民協会、農村小学校など）を実現した未完成の「農村合作社（協同組合）村」と歴史的に位置づけられる。沈は減租闘争も非暴力合法闘争にする予定であったが、地主殴打事件が発生し、それを口実に衙前中心の農民運動は二一年末、軍閥政府に鎮圧され、衙前農民協会（第一次）は閉鎖された。二四年一月第一次国共合作後、沈玄廬は衙前農民協会（第二次）を復活させ、自ら農民協会長に就任した。そして、浙江初の信用合作社を衙前村に設立した。その後、信用合作社は東郷地区で瓜瀝村、南陽村にも設立され、計三社となり、いずれも当地の農民協会が指導した。二八年から沈創設の東郷自治会がその指導を引き継いだ。沈は民権、民生を特に重視し、農民運動と地方自治を推進した。その目的は、衙前村を核に東郷地区で小規模な訓政を実施し、民衆団体を基盤に民衆に自治を教え、建国の基礎とすることにあった。この時、確かに信用合作社の創業費は自治会が負担したが、農民協会が貸付章程も議決しているように、依然として農民協会の影響力が強いことが看取できる。なお、二八年頃、衙前村にはほかに改良種繭販売第一合作社、書籍販売合作社も設立され、かつ児童会にも信用、消費、販売などの合作部が設置されるなど、合作社として広がりを見せていた。だが、三〇年一月東郷自治会は省政府に廃止された後、衙前信用合作社は急速に力を失っていった。かくして、農民協会や合作社を梃子とする下からの改革は、南京国民政府の管理強化とともに、衙前村でも上からの合作事業へと転換していく。

第五に、華洋義賑救災総会であるが、その執行委員は一部を除いて、いわゆる「縁」とはいえず、北京政府の中枢に参画していた。だが、その下にある農利委分会などの構成員は「縁」といえた。つまり人員的にこうした多重構造となっていたのである。総会は農村建設、農民自立化に向けて農村金融面から着手した結果、信用合作社組織化が急浮上した。機構的には、二二年四月以降、農利分委弁会、合作委弁会、そして農利課が相次いで成立し、合作社組織系統が完成した。信用合作社は河北省中心に二三年八社から、二八年六〇四社まで順調な伸びを示した。①総会は限界ある貸金の有効使用のため、信用合作社の等級分けをおこなった。相互に競い合わせ、全体を活性化させる試みであり、同時に未承認社が大量に存在し、良質の合作社を生き残らせる方策を採った。②総会による信用合作社貸付は年利一分二厘を上限、被災地域は八厘を基準とするなど一定しなかったが、六厘を基準とすることに修正、一社当たり三〇〇～五〇〇元とされた。信用貸付を原則としたが、厳密な審査、「地契」を担保とするなど貸付回収に厳しい防衛政策がとられた。したがって、貸付金回収率のよさは合作社の「健全さ」というより、原則として回収できる合作社のみに貸し付けた結果であった。その結果、貧農、雇農を除外したが、一定範囲の農村に金融基盤を形成した意義は過小評価できない。また、次第に流通を重視するようになり、金陵大学が設立した運銷合作社の試験的な運営にも援助した。その他、海外協同組合との関連では、人員派遣などを実施したが、特にデンマーク、イギリス植民地インド、近隣では日本、及びその植民地朝鮮のそれに着目している。

従来農民は信用がなく、したがって信用合作社設立が急務であった。信用合作社は原則として無担保で農民社員に貸し付けた。貸付総額も二四年を一とすると、二六年には四・五倍、二八、二九年には六・八倍に伸びている。また、貸付用途は原則として生産に限定したが、実際は高利貸からの借金阻止の意味から冠婚葬祭貸付は継続した。むしろ問題は債務返済貸付で、その比率は二〇％前後で推移し、好転することはなかった。信用合作社の儲蓄業務は貸付が順調になった後、開始された。農村資金を農村間で流通させ、かつ合作社が次第に自立することが目指された。なお、合作社の発展に伴い、安平などで県単位の農村信用合作社連合会が結成されている。その他、華洋義賑救災総会は講習会を開催し、各合作社レベルの幹部、事務員から指導者の養成までおこなった。注目すべきは、合作社や連合会レベルで自発的に学校を開設し、識字教育や簡単な合作社教育を実施したことであろう。かくして、合作社を梃子に農村経済のみならず、社会・教育・文化を改編していく役割を担った。

北京政府、地方当局の総会に対する妨害、弾圧は、合作社法規の頒布以前に、先行している合作社組織化に対する政権側の疑念を背景としていた。実は合作社には農村再編という方向性、地方自治的な指向があり、政権と摩擦を引き起こす必然性があった。とはいえ、「弾圧の急先鋒」である農工部自体が農村建直しの必要性は認識しており、対応に苦慮していたのである。二四年九月中国第一回実業会議で四川代表などの合作社法制定の提案は失敗したが、二五年一〇月第一一回全国教育連合会で広西省教育会提出の「中等以上学校庁消費合作社案」は採択されている。北伐の成功と南京国民政府の樹立は総会に大きな解放感を与え、その前後から国民党への接近を開始し、信用合作社を孫文の三民主義で捉え返す作業が始まった。南京国民政府側としても不安定な社会経済状況を打開する必要に迫られ、総会は合作社政策のみならず、地方レベルでは河北、広東両省の合作社法例作成などに参画していくことになった。とはいえ、南京国民政府成立の初期段階には、北京政府時代よりも資金援助は大幅に減退している。

なお、上海中心で、二三、二四年で終末を迎える民間初期合作運動と、二三年から河北省中心の総会系合作社とは、一、二年重なるだけで、関係はほとんどない。人的重複として民間初期合作運動の指導者于樹徳が総会の合作運動指導者となること、及び二三、二四年総会が南京金陵大学農業経済学科と共同で河北省香河県第一信用合作社、江蘇省江寧県の豊潤合作社を一、二社設立しているだけである。

第六に、二八年以降の江蘇合作事業の発展要因についてであるが、まず①薛仙舟ら民間初期合作運動の関係者が南京国民政府に合流し、江蘇合作事業の発展に寄与した。薛の銀行中心の合作社発展構想は、「全国合作銀行」ではなかったが、江蘇省農民銀行の設立をみた。また、国民政府、省政府、合作主義者のパイプ役は、二〇年代中期に薛の影響を受けて「合作運動」を鼓吹した陳果夫であった。②総会の支援を受けることができた。また、農村信用合作社の大量組織化の成功は、三〇年代に上海商業儲蓄、中国、金城各銀行の農村進出の一つの基盤を築いた。③元来、生糸業、絹織物中心の副業が存在した。また、上海という大消費地が近隣に存在し、流通問題はとりわけ重要であった。④合作事業は首都南京を中心に国、省、県の権力に守られ、「上から」促進された。このように、江蘇にはそれまでの合作運動の指導人材が多数存在し、経済的には当地の副業を再建し、かつ政治力を最大限に利用できる地域であった。こうした「上から」の合作社組織化を否定的に考えるよりも、むしろ開発途上国における国家資本主義の問題として捉え返す必要がある。

かくして、南京国民政府は自らの地盤を固めるため、まず、足元の江蘇省から着手した。「合作運動」を地方自治七項運動に組み込み、全国的な下層基盤育成へ道を開くと同時に、実質的に江蘇省農鉱庁（省建設庁）に合作運動推進を担当させた。省農鉱庁は指導委員会、指導員養成所を設立し、合作事業の普及、発展の基盤を形成した。そして、農村投資に躊躇していた商業銀行などに先駆けて、政策的に農村合作社金融を主要対象とする江蘇省農民銀行を設立させた。個人信用のない農民を合作社に組織することで、信用をもたせ、銀行からまず合作社に貸し付け、それを通して農民に貸し付けるという方式を採った。当時の農民の知的水準の低さ（合作社組織化能力の欠如）を考慮すると、農民の自発性だけで合作社を実施することは不可能であった。他方、民間初期合作運動は自発的であったが、各都市、及びその近郊など狭い範囲でしかおこなえず、権力との対立によって崩壊していった。また、農村、農民を無視した形であったため、自ずと限界があった。それに対して、江蘇合作事業は中央の合作事業体制が確立し、三五年（八月実業部合作司の成立、九月中華民国合作社法の公布、さらに一〇月全国経済委員会合作事業委員会の設立）であったことを考えれば、江蘇合作事業の先駆性は自ずと明らかになる。

当時、合作社の方向性は数多い信用合作社ではなく、むしろ先駆的な動きをしたのは運銷合作社であった。つまり、「資本主義の圧迫と操縦」とは具体的には商人による価格操縦であり、「中間搾取の排除」とは流通改革を意味した。生産、信用などの合作社も兼営形態で運銷への方向を歩んでいた。つまり国、省、県、合作社が力を合わせ、流通過程から旧来の商人を排除し、その利益を奪取し、それを省、県、合作社、農民で再配分し、農村基盤を確立することで南京国民政府の安定を図るものであった。結局、江蘇合作事業は地主、富農を排除するものではなく、土地集中を阻止するが、地主などをも含めた形で農村全体を富裕化することで、省県財源をそこから獲得する試みであった。かくして、地主などによる合作社支配は起こるべくして起きた。なお、農業倉庫は抵当による個人貸付に道を開き、合作社を通しての貸付と、抵当のある農民への直接貸付の両方式を取ることによって、より幅広い資金の吸収、金融流通の円滑化、及び農作物の掌握を目的としていた。また青苗貸付は合作社から農作物などを抵当にとり、農民が資金を最も必要とする時、合作社を経て収穫見積の五〇％以下を実物で貸し出すというもので、生産増大に直結させるという現実に立脚した方法も採用している。

以上のことを踏まえて、二八年末までの初期合作社史を独自に時期区分すると、以下のようになる。

【第Ⅰ期前期】（一九一一～一九一九）は辛亥革命前後からで、協同組合思想の中国への流入時期であった。すなわち、協同組合研究をおこないながらすでにその重要性にも気づき始め、実現しなかったとはいえ、合作社組織化の意思がある、いわば準備時期といえよう。換言すれば、当初から実践を目的に導入されたことは押さえておく必要がある。なお、例外的に、覃寿公のように「救国」の意志から合作社を発想した者もいたが、当時、管見の限り一人で、全く影響力をもち得なかった。また、一八年中国初の合作社である北京大学消費公社が設立されるが、孤立しており、やはりほかに影響を及ぼすものではなかった。

【第Ⅰ期後期】（一九一九～一九二四）は、いわば民間の初期合作運動段階である。五・四運動前後を画期とし、研究を継続、深化させると同時に、本格的な宣伝も開始され、実践へと転換した時期である。その中核は経済から「救国」を考えた知識人、学生主導型で、合作主義の独立性を標榜した民間社会運動としての特徴を有していた。具体的には、薛仙舟ら復旦大学グループが形成され、研究・宣伝団体の平民週刊社（後の平民学社）を創設している。その影響下で類似の湖南合作期成社、四川成都普益協社なども設立されている。そして、合作社組織化は、上海から湖南、広東、浙江、四川、江西などに波及していく形をとる。

なお、朱進之、徐滄水、薛仙舟の合作社史における役割分担について触れておくと、朱は辛亥時期の思想を継承し、シュルツェ、ライファイゼン両型を組み合わせ、農村、都市のバランスを考慮しているのに対し、徐は都市重点型への転換、そして、薛は都市での宣伝、実践という構図になる。

【第Ⅱ期】（一九二四～一九二七）は、民間初期合作社が崩壊し、国民党が合作社を重視し始めた時期である。すなわち二四年一月国民党第一次全国代表大会宣言で「農村組織の改良」、「農民生活の増進」が盛り込まれ、その手段として合作社問題が重視された。そして、また『省行政大綱』、『農工庁組織法』、『農民協会章程』、『工会条令』、『商民協会章程』にもすべて合作事業提唱が明記された。六月国民党初の合作社を中央執行委員会内に設立し、七月には、合作主義者と国共両党員合体の中国合作運動協会も設立している。二五年五月以降は、農民協会内の合作社設立の模索時期といえよう。確かに華洋義賑救災総会はすでに二三年から徐々に農村信用合作社の組織化を開始しているが、それが本格化するのは二五年であり、【第Ⅱ期】に含めるのが妥当であろう。

【第Ⅲ期】（一九二七～一九二八）は、二七年七月民間初期合作社の代表的指導者薛仙舟が『全国合作化方案』を蒋介石、胡漢民に提出したことで開始される。いわば、この時点で民間初期合作社から国民党に従来からの合作主義の重要性の鼓吹、専門人材の準備に留まらず、合作行政方針をもたらしたという重要な歴史的意義を有する。他方、国民党も二八年八月「地方自治」の「七項運動」の一つに組み込み、国民政府の合作事業が江蘇省中心に本格的に開始される。他方、中共もソビエト区で独自の合作運動を開始し、三〇年代の合作事業（運動）の全面展開に繋がっていく時期といえる(1)。

最後に、中国合作社史における一九一〇、二〇年代の初期合作社の位置づけをおこない、本書の結びとしたい。初期合作社は大きく民間、国民党系、中共系、異質な沈玄廬の衙前農民協会、そして華洋義賑救災総会系に分かれる。

①協同組合思想は辛亥革命時期以降、流入し、五・四時期に各種社会主義の議論を経て、思想準備をおこなったという意義がある。復旦大学の薛仙舟中心にグループが形成され、合作主義を「救国」の経済改造思想として提起し、当

初、消費、信用、生産各合作社の多様な可能性を示した。そして、五・四時期を背景に反資本主義、労働者・農民解放、中間搾取批判など極めてダイナミックな主張を展開していた。ただしロッチデール式の消費合作社が主流で、農業国家・中国での不適合、小規模で分散的などの限界があった。②国民党の合作社の起点は孫文にあり、実際に着手したのは二四年で、第一次国共合作下で国民党、中共、民間合作社の統一体の合作運動協会の成立を見た。その後、農村重視の姿勢から信用合作社へと傾斜していく。③中共の合作社は民間初期合作運動から創出された安源路鉱工人倶楽部内の消費合作社であるが、民間初期合作社で強調された労働運動、農民運動の基盤とされた。④看過できないのが、沈玄廬の浙江省蕭山県衙前農民協会である。これはオウエンの「協同組合村」と酷似した構想を掲げた。これは、軍閥の弾圧で崩壊したとはいえ、合作主義と結合させた形で地方自治を鼓吹した点で異彩を放つ。⑤華洋義賑救災総会は河北省で農民、農村を対象に、信用合作社の大量組織化を通じて、中国で農村信用合作社の有効性を証明した。その上、総会は多くの点で民間初期合作社と異なり、大規模団体として整備された機構や章程を有し、かつアメリカ中心の外国資金の導入した。

これらの合作社は、軍閥の弾圧、妨害を経て、薛仙舟の『全国合作化方案』、民間初期合作社、華洋義賑救災総会、沈玄廬の合作社を含めて、いわば国民党がその受け皿、合流点となり、それらの実績、経験を吸収し、飛躍的発展を可能にした。換言すれば、国民党自身、それらの受け皿になり得る力量を培ってきたといえる。二八年南京国民政府は地方自治「七項運動」の一つに合作運動を組み込み、江蘇省から着手し、上から全国的規模で大々的に展開した。そして、三四年信用合作社（全体の七九％）を中心として、江蘇、山東、河北、浙江中心に各種合作社一万四六五〇社が組織されている。だが、同時に国民政府の上から管理統制の強化により合作社が再編された事実を押えておく必要がある。また、沈玄廬のいう「地方自治」もそれを名目として利用されただけで、実質的に自治は骨抜きにされてしまった。なお、国共分裂下で、中共は、独自に三三年江西中央ソ区で消費・糧食中心に九五〇社を組織している。

ところで、抗日戦争時期には、アメリカ人のニム・ウエールズ（Nym Wales）が構想し、ニュージーランド人レウィ・アレー（Rewi Alley）が指導し、中国第三勢力を結集した中国工業合作運動が創出されている。戦時という緊急性ゆえ、国共両党の支持を獲得し、海外からの資金援助を受け、西北、西南、東南各省の奥地にまで工業合作社が急速に組織された。そして、対日持久戦のための軍需、民需の大量の工業生産を開始した。ここで看過できないことは、この運動が国民政府による「上から」の過度の指導、保護（管理統制）に対するアンチテーゼとして、自発性を重んじ、民主、自主、自立を標榜した下からの自発的な民間社会運動の特質を有していたことである。こうしたことを鑑みると、この特質は民間初期合作社の自発的、自治的精神に直結、連動するもので、その流れが三〇年代にも脈々と伏流として継続し、工業合作運動の中で再現、復活したものといえよう。

註

（1）伍玉璋『中国合作運動小史』（中国合作学社、一九二九年）や寿勉成・鄭厚博『中国合作運動史』（正中書局、一九三七年）などの時期区分は一九年から二七年までと大まかに決められているので、時期区分に重点を置いている鄭林荘「中国合作運動史初稿」、燕京大学経済学会『経済学報』第一期、一九四〇年五月（「序論」を参照されたい）との関連をここでは触れておきたい。鄭は第一期「思想伝播時期」（清末～一九二〇年）、第二期「運動創始時期」（二〇～二三年）とする。すなわち、五四運動以前は「合作社提唱の意思」なく、単に協同組合思想が伝播していた時期として二〇年前後で切る。五・四時期前後で切ることには基本的に異論はないが、私は辛亥革命時期の協同組合理解は一定のレベルに達しており、組織化の意思もあったと考えている。つまり、初期における協同組合流入、受容は一貫して二三年まで続き、その脈絡の中で五・四時期に合作社組織化の実践がおこなわれていることを明確にしなければならない。鄭の第三期「農業合作時期」（二三～二八年）とするが、これは華洋義賑救災会による農村合作社創設で、合作社の形態をメルクマールとしている。だが、これでは、後の南京国民政府による合作事業も、形態的には主に「農業合作時期」となるのではないか。私はむしろ第一次国共合作と国民党による合作社の着手をメルクマールとすべきで、これにより後の南京国民政府の合作政策と関連する時期区分となると考える。第四期「(南京国民)政府唱導時期(二八～三七年)とするが、二七年六月薛仙舟による蔣介石への『全国合作化方案』提出が、民間初期合作主義者の国民党への合流の契機であり、かつ後の国民政府の合作政策に及ぼした影響を重視し、二七年で分割すべきと考えた。

あとがき

現在、アメリカ主導のグローバル化する世界の中で先進国、開発途上国を問わず、各国は出口のない袋小路に陥った感がある。冷戦終結後、むしろ解決する理論がなきまま、民族、宗教、地域、国家間の問題が火を噴き、アメリカなど強国が他国に対して「国益」を押し通そうとし、武力の優位性を背景とする単純な国家暴力も横行し、混迷の度を増しているようにも見える。「自由と民主」を口実に石油利権の獲得を目指し、他国に「不自由」と「非民主」を押しつけようとするパラドックス的現象すら生み出されているのである。

こうした状況下で、人類が新たな活路を見出すために、新たな理論を創出するためにも、従来からの社会経済理論、すでに忘れ去られた理論、もしくは否定された理論を早急に再検討するとともに、人間の歴史を真摯に見直す必要があるといえる。こうした各種理論の中で協同組合理論は問題もあるとしても、間違いなく一つの大きな示唆を与えてくれる理論と考えられる。なぜなら世界各国における協同組合もイタリア、スペインなどを除く欧州での停滞も指摘されるが、ある意味で国境を越えた重要な社会経済組織であることは否めず、社会、経済（各国内の貧富格差を含む）、教育、南北格差是正、及び戦争抑止など多方面で影響力と大きな潜在力を有し続けているからである。特に地球環境の悪化が大問題となっている現在、国際連繋によるエネルギー資源の節制などにおいても力を発揮するであろう。また、先進国と開発途上国、もしくは資本主義と社会主義の双方に存在する協同組合の連繋が袋小路に陥った現状を打開する可能性も指摘できる。ともあれ協同組合をマクロとミクロから実態、意義と限界を明確にすることは当然のことながら、同時に世界協同組合、各国協同組合の歴史を正確に押さえ、そこから協同組合を位置づけ、再検証することが不可欠であろう。

周知のごとく、協同組合はイギリスのロバート・オウエンの「協同組合村」、ロッチデール式、ドイツのシュルツェ、ライファイゼン両型、及びフランスの生産協同組合などを起源として世界的に伝播し、欧州に留まらず、世界各国で受容された。その世界最大の受容国の一つである中国を無視できない。中国が人民公社解体後、各種合作社を復活させ、また新型合作社を創出している実態と中国社会経済におけるその位置を解明する必要があるといえる。そして、それと同時に、当然のことながら歴史的に合作社の起点と初期動態を明らかにする必要があろう。

いわば本書は、中国社会経済史の枠に留まらず、グローバルな形で国際伝播、国際関係の現状と歴史を論じる上でも、地味ではあるが、重要な位置を占めるものと確信するものである。私は、抗日戦争時期に抗戦社会経済基盤を形成した有力な合作社として、『中国工業合作運動史の研究』(汲古書院、二〇〇二年)をすでに刊行したが、その際、結晶度を高めるため、本書でのテーマについては限定的に使用したに過ぎない。現在、合作社史研究は徐々に蓄積されてきている。しかし、従来、三〇年代の中国の幾つかの省の合作社史研究(梁漱溟の郷村建設運動を含む)は一定の蓄積があるが、その後、四九年人民共和国の成立以降の初級・高級合作社、人民公社の研究に一挙に飛躍してしまう傾向にあった。合作社の起点が不明確なままでは、中華人民共和国の成立以降の合作社を含めて、正確な中国合作社史を描けず、その意義と限界も本格的に解明できないのではないか。そうした思いから、何としても研究を継続する必要性を感じた。一〇~二〇年代の合作社思想、もしくは合作社組織化は実践面でも混沌とし、複雑な状況にあったが、それ故にこそ、ダイナミックで生き生きとしており、魅了された。かくして、合作社の起点と初期動態研究の重要性をさらに認識し、前書出版後、独立したテーマとしてさらに力点を置いて研究を進展させ、深化させた。

ところで、私が中国工業合作運動史を研究していた時期、中国をはじめ世界各国の協同組合研究者、社会経済学者、協同組合関係者、及び現場の合作社員など多数の人々と議論したが、結局、中国の合作社は国民党系、中共系の合作社がいつから始まり、どのような推移を辿り、現在に繋がっているのかが話題となった。また、丁日初氏(故人)の依頼で上海社会科学院で「中国合作社の起源」という題目で講演した際、その後の座談会でも、世界的広がりの中で中国合作社を位置づけたことを高く評価していただき、矢継ぎ早に質問が出された。本書は、そのすべてではないが、多くの質問への最終解答となる。のみならず、五・四運動で従来、「民主と科学」、共産主義、国家主義などが重視されてきたが、本書は、経済面から「救国」を掲げた協同組合思想・主義も有力な思潮の一つであったことを実証し得たと自負している。

なお、日本学術振興会の派遣研究者として、呉承明氏に受入者となっていただき、北京の中国社会科学院経済研究所を中心に一〇ヵ月間（一九九〇年六月～九一年三月）、中国に滞在した。その時、『合作訊』をはじめ、各地の省市社会科学院で調査、収集した大量の史料が本書の基本史料となっている。また、日台交流センターの派遣学者として、台北の中央研究院近代史研究所で六ヵ月間（一九九八年九月～九九年三月）、研究することができた。その時の史料収集も大きな意義を持った。この際、近代史研究所の黄福慶氏には台湾での研究、国史舘など各機関での史料収集において種々便宜を図っていただき、研究環境を整えて頂いた。その他、江西省安源、浙江省蕭山県衙前村、及びイギリスのロッチデールなどにも行った。本書を執筆する上で、史料で認識していたものを再確認し、かつ現地を歩き回り、地理的位置、交通、及び文化流入、民情、産業など諸側面を新たな形で実感として理解することができた。本書に魂を入れる上で有意義であったと考えている。

では、ここで各章の基礎となった論文をここで示しておきたい。

序　論　（書き下ろし）

第一章　「中国初期合作社史論」、狭間直樹編『中国国民革命の研究』京都大学人文科学研究所、一九九二年。

第二章　「中国初期合作社史論」同前。

第三章　「中国国民党における合作社の起点と展開――孫文、戴季陶、陳果夫、邵力子との関連で――」『孫文研究』第九号、一九八八年一二月。

第四章　「中国共産党における合作社の起点と展開――江西安源労働運動から湖南農民運動への波及――」、大阪教育大学歴史学研究室『歴史研究』第四一号、二〇〇四年三月。

第五章　「沈玄廬の合作思想と浙江省蕭山県衙前農民協会」、愛知学院大学文学会『愛知学院大学文学部紀要』第三五号、二〇〇六年三月。

第六章　「一九二〇年代における華洋義賑救災総会の活動と農村信用合作社」、愛知学院大学人間文化研究所『人間文化』第二一号、二〇〇六年九月。

補　論　「江蘇合作事業推進の構造と合作社――南京国民政府・江蘇省政府・江蘇省農民銀行と関連させて――」、野口鐵郎編『中国史における教と国家』雄山閣出版、一九九四年。

結　論　（書き下ろし）

上記各論文に新たに入手した史料などで考察、分析を加え、加筆、内容を充実させ、また削除、修正を加え、各章の有機的関連を考慮しながら、本書を完成させたのである。

中国社会科学院近代史研究所の張允侯氏からは何度も研究の意義を強調する書簡をいただき、かつ『華工雑誌』などの貴重な史料を送付してくださった。また、第一章、第二章は狭間直樹編『中国国民革命の研究』（京都大学人文科学研究所）に掲載したものをベースとしている。これは、元来、一九八九年一一月東洋史研究会全国大会で報告したものであり、その後、小野信爾、狭間、森時彦各氏から各種のアドバイス、丁寧なご指摘、ご批判をいただき、論文の質を高めることができた。また人文科学研究所で『上海民国日報』、及びその副刊『平民』など大量の史料を調査、収集することに便宜を図っていただいた。学恩に心より感謝している。

ところで、本書出版に当たり、菅沼正久、藤村俊郎両先生には大変お世話になった。藤村先生には新たな社会経済史の専門書を刊行するように声をかけていただいた。それを契機に私は『中国工業合作運動史の研究』に続き、『中国初期協同組合史論』の出版を考え始めた（つまり本書は私にとって合作社史関係専門書の第二弾といえ、前書と本書はいわば姉妹品である）。また、菅沼先生には安源を中心に訪問した時の思い出、及び研究面でも適切なアドバイスと励ましをいただき、その上、日本経済評論社を紹介していただいた。そうした折り、野沢豊先生から「今やっている研究テーマを専門書として一冊一冊一冊まとめあげていくように」とのアドバイスをいただいた。各種テーマをそれぞれ何本かの論文形態で出し、そのまま放置するのではなく、一つずつ研究として結実させることの重要性を指摘していただいたと思っている。有限な人生の中でどこまでのことができるか、どこまで歴史学の本質に迫れるか分からない面もあるが、やれるだけ、やってみようという気になってきている。苦闘は覚悟の上である。

なお、大阪教育大学から異動し、慣れない名古屋で楽しく研究、教育ができる場を創ってくれた愛知学院大学文学部歴史学科の黒田安雄、西川孝雄、橋本龍幸各氏など先輩、同僚諸氏、そして、私の前任者である鈴木智夫氏に感謝したい。最後に、日本経済評論社の社長栗原哲也、取締役の谷口京延両氏にはお世話になった。お二人とは、二回にわたり東京の神保町で長時間にわたって酒を交えて語り合った。その時、栗原氏が「売れるか否かではなく、よい本を出したい」と言った心意気にうたれた。また、谷口氏は気さくな性格で、馬が合い、本書出版に関する種々の会話が楽しかった。どこまで期待に添えるものになったか不明であるし、まだ不十分な点もあると思うが、現時点でのもてる力は出し切ったと考えている。日本経済評論社から刊行できたことを喜んでいる。

二〇〇八年三月一三日　梅花の中で

菊池一隆

【は行】

【ま行】

【や行】

【ら行】

【わ行】

【や行】

【ら行】

【わ行】

人　名

【あ行】

【か行】

【な行】

【は行】

【ま行】

【た行】

【さ行】

索　引

※事項、人物とも日本語読みで統一している。

事　項

【あ行】

【か行】

【著者略歴】

菊池一隆（KIKUCHI Kazutaka）

1949年　宮城県生まれ
1980年　筑波大学大学院歴史・人類学研究科（史学）博士課程単位取得満期退学
現　在　愛知学院大学文学部教授
専　門　中国近現代政治経済史

【主要著書・論文】

〈著書〉

『中国工業合作（協同組合）運動史の研究』汲古書院、2002年。

『日本人反戦兵士と日中戦争』御茶の水書房、2003年。

〈目録・インタビュー〉

『中国工業合作運動関係資料目録・「工合」関係者へのインタビュー』（平成4年度科研費一般研究(C)研究成果報告書）、1993年。

〈論文〉

「重慶政権の戦時経済建設」『歴史学研究別冊特集』青木書店、1981年。

「重慶政府の戦時金融――『四聯総処』を中心に」『中国国民政府史の研究』汲古書院、1986年。

「中国初期合作社史論」、狭間直樹編『中国国民革命の研究』京都大学人文科学研究所、1992年など。

中国初期協同組合史論 1911-1928
――合作社の起源と初期動態――

2008年9月10日　第1刷発行　　定価（本体6500円＋税）

著　者　菊　池　一　隆
発行者　栗　原　哲　也

発行所　株式会社　日本経済評論社
〒101-0051　東京都千代田区神田神保町3-2
電話　03-3230-1661　FAX　03-3265-2993
info@nikkeihy.co.jp
URL：http://www.nikkeihyo.co.jp/

装幀＊渡辺美知子　　印刷＊藤原印刷・製本＊山本製本所

乱丁落丁本はお取替えいたします。

Printed in Japan　ISBN978-4-8188-2017-3

高　晃公著
魯迅の政治思想
―西洋政治哲学の東漸と中国知識人―
A5判　三六〇〇円

現代中国を彩る人間模様の只中で、「政治と文学の岐路」に立ち、逡巡せず振り返ることもなく、歩き通して道をつくった、政治思想家・魯迅の足跡がここにある。

千葉正史著
近代交通体系と清帝国の変貌
―電信・鉄道ネットワークの形成と中国国家統合の変容―
A5判　六五〇〇円

危機に直面した中国王朝体制にあって、近代交通体系の形成はいかに求められ、そして変革をもたらしていったか。アヘン戦争より辛亥革命に至る清末の激動の歴史過程から検証する。

柴田善雅著
中国占領地日系企業の活動
A5判　七五〇〇円

一九三七年日中戦争勃発から一九四五年敗戦までの中国関内占領地における日本の経済支配の主要な担い手として活動した日系企業の全体像について実証的に解明を試みる。

崔　在東著
近代ロシア農村の社会経済史
―ストルィピン農業改革期の土地利用・土地所有・協同組合―
A5判　五八〇〇円

ロシア革命運動の鎮圧に辣腕を振るったストルィピンの農業改革ならびに近代ロシアにおける農民共同体・農民家族に関する研究水準を向上させた画期的な研究。

今西　一編著
世界システムと東アジア
―小経営・国内植民地・「植民地近代」―
A5判　四二〇〇円

「植民地主義」はいまだに存在し続けている！　東アジアにおける小経営・植民地近代の問題に焦点をあて、世界システム論と東アジア論の相克の中で新しい東アジア史像を模索する。

（価格は税抜）